ÉGLISE ET CHATEAU DE DOUILLET-LE-JOLY

Sarthe · Imp. G. Fleury et A. Dangin

ETUDE HISTORIQUE

SUR

DOUILLET-LE-JOLY

(CANTON DE FRESNAY-SUR-SARTHE)

PAR ROBERT TRIGER

Docteur en Droit
Membre du Conseil municipal de Douillet
Trésorier de la Société historique et archéologique du Maine
Membre de la Commission des Monuments historiques
du département de la Sarthe

MAMERS

G. FLEURY ET A. DANGIN, IMPRIMEURS-ÉDITEURS

M D CCC LXXXIV

INTRODUCTION

A commune de Douillet-le-Joly, qui fait partie du canton de Fresnay-sur-Sarthe et de l'arrondissement de Mamers, est située dans une des régions les plus pittoresques du département de la Sarthe.

Célèbre par les sites de Saint-Cénery et de Saint-Léonard-des-Bois, distants de six kilomètres à peine de Douillet, cette région présente un ensemble varié de plateaux fertiles, de mamelons boisés, hérissés de rochers et sillonnés d'étroits ravins. L'altitude moyenne de ces mamelons au-dessus du niveau de la mer ne dépasse pas cent cinquante à deux cents mètres, mais les escarpements brusques de leurs flancs et la profondeur relative des vallons donnent au pays un aspect accidenté, en formant une heureuse alternative de paysages pittoresques et de vastes horizons (1).

Le village de Douillet, bâti en amphithéâtre sur le versant ouest de la vallée de l'Orthe, s'élève au centre de la commune. Au pied du

(1) V. A. du Peyroux. *Les Alpes mancelles*. Le Mans, 1861, in-8.

coteau, des prairies et un moulin entouré de grands arbres ; à mi-côte, les maisons entremêlées de hauts peupliers ; au sommet, l'ancien château seigneurial et une église entièrement neuve, dont la flèche en pierre blanche domine le tableau. Éclairé par les rayons du soleil d'été, ce bourg offre le type véritable du village de l'ancienne France, rajeuni par les progrès matériels de notre temps.

A sept kilomètres est se trouve la petite ville de Fresnay-le-Vicomte, et à quinze kilomètres sud-ouest celle de Sillé-le-Guillaume, bien connues par le rôle important de leurs châteaux dans les guerres du moyen âge.

L'histoire de Douillet, considérée dans son ensemble, ne comporte au premier abord aucun caractère particulier, aucun événement considérable. Isolé au milieu des hautes futaies et des accidents de terrain qui coupent son territoire, Douillet ne fut jamais un centre important. Il ne vit s'élever sur son sol ni grande abbaye, ni forteresse redoutable ; il ne fut pas la propriété de guerriers ou de ministres fameux ; il ne fut pas le théâtre d'une de ces batailles qui décident du sort des états et modifient la situation d'une contrée. Cependant considérée au point de vue où nous voulons nous placer, on peut dire que son histoire offre un intérêt réel.

Nous nous proposons en effet de rechercher les origines de la civilisation sur le territoire de Douillet, d'étudier les développements successifs de sa population, enfin de montrer quel concours d'efforts et de vertus il a fallu aux générations passées pour constituer la Commune dans son état actuel. Ce n'est donc pas une notice statistique, dans laquelle les faits seraient présentés séparément, que nous cherchons à esquisser, mais un aperçu sur les progrès de tout genre accomplis pendant une période de dix-huit siècles dans une petite partie du Maine, en prenant pour centre de notre travail la commune de Douillet.

L'essai sera peut-être téméraire ; dans tous les cas il sera utile.

Si petite que soit l'unité territoriale dont on expose ainsi la lutte contre la barbarie, si modeste et si oubliée que puisse être son existence, elle a eu, comme toutes les unités qui forment aujourd'hui la France, son mouvement propre et son rôle distinct. Toutes, il est vrai, ont atteint le même but : l'unité de nation et de gouvernement ; mais toutes n'ont pas suivi la même route, toutes n'ont pas marché du même pas. Chaque groupe a eu ses destinées et ses chefs plus ou moins habiles, comme les différentes fractions d'une grande armée qui convergent vers le même objectif, avec plus ou moins d'énergie et de succès, par des chemins plus ou moins difficiles.

Tantôt, par exemple, la vie locale s'absorbe tout entière dans le pouvoir absolu d'un grand seigneur et d'une noble famille, dont les annales constituent seules l'histoire du pays. Tantôt c'est une abbaye qui, par ses bienfaits et ses richesses, apporte à l'agglomération voisine la gloire et l'indépendance. Tantôt ce sont des bourgeois qui, après avoir conquis leur charte de commune, se groupent fièrement autour de leur hôtel de ville.

Cette variété détermine autant de types différents, autant d'individus pour ainsi dire, dont le caractère, les tendances et l'histoire sont toujours importants à étudier, même lorsqu'il s'agit d'un type secondaire comme celui de Douillet.

De plus, une semblable étude est une œuvre de justice et une œuvre pratique. Œuvre de justice, car elle permet, comme tout travail historique, de mettre en lumière des dévouements inconnus, de réviser des procès mal jugés et de casser des sentences mal rendues. Œuvre pratique, car elle révèle les besoins véritables des populations, ceux qui ont été satisfaits et ceux qui restent à satisfaire ; pourquoi en administration, comme en toute autre matière, l'expérience du passé ne serait-elle pas la première garantie, la science fondamentale ?

La commune de Douillet se prête suffisamment à une étude de ce genre. D'une origine ancienne, elle présente une histoire assez complète remontant aux premiers siècles, et se développant peu à peu sous l'influence de l'élément civilisateur par excellence, qui a créé la France sur les débris de l'empire romain, de l'élément chrétien.

A Douillet, l'influence prépondérante n'appartint jamais entièrement à ces seigneurs puissants, à ces soldats heureux auxquels l'honneur de défendre le pays constitua, à l'époque féodale, une situation si privilégiée. La seigneurie possédée tour à tour par différentes familles, restreinte dans son étendue par d'autres fiefs importants, n'exerça pas, comme il arrive souvent, une suprématie absolue. Le village de Douillet n'eut jamais sa bastille, et les murailles d'une forteresse ne vinrent point rappeler aux paisibles habitants cette vérité, immortelle cependant, que le droit du plus fort est toujours le meilleur. Il n'eut pas davantage d'organisation municipale, et son peu d'importance ne lui permit jamais de réclamer une autonomie dont il eut été incapable de profiter. Il n'eut pas même d'abbaye ni de prieuré, comme ces contrées exceptionnelles que l'Église dut faire conquérir par des soldats d'élite, par ces moines extraordinaires qui vainquirent la barbarie avec une croix de bois. Le territoire de Douillet fut exclusivement évangélisé et civilisé par le clergé séculier.

Cette influence considérable de l'élément religieux est évidente à chaque page dans l'histoire de Douillet. Elle s'explique par ce fait que le clergé, fondateur de la paroisse, représenté dans la suite des siècles par une série de prêtres intelligents et dévoués, sut conserver toujours à Douillet la place qu'il occupait à l'origine et qui lui avait mérité une situation exceptionnelle. Nous laissons aux événements et aux circonstances mêmes du récit le soin de montrer les conséquences de ce fait que viennent appuyer de nombreuses preuves ; mais dès maintenant il nous trace avec précision le plan de cette étude.

L'élément religieux, ou mieux l'élément paroissial, étant ainsi prédominant à toutes les époques, c'est lui que nous devons prendre pour guide et pour fil conducteur au milieu du dédale des événements ; seul il pourra nous conduire des temps barbares aux temps modernes. Jusqu'en 1789, c'est l'église qui sera le centre des tableaux que nous aurons à esquisser. C'est à l'église que nous trouverons les générations successives, priant sur les mêmes dalles, apprenant leurs devoirs et aussi leurs droits, recevant les enseignements qui leur permettront ensuite d'accomplir chacune un nouveau progrès, de corriger quelque abus, et de s'élever peu à peu à un état social moins défectueux. Les doctrines du christianisme ont contribué en effet au progrès matériel en réhabilitant le travail ; au progrès moral en purifiant les mœurs, en émancipant la femme, en supprimant l'esclavage et en proclamant le principe de la charité chrétienne ; au progrès politique en donnant les notions pratiques de la liberté, de l'égalité et de la fraternité. Donc elles ont puissamment contribué aux progrès de la civilisation qui est le développement de l'homme au triple point de vue moral, matériel et social (1).

Enfin à une époque plus récente, c'est le clergé paroissial qui servira d'intermédiaire entre les seigneurs et les paysans, qui maintiendra l'équilibre entre une noblesse déjà moins puissante, et un tiers état déjà fort. Il guidera les efforts de tous, et saura si bien faire aimer son intervention, aussi prudente qu'efficace, qu'en 1789 dans leur cahier de doléances, les habitants de Douillet demanderont aux États-Généraux de confier au curé la présidence d'un tribunal de conciliation. Aussi, nous pouvons appliquer ici une parole célèbre et dire pour nous résumer : « L'histoire de la civilisation est celle de la paroisse ; en écrivant l'une on écrit l'autre (2) ».

Mais en 1789 la situation se modifie profondément. Une révolution préparée de longue main, devenue inévitable, vient bouleverser

(1) V. Pour la *démonstration* de ce fait : Cardinal Pecci, aujourd'hui S. S. Léon XIII, l'*Eglise et la civilisation*, Paris, Palmé, 1878, in-8. — Lecoy de la Marche, *Saint Martin*, Tours, Mame, 1881, in-4°.

(2) Donoso Cortes.

l'état social dans ses trois éléments essentiels : la religion, la famille et la propriété. Un abîme se creuse entre la France de la veille et la France du lendemain. La société civile, parvenue à sa majorité, repousse la tutelle politique de la société religieuse qui s'élève dès lors au-dessus des intérêts matériels pour se consacrer exclusivement à la direction des esprits et au perfectionnement des âmes; au double point de vue administratif et politique, la Paroisse cède le pas à la Commune, et c'est alors la Commune que nous devons prendre pour centre de notre étude.

Ce point de départ posé, nous suivrons les développements de la paroisse puis de la commune de Douillet au travers des siècles, « comme on suit les pas d'un ami dans un voyage périlleux (1). » Pour cela, nous diviserons ce travail en deux parties: dans la première, antérieure à 1789, nous ferons l'histoire de la paroisse ; dans la seconde, postérieure à 1789, celle de la commune.

Dans chaque partie, nous distinguerons autant de périodes qu'il y eut d'étapes différentes dans le grand mouvement vers le progrès.

Nous étudierons ainsi successivement avant 1789 : l'époque gallo-romaine, période de préparation du sol sur lequel naîtra la paroisse ; l'époque mérovingienne marquée par la création d'un domaine agricole à Douillet et la fondation de l'église; les invasions des Normands et les misères du Xe siècle qui permettent à la barbarie de reparaître ; la renaissance de l'an mille ; l'époque féodale et ce grand siècle de saint Louis, caractérisé par le développement complet de l'élément paroissial ; la guerre de Cent Ans qui groupe toutes les classes autour de la royauté et d'un de ses capitaines les plus habiles, Ambroise de Loré ; l'époque de la Renaissance qui amène, avec l'avénement du tiers aux affaires de la communauté, une résurrection brillante de la vie locale ; les guerres de religion que la population catholique de Douillet traverse sans faiblir ; le XVIIe

---

(1) A. Thierry. *Lettres sur l'histoire de France*, lettre I.

siècle vers le milieu duquel la paroisse atteint son apogée sous la double influence des familles Cohon et de Montesson ; le XVIIIe siècle, période de malaise qui voit croître l'importance administrative de la communauté et se transformer peu à peu les anciens éléments de la société paroissiale.

En 1789 nous exposerons avec soin la substitution de la Commune, au point de vue administratif, à la Fabrique, à la Communauté et à la Seigneurie ; puis nous raconterons les troubles qui ont accompagné ce changement de régime aussi brusque que radical, la guerre de la Chouannerie si pittoresque, pour ainsi dire, dans les environs de Fresnay ; enfin, après avoir montré par quel heureux accord la Commune et la Paroisse, réorganisées au commencement du siècle, sont arrivées à se préparer une période brillante, qu'accentue un accroissement sensible de population, nous indiquerons rapidement sous forme de conclusion la situation qui leur a été créée par l'époque contemporaine, que signalent déjà des modifications profondes dans l'ordre politique, économique et social.

Dans chacune des périodes que nous venons d'indiquer, la situation politique, morale et matérielle devra être soigneusement étudiée. Ainsi, il y aura lieu d'abord d'exposer les événements qui ont eu un contre coup quelconque sur le territoire de Douillet, afin de tracer le cadre général au milieu duquel la paroisse a dû accomplir son évolution ; il est nécessaire en effet de rattacher son histoire à celle de la contrée environnante, et par suite de franchir parfois les limites restreintes de son territoire pour chercher plus loin l'origine ou la cause des faits constatés : c'est le seul moyen de faire ressortir l'enchaînement admirable des événements. A l'intérieur, il y aura lieu de conduire côte à côte tous les éléments de la vie locale, clergé, noblesse et manants, en n'oubliant personne, s'il se peut (1);

(1) A. Thierry, *Lettres sur l'histoire de France*, lettre I.

d'étudier les tendances et les relations de ces diverses classes entre elles ; de rendre à chacune la part qui lui revient dans l'œuvre commune. Qu'on ne cherche donc pas dans ce travail de longues généalogies ; des énumérations de naissances, de mariages et de décès ; nous ne faisons point l'histoire d'une famille, mais celle de la communauté d'habitants dont tous les membres ont droit également à notre souvenir. Il y aura lieu enfin de noter avec soin tous les détails relatifs aux mœurs, à l'état social de la population, et aussi les événements météorologiques toujours graves pour les habitants des campagnes, toujours intéressants au point de vue agricole.

Grâce à la situation favorable que nous crée notre âge, en nous évitant les dangers des impressions personnelles, nous conduirons notre récit jusqu'à la guerre de 1870. Nous y sommes autorisé, croyons-nous, d'abord par cette circonstance que nous n'avons pas vécu les événements antérieurs à cette date ; ensuite par le grand intérêt qu'il y a déjà à établir l'histoire de l'invasion de 1870, un des faits les plus mémorables de notre siècle, et dont les conséquences se feront sentir à plusieurs générations. A partir de l'an VIII d'ailleurs, nous nous efforcerons de résumer rapidement les événements avec impartialité et sobriété, en nous renfermant alors exclusivement dans les limites de la commune de Douillet.

Tel est dans ses grandes lignes le plan de ce travail ; quelques mots maintenant sur les sources principales.

Au premier rang, par leur importance et leur intérêt, nous devons citer les Archives anciennes de la fabrique de Douillet, qui sont restées presque intactes jusqu'à ce jour, au moins dans l'état où elles étaient en 1789. Le curé constitutionnel les ayant recueillies chez lui, et ayant su se rendre assez populaire, personne ne songea à envahir son presbytère où elles furent sans aucun doute oubliées pendant tout le cours de la Révolution. Ces archives malheureusement ne remontent pas au-delà du XVe siècle, et la plus ancienne pièce est de 1408. Il est vrai que ce fait ne saurait étonner, lorsqu'on se rappelle les désastres de l'invasion anglaise et le grand nombre de documents qui disparurent dans le Maine à cette époque. Depuis le XVIe siècle, les archives de la commune de Douillet sont pour ainsi dire complètes ; elles comprennent des comptes de fabrique (1525 à 1789), des testaments et des fondations, des aveux et déclarations, des baux, des pièces relatives à la dîme et à quelques événements paroissiaux, soit environ un ensemble de quatre cents documents que nous avons inventoriés et analysés.

A côté des archives paroissiales, il convient de placer les archives municipales. Pour la période antérieure à 1789 elles possèdent les registres de l'état civil, source d'autant plus précieuse qu'ils commencent à Douillet dès l'année 1594. Un feuillet isolé remonte même à 1585, date reculée, lorsqu'on pense que les registres les plus vieux de Paris, ceux de Saint-Jean en Grève, étaient de l'année 1515, et que l'état civil ne fut régulièrement tenu à Lyon qu'en 1584, à Chartres qu'en 1640. Pour la période révolutionnaire les archives municipales de Douillet sont fort pauvres, les Chouans ayant brûlé les papiers de la municipalité en 1799. Pour la période moderne, elles fournissent ces renseignements administratifs et statistiques que l'on retrouve dans toutes les mairies : cette série a été classée en 1873 par M. Pasquier, instituteur communal et secrétaire de mairie.

Au troisième rang viennent ensuite les archives seigneuriales, ou plutôt les quelques débris que nous avons pu retrouver. En effet, le dimanche 24 juin 1792, à l'issue des vêpres, le chartrier du château de Douillet, auquel on avait réuni ceux des principaux fiefs de la paroisse, fut brûlé en grande pompe, dans le cimetière, en présence d'une partie de la population, « qui dansait autour du feu de joie ». Un très petit nombre de pièces échappèrent au désastre ; la plupart concernent la famille de Montesson ; elles nous ont été gracieusement communiquées par M. de Rincquesen, propriétaire actuel du château et maire de Douillet. Pour les autres familles nous avons été réduit à glaner çà et là quelques documents isolés et cette pénurie expliquera les lacunes de la partie féodale de cette notice.

Les minutes du notaire, en résidence à Douillet avant la Révolution, constituent la quatrième et dernière catégorie de ce qu'on pourrait appeler les sources locales. Bien que peu anciennes, car elles ne renferment aucun acte antérieur à 1688, elles nous ont fourni des renseignements importants, surtout sur l'histoire administrative de la communauté au XVIIIe siècle. Elles sont aujourd'hui conservées dans l'étude de Me Lainé, notaire à Fresnay (1), qui devançant le vœu émis cette année même par le Congrès des Sociétés savantes réuni à la Sorbonne (2), a bien voulu nous donner toutes facilités pour les compulser : nous sommes heureux de pouvoir lui offrir ici nos remerciements.

Après les archives de Douillet, nous avons dû consulter celles des paroisses voisines, entre autres celles de Fresnay, Sougé-le-Ganelon, Assé-le-Boisne, Mont-Saint-Jean, Vernie, etc. Elles nous ont permis, par comparaison, de contrôler et de compléter un certain nombre de faits (3).

(1) Notaires de Douillet dont les minutes sont conservées chez Me Lainé : MMes Deshayes, 1688 à 1729 ; Martineau 1730-1781 ; Brousset 1782, an VII ; Dily, an IX-an X.

(2) « Le Congrès émet le vœu que des mesures soient prises pour assurer la » conservation des anciennes minutes de notaires, pour en dresser des inven- » taires et pour en faciliter la communication dans l'intérêt de l'histoire. » Séance du mercredi 16 avril 1884. — *Journal officiel* du 17 avril 1884.

(3) Les archives anciennes de Fresnay ont été en partie utilisées par M. A. Le Guicheux dans ses *Chroniques de Fresnay*. Le Mans, 1877, in-8. Celles de Sougé, soigneusement étudiées par M. Moulard, ancien archiviste-adjoint de la Sarthe, lui ont fourni la matière d'une importante monographie intitulée : *Chroniques de Sougé-le-Ganelon*. Le Mans, 1880, grand in-8. Nous nous empressons d'adresser ici nos remerciements à M. Moulard qui a bien voulu nous communiquer plusieurs

Mais la plus abondante de nos sources, après les archives paroissiales, a été comme toujours le dépôt si riche des archives départementales de la Sarthe. La série C nous a donné, par exemple, le cahier des doléances des habitants de Douillet aux Etats-Généraux de 1789 ; la série E des documents précieux sur l'histoire féodale, particulièrement sur le fief de Courtoussaint ; la série G des notes intéressantes sur divers curés, principalement sur Anthyme-Denis Cohon qui fut depuis évêque de Nîmes ; enfin à l'aide de la série L nous avons pu reconstituer en partie la période révolutionnaire, pendant laquelle la guerre de la Chouannerie donne à l'histoire de Douillet un aspect particulier. Nous devons, à ce sujet, un souvenir à la mémoire du regretté M. Bellée (1), qui voulut bien diriger nos premières recherches, et l'expression de notre reconnaissance à M. Duchemin, archiviste de la Sarthe, ainsi qu'à M. Brindeau, archiviste adjoint, dont les indications et les conseils ont rendu notre travail aussi agréable que fructueux.

Les archives municipales de la ville du Mans et celles du Chapitre, nous ont également fourni quelques documents, ainsi que le département des manuscrits à la Bibliothèque Nationale.

Jusqu'ici d'ailleurs, la commune de Douillet n'a été l'objet d'aucun travail historique approfondi. Les articles que lui consacrent le *Dictionnaire* de Le Paige, l'*Essai sur la statistique de l'arrondissement de Mamers,* de Cauvin, et le *Dictionnaire topographique* de

---

notes relatives à Douillet. — Les archives d'Assé, remarquablement riches, seront bientôt publiées en grande partie par M. Moulard qui prépare un nouveau travail sur cette paroisse. Enfin celles de Vernie et Ségrie, entrées pour la plupart aux archives du département, ont permis à un ancien curé de Vernie, M. l'abbé Blanchard, d'écrire en 1861 une intéressante notice, restée jusqu'ici manuscrite, et conservée à la mairie de Vernie (un vol. de 347 p.).

(1) M. Armand Bellée, archiviste de la Sarthe, président de la Société d'Agriculture, Sciences et Arts de la Sarthe, et de la Société historique et archéologique du Maine, mort au Mans, le 29 novembre 1878.

Pesche, sont très incomplets; ils montrent que l'histoire de Douillet n'avait pas même encore été ébauchée.

En 1841 une œuvre plus sérieuse fut entreprise. On se rappelle que par une circulaire célèbre du 1er avril 1835, l'illustre évêque du Mans, Mgr Bouvier, comprenant qu'il était du devoir et de l'honneur de l'Eglise de France de réunir et de sauver les débris de l'histoire nationale dispersés par la Révolution, avait ordonné à tous les curés de son vaste diocèse d'écrire, sous le titre de *Chroniques*, l'histoire de leurs paroisses. M. l'abbé Ripault, alors curé de Douillet, saisit aussitôt la pensée de son évêque, et l'intérêt d'un travail non moins utile pour la science qu'honorable pour le clergé. Il se mit à l'œuvre sans tarder, recueillit les traditions encore vivantes dans les souvenirs de ses paroissiens, analysa quelques-uns des titres de la fabrique et composa vers 1841 une notice manuscrite importante, conservée actuellement au presbytère, et intitulée : *Chroniques de Douillet*. Cependant, malgré le zèle intelligent de l'auteur, malgré ses longs efforts, ce travail ne pouvait être parfait. M. Ripault a eu le grand mérite de frayer la voie, de réunir sur l'histoire religieuse de nombreux détails, et de préparer le terrain pour des recherches ultérieures ; mais il ne connut pas les règles de la critique historique, il ne contrôla pas ses sources, et il ne sut pas utiliser tous ses documents. Ces erreurs, il est vrai, étaient inévitables ; la faute en est bien plutôt à l'époque qu'à l'auteur, et tous ont été heureux depuis de prendre pour base ce premier essai.

Les *Chroniques de Douillet*, par M. le curé Ripault, ont été publiées en partie dans trois notices récentes, dont elles forment la source principale. La première, rédigée au point de vue exclusivement religieux, sur des notes envoyées par M. l'abbé Moulinet, curé actuel de Douillet, a été insérée dans la *Semaine du Fidèle du diocèse du Mans*, année 1865, nos 39 et 40. — La deuxième due à M. Pasquier, instituteur communal, a été publiée en 1873, dans le *Bulletin de la Société d'Agriculture, Sciences et Arts de la Sarthe;*

plus détaillée que la précédente, elle ajoute aux extraits des *Chroniques* plusieurs documents statistiques ou administratifs, tirés des archives de la mairie (1). La troisième notice forme un des articles des « *Chroniques de Fresnay*, etc. », publiées en 1877 par M. A. Le Guicheux ; plus complète pour la période antérieure à 1789, elle offre de longs passages empruntés à M. Ripault et quelques faits recueillis dans l'histoire générale de la contrée. Ces différents travaux contiennent nécessairement les mêmes erreurs et les mêmes lacunes que le manuscrit qui leur a servi de point de départ. Ils donnent comme définitifs les résultats des recherches de M. Ripault, sans jamais les rectifier ni les contrôler. Avec quelques articles de journaux que nous aurons occasion de citer, ils constituent seuls la bibliographie de la commune de Douillet.

Aussi, tout en rendant justice aux efforts déjà faits et en reconnaissant qu'ils ont facilité la tâche, il semble que le moment soit venu d'entreprendre un travail plus en rapport avec les progrès des études historiques ; d'appliquer à l'histoire de Douillet ces principes de critique que vulgarise chaque jour davantage l'enseignement de l'Ecole nationale des Chartes, dont nous avons eu l'heureuse fortune de suivre les cours. En outre, quelques ouvrages récents et plusieurs découvertes archéologiques intéressantes ayant ouvert depuis peu des horizons nouveaux pour l'histoire de la contrée, il importe de les utiliser. Ce travail toutefois ne saurait être à son tour un travail définitif, car en histoire rien n'est définitif. Nous ne dissimulerons donc ni ses lacunes ni ses faiblesses, espérant que l'on tiendra compte des difficultés qu'il offrait et du désir sincère que nous avons de rendre à chacun ce qui lui appartient ; puissent au moins l'illustration et les dessins dûs à la plume de notre excellent ami M. Fernand Butel, docteur en droit, ancien magistrat, qui a

_____

(1) J.-B. Pasquier. *Notice statistique et historique sur la commune de Douillet.* Le Mans, 1873, 32 p. in-8.

bien voulu apporter à ce livre le concours de son talent, compenser en partie les imperfections du texte (1).

Qu'il nous soit permis enfin, par un légitime hommage de vive reconnaissance et de respectueuse affection, d'inscrire en tête de cette notice les noms de trois hommes qui ont toujours porté le plus grand intérêt à la commune de Douillet, et qui l'ont servie pendant de longues années de tout leur dévouement et de toute leur expérience: M. ROBERT-PIERRE TRIGER, ancien percepteur et ancien maire de Douillet (1792-1861), à la mémoire duquel ce travail est spécialement dédié. — M. l'abbé PIERRE-ANTOINE DUBOIS, vicaire général de Mgr l'Evêque du Mans, administrateur-tuteur des Enfants assistés, chevalier de la Légion d'honneur, né à Douillet le 9 mai 1797, mort le 16 décembre 1875. — M. l'abbé FRANÇOIS RIPAULT, curé de Douillet de 1820 à 1858.

Ils furent unis pendant leur vie par les liens d'une inaltérable amitié et par un commun amour du bien public. Il est juste maintenant que leurs noms demeurent à jamais unis dans les souvenirs d'une population qu'ils ont aimée avec un noble désintéressement et qu'ils ont comblée de leurs bienfaits.

Le Mans, 21 juin 1884.

(1) Ces dessins, ainsi que les autres planches, ont été tirés sous la direction de M. Gabriel ·Fleury, membre de la Société historique du Maine, qui a droit lui aussi à tous nos remerciements, pour le soin avec lequel il a bien voulu surveiller l'exécution.

PREMIÈRE PARTIE

DOUILLET - LE - JOLY AVANT 1789

———————

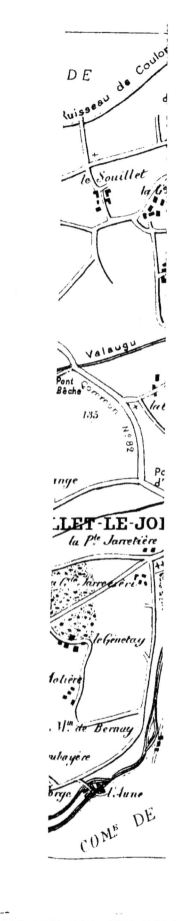

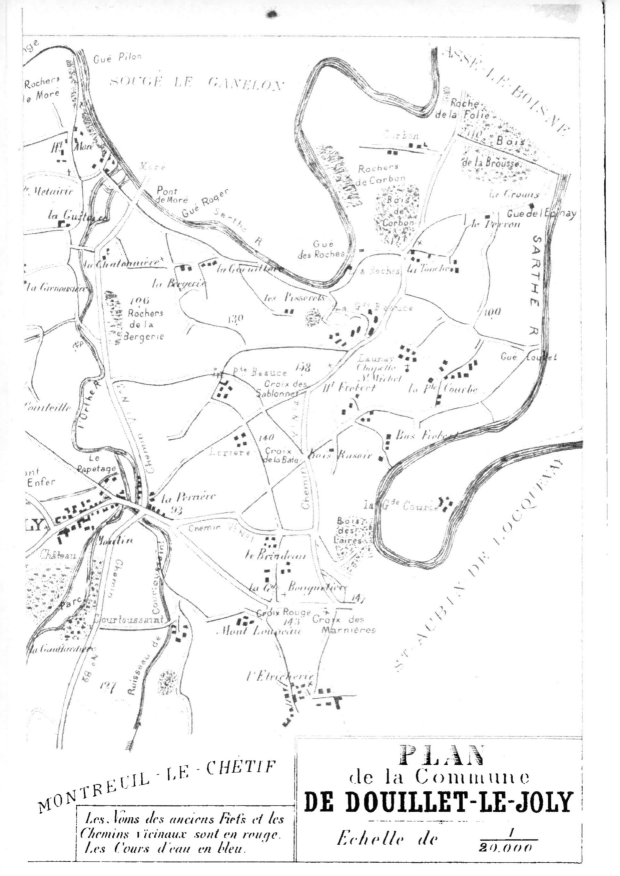

PLAN
de la Commune
DE DOUILLET-LE-JOLY

Echelle de $\frac{1}{20.000}$

Les Noms des anciens Fiefs et les
Chemins vicinaux sont en rouge.
Les Cours d'eau en bleu.

ETUDE HISTORIQUE

SUR

DOUILLET - LE - JOLY

PREMIÈRE PARTIE

CHAPITRE PREMIER

TOPOGRAPHIE DU TERRITOIRE DE DOUILLET

Description du sol. — Constitution géologique. — Situation géographique.

A topographie d'une contrée exerce toujours une influence sensible sur l'état social de la population, car l'homme est intimement lié à la terre sur laquelle il vit. En lui arrachant péniblement ses richesses, il semble lui emprunter certaines qualités et certains défauts ; et on peut dire que si le défrichement du sol ou les perfectionnements de la culture résultent du développement intellectuel des habitants, ceux-ci à leur tour présentent dans leur esprit, dans leur caractère et dans leur genre de vie, des différences qui proviennent du climat, de la fertilité plus ou moins grande du sol et de son aspect physique. De là ensuite des variétés inévitables dans les événements, que modifient souvent les mœurs des populations et les situations géographiques.

Aussi, de même que pour comprendre le récit d'un combat il faut d'abord étudier le champ de bataille, de même, pour saisir les phases diverses que tra-

2

verse une population durant une période de dix-huit siècles, il est nécessaire de connaître la scène sur laquelle elle lutte.

Nous devons donc en premier lieu présenter dans son état primitif, tel qu'il fut remis entre les mains de l'homme, ce sol qui sera le théâtre des événements que nous aurons à raconter.

Le territoire qui forme aujourd'hui la commune de Douillet est situé entre la Sarthe, qui coule du Nord ou Sud-Est en décrivant dans cette partie de son cours les courbes les plus capricieuses, le massif de la forêt de Sillé au Sud, et la chaine des Coevrons, ligne de partage des eaux des vallées de la Mayenne et de la Sarthe, dont les premiers contreforts bornent l'horizon à l'Ouest. — Il est divisé en deux parties par une vallée d'environ deux cents mètres de largeur, sur les versants de laquelle il s'étend ensuite de deux mille cinq cents mètres à l'Est, et de trois mille cinq cents mètres à l'Ouest. Cette vallée est arrosée par la rivière d'Orthe, qui prend sa source dans les collines des Coevrons, forme quelque temps la limite Sud du territoire de Douillet, puis le traverse du Sud au Nord pour se jeter dans la Sarthe, après avoir décrit, depuis le point où elle atteint cette limite, un arc de cercle de sept kilomètres de développement.

La région orientale du territoire de Douillet comprend un long et étroit plateau (1), dont la pente générale descend de la forêt de Sillé vers la Sarthe, sorte de presqu'île resserrée d'un côté par la rivière d'Orthe, de l'autre par la Sarthe qui l'entoure de ses courbes multiples. Ses flancs sont coupés à pic en divers endroits par des rochers abrupts (2). Un seul ruisseau (3) sillonne le versant Ouest, parallèlement à l'Orthe dont il est séparé par une croupe secondaire, et dans laquelle il vient se jeter à deux mille mètres environ en amont de son confluent avec la Sarthe, à la hauteur du village actuel. Le point culminant du plateau, mamelon isolé qui s'élève au centre, (158^m d'altitude), domine à la fois l'entrée de la vallée de l'Orthe et la ligne de la Sarthe sur une étendue considérable ; l'horizon n'est borné au Nord-Est que par le sombre massif de la forêt de Perseigne, au Nord par les collines de Normandie, les forêts de Pail et d'Andennes.

De même, la région occidentale du territoire s'étend sur la plus grande partie d'un autre plateau qui sépare l'Orthe de la Vaudelle, affluent de la Sarthe situé plus au Nord. Les flancs de ce second plateau sont également dentelés de nombreux ravins, dont l'un détermine conjointement avec une des courbes les plus brusques de la rivière d'Orthe, au centre du territoire, une croupe escarpée qui

(1) Plateau des *Beauces*.
(2) Rochers de la *Bergerie*, de *Corbon* et des *Laires*.
(3) Ruisseau de *Courtoussaint* ; il prend sa source près de Montreuil-le-Chétif.

s'avance en éperon dans la vallée et sur laquelle se sont plus tard groupées les maisons du village. Du sommet du plateau que couronnent deux taillis (1), et qui est coté 161^m, on aperçoit au Nord les deux versants de la vallée de l'Orthe ; au Sud la forêt de Sillé ; la vue est arrêtée à l'Est par une crète que suivent aujourd'hui les limites de la commune. Un petit ruisseau (2), sorti de l'un des taillis, descend de ce point vers l'Orthe dans laquelle il se jette à mille mètres à peine de son confluent avec la Sarthe, après avoir sillonné profondément le plateau et creusé, dans la direction Ouest-Est, un étroit vallon semblable à une tranchée ouverte par la main de l'homme. Enfin un autre ruisseau (3), ou mieux un torrent dont le cours est parallèle au précédent, mais qui tombe directement dans la Sarthe, limite notre territoire à l'extrémité Nord ; là encore les pentes sont abruptes et terminées par un escarpement de rochers (4).

Le sol de Douillet n'existait pas à l'époque primitive. Les plus anciens terrains sont des terrains de transition, notamment des schistes cumbriens qui ne contiennent encore dans cette contrée que peu ou point de fossiles ; ils constituent en grande partie les deux plateaux principaux. Le plateau oriental, par exemple, offre des gisements de schistes tabulaires ; le plateau occidental des gisements de schistes argileux ou feuilletés à son sommet, et à mi-côte une veine de schiste ardoisier que l'on exploite depuis un temps immémorial sur le territoire de Saint-Georges-le-Gaultier.

Les terrains secondaires, qui correspondent à une époque plus calme de l'histoire du globe et à une amélioration sensible des conditions de la vie, sont représentés par un seul gisement d'oolithe inférieure, et par une veine de calcaire très friable, ou marne sèche, signalés sur les hauteurs du plateau oriental ; on rencontre dans ces terrains, qui appartiennent à la grande division des terrains jurassiques, des débris fossiles assez nombreux, mais mal conservés.

La période tertiaire, pendant laquelle la surface de la terre reçut à peu près sa forme actuelle, n'a pas laissé de traces sur le sol de Douillet dont la formation ne fut achevée que pendant la période quaternaire, contemporaine de l'apparition de l'homme. Cette dernière époque est représentée par des alluvions anciennes et des alluvions modernes. Les premières constituent les pentes inférieures du plateau oriental, et très probablement le fond de la vallée de la Sarthe ; c'est une couche composée de débris hétérogènes enlevés aux roches qui bordent le cours

(1) Bois des *Boulais* et de *Corbeau*.
(2) Ruisseau du *Valaugu*.
(3) Ruisseau de *Coulonge*.
(4) Rochers de *Moré*.

supérieur de la rivière, de cailloux de toutes grosseurs mêlés à des sables et à des argiles. Les alluvions modernes offrent, sous la forme d'une argile assez compacte, une couche superficielle dans les vallées et les ravins (1).

Le sol de Douillet fut ainsi définitivement constitué à l'époque quaternaire. A ce moment le climat était devenu sensiblement semblable au climat actuel, et la végétation déjà très puissante était formée par la plupart des essences forestières que nous connaissons. Une vaste forêt couvrait la contrée ; entrecoupée de bruyères et de landes sur les hauteurs, de marécages et d'étangs dans le fond des vallées, elle se composait principalement, comme tous les bois d'une altitude inférieure à 600 mètres, de chênes, de charmes, de châtaigniers et de bouleaux ; on y voyait aussi des ormes et des érables, mais pas encore de hêtres. Les ruisseaux au cours rapide, grossis par des pluies fréquentes, se frayaient avec peine un passage à travers les racines ou les troncs renversés, et cette masse impénétrable avait pour seuls habitants d'innombrables bêtes fauves.

L'homme désormais pouvait paraître sur ce point ; la Providence avait achevé avec une admirable prévoyance la formation de cette portion infiniment petite du sol qui lui était destiné.

Comme on le voit, ce sol offrait par lui-même des avantages de plusieurs sortes. Coupé en deux parties par une vallée abondamment arrosée, sillonné de nombreux ruisseaux, il contenait tout à la fois des prairies faciles à améliorer, des étangs remplis de poisson, des bois peuplés de gibier, et surtout des terrains schisteux particulièrement favorables à la culture des céréales.

Situé en outre à l'entrée d'une des principales vallées de la rive droite de la Sarthe, il formait la tête d'une des routes naturelles qui conduisent de la vallée de la Sarthe vers les massifs montagneux de la forêt de Sillé ; l'accès de cette route était même d'autant plus facile que la Sarthe est guéable à l'endroit où elle reçoit les eaux de l'Orthe (2). Cependant nous devons reconnaître que cette heureuse situation géographique n'a pas ici l'influence qu'elle exerce parfois, et que l'homme semble avoir pris possession de la vallée en descendant son cours plutôt qu'en le remontant. La vallée de l'Orthe, il est vrai, s'ouvrant vers le nord et aboutissant, sur l'autre rive de la Sarthe, à un plateau couvert de bois, ne pouvait guère attirer le courant civilisateur parti au contraire du Sud, et principalement de Subdunum l'antique capitale des Cénomans. Ce ne sera que plus tard , lorsque le pays aura été défriché et peuplé, que la vallée de l'Orthe deviendra la route naturelle de communication entre Sillé et la vallée de la Sarthe.

(1) J. Triger. *Carte géologique du département de la Sarthe.* — M. Hédin. *Statistique géologique et minéralogique du canton de Fresnay.* Le Mans, Pellechat, 1882, in-8.

(2) Gué de *Moré.*

En résumé le sol de Douillet présente un heureux intermédiaire entre les pays de plaines et les pays de montagnes : plus varié et moins fertile que les premiers, plus riche et moins sauvage que les seconds. C'est une zone de transition dans laquelle on retrouve à la fois les vastes horizons qui élèvent l'âme en élargissant les idées, et les paysages déserts qui reposent l'esprit en le renfermant dans les limites d'une nature calme et paisible. On devait y être ainsi à l'abri de l'énervement inévitable des contrées trop riches, et de la brusquerie un peu âpre des pays misérables. C'est donc une région doublement favorisée, puisqu'elle a reçu les formes nécessaires pour charmer les yeux et faire naître en même temps l'énergie des caractères.

Aussi, et sous l'impression sans doute de ces avantages divers de leur territoire, les habitants de Douillet ont-ils ajouté jadis avec une certaine fierté le surnom de « Joli » au nom de leur humble village. Bien qu'on semble leur reprocher parfois ce mouvement de coquetterie (1) les habitants de Douillet-le-Joly sont dans leur droit, et n'ont pas besoin d'invoquer la prescription pour le défendre. Il leur suffit d'en appeler à la nature elle-même, et de montrer ces vallées, ces rochers, ces horizons si habilement combinés, qu'à l'état sauvage ils devaient former déjà de gracieux paysages.

(1) « Je ne puis attribuer le surnom de Montreuil-le-Chétif qu'aux injustes jalousies d'une « commune voisine, Douillet, qui s'est appelée modestement Douillet-le-Joly, et dont le clocher se « pavane à l'horizon au milieu du paysage le plus varié et le plus étendu que l'on puisse voir ». P. Delasalle. *Excursion à Montreuil-le-Chétif*, dans la *Mosaique de l'Ouest*, tome II.

CHAPITRE II

LE TERRITOIRE DE DOUILLET A L'ÉPOQUE GALLO-ROMAINE

La forêt Gauloise. — Premières traces de civilisation : forges à bras et villa gallo-romaine de Roullé. — Prédication du christianisme. — Les invasions.

UCUNE trace des temps préhistoriques n'ayant encore été signalée sur le territoire de Douillet, il est probable que jusqu'à une date relativement récente, voisine de la conquête romaine, ce territoire fut entièrement renfermé dans les profondeurs d'une forêt.

A l'époque gauloise du reste, il était situé dans l'angle nord-ouest du pays qu'occupaient les *Cénomans*, et sur la frontière du pays des *Diablintes*, autre peuple de la confédération des *Aulerces*. D'après les critiques les plus sûrs, et surtout d'après les savants travaux de la commission de la topographie des Gaules, il y a lieu en effet de maintenir les Diablintes dans le nord du département de la Mayenne, dans les environs de Jublains dont les ruines si intéressantes révèlent un centre important (1), et de donner pour frontière aux deux peuples une ligne approximative partant du confluent de la Sarthe et de la Vaudelle, puis passant à l'ouest de Douillet, pour gagner la forêt de la Charnie et les sources du Trulon (2). Or il est à remarquer que sur les limites du territoire des cités le sol garda, plus longtemps qu'autre part, ses antiques ombrages. Les forêts formaient entre ces territoires de véritables frontières, ou mieux des

(1) V. L'abbé Lebœuf. *Dissertations sur l'histoire ecclésiastique et civile de Paris* I. p. 163. 218. — *Hist. de J. César*. Paris, Plon 1866, II. p. 23. — E. Desjardins. *Géographie de la Gaule romaine*, Paris, 1878, I. p. 323.—Le Fizelier, *Arvii et Diablintes*, Tours, 1879, in-8°. Malgré la grande autorité et l'érudition de M. A. Longnon, nous ne pouvons, en présence des découvertes archéologiques faites à Jublains, reprendre avec lui la vieille thèse des historiens bretons qui placent les Diablintes en Bretagne. — A. Longnon. *Géographie de la Gaule au VI° siècle*. Paris, 1878 p. 315.

(2) Cauvin. *Géographie ancienne du diocèse du Mans*. Paris. 1845, in-4°, p. 253.

espaces neutres, car les peuples de la Gaule n'avaient pas l'habitude de tracer avec rigueur la ligne de démarcation de leur domaine respectif (1).

Il est présumable que la forêt, qui séparait ainsi les Cénomans des Diablintes et qui comprenait le territoire de Douillet, s'étendait au nord jusqu'à la forêt d'Andennes (*Silva Andena*), à l'Est jusqu'à la Sarthe qui la séparait du massif de Perseigne (*Silva Persenia*) ; au sud jusqu'aux bois de la Charnie ; enfin à l'ouest jusqu'à la chaîne des Coevrons, dont les hauts plateaux, moins favorables à la végétation et recouverts seulement de buissons ou de landes, constituèrent plus tard un *pagus* qui prit le nom de *Désert*. Cette immense forêt, connue sous le nom de *Pagus Silviacinensis* englobait la forêt actuelle de Sillé-le-Guillaume, les bois de la Moussaie, des Boulais (2), de Chemasson, ainsi que les forêts de Pail et de Monnaie, (*Silva Pallium — Silva Moneta*), qui nous offrent encore aujourd'hui des lambeaux considérables de l'ancien massif.

Il est impossible nécessairement de préciser à quelle époque, ni de quelle manière, l'homme pénétra pour la première fois dans ces solitudes, « car il semble qu'une loi providentielle nous défende de franchir une certaine limite dans la connaissance du passé, et qu'il en soit de l'histoire des peuples comme de l'histoire des familles ». Bien que plusieurs blocs granitiques, qui peuvent être des pierres druidiques, aient été aperçus sur divers points (3), rien ne prouve que les druides aient particulièrement choisi nos vallées et nos bois pour y pratiquer leur religion mystérieuse. Il nous faut donc arriver sans plus tarder à la période gallo-romaine, avec laquelle seulement commencent, pour le territoire de Douillet, les temps historiques.

Après la conquête des Gaules par César, la situation morale et matérielle du pays se modifia profondément : l'adoption par les vaincus des mœurs, de la religion, et des arts des vainqueurs amena en peu de temps une transformation générale qui devait avoir de grandes conséquences. Dans les villes s'élevèrent des monuments pour lesquels l'art romain déploya ses magnificences ; de toutes parts s'ouvrirent de larges voies reliant les unes aux autres les cités voisines ; et bientôt le noble gaulois, copiant servilement le patricien romain, eut comme lui des palais et des villas, des clients dévoués et de nombreux serviteurs; mais en même temps la classe inférieure, plus misérable, plus attachée à ses mœurs et à sa religion, se trouva refoulée dans les campagnes, où elle pouvait là seulement

---

(1) A. Maury. *Les forêts de la Gaule*, Paris 1867, p. 43.

(2) Comm. de Douillet, cᵒⁿ de Fresnay, arr. de Mamers.

(3) Entre autres à Saint-Léonard-des-Bois, à Saint-Cénery, à Hesloups et dans la forêt de Sillé.

garder son indépendance. Elle s'y livra avec ardeur à la culture, d'abord pour vivre, et peut-être aussi dans l'espoir secret de conquérir par le travail la situation plus heureuse de l'habitant des villes. La politique romaine favorisa d'ailleurs, dans les premières années de la conquête, cette dispersion des populations rurales qui devait amener bientôt la désagrégation des cités gauloises. Une triple cause politique, religieuse, économique, prépara ainsi l'invasion générale des forêts, et cette invasion ne tarda pas à atteindre la partie du *pagus Silviacinensis* qui nous occupe.

De bonne heure l'oppidum des Cénomans, *Subdunum*, ville principale de la contrée, s'était transformée en cité gallo-romaine ; de bonne heure cette cité avait été reliée à celle des Diablintes, *Noiodunum,* par une voie militaire qui passait au sud de la forêt de Sillé, et au pays des Esuvii par une autre voie remontant vers le nord le cours de la vallée de la Sarthe (1). Le territoire de Douillet se trouva situé sur la bissectrice de l'angle formé par ces deux voies. Mais de quel côté l'homme aborda - t - il les rochers et les bois de la vallée de l'Orthe ? Est-ce par la voie des Diablintes en descendant la vallée, ou par celle des Esuvii en remontant son cours, après avoir franchi le plateau boisé qui sépare le confluent de la Sarthe et de l'Orthe de cette dernière voie ? C'est là un point difficile à déterminer. Remarquons toutefois que la voie qui unissait *Subdunum* à *Noiodunum* , les deux villes d'une même confédération et mieux d'un même peuple, dut être de beaucoup la plus ancienne et la plus fréquentée ; les rapports étaient assurément plus étroits entre les Cénomans et les Diablintes qu'entre les Cénomans et les Esuvii. Dès lors le courant civilisateur dut suivre de préférence la voie militaire de *Noiodunum*, et descendre, comme nous l'avons dit précédemment, des hauteurs de Sillé dans la vallée de l'Orthe, qui devint ensuite la route de communication entre les deux voies.

Dans tous les cas, les premières traces de civilisation dans notre région apparaissent sous deux formes résultant évidemment des causes qui déterminèrent l'invasion des forêts. A l'époque gallo-romaine on trouve en effet dans les environs de Douillet plusieurs villas et de nombreuses ferrières. En d'autres termes, d'une part l'aristocratie vient y chercher les plaisirs de la chasse et y bâtir des habitations rurales sur le modèle des villas d'Italie ; d'autre part la classe inférieure s'efforce d'arracher au sol les richesses devenues nécessaires à la vie, ou révélées par les progrès industriels.

(1) L'abbé Voisin. — *Les Cénomans anciens et modernes*. Paris, 1852, in-8°, p. 45-49. — D'après M. Voisin, cette dernière voie se dirigeait sur Vieux. Or, suivant M. Desjardins, *Géographie de la Gaule romaine*, II, les Esuvii séparaient les Cénomans des Viducasses.

Ces deux tendances au fond paraissent corrélatives et ont pu se produire simultanément. Peut-être les populations n'ont-elles compris l'importance d'exploiter les minerais du pays que par suite du développement de l'industrie, ou de l'impulsion donnée aux arts par la construction des villas ; elles auraient alors en quelque sorte travaillé sous la direction et au compte des nobles gallo-romains. Peut-être aussi cette pénétration et cette persévérance dont les Gaulois ont toujours fait preuve dans l'art de découvrir les métaux, les avaient-elles déjà poussés, à une époque antérieure, à établir des forges à bras, afin d'utiliser les minerais abondants du *pagus Silviacinensis* ; ils auraient alors frayé les premiers la route des forêts et y auraient attiré la civilisation romaine. On serait tenté de le supposer lorsqu'on se rappelle que l'exploitation du fer était déjà très prospère à l'arrivée de César, et que les Gaulois se rendaient redoutables dans les sièges par leur habileté à creuser des mines.

Quelle que soit l'hypothèse qui paraisse préférable, les traces de forges à bras et les amas de scories retrouvés sur certains points de la forêt de Sillé remontent à une haute antiquité (1). Bien qu'elles ne permettent pas de préciser avec détail les procédés de manutention, on peut dire en général que les lieux où le fer était ainsi travaillé à l'époque gallo-romaine présentent un talus circulaire au centre duquel le feu devait être concentré et activé au moyen de soufflets placés à l'entour. Le calcaire était déjà employé comme fondant, mais on se montrait fort peu difficile sur la qualité des minerais, et on perdait au moins 40 pour 100 de métal par suite de l'insuffisance du procédé d'extraction (2). Aussi ces forges primitives, dont l'emplacement était modifié dès que la veine de minerai paraissait épuisée, eurent-elles peu d'influence sur le développement de la civilisation, comparativement aux riches villas qui devinrent bientôt les centres de grands domaines ruraux.

Ce fut donc un événement important pour la contrée que la construction, sur la frontière même du territoire de Douillet, de la plus intéressante peut-être des villas gallo-romaines du *pagus Silviacinensis*. Les ruines, découvertes le 13 septembre 1844, s'étendent au milieu des prairies, près du confluent de deux ruisseaux qui descendent des hauteurs de la forêt de Sillé, à quinze cents mètres tout au plus de la rivière d'Orthe qui forme sur ce point la limite sud de Douillet. Abrité contre les vents du sud par le massif montagneux de la forêt, exposé en avant aux rayons

(1) On a trouvé à plusieurs reprises des médailles romaines au milieu de ces scories. — L'abbé Voisin. *Les Cénomans* p. 53. — Pesche. *Dictionnaire de la Sarthe* VI p. 160.

(2) *Congrès scientifique tenu au Mans en 1837*. Paris 1839, I. p. 383. Observations de M. J. Triger.

2*

du soleil, et protégé par des rochers abrupts entre lesquels le ruisseau s'est ouvert un étroit passage pour rejoindre l'Orthe, le site de *Roullé* (1) offre tous les avantages que recherchaient si habilement les Gallo-romains. Là, dans cette solitude accessible seulement par une gorge facile à défendre, au centre de ces bois peuplés de gibier, sur le bord de ces ruisseaux poissonneux, le maître pouvait se livrer en toute sécurité aux plaisirs de la chasse ou de la pêche, tandis que le voisinage des minerais de fer et les richesses naturelles du sol semblaient provoquer les efforts des colons, en promettant de récompenser largement leurs travaux. Il serait même permis de croire que cet emplacement, si conforme au type ordinaire des villas gallo-romaines, dut attirer de bonne heure l'attention, soit qu'il eut été révélé par l'existence antérieure d'une forge, soit qu'il eut été découvert par quelque noble chasseur.

Ce qui est certain, d'après l'étude archéologique des ruines, c'est qu'il devint le centre d'une habitation rurale importante (2). Le bâtiment principal, probablement réservé au seigneur, comprenait quatre appartements d'inégales dimensions. L'un d'eux, terminé par une abside semi-circulaire, avait pour pavage une curieuse mosaïque d'un dessin fort riche et assez compliqué (3) ; des fresques de divers tons recouvraient les murs et complétaient la décoration véritablement luxueuse de cette chambre. Les autres pièces du bâtiment principal, ainsi que les constructions groupées autour de lui et destinées sans doute aux colons, paraissent avoir été plus simples : les murailles, comme celles de la célèbre villa d'Allonnes, sont formées d'un blocage à bain de chaux et de ciment, revêtu de pierres en petit appareil, sans cordons de briques ; les aires reposent sur une couche de ciment mêlé de briques pilées. Il est à peine nécessaire d'ajouter qu'on a retrouvé dans les ruines une grande quantité de débris d'amphores, de fresques, de tuiles, de poteries, de tuyaux, des défenses de sanglier, un éperon en fer, des médailles de Claude le gothique et de Tetricus. On y a découvert aussi, détail plus original, une curieuse statuette en pierre, de 0,60c environ de hauteur, représentant un personnage vêtu du costume national gaulois, dont la pièce caractéristique était la cuculle à capuchon, et tenant dans ses mains un arc et une serpe. Cette statuette, bien que postérieure de plusieurs siècles à la période d'autonomie

---

(1) Comm. de Mont-Saint-Jean, con de Sillé, arr. du Mans. — Les prés, dans lesquels les ruines principales ont été découvertes, appartenaient à M. de Dreux-Brézé.

(2) E. Hucher. *Notice sur la mosaïque de Roullé* dans l'ouvrage intitulé : *Etude sur l'histoire et les monuments du département de la Sarthe*. Le Mans, 1856, in-8° p. 239.

(3) Cette superbe mosaïque, étudiée heureusement avec beaucoup de soin par M. E. Hucher, n'existe plus. Faute des précautions les plus élémentaires on l'a laissée se désagréger.

gauloise, pourrait bien être celle d'un Gaulois en costume de chasse, ou d'une divinité des bois jadis vénérée en ces lieux (1).

De ces différentes découvertes ressort ce fait capital, c'est que la civilisation romaine avait pris définitivement possession du *pagus Silviacinensis* aux premiers siècles de l'ère chrétienne (2), et que la villa de Roullé était un de ses centres principaux, au point de vue social comme au point de vue agricole. De cette villa les regards se portaient forcément sur la partie supérieure de la vallée de l'Orthe, qui ouvrait, comme nous l'avons dit, une route naturelle vers le nord. Dès lors le territoire de Douillet, situé au premier plan, fut exploré d'une manière complète et suivie ; peut-être même fut-il compris dans les dépendances de la villa, et quelques colons intelligents entreprirent-ils déjà le défrichement de ses clairières. En tous cas la voie fut tracée et le terrain préparé pour une conquête prochaine (3).

Mais à ces développements matériels, à ces premiers travaux des colons, vint bientôt se joindre, pour changer la face du pays, un progrès moral immense. Vers le milieu du second siècle (4), les doctrines nouvelles de l'Évangile, prêchées depuis peu par saint Julien dans la cité des Cénomans, commencèrent à se répandre dans les campagnes de son territoire, en suivant les routes frayées par la civilisation romaine qui semble avoir eu pour rôle de faciliter et de préparer en Gaule la diffusion du christianisme. A saint Julien dont les efforts se concentrèrent sur la capitale où il était urgent d'établir le noyau de la chrétienté naissante, et

(1) Cette statuette est aujourd'hui au musée de Saint-Germain, salle XXII, n° 22656, sous ce titre : *Gaulois en costume de chasse découvert à Mont-Saint-Jean (Sarthe)*. Elle a été étudiée par M. E. Hucher dans une notice spéciale : *Statuette gauloise découverte à Roullé*. Le Mans, 1874, in-8.

(2) D'après MM. de Caumont, Cochet, A. Thierry etc, la plupart des *villæ* auraient été construites aux II° et III°° siècles. Au reste Claude le Gothique, dont on a retrouvé deux médailles dans les ruines de Roullé, régna de mars 268 à mai 270 : Tetricus de 268 à 273.

(3) Le domaine de Roullé s'étendait sans aucun doute dans un certain rayon aux alentours, comme il semble résulter des noms romains que portent encore aujourd'hui plusieurs lieux voisins : la Celle, la Voie, le Vau de Joué etc. En outre plusieurs milliers de médailles, aux types de Caligula, Claude, Trajan, Faustine, Domitien, Nerva etc., ont été trouvées le 13 nov. 1827 à quelque distance dans la forêt.

(4) En distinguant avec soin la prédication de l'Évangile de l'organisation administrative des diocèses et des paroisses, il nous semble impossible, quoi qu'on puisse dire, de refuser aux missionnaires chrétiens, si ardents et si intrépides, l'honneur d'être arrivés en Gaule au moins en même temps que les architectes, les ouvriers et les commerçants qui sont venus dès le II° siècle transformer les villes gauloises. — Jusqu'à preuve contraire, nous serions donc porté à croire que le christianisme fut *prêché* aux Cénomans dans le cours du II° siècle, époque qui coïncide précisément avec le développement complet de la civilisation gallo-romaine.

sur quelques points qui servaient plus particulièrement de centres au paganisme, avait succédé saint Thuribe. Poursuivant avec zèle et avec méthode la mission qu'il avait reçue, celui-ci entreprit sans plus tarder l'évangélisation des campagnes, et les *Gestes des évêques du Mans* nous apprennent que le pays des Diablintes fut le principal théâtre de ses travaux. Il était logique d'ailleurs, après avoir pris pour base d'opérations l'antique *Subdunum*, de marcher directement sur la cité des Diablintes, la seconde ville des Aulerces. Le domaine de Roullé se trouvait par là même dans la direction générale suivie par le saint évêque ; rien ne s'oppose à ce qu'il l'ait choisi pour but d'une de ses étapes, et à ce qu'il ait traversé à ce moment le territoire de Douillet.

Cette hypothèse peut seule expliquer un texte des *Gestes des évêques du Mans*, d'après lequel l'église de Douillet aurait été fondée par saint Thuribe, et assujettie par lui à payer chaque année à la cathédrale un triens de cens, une livre de cire et deux mesures d'huile. Il est impossible en effet de prendre ce texte à la lettre, et de soutenir que les rochers sauvages de Douillet devinrent, vers l'an 150, le centre d'une paroisse. En y supposant même l'existence de quelques huttes de colons ou d'esclaves, les premirs évêques, poussés toujours en avant par leur zèle apostolique, réduits souvent au rôle de missionnaires errants, n'avaient ni le temps, ni les ressources, ni le clergé nécessaires pour créer des églises dans ces misérables bourgades. L'organisation des paroisses et des diocèses fut l'œuvre du temps et de l'expérience, par conséquent postérieure aux premières prédications. Le compilateur des *Gestes des évêques du Mans*, écrivant au IX° siècle, aura de bonne foi considéré comme les centres d'une chrétienté les lieux auxquels saint Thuribe avait attaché son souvenir par quelque bienfait ; ou encore, pour rendre plus vénérables par l'antiquité les droits de la cathédrale, il aura fait remonter à l'épiscopat de saint Thuribe une redevance établie probablement par saint Hadouin, ainsi que nous le dirons plus loin (1).

Cette réserve faite, il est incontestable que la prédication de l'Évangile dut avoir de grands effets sur la situation morale du pays. Sans parler de leur influence sur l'état social, sur la constitution de la famille et sur les mœurs, les doctrines chrétiennes réhabilitaient le travail, le transformaient en devoir et enseignaient à tous que l'homme doit gagner son pain à la sueur de son front. C'était substituer au travail forcé le travail libre, dès lors appliquer au défrichement du sol de nouvelles intelligences et de nouveaux bras. Attaquée de toutes parts,

---

(1) Peut-être enfin aura-t-il confondu saint Thuribe, successeur de saint Julien, avec un second évêque du même nom, Thuribe II, qui administra l'église du Mans de 490 à 497. V. sur cette question : Dom Piolin. *Hist. de l'Église du Mans*, I, p. XI et XII.

la forêt s'éclaircit, et l'homme, désormais armé de la pioche et de la croix, y pénétra en vainqueur.

Toutefois ce premier triomphe de la civilisation sur la barbarie ne dura pas longtemps. Dès la fin du III° siècle s'ouvrait pour le pays des Cénomans l'ère funeste des invasions : ce furent d'abord les Saxons qui, après avoir ravagé l'Armorique, s'établirent dans le *pagus* appelé depuis *Saonnois* et dans une partie du Perche ; puis un siècle plus tard les Huns et les Alains, auxiliaires féroces que l'empire agonisant lança contre les cités armoricaines révoltées ; enfin les Suèves et les Francs. Pendant cette période de désastres continuels quelque bande barbare se rua sur la villa de Roullé, et la détruisit de fond en comble ; les traces encore visibles d'incendie et cinquante squelettes, trouvés au milieu des cendres, indiquent suffisamment que le combat fut acharné et la catastrophe complète (1). Il est fort probable que cet événement, dont la date est impossible à fixer, fut contemporain de la destruction de la cité des Diablintes, et qu'il fut, lui aussi, l'œuvre des Saxons (2).

Bientôt du reste, la société romaine, rongée par une corruption déplorable, assaillie sans relâche par les barbares, s'effondra de tous côtés ; les populations se renfermèrent dans les villes pour y tenter une dernière résistance et les campagnes abandonnées redevinrent en partie désertes. On peut donc dire en particulier que la ruine du domaine de Roullé eut pour conséquence d'arrêter le défrichement du territoire de Douillet.

Cependant le christianisme, plus heureux que la civilisation romaine, ne perdit pas ses conquêtes ; les évêques redoublèrent d'efforts ; saint Martin le grand apôtre des campagnes, parcourut en tous sens le territoire des Cénomans, et les pieuses semences qui y furent ainsi déposées germèrent peu à peu. Au siècle suivant l'élément religieux, reparaissant avec une vigueur nouvelle, reprendra sa mission civilisatrice et couronnera ses succès par la fondation de la paroisse de Douillet, sur un sol soigneusement préparé depuis trois siècles par les travaux d'intrépides missionnaires.

(1) E. Hucher. — *Notice sur la mosaïque de Roullé.*
(2) H. Barbe. — *Jublains et ses Antiquités.* Le Mans, 1865, in-8°. p. 28

CHAPITRE III

LE DOMAINE DE DOUILLET A L'ÉPOQUE MÉROVINGIENNE
FONDATION DE LA PAROISSE

Le *Pagus Silviacinensis* après les invasions. — Fondations de monastères et établissement de domaines agricoles ; le monastère de Vendœuvre ; le domaine de Douillet. — Etymologie du nom de Douillet. — Fondation de la paroisse.

U commencement du VIᵉ siècle les grandes invasions étaient enfin terminées pour le territoire des Cénomans. Après deux siècles « d'excursions, de pillages et de misères », les campagnes étaient devenues la proie de trois bandes barbares principales : les Saxons, les Alains et les Francs, qui, après les avoir sillonnées en tous sens, s'y étaient établis définitivement. Les Francs, plus nombreux et les derniers venus, avaient même pris possession de la capitale et fondé vers 477 le royaume du Mans ; mais dès l'année 511 Clovis faisait assassiner le roi Rignomer, s'emparait du Mans et annexait le territoire de cette cité à son royaume. Dès lors commençait une ère plus calme, pendant laquelle devait s'organiser une société nouvelle, « à l'aide des débris communs du monde romain et du monde barbare, sous l'influence vivifiante du christianisme ».

De cette transformation considérable, accomplie après les invasions et qui aboutira à la fusion des races, le fait dominant, l'événement capital pour le territoire de Douillet, fut le passage des envahisseurs à l'état de propriétaires, la cessation de la vie errante et l'établissement de la vie agricole. Ce fait s'accomplit successivement, lentement, inégalement, pendant tout le cours du VIᵉ siècle ; sa première conséquence fut de provoquer sur divers points la création de domaines agricoles, et par suite de rendre aux campagnes, annulées par les villes, leur antique prépondérance.

Or, l'Eglise qui s'était emparée des cités depuis longtemps, comprit aussitôt ce déplacement de la puissance sociale et le danger qu'il y aurait à laisser en contact des barbares païens et des rustres idolâtres. Elle dirigea donc tous ses efforts vers les campagnes, et s'y assura, elle aussi, des positions importantes par la fondation de nombreux monastères.

A l'époque mérovingienne, comme jadis au IIe siècle, les solitudes les plus sauvages furent ainsi envahies par deux armées : celle des moines et celle des barbares devenus agriculteurs. Mais cette fois l'envahissement fut plus général, plus méthodique, et la conquête plus durable. D'une part les barbares, jeunes, vigoureux, actifs, et bientôt chrétiens, offraient d'autres ressources que les populations gauloises décimées par la guerre, démoralisées par l'esclavage et par le paganisme ; d'autre part les moines, tant par leur nombre que par leur organisation ou leur invincible courage, étaient assurément les plus rudes pionniers que la civilisation ait jamais eus à son service.

Dans le *pagus Silviacinensis* redevenu en partie désert après la destruction des établissements gallo-romains, ce fut l'élément chrétien qui semble tout d'abord avoir repris vigueur, car, dès le milieu du VIe siècle, les rives de la Sarthe sont déjà peuplées de solitaires. Bien mieux, sous l'épiscopat de Saint Innocent (532 à 543), un des plus illustres d'entre eux, Saint Léonard, fonde un monastère considérable dans la solitude de Vendœuvre, sur les bords de la Sarthe, à six kilomètres à peine au Nord du village actuel de Douillet. D'après la légende de saint Léonard, une des meilleures de l'époque (1), ce monastère serait devenu bientôt un établissement célèbre, visité par tous les habitants du pays, par l'évêque du Mans en personne, et même par des commissaires du roi Clotaire qui protégeait spécialement le pieux abbé. Au VIe siècle Vendœuvre doit donc être considéré comme un centre de civilisation au triple point de vue moral, intellectuel et matériel. Il prend sous ce rapport la place qu'occupait dans le pays, aux siècles précédents, la villa de Roullé, avec cette différence essentielle que l'influence chrétienne succédait à l'influence romaine corrompue et impuissante.

De cette prospérité exceptionnelle du monastère de Vendœuvre, et en même temps de la transformation générale qui fixait les envahisseurs sur le sol conquis, résulta l'établissement dans notre contrée de plusieurs domaines agricoles, dont l'un, s'il faut en croire les *Gestes de saint Hadouin*, évêque du Mans de 623 à 654, eut occupé l'emplacement actuel du village de Douillet (2). Ce manuscrit

---

(1) *Acta Sanctorum*, ad diem XV octobris. Vita Sancti Leonardi. — Dom Piolin. *Histoire de l'Église du Mans* I, p. 227.

(2) D'après Cauvin (*Géographie ancienne*, p. 326), il eut existé peut-être aussi une villa sur l'emplacement actuel de Fresnay, mais aucune découverte archéologique n'est venue confirmer ce fait. Dans tous les cas l'histoire de Fresnay ne prend d'importance qu'au XIe siècle.

raconte en effet avec de grands détails un événement mémorable, qui eut pour théâtre un domaine nommé *Doliacus* et entraina peu après en ces lieux la fondation d'une paroisse.

Voici les termes mêmes de ce passage que son intérêt fondamental pour l'histoire de Douillet nous force à reproduire en entier.

« Au temps de saint Hadouin vivait un seigneur nommé Alain, qui possédait
« un grand nombre de terres et qui n'avait qu'un fils unique, qu'il aimait comme
« sa propre vie. — Un jour que ce jeune homme chassait dans une des villas de
« son père nommée depuis *Doliacus* (à cause de la douleur qu'y ressentit Alain,
« car auparavant elle portait un autre nom), et qu'il poursuivait une biche dans le
« breuil (1) de la villa, son cheval s'emporta et le jeta à terre si malheureusement
« qu'il se tua dans sa chute. Alain, témoin de l'accident de la terrasse (2) même de
« sa demeure, fut frappé de la plus vive douleur ; cependant il put trouver assez
« de force pour apprendre la nouvelle à son épouse, et il lui fit remarquer pour la
« consoler que cette mort était survenue sans aucune des causes ordinaires. —
« Invoquant ensuite avec une grande dévotion le Dieu du ciel, il le pria de rece-
« voir pour son culte les biens qu'il possédait, et de l'inspirer dans la distribution
« de ces biens, afin qu'il suivit exactement sa volonté et qu'en échange il méritat
« lui-même le royaume éternel.

« Il se mit donc avec son épouse à visiter à pied les monastères et les lieux
« saints, à se rendre auprès des corps des saints, jour et nuit suppliant Dieu avec
« une grande ferveur de lui faire connaître par inspiration à quelle église son
« Créateur voulait qu'il donnât ses biens en offrande au Seigneur pour le repos de
« l'âme de son fils et pour son propre salut. — Ainsi, tout rempli de cette ardente
« dévotion, il allait priant, faisant des aumônes, visitant les saints parvis, les
« reliques et les églises d'un grand nombre de saints, dans le but d'obtenir,
« comme nous l'avons dit, que Dieu lui fit connaitre à qui léguer ses biens, car il
« devait laisser un grand héritage, et il ne lui restait plus d'héritiers, ni fils
« ni fille.

« Un jour il revenait, poursuivant ce dessein, du monastère de Saint-Martin-
« de Tours. Un grand nombre de serviteurs de Dieu l'avaient déjà prié de léguer
« ses biens aux lieux saints où ils se trouvaient eux-mêmes, et de plus, on offrait

---

(1) *Brogilum, Broilum* ; nemus silva aut saltus, in quo ferarum venatio exercetur. Du Cange : *Glossarium*.

(2) *Solarium* : domus contignatio, vel cubiculum majus ac superius. — Du Cange : *Glossarium*. Terrasse située à la partie supérieure des bâtiments. Batissier. *Hist. de l'art monumental*, 1860 p. 287-289.

« de lui en donner le prix, en sorte qu'il aurait eu double avantage ; il aurait reçu
« leur aumône et leurs présents. C'était là ce que lui conseillait l'abbé du monas-
« tère de Tours dans lequel repose le corps de saint Martin ; il en était de même
« pour l'abbé du monastère dit des Deux Gemeaux, et pour un grand nombre de
« prévôts, d'abbés et de serviteurs de Dieu : cependant son intention ne fut dirigée
« pour aucun de ces dits lieux, et sa dévotion n'était pas portée de ce côté : ce
« n'était pas sans doute la volonté du Seigneur ; car lui ne se sentait point inspiré
« de donner ses biens pour les susdits lieux, et cependant il cherchait avec
« beaucoup de dévotion à connaitre en cela la volonté du Seigneur. Sur ces entre-
« faites il revenait du monastère de Saint-Martin-de-Tours et se dirigeait vers la
« ville du Mans, dans le dessein de visiter la sainte église-mère de la Cité, dédiée
« à la sainte mère de Dieu, Marie, et aux saints martyrs Gervais et Protais, église
« où le Seigneur opérait beaucoup de miracles en vue de leurs mérites.

« Comme il s'avançait et se rendait à l'hospice de Pontlieue, situé à un mille
« de ladite ville, des serviteurs de Dieu attachés audit hospice de Pontlieue et
« dépendant de l'Evêque Hadouin, vinrent à sa rencontre, le reçurent silencieu-
« sement, l'emmenèrent en récitant des prières, et avec beaucoup de soin et
« d'empressement lui servirent tout ce dont il avait besoin ; ils le traitèrent avec
« beaucoup de distinction. — Cet hospice de Pontlieue avait été construit, pour
« cette œuvre, en l'honneur de saint Martin, par saint Bertichramme, évêque de
« la même ville, de manière à ce que tous ceux qui arrivaient, riches ou pauvres,
« pouvaient y avoir une réception convenable, et y trouver abondamment les
« aliments et toutes les choses nécessaires.

« Alain sortant le lendemain dudit hospice, vint nu-pieds et très dévotement
« prier dans ladite mère église ; car pendant la nuit dernière, lorsqu'il se trouvait
« audit hospice de Pontlieue, appliqué avec beaucoup de ferveur à l'oraison, il
« sentit son cœur enflammé par inspiration divine du désir de donner tous ses
« biens à l'église mère de la Cité, fondée et consacrée en l'honneur de la Sainte
« mère de Dieu, Marie, de saint Pierre, apôtre, et des saints martyrs Gervais et
« Protais, et dans laquelle il venait prier. On ne peut douter que cela se fit par la
« volonté de Dieu. Dans le but de suivre le mouvement de cette inspiration, il
« envoya demander à l'évêque saint Hadouin de venir à sa rencontre, afin qu'ils
« pûssent tous deux s'entendre pour que lui, Alain, disposât de ses biens ; d'ail-
« leurs il était très connu de saint Hadouin et son ami fidèle. Saint Hadouin,
« obtempérant à sa demande, vint au-devant de lui, l'accueillit avec bonté, le con-
« duisit dans les églises de la ville pour y faire des prières en le traitant avec
« beaucoup de distinction et avec un grand respect.

3

« Ils vinrent ainsi jusqu'à l'église mère, et en y entrant, Alain et son épouse
« se mirent à prier en pleurant ; ils firent connaître leur volonté publiquement,
« les yeux pleins de larmes, et ils ne purent sortir de ladite église de Sainte-
« Marie, Saint-Pierre, Saint-Gervais et Saint-Protais, martyrs, avant d'avoir livré
« par actes réguliers avec stipulation (1), et suivant la teneur des lois, tous leurs
« biens propres audit Saint-Hadouin, à ses prêtres, à ses clercs et à ladite église
« mère.

« Cela fait, ils se trouvèrent remplis d'un esprit de joie et d'allégresse qui
« leur rendait le corps agile, et ils recouvrèrent la vigueur de leur première jeu-
« nesse par la vertu de Dieu et l'intercession des saints susdits, de telle sorte que
« tous ceux qui en furent témoins se trouvaient stupéfaits, et en versant des
« larmes, ils avouaient que jamais ils n'avaient vu ni entendu raconter une mer-
« veille semblable ; nul doute que cela ne soit arrivé par la permission de Dieu.
« Ce fut donc en cette circonstance que ledit Alain, cet homme de Dieu,
« par inspiration divine, donna au susdit évêque, en faveur de l'église mère,
« douze excellentes villæ avec leurs dépendances : *Juliacus* (Juillé) (2), *Lucdunus*
« (Loudon), *Ruliacus* (Ruillé-en-Champagne), *Ruppiacus* (Les Roches), *Sabo-
« lolium* (Sablé), *Guils* (Jupilles), *Clidæ* (Cellé), *Vernum* (Saint-Cosme-de-Ver),
« *Vericium* (Viré), *Tanida* (Tannie), DOLIACUS (Douillet), où son fils était mort,
« puis *Camariacus* (Chemeré-le-Roi). Il donna encore par transmission la
« ferme d'*Asinariæ* (Asnières) et d'autres villæ de moindre importance dont nous
« n'insérons point ici les noms pour ne point fatiguer et ennuyer les lecteurs ;
« cependant ces noms sont insérés complétement encore aujourd'hui dans les
« polyptiques et registres de la sainte église mère de ladite ville.

« Bien plus, ce même Alain et son épouse se livrèrent entre les mains dudit
« évêque Saint Hadouin et des serviteurs de Dieu occupés à servir le Seigneur
« dans la susdite église, afin que l'on prit un grand soin de leur âme et de leur
« corps ; afin que l'on nourrit leur corps et que l'on gagnât leur âme à Dieu. —
« Saint Hadouin pourvoyait à leurs besoins et leur fournissait suffisamment ce
« qui leur était nécessaire : de leur côté ils le servaient comme un esclave sert
« son Seigneur. — C'est ainsi que ce même Alain et son épouse combattaient jour

(1) « *Cum stipulatione subnexa* » clause très fréquente au VIIᵉ siècle, mais qui a perdu alors la
signification juridique qu'elle avait dans la *lex romana Wisigothorum*, et ne s'entend plus que
des signes de validation, comme l'apposition du sceau et la souscription des témoins. — M. A.
Tardif. *Cours d'ancien droit*, professé à l'école des Chartes.

(2) Nous reproduisons sans commentaires les traductions adoptées par Cauvin dans sa *Géographie ancienne*. Quelques-unes sont incertaines et fort discutables ; les examiner en détail nous
entraînerait trop loin.

« et nuit pour le Seigneur avec beaucoup de zèle et de piété, sous la direction du
« saint évêque, et par ces bonnes œuvres, comme nous avons lieu de le croire, ils
« obtinrent le royaume de Dieu qui leur accorde la vie éternelle.

« Ils vivent avec le Christ et ses saints dans la gloire des élus : nous qui
« sommes en cette vie, puissions-nous avec l'aide de leurs prières, obtenir aussi
« du Seigneur la grâce de vivre dans l'éternité. Ainsi soit-il (1) ».

Tel est dans sa pieuse naiveté le récit de l'auteur des *Gestes de saint Hadouin.*
— Le caractère légendaire qu'il offre au premier abord ne permettant pas de l'accepter sans contrôle, il reste maintenant à discuter le fait en lui-même, et à dégager
le fond de la forme. Il est en effet d'autant plus indispensable d'appliquer ici les
procédés sévères de la critique, que nous sommes en présence d'un événement
qui doit servir de base à cette étude et de point de départ à toute l'histoire de
Douillet.

La discussion peut se ramener d'ailleurs à l'examen de trois questions :
1º L'existence d'un domaine agricole sur l'emplacement actuel du village de
Douillet, au commencement du VIIᵉ siècle, est-elle admissible au point de vue
historique ? 2º Le fait rapporté par les *Gestes de saint Hadouin,* considéré en lui
même, indépendamment de la forme, est-il vraisemblable ? — 3º Enfin, étant
données l'existence d'un domaine à Douillet et l'authenticité du récit, ce récit
doit-il s'appliquer au domaine de Douillet ?

Au point de vue de l'histoire générale de la contrée, la première question est
déjà résolue. De l'exposé même des faits il résulte, comme nous l'avons dit précédemment, que les barbares envahisseurs tendaient de plus en plus à devenir
agriculteurs, et que la célébrité du monastère de Vendœuvre attirait sur les rives
de la Sarthe un certain nombre d'habitants qui ne pouvaient tarder à se grouper
autour des riches propriétaires. — Au point de vue de la situation particulière de
Douillet, la croupe sur laquelle s'étagent aujourd'hui les maisons du village, située
au confluent de la rivière d'Orthe et de l'un de ses affluents, resserrée ainsi entre
la vallée et un ravin étroit, présentait plusieurs avantages pour l'établissement
d'un domaine. En premier lieu, la profondeur relative de la vallée et du ravin,
sorte de fossés naturels, l'escarpement des flancs, et les bois épais qui couvraient
à l'Ouest le seul côté abordable, rendaient ce promontoire très facile à défendre en
cas d'attaque soudaine. C'étaient les sites de ce genre, analogues à celui de la cité
du Mans, et en général à ceux des agglomérations les plus anciennes, que les
barbares devaient chercher de préférence après les invasions, alors que la né-

(1) Mss. nº 224, de la bibl. du Mans. — Traduction de l'abbé Voisin. *Polyptiques de l'Eglise du
Mans.* 1844, in-8, p. 357.

cessité de tenir en respect les dernières bandes errantes ne leur permettait plus de choisir exclusivement des positions agréables, comme jadis les seigneurs gallo-romains. En second lieu la forêt environnante formait une chasse magnifique, et la constitution géologique du sol se prêtait particulièrement à la culture des céréales ; de telle sorte que tout se trouvait réuni dans le paysage de Douillet pour frapper l'esprit d'un barbare. Il se pourrait donc qu'un de ces Alains qui s'étaient disséminés sur les frontières armoricaines ait songé à s'établir sur ce point (1) ; le nom donné au propriétaire du domaine de *Doliacus* par les *Gestes de saint Hadouin* fait naitre au moins cette hypothèse. Dans tous les cas il faut reconnaître que l'existence d'un domaine agricole au VIIᵉ siècle, sur l'emplacement actuel du village de Douillet s'accorde sans peine avec les données historiques et l'aspect topographique du site.

Quant à l'authenticité du fait raconté par les *Gestes de saint Hadouin*, la question se lie intimement à l'authenticité même du texte célèbre appelé : *Acta Pontificum Cenomannis in urbe degentium*. Ce texte ayant été depuis longtemps l'objet de savantes études, nous les résumerons ici en une seule phrase. — Rédigée dès le IXᵉ siècle par un clerc de la cathédrale, la première partie reproduit exactement les plus anciennes traditions de l'Eglise du Mans, et au dire des meilleurs critiques elle présente un fond d'authenticité incontestable. Les erreurs qui ont été signalées proviennent seulement du désir qu'éprouvait l'auteur de rendre plus respectables les droits de l'église cathédrale, préoccupation qui lui a fait commettre plusieurs attributions fautives. — Or, une semblable erreur est peu à craindre pour la donation du domaine de *Doliacus* à saint Hadouin ; au IXᵉ siècle les souvenirs du VIIᵉ, recueillis avec un soin tout particulier par saint Hadouin, étaient encore vivants, et plus exacts assurément que ceux des temps apostoliques ; d'autre part ils ne pouvaient être dénaturés par une confusion de noms, comme il est arrivé parfois, puisque saint Hadouin fut le seul évêque du Mans de ce nom ; aussi reconnait-on généralement, qu'à part deux chartes suspectes et un passage concernant saint Longis, les *Actes* de ce prélat méritent la confiance (2).

Nous nous hâtons d'ajouter qu'il s'agit seulement ici du fond du récit, les formes dont il a plu à l'auteur de le revêtir n'ayant qu'une importance très secon-

---

(1) Vers 447 entre autres, la confédération armoricaine fut attaquée, à l'instigation d'Aetius, par Eocharich, chef des Alains établis sur les territoires d'Auxerre et de Nevers. Dom Piolin. *Hist. de l'Église du Mans* I, p. 334.

(2) Dom Rivet. *Hist. littéraire de la France* III, p. 144, 151. — Dom Brial, *ibid*, X, p. 53 et XIV, p. 410-412. — Tillemont, *Mémoires pour servir à l'histoire ecclésiastique* IV, p. 731. Dom Piolin, *Hist. de l'Église du Mans* I, introduction p. XXXVIII.

daire. Peu importe qu'Alain et sa femme aient eu ou non des révélations, qu'ils aient obéi à tel ou tel sentiment ; le seul point capital, c'est qu'ils possédaient un domaine et qu'ils l'ont donné à l'Église du Mans après la mort de leur fils unique. — Or, un tel fait, ainsi dégagé, est parfaitement conforme aux mœurs du temps. Le VIIᵉ siècle est, entre tous, l'époque des grandes donations aux églises ; les rois eux-mêmes donnent l'exemple, et on ne peut ouvrir l'histoire du temps sans trouver aussitôt des fondations de monastères ou de paroisses. Les leudes, devenus grands propriétaires territoriaux, expient leur vie à moitié barbare par leurs générosités ; ils se dépouillent avec cette ardeur propre aux nouveaux convertis, ou aux âmes énergiques subjuguées par une foi vive ; a fortiori, lorsqu'ils ont été victimes d'une de ces douleurs terribles, qui, à notre époque de scepticisme, ont encore pour résultat de produire le même dégoût de la vie, le même détachement des richesses. La donation du domaine de *Doliacus* à l'Église du Mans, dans les conditions et à l'époque fixées par les *Gestes de saint Hadouin,* est donc en elle-même parfaitement naturelle, si on la dégage des formes légendaires dont le pieux auteur a revêtu son récit.

Ceci posé, le récit des *Gestes de saint Hadouin* s'applique-t-il au domaine qui pouvait exister sur l'emplacement du village de Douillet ; en d'autres termes, *Doliacus* peut-il se traduire par Douillet ? Cette troisième et dernière question mérite d'autant plus d'attention qu'elle contient la conclusion même de cette discussion, et qu'elle a été jusqu'ici résolue de diverses manières (1).

En serrant le texte mot pour mot, il est à remarquer d'abord que l'idée qu'il donne de la villa de *Doliacus,* correspond exactement à la situation topographique de Douillet. Il dépeint effectivement un bois, ou mieux un terrain très favorable à la chasse, voisin de l'habitation elle-même, et dans lequel aurait eu lieu l'accident qui coûta la vie au fils d'Alain. Or, quel site peut mieux s'appliquer à cette description que celui de Douillet avec ses rochers et ses futaies contigus au château, avec ces escarpements si rapides de la vallée de l'Orthe, qu'un cavalier emporté par son cheval y trouverait infailliblement la mort ?

De même l'étymologie donnée au nom *Doliacus* par l'auteur des *Gestes de saint Hadouin* est admissible d'après les règles posées récemment pour la formation des noms de lieux. La désinence *iacus,* qui affecte peut-être le vingtième des

---

(1) Le Corvaisier, dans les *Vies des Evêques du Mans,* p. 224, hésite à traduire *Doliacus* par *Douillet* ou par *Dollon,* autre paroisse du diocèse du Mans. Le Paige, dans son *Dictionnaire du Maine* semble adopter cette dernière traduction ; Pesche, dans son *Dictionnaire de la Sarthe* hésite de nouveau ; enfin Cauvin, dans sa *Géographie ancienne* adopte franchement la forme de Douillet, opinion suivie plus récemment par Dom Piolin.

noms de lieux les plus anciens, représente un suffixe celtique employé pour la composition au moins jusqu'au VIIe siècle, et qui donnait aux noms propres un sens de propriété : *Salviniacus* par exemple, signifiait *domaine de Salvin* (1). D'où cette même désinence *iacus*, appliquée au même radical que celui de *dolere, dolor, doloris*, peut se traduire logiquement par *lieu de la douleur*. En outre, d'après une règle générale, aujourd'hui reconnue, *iacus* ayant donné primitivement en français et dans les provinces de l'ouest la finale *é* (2), Doliacus a du prendre la forme *Doilié*, latinisée plus tard, lors de la seconde formation des noms de lieux en *Doilitum, Doiletum*, d'où est venu *Doillet*, et enfin par contraction *Douillet*(3) ; tandis que *Doliacus* n'a jamais pu donner la forme actuelle *Dollon*, comme on a voulu le dire. Ajoutons que les changements de noms propres ne furent pas rares jusqu'au VIIe siècle, et que l'on connait d'autres exemples de transformations analogues (4).

Une troisième remarque au sujet du texte que nous examinons, c'est qu'en adoptant l'assimilation de *Doliacus* à *Douillet*, on arrive à comprendre mieux encore la détermination d'Alain par les exemples que donnaient depuis cinquante ans dans cette contrée les bienfaiteurs du monastère de Vendœuvre. Plusieurs leudes s'étaient déjà dépouillés de leurs biens en sa faveur, à tel point qu'on avait accusé saint Léonard auprès du roi Clotaire de détourner ses sujets de son obéissance : le souvenir de ces actes de générosité, très admirés des contemporains, était encore présent à tous les esprits, et il aura frappé particulièrement le leude Alain, atteint au cœur par la plus grande douleur qu'un père puisse éprouver.

Mais nous arrivons à des preuves plus positives. En 1841, M. l'abbé Ripault, curé de Douillet, écrivait en tête de ses *Chroniques* la légende suivante, recueillie

---

(1) J. Quicherat. *De la formation française des anciens noms de lieux*, 1867, in-12, ch. II.—M. de Mas-Latrie. *Cours de Diplomatique* professé à l'école des Chartes.

(2) J. Quicherat, *op. cit.* — M. Meyer, *Cours de langues romanes* professé à l'école des Chartes.

(3) Les formes Doliacus et Doilittum sont employées concurremment dans les *Gestes des Evêques du Mans* ; Doiletum se trouve au XIIIe siècle dans le *Cartulaire* et dans le *Martyrologe* de la cathédrale du Mans ; Doillet se rencontre à la même époque dans les *Cartulaires* de la cathédrale et de l'abbaye de la Couture, puis dans une charte de 1476.

(4) Dans la légende de S. Domitien, il est dit qu'un homme riche, propriétaire d'un domaine appelé *Colonia*, d'où sortait une fontaine, voulut que le domaine et la source prissent son nom, et comme il s'appelait *Latinus*, la source devint *Fons Latinus* et le domaine *Latiniacus*. De même S. Lucain, ayant été mis à mort par les Alains et les Suèves en 409, le lieu qui fut témoin de son martyre et qui est situé en Beauce, porta depuis le nom de *Lucaniacum*. — J. Quicherat, *op. cit.*

dans les souvenirs de ses paroissiens, dont aucun, bien certainement, ne soupçonnait même l'existence des *Gestes des évêques du Mans* :

« D'après une vieille tradition et des chroniques populaires, le seigneur de
« Douillet, dont on ne peut lire le nom, n'ayant qu'un fils unique eut le malheur
« de le perdre fort jeune(*dans une partie de chasse*) (1). Il le fit chercher pendant
« deux jours et employa tous les moyens en son pouvoir pour retrouver un enfant
« qui lui était si cher. Enfin il promit, s'il le retrouvait, d'embrasser la religion
« chrétienne qu'enseignait alors au Mans Saint Julien, apôtre de cette province,
« et dont les miracles avaient déjà retenti partout. Au bout des deux jours il le
« retrouva dans le bois, au lieu même où est située l'église de Douillet. Plein de
« reconnaissance, il fit bâtir une petite chapelle à l'endroit même où l'enfant
« avait été trouvé, et il venait y prier souvent, ainsi que ceux qui, à son exemple,
« s'étaient convertis (2) ».

Malgré les variantes de cette légende, qui ne sont confirmées d'ailleurs par aucun texte, malgré la différence même d'une conclusion opposée, il est difficile de ne pas y retrouver quelque lointain souvenir de l'épisode d'Alain. Il en résulte entre autres que l'église de Douillet doit son origine à un événement arrivé dans les bois, pendant une chasse, et à un acte de foi accompli par un seigneur du pays. Ce sont précisément les deux faits essentiels qui ressortent d'autre part du récit des *Gestes des évêques du Mans*. Nous sommes donc porté à croire que la légende conservée sur les lieux mêmes par la tradition, a eu le même point de départ que la narration du IXᵉ siècle, et qu'elle a été simplement dénaturée, quant aux détails, dans le cours de ces douze siècles pendant lesquels elle s'est transmise pieusement de génération en génération (3).

Quoi qu'il en soit, une découverte archéologique importante est venue récemment fortifier ces conjectures. Le 30 janvier 1878, au moment de la reconstruction de l'église, des fresques murales très anciennes, peut-être même de la fin du XIIᵉ siècle (4), ont été retrouvées sur les murailles de la nef, sous une triple couche de

---

(1) Ce détail important est ajouté invariablement par la tradition, comme le constatent les notices de MM. Pasquier et Leguicheux.

(2) *Chroniques*, f. 9.

(3) Tout au plus serait-il possible de concilier les deux versions, en distinguant deux faits successifs. En effet Alain, déjà chrétien d'après les *Gestes*, pouvait avoir dans son domaine un *oratorium* à la fondation primitive duquel il n'est pas impossible d'appliquer la légende de l'enfant perdu dans les bois. Puis, ce même enfant, devenu jeune homme s'étant tué plus tard, en tombant de cheval, sa mort eut déterminé Alain à donner ses biens à l'église du Mans. Ce ne sont là, bien entendu, que des hypothèses toutes gratuites.

(4) V. plus loin, ch. V.

badigeon. Elles représentaient une forêt, et un buisson au milieu duquel on distinguait une tête d'enfant ; puis, plus loin, la chasse miraculeuse de Saint Hubert. Partout en un mot apparaissaient ces souvenirs de chasse et de forêt, qui dominent dans l'histoire des origines de la paroisse de Douillet.

Ce dernier fait, qui est précis, joint aux considérations précédemment exposées, donne une valeur plus grande assurément au récit des *Gestes*. Il autorise, *jusqu'à preuve contraire*, à admettre son authenticité et à l'appliquer au domaine de Douillet.

Nous croyons donc pouvoir dire, pour résumer ce long chapitre, qu'un domaine agricole semble avoir existé dès le VIIᵉ siècle sur l'emplacement actuel du village de Douillet. Ce domaine, dont nous ignorons le nom primitif, aurait appartenu à un leude nommé Alain, et l'habitation principale étant située au sommet de la croupe, comme le château d'aujourd'hui, ce seigneur aurait été témoin de l'accident arrivé à son fils, du *solarium* sorte de terrasse qui surmontait les bâtiments, et d'où on pouvait découvrir en effet les pentes escarpées de la vallée de l'Orthe. Après la mort du jeune homme, le domaine d'Alain aurait pris le nom de *Doliacus* (lieu de la douleur), et aurait été donné à l'Eglise du Mans.

Dès lors la paroisse de Douillet était fondée, car l'évêque saint Hadouin dut s'empresser d'y bâtir une chapelle, si elle n'y existait déjà. C'est à ce moment aussi qu'il imposa sans doute à la nouvelle église, en faveur de la cathédrale, cette redevance annuelle d'un triens, une livre de cire et deux mesures d'huile, dont nous avons parlé plus haut ; elle s'expliquerait sans peine, et représenterait en partie les fermages dus par le domaine de Douillet.

L'événement mémorable qui entraina ainsi au VIIᵉ siècle la création de la paroisse de Douillet eut des conséquences heureuses pour la contrée ; il fit naitre un nouveau centre de civilisation ; il assura aux habitants un avenir de douze siècles, et, en consommant la diffusion des doctrines chrétiennes, il donna la vie au territoire tout entier.

CHAPITRE IV

LA PAROISSE DE DOUILLET A L'ÉPOQUE CARLOVINGIENNE

La *villa* de Douillet au VIIIᵉ siècle. — Limites présumées de la paroisse. — Fondation du monastère de Saint-Cénéry. — Guerres avec les Bretons. — Invasions des Normands. — L'*oppidum* de la forêt de Sillé. — Désordres du Xᵉ siècle. — L'an mille.

IEN que la donation du domaine de Douillet à l'Église du Mans, dans les circonstances que nous venons de rapporter, puisse être considérée à juste titre comme la cause et l'origine de la fondation de la paroisse de Douillet, ce serait une erreur de comprendre par ce mot paroisse une sorte d'unité religieuse et administrative analogue aux paroisses actuelles. De même que pour les diocèses, l'organisation des paroisses fut l'œuvre du temps ; la conception nette et définitive des unités paroissiales ne pouvait surgir d'un seul jet à cette époque de barbarie, et la transformation d'un domaine rural en paroisse ne s'accomplissait pas au VIIᵉ siècle instantanément, comme se fait aujourd'hui la transformation d'une section en commune. Pendant longtemps le domaine de Douillet resta donc ce qu'il était dans le principe. Seule, la construction probable d'une église rurale, ou au moins d'un *oratorium*, lui donna une plus grande importance, et provoqua sur ce point un groupement de population, sous l'administration bienfaisante de Saint Hadouin et de ses successeurs.

Comme la plupart des propriétés foncières, depuis les premiers temps de la monarchie jusqu'à la fin de la seconde race, le domaine de Douillet ou plutôt la *villa* de Douillet, pour employer le terme le plus usuel au VIIᵉ siècle, comprenait quatre éléments principaux : 1º D'abord le *manse seigneurial*, c'est-à-dire l'habitation du maître, l'église, le moulin et les bâtiments d'exploitation, entourés de vergers et de jardins. Par suite de la disposition topographique des lieux et des circonstances du récit des *Gestes de saint Hadouin*, le manse seigneurial de Douillet ne pouvait occuper que deux emplacements : celui de l'ancien presbytère qui semble avoir été de tout temps le centre d'une exploitation importante, ou mieux encore celui du château actuel ; quant à l'église, et pour les mêmes motifs, sa position n'a pu être modifiée et elle s'élevait sans aucun doute sur le même point qu'aujourd'hui, ainsi que le moulin établi assurément de très bonne heure sur la rivière d'Orthe, au pied du rocher que dominent l'église et le château. Du manse seigneurial dépendait en outre une étendue considérable de terres, de bois et de prés ; ces terres étaient cultivées, suivant l'antique système des Romains, au moyen de corvées, la corvée de labour *aratura*, et la corvée de moisson *peditura in messe*, entre autres. — 2º Autour du manse seigneurial et sur divers points du domaine, se groupèrent ensuite un certain nombre de manses tenus à cens par des colons libres ; chacun de ces manses consistait dans une petite maison en bois, à laquelle étaient attachés des champs et des prés d'une étendue suffisante pour l'entretien d'une famille de paysans. — 3º Sur d'autres points s'établirent des manses tenus par les serfs. — 4º Enfin çà et là s'élevèrent les cases occupées par les hôtes, locataires de passage, qui payaient une redevance en argent (1). Une partie importante du sol dépendant du domaine de Douillet fut ainsi défrichée, et peuplée bientôt d'une population laborieuse, dont les efforts étaient encouragés par les enseignements qu'elle recevait périodiquement à l'église de la villa.

L'étendue de la paroisse de Douillet à l'époque carlovingienne est impossible à déterminer. Cependant, d'une manière générale, on peut dire que son territoire, limité à l'est par la Sarthe, comprenait au nord une portion de la paroisse de Saint-Georges-le-Gaultier qui n'existait pas encore (2), et s'étendait dans cette direction jusqu'aux bois du monastère de Vendœuvre. De même au sud il empiétait très-probablement sur les landes désertes qui firent partie plus tard des paroisses de Montreuil-le-Chétif et de Saint-Aubin-de-Locquenay, créées postérieurement. Mais à l'Ouest, dans les environs de Mont-Saint-Jean, il exista dès une époque reculée un autre domaine qui succéda sans doute à l'établissement gallo-romain de Roullé, de telle sorte que c'est principalement au nord et au sud que la paroisse de Douillet devait alors dépasser ses limites actuelles.

Dans tous les cas, l'église de Douillet semble, d'après les traditions, une des plus anciennes de la contrée, et elle est certainement antérieure à plusieurs églises voisines. Fondée et possédée directement par l'autorité épiscopale, il

---

(1) Cf. sur le domaine rural : Guérard, *Cartulaire de l'abbaye de Saint-Père de Chartres*. Paris, 1840, I. intr. — A. Longnon. *Géographie de la Gaule*. — M. L. Gautier, *Cours professé à l'Ecole des Chartes*.

(2) Cauvin. *Géogr. ancienne*. p. 29.

n'y aurait même rien d'étonnant à ce qu'elle ait été alors une église privilégiée, possédant des fonts baptismaux et un cimetière, comme les églises des *bourgs publics*. Toutefois elle n'est pas comprise sur la liste, fort incomplète il est vrai, des bourgs publics mentionnés dans les annales ecclésiastiques du diocèse ; or on ne pourrait tenter de compléter cette liste sans substituer l'arbitraire à la réalité des faits.

Au reste, l'histoire des développements successifs de la paroisse de Douillet pendant la longue période qui s'étend du VIII° au XI° siècle, est très obscure et fort compliquée. Elle peut se résumer en une phrase : la nouvelle paroisse se débat péniblement contre la barbarie, qui menace pour la seconde fois d'étouffer les germes de civilisation semés par le christianisme dans la vallée de la Sarthe ; lutte pleine de contrastes, de péripéties sanglantes, signalée tour à tour par des désastres et des périodes de calme.

Pendant le VII° siècle, sous les épiscopats de saint Hadouin et de saint Béraire, qui comptent au nombre de ses grands évêques, l'Église du Mans avait augmenté ses centres d'action par la création de paroisses ou d'établissements religieux. Dans notre contrée en particulier, saint Cénéry avait fondé sur les rives de la Sarthe, à quelques lieues de Douillet et non loin de Vendœuvre, un second monastère, devenu lui aussi un lieu de pèlerinage célèbre, où les populations accouraient en foule (1). Les progrès de l'élément chrétien se continuèrent aïnsi, malgré la cupidité des leudes et l'envahissement périodique des biens ecclésiastiques, jusqu'à l'épiscopat funeste de Gauziolène (725-770). A ce moment le Maine tombe dans une anarchie complète ; un usurpateur s'empare de l'autorité civile et épiscopale; les Bretons menacent la frontière, et Charles Martel s'avance vers l'ouest à la tête d'une armée. Au milieu de ces mouvements une troupe quelconque vient camper dans la vallée de la Sarthe, ravage le monastère de saint Cénery et toutes les campagnes voisines (2). Douillet est sans aucun doute sur son passage, et les premières années du VIII° siècle sont pour la paroisse une époque néfaste.

Charlemagne rétablit ensuite l'ordre dans le Maine qu'il vient visiter vers 776. Il donne à l'Église du Mans un pasteur dévoué, et lui rend la propriété d'une partie des biens dont elle a été dépouillée : le domaine de Douillet n'est pas compris dans ces diplômes de restitution, soit qu'un seigneur franc l'eut usurpé

---

(1) L'abbé P. — *Saint Cénery le Geré, ses souvenirs, ses monuments.* Le Mans 1865, in-12. — Chapitres VII et VIII.

(2) *Acta Sanctorum,* 7 mai... *Vita sancti Cenerici.*

définitivement à la faveur des troubles précédents, soit qu'il eut été déjà concédé en bénéfice à quelque laïque.

La mort du grand empereur est d'ailleurs le signal de nouveaux troubles et de nouvelles usurpations. En vain saint Aldric, un des hommes les plus illustres qui aient jamais occupé le siège de saint Julien, s'efforce-t-il d'encourager les travaux agricoles par la création de métairies, dont l'une particulièrement est établie près de Douillet, sur le territoire de Mont-Saint-Jean (1) ; en vain ne cesse-t-il de défendre les intérêts temporels et spirituels des paroisses rurales, son épiscopat voit se succéder une alternative de quelques années calmes et de nombreuses années malheureuses. Enfin en 840, à la mort de Louis le Débonnaire, une révolte chasse saint Aldric lui même de la ville du Mans, et peu après commencent les guerres avec les Bretons, puis les invasions normandes, qui désolent tour à tour le pays jusqu'à la fin de l'époque carlovingienne.

L'histoire de cette funeste période est peu connue, et jusqu'ici la date de la prise du Mans par les Normands n'a même pas été précisée. Il n'en est pas moins certain que Bretons et Normands dévastèrent le Maine avec un égal acharnement, promenant partout le pillage, l'incendie et la mort (2). La paroisse de Douillet et ses environs ne furent pas épargnés. Nous en citerons pour preuves, d'une part la destruction des monastères de saint Cénery et de Vendœuvre, dont les moines furent contraints de transporter les reliques de saint Léonard dans les montagnes du Morvan, au diocèse d'Autun ; d'autre part l'existence dans la forêt de Sillé, à une faible distance de Douillet, d'un *oppidum* destiné à protéger les populations qui venaient se réfugier dans la forêt, et à leur fournir en cas d'attaque un dernier point d'appui.

Situées sur les bords d'un vaste étang, au milieu d'un fourré épais et dans un site aussi pittoresque que sauvage, les ruines de cet oppidum, connu sous le nom romantique du *vieux château de la forêt*, ont soulevé longtemps de longues discussions ; tour à tour on les a attribuées aux époques les plus différentes (3), et en 1878 seulement un mémoire excellent décidait la question jusqu'à preuve contraire, en démontrant que le vieux château de la forêt devait être un refuge carlovingien (4).

(1) Dom Piolin. — *Hist. de l'Église du Mans*, II, p. 231.

(2) G. de Lestang. — *Dissertation sur les incursions normandes dans le Maine*. Le Mans, 1855.

(3) Ledru. *Annuaire de la Sarthe*. Le Mans, 1815, in-18, p. 14. — Pesche. *Dictionnaire de la Sarthe* art. Sillé. — De la Sicotière. *Excursions dans le Maine*. Le Mans, 1841, in-8°.

(4) L'abbé R. Charles. *Un oppidum carlovingien dans la forêt de Sillé-le-Guillaume*. Tours, Bouserez, 1878, in-8°.

Tout en renvoyant pour les détails au mémoire qui lui est consacré, nous rappellerons ici que cette opinion très judicieuse semble résulter en effet de trois considérations importantes : l'emplacement, le mode de construction, les termes de certains textes du XVᵉ siècle. — Placé hors du parcours des anciennes voies, au plus profond du bois, loin des rivières mais sur le bord des étangs d'où sortent les ruisseaux qui sillonnent le massif de la forêt, cet oppidum paraît avant tout un réduit pour l'occupation ou la défense de la forêt. Dominé par un coteau voisin, protégé par des marécages dont les eaux croupissantes rendent parfois son accès impossible, il ne présente en rien l'aspect de ces châteaux féodaux qui étaient dans la pensée du seigneur une menace plutôt qu'un refuge ; il semble qu'on ait voulu le soustraire à l'attaque, le dissimuler à l'ennemi, tout en permettant à la garnison de surveiller sans trop s'éloigner, les ravins environnants. — De même le plan, qui comporte une enceinte rectangulaire, flanquée de tours rondes, se rapproche bien plus du plan des constructions gallo-romaines que de celui des forteresses postérieures au XIᵉ siècle : en même temps l'appareil grossier et irrégulier, le peu d'épaisseur des murailles, leur faible élevation, indiquent une défense improvisée et ne témoignent nullement d'un art militaire avancé : c'est, dans l'ensemble, une chétive construction due à une époque de transition, un mélange de souvenirs romains et de souvenirs barbares. Enfin dès 1409 on avait perdu toute donnée historique sur le vieux château de la forêt, ruiné depuis bien longtemps déjà.

« Item, dit par exemple un aveu du baron de Sillé du 20 août 1409, mon » habergement du Defays ainsi comme il se poursuit, avecques les foussés et » cloyson d'environ, *auquel soulloit avoir chastel*, lequel est situé et assis dans » ma dite forest (1) ». D'où il résulte que l'oppidum qui nous occupe était abandonné au moins antérieurement au XIVᵉ siècle et qu'il n'a joué aucun rôle militaire dans les guerres du moyen âge.

Si donc l'étendue relativement restreinte de son enceinte ne permet pas de le considérer comme un refuge destiné à abriter quelque temps une nombreuse population, à l'exemple de ces vastes refuges de la vallée de la Moselle qui contenaient des moulins et des églises (2), il n'en est pas moins probable que l'oppidum de la forêt de Sillé fut construit en toute hâte, et peut-être même par ordre de Charles le Chauve, au moment des invasions du IXᵉ siècle : il aurait eu pour objet alors de donner un point d'appui aux populations que la fureur des Normands ou des Bretons obligeait à quitter leurs villages pour fuir dans les bois.

(1) Archives de la Sarthe. E. 227.
(2) M. R. de Lasteyrie, *Cours d'archéologie*, *professé à l'Ecole des Chartes*.

C'est en effet dans la forêt de Sillé que les habitants de Douillet accouraient se réfugier avec leurs familles et leurs bestiaux, lorsqu'on signalait la présence des envahisseurs dans la vallée. C'est autour de l'oppidum, si bien dissimulé dans le taillis et occupé par quelques soldats, qu'ils venaient chercher un abri momentané, après avoir abandonné leurs misérables cabanes et leur modeste église. Là ils trouvaient les ressources nécessaires à la vie : l'étang leur fournissait du poisson, la forêt du gibier. Puis l'invasion terminée et la horde embarquée pour une autre région, les populations reprenaient possession de leurs villages ; elles relevaient les ruines de leur église, qui souvent n'était qu'une construction en bois ; elles construisaient de nouvelles huttes, et vivaient dans un calme relatif jusqu'à une prochaine alerte.

Cette situation pleine d'angoisses, qui mettait le clergé et les habitants des campagnes aux prises avec la barbarie toujours renaissante, se prolongea pendant tout le X⁰ siècle. Elle eut pour effet de suspendre les défrichements et les travaux agricoles entrepris au siècle précédent, par conséquent d'arrêter le développement intellectuel et moral des populations rurales. Le clergé régulier dispersé par les barbares, le clergé séculier discrédité par l'ignorance et la simonie, se trouvèrent dans l'impossibilité de soutenir leur rôle ; les seigneurs, avides et puissants, profitèrent de l'occasion pour s'emparer des biens ecclésiastiques et faire peser sur tous le joug de la force brutale ; de telle sorte que la société, ébranlée par ce retour offensif de la barbarie, fut sur le point de s'effondrer, comme jadis au V⁰ siècle.

Sur ces entrefaites heureusement, l'approche de l'an mille, qu'une fausse interprétation des Écritures désignait comme l'époque de la fin du monde, vint ranimer puissamment la foi des populations et rendre aux idées religieuses leur influence moralisatrice ; la piété redoubla à mesure qu'approchait le danger, et bientôt il y eut dans toute la terre une inquiétude inexprimable. L'épouvante ne fut pas moins vive sur les rives de la Sarthe que dans les autres pays de la France ; chaque jour de l'année funeste s'écoula au milieu d'angoisses et de prières ferventes. Or ce furent précisément cette foi profonde et cette crainte salutaire de la justice divine qui préparèrent peu à peu le grand mouvement d'enthousiasme et de renaissance religieuse, dans lequel la vie rurale devait puiser, au XI⁰ siècle, une vigueur nouvelle.

CHAPITRE V

LA PAROISSE DE DOUILLET AUX XIe ET XIIe SIÈCLES

Reconstruction de l'église après l'an mille. — Découvertes de sarcophages. — La reine Berthe. — Établissement de la féodalité. — Guerres avec les Normands. — La Commune. — Les croisades. — Développement de l'élément paroissial. — Dessèchement subit de la Sarthe à Fresnay en 1168. — Guerre entre Philippe-Auguste et Jean sans Terre : le roi de France est-il venu à Moré, en la paroisse de Douillet ?

ALGRÉ les prodiges qui avaient glacé d'effroi les populations, malgré les prophéties qui annonçaient la fin du monde, l'an mille ne vit s'accomplir aucune des catastrophes prédites. « Aussitôt, disent les chroniqueurs, les peuples, ressentant en eux-mêmes comme une vie nouvelle, se laissèrent aller à des transports de joie. A une morne stupeur on vit succéder une activité extraordinaire, et l'humanité rassurée se remit à vivre, à travailler et à bâtir ». — La première moitié du XIe siècle fut dès lors marquée dans toute la France par un grand mouvement de renaissance sociale, qui se produisit sous deux formes distinctes : d'une part la réorganisation de la société religieuse, accompagnée d'une reconstruction générale des églises ; d'autre part l'établissement de la féodalité, suivie de la construction des châteaux.

Nous trouvons à Douillet et dans les environs, comme partout ailleurs, les conséquences de ces importants progrès de l'État social (1). En premier lieu effectivement, d'après une tradition conservée dans les *Chroniques*, l'église de Douillet aurait été reconstruite au XIe siècle. Peut-être, ainsi que nous l'avons déjà dit, ne consistait-elle auparavant qu'en une simple chapelle en bois, comme

(1) Il est bon de se rappeler en effet que l'établissement du régime féodal fut un progrès, étant donnée la situation déplorable du pays à la fin du Xe siècle. Un régime organisé, si défectueux qu'il soit, est toujours préférable à l'anarchie, et le système féodal, c'est-à-dire le groupement des faibles autour des plus forts, était alors le seul possible.

on en voyait à cette époque sur divers points du Maine. Dans tous les cas il est possible de faire remonter au XIe siècle les murs de la nef, aujourd'hui disparus, tels qu'ils existaient encore en 1874. L'appareil de la muraille du sud principalement, les petites fenêtres dont elle était percée, sortes de meurtrières longues et étroites ouvertes à une hauteur considérable au-dessus du sol, le pinacle qui surmontait le pignon de la façade, enfin la porte occidentale entourée d'un rang de denticules aigus, rappelaient sous tous les rapports le type ordinaire des églises rurales de l'ère romane secondaire.

Il est certain du reste que la paroisse de Douillet avait au XIe siècle une importance relative. Nous en avons pour preuve la découverte récente de plusieurs de ces cercueils en pierre, si usités depuis l'époque mérovingienne. Enfoui à une profondeur de 0m 75c environ, non loin des murs de l'église, le mieux conservé de ces cercueils, dégagés en 1877, est en grès roussard, en forme d'auge rétrécie aux pieds ; sa longueur extérieure est de 2m 15 ; sa largeur à la tête est 0m 77c, aux pieds de 0m 35c ; la hauteur totale extérieure de 0m 30c. Il était orienté de l'est à l'ouest, les pieds à l'Orient, la tête à l'Occident. Tous ont du être fouillés à plusieurs reprises, car ils ne contenaient que de la terre remuée, leurs couvercles étaient brisés, et ils n'ont fourni aucun des objets que l'on retrouve souvent dans les sépultures (1). Nous ne pouvons donc leur assigner de date même approximative ; toutefois ils ne doivent pas être postérieurs au XIe siècle, à partir duquel les cercueils présentent généralement une niche carrée ou ronde à l'emplacement de la tête et des parois bombées. Semblables aux cercueils découverts à Saint-Cénéry et à Sougé-le-Ganelon, ils offrent l'aspect des tombes les plus fréquentes à l'époque barbare (2).

Quoi qu'il en soit, la reconstruction de l'église de Douillet au XIe siècle ne serait pas un fait isolé dans la contrée. Sans rappeler ici l'expression pittoresque de Raoul Glaber, d'après lequel le monde entier secouait alors les haillons de son

---

(1) Plusieurs autres sarcophages avaient été trouvés avant 1844 comme le constate Desportes dans sa *Bibliographie du Maine*, p. 50. — D'autres encore avaient été dégagés en 1865 à l'intérieur même de l'église, mais dans le chœur et le transept, c'est-à-dire dans les parties les moins anciennes auxquelles ils étaient sans doute antérieurs. Il n'en a été découvert aucun dans la nef qui occupe l'emplacement de l'église primitive, et cela se conçoit sans peine, puisqu'il fut interdit en Gaule du VIe au XIe siècle, d'inhumer dans les églises.

(2) Un grand nombre de cercueils du même genre ayant été découverts dans le Maine, il nous est impossible de donner ici la bibliographie de cette question, V. entre autres : l'abbé P. *Saint-Cénery* etc, p. 47. — Moulard, *Chroniques de Sougé*, p. 172, — de Caumont, *Arch. relig.* — L'abbé Cochet, *la Normandie souterraine* etc. — Horstein. *Les sépultures.* — M. de Lasteyrie, *Cours d'archéologie professé à l'Ecole des Chartes* etc.

antiquité pour revêtir la robe blanche des églises, elle semble coïncider avec la fondation de nouvelles chapelles à Montreuil-le-Chétif, Moitron, Saint-Christophe-du-Jambet et Ségrie, attribuée par la tradition et la reconnaissance des populations à la *reine Berthe*. Bien plus, s'il est permis, comme nous l'avons tenté, de mettre ici d'accord l'histoire et la légende (1), ou au moins d'admettre le passage dans les landes des *Bercons* de l'épouse divorcée de Robert le Pieux, il faut bien reconnaître, par une conséquence forcée, que l'influence de cette princesse bienfaisante et malheureuse se sera étendue sur les paroisses voisines, entre autres sur celle de Douillet, une des plus rapprochées de Montreuil-le-Chétif, d'où partait « la bonne reine Berthe », montée sur un âne, pour répandre dans tous les environs ses aumônes et ses encouragements.

Mais des événements d'un autre genre ne tardent pas à agir profondément sur l'esprit des populations de notre territoire. A la même époque s'organise le régime féodal, né des faiblesses du pouvoir central qui entraînent la fusion de la souveraineté avec la propriété, et de l'état de guerre perpétuel qui force les faibles à se grouper autour des plus forts. Bientôt le sol du pays est divisé en une multitude d'états indépendants, et le Maine, enclavé par suite de cette division entre des états plus puissants, devient une proie souvent disputée par la ruse ou les armes. Sur toutes les frontières s'élèvent des forteresses, sur tous les points favorables à la résistance se construisent des châteaux, à l'abri desquels viendront se réfugier les habitants des campagnes.

Située sur les confins du Maine et de la Normandie et dans la partie de la vallée de la Sarthe qui ouvre une route naturelle aux invasions venant du nord, la paroisse de Douillet se trouva comprise dans la zône frontière du comté du Maine, et par suite enserrée dans un réseau de forteresses. A l'Est, sur un rocher escarpé que baigne la Sarthe, les vicomtes de Beaumont construisirent le château de Fresnay ; au S-O, sur la lisière de la forêt, les barons de Sillé élevèrent celui de Sillé-le-Guillaume ; enfin au N. Geoffroy de Mayenne bâtit pour son fidèle allié Giroie la forteresse de Saint-Cénery. Le domaine de Douillet devint-il alors, lui aussi, la demeure d'un seigneur féodal? Nous ne saurions le dire. Si un château fort ne s'éleva jamais sur l'emplacement de l'ancienne *villa*, nous voyons au XI° siècle un seigneur nommé *Raoul de Dollet*, figurer comme témoin dans une charte du *Cartulaire de Saint-Vincent* (2).

Quant à l'ensemble du territoire de Douillet, placé au centre d'un triangle

---

(1) Robert Triger. *La légende de la reine Berthe et la fondation des églises de Moitron, Ségrie, Saint-Christophe du Jambet et Fresnay*. Mamers, 1883. in-8°.

(2) *Cartulaire de Saint-Vincent*, copie de la Bibl. du Mans, n°ˢ 805 et 73. « De annuitione terræ Arnulfi de Monte Barbato, quæ vocatur Alliandres ».

4

dont les trois forteresses précédentes occupaient les sommets, il ne tarda pas à ressentir, dès le milieu du XIe siècle, les contre-coups funestes des luttes acharnées que se livrèrent les diverses maisons féodales et surtout des longues guerres entre les Manceaux et les Normands. Tour à tour et à plusieurs reprises, Guillaume le Conquérant s'empara des châteaux de Saint-Cénery, Fresnay et Sillé ; ses troupes parcoururent la contrée en tous sens et la ravagèrent affreusement. Nous n'avons pas à entrer ici dans le détail de ces guerres, dont les épisodes peu variés ne consistent qu'en sièges et en trahisons. Rappelons seulement le fait célèbre qui les domine.

Vers l'année 1071, après avoir chassé de leur ville la garnison normande, que Guillaume le Conquérant alors en Angleterre ne pouvait secourir, les habitants du Mans formèrent entre eux une association jurée, qui s'organisa sous des chefs électifs et prit le nom de *Commune.* Par force ou par crainte, l'évêque du Mans et Geoffroy de Mayenne, tuteur du jeune comte du Maine, ainsi que la plupart des seigneurs, prêtèrent serment à la Commune ; quelques barons seuls s'y refusèrent et Hugues de Sillé fut du nombre. Les membres de la Commune envoyèrent aussitôt des messagers dans tous les environs, et rassemblèrent une multitude de paysans qui vinrent attaquer avec fureur le château de Sillé ; l'évêque et les prêtres de chaque paroisse marchaient à leur tête, de gré ou de force, avec les croix et les bannières. L'entreprise échoua par suite de la trahison de Geoffroy de Mayenne qui aida la garnison du château à disperser la multitude des vilains. Or, qu'on veuille voir dans cet événement une révolution politique ou une simple émeute, il est évident qu'il surrexcita vivement les esprits dans les campagnes voisines de Sillé, et particulièrement sur le territoire de Douillet qui relevait au point de vue féodal, comme nous le dirons plus loin, de la baronnie de Sillé. Une telle prise d'armes montre que les populations rurales commençaient à avoir conscience de la liberté civile qui leur appartenait de droit, et qu'elles étaient prêtes à lutter à la fois contre les Normands pour l'indépendance de leur pays, et contre les barons pour l'indépendance de leurs personnes. Elle montre encore que le sentiment religieux dominait quand même au-dessus de ces tendances diverses, et que l'élément paroissial avait déjà une grande consistance, puisque les conjurés avaient attaché tant d'importance à l'alliance du clergé. En mettant ainsi à leur tête les prêtres de leurs paroisses, les vilains des environs de Sillé proclamaient à leur insu que la meilleure garantie contre l'oppression féodale était pour eux la doctrine de l'Évangile ou l'intervention bienfaisante de l'Église. Ces idées, qu'il était utile de signaler dans leur germe, exerceront peu à peu une action salutaire sur la situation morale du pays et amèneront un jour la formation dans chaque paroisse d'une classe libre, intelligente et forte.

Ce résultat néanmoins ne pouvait être obtenu de si tôt : les révolutions violentes ne fondent rien de durable, et la brusque tentative des paysans sur le château de Sillé n'aboutit qu'à une répression énergique. Définitivement maître de l'Angleterre, le Conquérant accourut dans le Maine avec une armée d'aventuriers de race anglaise, « heureux de marcher contre les Manceaux comme à un acte de vengeance nationale ». Ils enlevèrent le château de Fresnay et plus tard celui de Sillé, se livrant avec frénésie dans les campagnes voisines à tous les genres de dévastation, « coupant les arbres, brûlant les hameaux, faisant au Maine tout le mal qu'ils auraient voulu faire à la Normandie (1) ».

Ces excès se renouvelèrent dix ans plus tard, lorsque le vicomte de Fresnay, Hubert, se fut allié au comte d'Anjou contre Guillaume le Conquérant ; on peut même dire, qu'à dater de cette époque jusqu'à la fin du siècle, la contrée fut perpétuellement désolée par la guerre. C'est à peine si la prédication de la première croisade et le passage dans le Maine, au mois de mars 1096, du pape Urbain II, suspendirent pendant quelque temps les combats qui se livraient tour à tour sous les murs de Fresnay, de Sillé et de Saint-Cénery. Enfin la mort de Guillaume Le Roux, survenue le 2 août 1100, rendit la paix à la province qu'elle fit rentrer sous la domination de son souverain légitime le comte Hélie.

Dès lors et pendant la plus longue partie du XIIᵉ siècle, le territoire de Douillet et ses environs jouirent d'un calme relatif. Les guerres privées, entravées par les croisades, devinrent moins fréquentes et surtout changèrent de théâtre, de sorte que nos campagnes n'eurent plus à supporter que quelques secousses isolées. Aussitôt, vers le milieu du siècle, se produisit un nouvel élan du sentiment religieux. Commencé dans le Maine avec le calme qui suivit la mort de Guillaume le Roux, développé par le succès de la première croisade et favorisé par l'épiscopat de deux grands évêques, Hildebert et Guillaume de Passavant, il se révèle à nous par le départ de plusieurs seigneurs pour la croisade, et par une organisation plus complète de l'administration ecclésiastique.

N'ayant malheureusement aucun document sur l'histoire féodale de Douillet à cette époque, nous ne sommes pas en mesure d'apprécier dans quelles proportions ni sous quelle forme les croisades mirent en mouvement nos populations. Rappelons seulement qu'en 1159 cent huit seigneurs de la contrée prirent la croix dans l'église N. - D. de Mayenne, exemple qui fut encore suivi plus tard par d'autres barons : on trouve parmi eux un membre de la famille de Montesson, à laquelle appartiendra dans la suite la seigneurie de Douillet (2).

(1) A. Thierry. *Lettres sur l'histoire de France.* Paris, Garnier, in-12, p. 229 et 231.

(2) L'abbé Pointeau. *Les croisés de Mayenne en 1158.* — Borel d'Autrive. *Annuaire de la noblesse* pour 1863, p. 246. — *La noblesse du Maine aux croisades* etc.

Au contraire les progrès accomplis vers le même temps par l'élément paroissial sont mieux accentués dans l'histoire de Douillet. Ainsi, dans le courant du XIIe siècle, le seigneur donne le terrain nécessaire pour bâtir un presbytère ; il contribue ensuite à la construction des bâtiments, et prend en conséquence le titre de fondateur temporel de la paroisse. Désormais les curés furent forcés, en prenant possession, de lui rendre une déclaration par laquelle ils reconnaissaient tenir de lui le presbytère et ses dépendances (1). La seigneurie de Douillet semble donc constituée, et les *Chroniques* nous disent, « qu'un logis seigneurial » existait déjà sur l'emplacement du château actuel.

De même, on commence à entrevoir les traces d'une hiérarchie nouvelle dans l'administration ecclésiastique. Fresnay, qui a pris une grande importance depuis la construction de son château fort et les guerres du XIe siècle, est devenu le chef-lieu d'un doyenné. Dès l'année 1126, on voit figurer comme témoin dans une charte un prêtre qualifié *decanus de Fraterniaco* ; ce qui autorise à penser que la division en archiprêtrés et doyennés est dès lors un fait accompli. L'ancienne suprématie des *bourgs publics* avait disparu en effet dans l'anarchie du Xe siècle, et la prépondérance religieuse aussi bien qu'administrative était passée aux agglomérations fortifiées, qui offraient en cas de guerre un asile aux populations. Là, furent institués de bonne heure des curés principaux ou *doyens*, chargés de correspondre avec l'archiprêtre, de servir d'intermédiaires entre l'autorité épiscopale et le clergé des campagnes. Leur juridiction s'étendait sur plusieurs paroisses, et il n'est pas douteux, d'après toutes les traditions, que la paroisse de Douillet ne fît alors partie de la circonscription du doyen de Fresnay.

En l'année 1168, au mois de février, un événement singulier vint mettre en émoi cette circonscription tout entière. La Sarthe se dessécha subitement au pied du château de Fresnay, de telle sorte que pendant une heure et demie on put passer à pied sec dans un endroit où les chevaux ne pouvaient auparavant traverser la rivière qu'à la nage. — Ce phénomène, alors inexplicable, causa dans toutes les paroisses situées sur les rives de la Sarthe une vive émotion : comme au Mans, où il s'était produit un fait analogue en 820, on crut à un prodige annonçant quelque catastrophe prochaine et le pays entier fut saisi d'effroi. — Il est probable, ainsi que nous venons de le montrer ailleurs (2), que ce dessèchement subit provenait simplement d'une secousse du sol, car il coïncide avec un tremblement de terre signalé par Robert de Torigny dans sa *Chronique du Mont Saint-Michel* et par un dominicain anglais du XIIIe siècle, Nicolas de Treveth. Aussi

(1) *Chroniques,* f°s 9 et 11.

(2) Robert Triger. — *Les dessèchements subits de la Sarthe au Mans et à Fresnay en 820 et 1168.* Le Mans, 1884, in 8°.

les craintes des habitants de Douillet, qui voulaient y voir un événement surnaturel, ne se réalisèrent pas.

En 1168 et 1188 la contrée fut encore désolée, il est vrai, par deux guerres entre les rois de France et d'Angleterre, mais la paroisse de Douillet ne semble pas cette fois avoir été atteinte directement. Bientôt d'ailleurs, pendant que le Maine fut soumis à la domination de Richard Cœur de Lion, une tranquillité absolue régna sur les marches du Maine et de la Normandie ; les luttes privées étaient enfin terminées et l'activité des barons absorbée par les croisades. Ce ne fut qu'après le meurtre d'Arthur de Bretagne par Jean Sans-Terre, lorsque Philippe-Auguste eut résolu de confisquer le Maine et la Normandie, que la guerre vint de nouveau troubler notre région. Mais au moins ce n'était plus une guerre privée, ni une guerre civile, c'était la première guerre nationale entre les rois de France et d'Angleterre.

Une grave erreur, relative à un des épisodes de la lutte, s'est glissée jusqu'ici dans l'histoire de Douillet. Nous devons nous y arrêter un instant pour la détruire, d'autant plus qu'elle intéresse l'histoire générale de la contrée et qu'elle a été successivement répétée par plusieurs auteurs.

Les *Chroniques de Douillet* contiennent en effet le passage suivant: « Le » château de Moré est peut-être le plus ancien de la paroisse de Douillet. On lit » dans l'histoire de la ville d'Alençon que Robert III, descendant des » Montgommery, seigneur d'Alençon, après son retour d'une nouvelle croisade » en 1203, ayant abandonné le parti de Jean, roi d'Angleterre, fut un des premiers » seigneurs de Normandie à reconnaître Philippe-Auguste, roi de France. Le roi » Jean, irrité contre Robert, s'avança promptement sur Alençon pour en faire le » siège. Philippe-Auguste se hâta de secourir un de ses meilleurs alliés, mais » n'ayant pu réunir assez de troupes, il se transporta à *Moré, petit château en la* » *paroisse de Douillet, à quatre lieues d'Alençon*, où un grand nombre de » chevaliers s'étaient réunis pour un tournoi : « Braves chevaliers, leur dit-il, » Jean d'Angleterre, le meurtrier d'Arthur, la honte de la chevalerie, assiège en » ce moment le château du preux chevalier Robert ; marchons à son secours. Les » plaines d'Alençon.... Voilà le champ de l'honneur et de la gloire ! » Tous les » chevaliers partent sur le champ, mais Jean ne les attend pas. Il lève prompte- » ment le siège sans avoir le temps d'emmener ses bagages (1) ».

Malgré la position géographique « du château de Moré » situé, il est vrai, près d'Alençon, au confluent de la Sarthe et de l'Orthe, et dans une région qui servait de champ de bataille aux deux armées, ce récit fait naître dès la première

(1) *Chroniques*, f° 4.

lecture de nombreux doutes. Moré, « en la paroisse de Douillet », aujourd'hui
simple ferme, est un manoir peu considérable dont les constructions actuelles ne
peuvent guère remonter au delà du XVI° siècle. Bien que placé sur les hauteurs
qui dominent les deux rivières et commandent le gué de Moré, il ne présente en
rien l'aspect d'un château fortifié ; on n'y voit ni remparts, ni tours, ni fossés ;
un modeste colombier tient lieu de donjon ; de grandes fenêtres à meneaux
remplacent les meurtrières, et dans leurs larges baies on croit bien plutôt entrevoir une noble dame du XVI° siècle qu'un homme d'armes du XII°. Comment
donc admettre que ce manoir fut jamais une forteresse assez importante pour
servir de rendez-vous aux chevaliers du pays, et leur assurer une protection
suffisante pour donner une fête à quatre lieues à peine d'une armée ennemie ?
Comment admettre que Moré ait pu braver impunément la fureur de Jean Sans-
Terre, alors que le château d'Alençon, forteresse de premier ordre, était sur le
point de succomber ?

Ces doutes deviennent autrement sérieux encore lorsqu'on collationne les
Chroniques de Douillet avec l'*Histoire d'Alençon* qu'elles prétendent citer. Cette
histoire, écrite en 1806 par l'abbé Gauthier, dit seulement que Philippe-Auguste
se transporta à *Moret, sans préciser la situation de ce lieu.* Bien mieux, les
Mémoires historiques sur la ville d'Alençon d'Odolant Desnos, ouvrage antérieur
et d'une valeur historique supérieure, ajoutent sans aucune réticence : *Moret en
Gastinais.* Comme il n'existe pas d'autres histoires d'Alençon, il faut reconnaître
que les mots : « *petit château en la paroisse de Douillet, à quatre lieues d'Alençon* »
ont été ajoutés dans les *Chroniques de Douillet.*

Dès lors il ne saurait y avoir d'hésitation ; le Moret dont il s'agit est Moret en
Gatinais, château fort important où Philippe-Auguste séjourna à plusieurs
reprises, et où il signa un grand nombre d'actes (1). On peut même dire que ce
Moret, forteresse du domaine royal, était une des résidences préférées de Philippe-
Auguste ; c'était tout à la fois un château de plaisance, un château fort, et un
entrepôt commercial. Il est donc naturel d'y trouver assemblée une nombreuse
noblesse pour une de ces fêtes si fréquentes dans le voisinage de la cour, et dans
une province alors tranquille.

D'ailleurs, s'il restait quelques doutes, malgré ces considérations et l'affirmation
des historiens de Moret en Gatinais (2), les *Gestes de Philippe-Auguste,* par

(1) L. Delisle. — *Catalogue des actes de Philippe-Auguste,* Paris, 1856. — De 1186 à 1212,
M. Delisle cite *seize* actes signés par Philippe-Auguste à Moret en Gastinais, et six autres relatifs
au même château.

(2) « Ce fut du château de Moret (Seine et Marne) que partit Philippe-Auguste pour marcher
» contre Jean Sans-Terre ». *Notice sur Moret,* dans le *Magasin pittoresque,* année 1848, p. 231.

Guillaume le Breton, chapelain du roi et le meilleur de ses historiens, ainsi que le *Catalogue des actes de Philippe-Auguste*, dressé par M. L. Delisle, acheveraient de les dissiper. Guillaume le Breton raconte en effet que le roi, revenant du Poitou et apprenant dans les plaines de la Beauce la situation critique de Robert, courut à Moret chercher des secours, et revint en toute hâte de Moret vers Alençon, à grandes journées, « *magna itinera faciens* » (1), pour faire lever le siège. Cette expression si claire et si formelle ne peut, sous peine de ridicule, s'appliquer à la distance qui sépare Moré en la paroisse de Douillet du château d'Alençon ; quatre lieues, pour ces vigoureux chevaliers si bien montés, représentaient tout au plus une promenade d'une heure ou deux. Elle s'applique au contraire sans difficulté aux quarante cinq lieues environ que l'on compte d'Alençon à Moret en Gatinais. Enfin Jean Sans-Terre se trouvait devant Alençon du 11 au 15 août 1203, et Philippe-Auguste est précisément signalé dans le voisinage de Moret en Gatinais, à Fontainebleau, pendant ce même mois d'août 1203 (2).

Il y a donc lieu de rejeter définitivement de l'histoire de Douillet cet épisode fantaisiste, qu'une confusion un peu forte ou un défaut absolu de critique y avait introduit. C'est une page intéressante à effacer peut-être, mais devant la vérité tout autre sentiment doit disparaître, même ce sentiment si profond que l'on appelle l'amour du clocher.

Cependant, si Philippe-Auguste ne vint jamais à Douillet, ses succès sur Jean Sans Terre n'en eurent pas moins une grande conséquence pour cette modeste paroisse. Ils firent rentrer son territoire sous l'autorité directe du roi de France et le délivrèrent pour toujours de l'influence anglo-normande. C'est assurément un des événements les plus heureux de son histoire, au point de vue politique et au point de vue national.

(1) Guillaume le Breton. *Gestes de Philippe-Auguste*, Paris 1882, tome I, p. 211. — *Historiens des Gaules et de France*, XVII, p. 76.

(2) L. Delisle. *Catalogue des actes de Philippe-Auguste*, p. CVI, col 2. — *Œuvres de Rigord et de Guillaume le Breton*, Paris 1882, I, p. 211. — Th. Duffus et Hardy. — *Itinéraire de Jean sans-Terre,* dans les *Rotuli litt. patent.* vol. I, part. I. Londres 1835, in-fol.

CHAPITRE VI

LA PAROISSE DE DOUILLET AUX XIIIᵉ ET XIVᵉ SIÈCLES
JUSQU'A LA GUERRE DE CENT ANS

Nouveaux progrès du sentiment religieux.'— Peintures murales découvertes dans l'église. — Dons faits par divers seigneurs de Douillet. — Rachat des dîmes par le chapitre. — La famille Bouteveile.—Les Tragin, seigneurs de Douillet. — Constitution définitive de la paroisse et de la seigneurie.— Le tombeau de Guillaume Bouteveile.

E XIIIᵉ siècle s'ouvre pour l'histoire de Douillet, comme on vient de le voir, par un fait important : la substitution de l'influence royale à l'influence anglo-normande dans cette partie de la vallée de la Sarthe. Pour la première fois depuis l'établissement du régime féodal, un roi de France montre dans le pays sa bannière victorieuse, et vient apprendre à tous qu'il existe une autorité supérieure au duc de Normandie, au vicomte de Beaumont et au baron de Sillé. Désormais il faudra compter avec cette autorité que feront respecter si énergiquement Blanche de Castille et saint Louis ; et les marches du Maine, placées sous la suzeraineté du roi de France, joùiront enfin d'une tranquillité jusqu'alors inconnue.

Le plus important des progrès qui suivirent les conquêtes de Philippe Auguste fut, comme il devait en être dans ce siècle de foi qu'on appellera le grand siècle du moyen-âge, le développement plus complet encore de l'élément paroissial et de l'architecture religieuse. Le premier arrive à sa constitution définitive, et la seconde atteint sa perfection. C'est en effet l'époque de la construction des églises actuelles de Fresnay, Saint-Christophe-du-Jambet et Ségrie, qui furent terminées dans la première moitié du XIIIᵉ siècle, et qui sont les trois types les plus parfaits du style roman de transition que possède cette partie du département de la Sarthe.

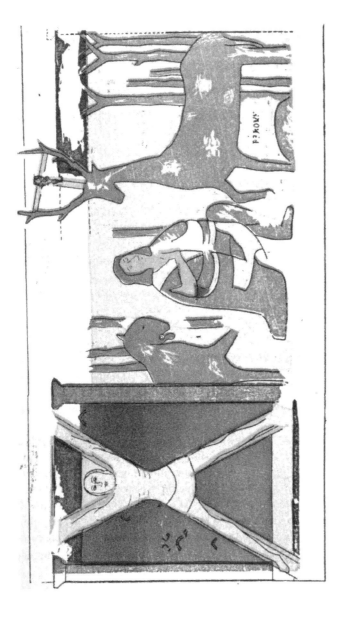

PEINTURES MURALES

Découvertes dans la nef de l'église de Douillet le 30 janvier 1878

Chromotypographie G. Fleury et A. Dangin.

Plus modeste que ses voisines, l'église de Douillet n'attire pas comme elles l'attention par les beautés de son architecture, mais elle peut au moins revendiquer un certain intérêt archéologique, grâce à de curieuses peintures murales récemment découvertes, et qui semblent appartenir, elles aussi, à cette époque féconde de l'art religieux. Le 30 janvier 1878, au moment où les murs de l'ancienne église allaient disparaitre pour faire place à une nef nouvelle, on découvrit, sur la muraille du Nord et sous une triple couche de badigeon, des fresques grossières formant plusieurs groupes distincts. Le principal, c'est-à-dire le plus rapproché de l'autel, du côté de l'Evangile, comprenait trois scènes juxtaposées. Au milieu un personnage à genoux devant un cerf crucifère ; à gauche saint André sur sa croix ; à droite une troisième figure trop détériorée pour qu'il fut possible de la nommer. La hauteur de ces fresques était d'environ 1ᵐ30 ; celle du milieu, plus large que les autres, avait une longueur de 1ᵐ80 c. Elles étaient séparées par des colonnes à chapiteaux très simples.

Le saint André n'offre rien de particulier au point de vue iconographique. Crucifié sans autres vêtements qu'une ceinture aux reins, sur une croix de couleur jaune, il se détachait en clair sur un fond rouge violacé, parsemé de quelques ornements noirs. Les membres longs et grêles, ainsi que le corps raide et mal proportionné, étaient dessinés par un large trait de couleur foncée, durement accentué : le visage allongé, encadré de cheveux tombant à plat sur les tempes, présente malgré de nombreuses imperfections une expression naïve de majesté et de souffrance ; deux bordures, l'une jaune, l'autre noire, entouraient la fresque en haut et en bas.

La scène principale est une représentation fidèle de la conversion de saint Hubert ou de saint Eustache. Au premier plan, le saint, un genou en terre, les mains jointes et le regard fixé sur le crucifix que supportent les bois du cerf. Comme les personnages importants des célèbres fresques de saint Savin, il parait revêtu d'un ample manteau dont les plis laissent entrevoir le ceinturon ; derrière lui piaffe un cheval grossièrement esquissé. Le cerf, de proportions très exagérées, porte fièrement la tête ; il semble qu'on ait voulu rappeler par cette attitude le rôle considérable qu'il était destiné à remplir, ou mieux traduire littéralement la légende, d'après laquelle le cerf merveilleux se distinguait des autres par sa taille extraordinaire et sa beauté. Au second plan, plusieurs troncs d'arbres d'une raideur excessive, véritables hiéroglyphes, représentent la forêt. — Les couleurs peu variées ne comportent que deux teintes, des ocres rouges et des ocres jaunes, combinées de telle sorte que le saint, son cheval, le cerf et les arbres se détachent en rouge sur un fond clair, formant ainsi contraste avec la scène précédente, dans laquelle les couleurs foncées sont au contraire réservées pour le fond du tableau.

La conversion de saint Hubert et celle de saint Eustache ayant eu lieu pendant une chasse, dans des circonstances identiques, il est assez difficile de préciser lequel des deux saints était ainsi honoré dans l'église de Douillet. La légende de saint Eustache, très connue au XIII° siècle et insérée dans la *Légende Dorée* de Jacques de Voragine (1), se retrouve dans les vitraux du chœur de la cathédrale du Mans, où elle occupe une fenêtre entière du triforium, soit vingt-cinq panneaux (2). D'autre part la légende de saint Hubert, le patron des chasseurs, est une des plus connues et des plus populaires. Illustrée sous toutes les formes par les artistes du moyen âge et de la renaissance, elle a été vulgarisée dans le peuple par l'imagerie d'Epinal. Toutefois saint Hubert qui vécut à la cour d'Australie, et devint évêque de Liège, est plus vénéré dans l'Est et dans le Nord que dans nos contrées ; au diocèse du Mans il n'est l'objet d'un culte spécial que dans une paroisse, celle de Vouvray-sur-Loir (3). En outre il a toujours été plus répandu dans la noblesse que dans l'église ; les seigneurs du moyen âge, si passionnés pour la chasse, donnaient fréquemment à leurs enfants le nom d'Hubert, et ils aimaient particulièrement à invoquer un saint personnage qui avait partagé leur vie et leurs plaisirs (4).

Tout d'abord on serait donc en droit de supposer que les fresques de l'église de Douillet décoraient un banc seigneurial et qu'elles sont dues à la générosité d'une noble famille, qui, voulant concourir à l'ornementation de l'église, aurait choisi un sujet conforme à ses goûts et à ses habitudes. Le culte de saint Hubert était bien placé d'ailleurs dans cette église de Douillet, alors perdue au milieu des bois et des rochers. Mais ces peintures peuvent avoir une portée plus haute. Qu'il s'agisse de saint Hubert ou de saint Eustache, elles prouvent l'intention évidente de consacrer le souvenir d'un incident de chasse. Non seulement la fresque principale reproduit, de préférence à toute autre scène de leur vie, la chasse merveilleuse qui détermina la conversion des deux saints, mais encore un

(1) Jacques de Voragine. *Légende Dorée*, Paris 1842, I, p. 335. — *Acta sanctorum*, 20 sept. et 30 novembre.

(2) E. Hucher, *Calques des vitraux peints de la cathédrale du Mans*, Le Mans, Monnoyer, in-fol.

(3) Dom Piolin, *Hist. de l'Eglise du Mans*, III, 175.

(4) *Acta sanctorum*, 3 nov. — Roberti. *Hist. de saint Hubert*, 1621. — *Hist. de saint Hubert* par les religieux du monastère de saint Hubert, Liège 1697. — Ed. Fetis, *Légende de saint Hubert*, Bruxelles 1846. — Stanislas Prioux, *Saint Hubert, apôtre des Ardennes*. — *La vie de Mgr saint Hubert d'Ardeine* imprimée à Paris vers la fin du XV° siècle par Guillaume Eustache, etc.

second groupe de peintures, dégagées vers le milieu de la nef, à quelque intervalle du premier, représentait aussi une forêt et des buissons au centre desquels on distinguait une tête d'enfant (1). Dès lors il faut y voir, croyons-nous, la pensée de conserver le souvenir de l'événement raconté par les *Gestes de saint Hadouin*, et qui provoqua au VIIe siècle la fondation de l'église de Douillet. Alain était, comme saint Hubert, un leude puissant et un grand propriétaire : comme lui il aimait passionnément la chasse ; comme lui il changea de vie à la suite d'une chasse pour se consacrer tout entier au service de Dieu. Il y a entre leurs situations des analogies frappantes qui auront déterminé le choix des sujets dont on s'est inspiré pour décorer les murs de l'église de Douillet. Textes, traditions, peintures, tout concourt pour établir que la paroisse de Douillet doit son origine à un incident de chasse, et ce fait explique par là même le sujet des fresques.

Quant à leur date, nous n'oserons rien préciser, nous bornant à constater qu'elles sont fort anciennes. Elles offrent en effet tous les caractères de l'art byzantin qui domine dans les peintures jusqu'à la moitié environ du XIIIe siècle; dessin raide et durement accentué par un large trait foncé, sans ombres ni perspective ; membres grêles et mal proportionnés ; visages allongés ; accessoires traités comme des hiéroglyphes ; teintes ocreuses ou rougeâtres de valeur égale, juxtaposées sans couleur intermédiaire, et formant des alternatives de fonds clairs et de fonds sombres. Vers la seconde moitié du XIIIe siècle au contraire, et surtout au XIVe, les peintures devenues plus rares changent d'aspect, de tonalité et le dessin se modifie en se perfectionnant. Nous croyons donc pouvoir dire que les fresques de l'église de Douillet ne semblent pas postérieures à la fin du XIIIe siècle. Jusqu'à cette date ce genre de décoration fut très commun. Dans les environs, les églises de Fresnay et de Saint-Cénery étaient également peintes, et ces fresques peuvent appartenir à une même école, car on y retrouve des caractères identiques dans le dessin et le coloris (2).

Dans tous les cas elles sont très intéressantes, puisque la peinture est, de tous les arts du moyen-âge, celui dont les monuments sont les plus rares en France. Aussi nous estimons-nous heureux d'avoir pu recueillir, à la dernière minute, le souvenir et la description des fresques qui décoraient l'ancienne église

---

(1) *Lettre* de M. l'abbé Moulinet, curé de Douillet, du 13 février 1878.

(2) Dom Piolin. *Notice sur Fresnay*, dans le *Maine et l'Anjou*. — E. de Beaurepaire. *Les Fresques de saint Cénéry*, dans le tome III du *Bulletin de la société des Antiquaires de Normandie*. — Discussion sur les peintures de saint Cénéry, dans le *Bulletin monumental* 1859. L'abbé P. *Saint-Cénéry* etc.

de Douillet, et lui donnaient un incontestable intérêt au point de vue archéologique (1).

Mais la foi profonde qui animait au XIII⁰ siècle la population de la contrée ne se révèle pas seulement par cet empressement à orner l'église paroissiale, elle se traduit encore par des donations faites à l'abbaye de Champagne, fondée depuis peu à quelque distance de Sillé par Foulques Riboule, seigneur d'Assé, et que les principales familles des environs comblaient alors de leurs bienfaits.

Ces donations nous font connaitre les noms de plusieurs seigneurs de la paroisse. Ainsi, dès l'année 1223, Guischard de Corbon reconnait une rente annuelle de sept sols, donnée en aumône perpétuelle à l'abbaye de Champagne par son père Guillaume de Corbon, sur les lieux de la Touche et de Corbon (2). D'où il résulte que le fief de Corbon et la métairie de la Touche existaient déjà. Ce Guillaume de Corbon, qui vivait à la fin du XII⁰ siècle, est le plus ancien seigneur du pays dont le nom soit parvenu jusqu'à nous ; il forme la souche d'une des principales familles de la paroisse qui possédera pendant plusieurs siècles la terre de Corbon, et se signalera à diverses reprises par des actes de générosité.

Vers la même époque, c'est-à-dire au milieu du XIII⁰ siècle, un autre seigneur, Philippe de Morie, léguait par testament à l'église de Douillet une rente de vingt-cinq sous tournois sur la terre de « la Cortelle », et il n'est pas douteux qu'il ne s'agisse ici du premier seigneur de ce fief de Moré dont nous avons déjà parlé. En effet, les propriétaires de Moré ont toujours payé dans la suite à la fabrique de Douillet, sur la métairie de la Courteille, une rente de huit sols, considérée comme très ancienne dès le XV⁰ siècle et dérivant sans doute de la fondation de Philippe de Morie. Au reste ce seigneur devait occuper dans la hiérarchie féodale un rang assez honorable, car sa veuve Roesia, dame de Seentgaut, épousa en secondes noces Guillaume, baron de Sillé, et en troisièmes noces Hugues de Courtarvel, qui appartenait à une des familles les plus puissantes de la baronnie (3). Ces alliances, en révélant les hautes relations des châtelains de Moré, expliquent dans une certaine mesure l'importance que ce fief conserva dans les souvenirs des habitants, importance qui devait aussi résulter de sa situation heureuse à l'entrée de la vallée de l'Orthe. Ajoutons toutefois que la dame de Moré, devenue baronne de Sillé, ne parait pas avoir montré envers l'église de

(1) Ces fresques sont à jamais perdues, le mur qu'elles recouvraient étant tombé tout d'un bloc au moment où l'on enleva la charpente de l'église, au commencement de février 1878.

(2) *Cartulaire de Champagne*, copié aux archives municipales du Mans.

(3) E. Hucher, *Notice sur Sillé-le-Guillaume et les environs*. Le Mans, 1855, in-8.

Douillet des dispositions aussi favorables que son premier mari. Par un testament daté de 1283, elle donnera ses biens à l'abbaye de Champagne, demandant à y être ensevelie près de la première femme du baron de Sillé, Agnès : bien plus en 1290, après avoir épousé le sire de Courtarvel, elle léguera de nouveau à l'abbaye de Champagne tous les biens acquis au cours de son dernier mariage dans les paroisses de Poillié et de Vimarcé, s'en réservant seulement l'usufruit pendant sa vie ; puis en qualité d'exécutrice testamentaire de Philippe de Morie, elle transportera à cette même abbaye de Champagne la rente que celui-ci avait laissée à l'église de Douillet, sous prétexte que le curé dudit lieu négligeait de remplir les obligations correspondantes à ladite rente (1). Cette sorte de révocation implique, comme on le voit, des dispositions peu bienveillantes : peut-être résulte-t-elle d'un de ces conflits fréquents au moyen-âge entre les curés et les seigneurs, entre l'élément paroissial déjà fort et l'élément féodal trop puissant. Elle semble avoir été atténuée plus tard par un compromis ou un nouveau legs, puisque la métairie de la Courteille paiera jusqu'à la Révolution, pour les seigneurs de Moré, une rente annuelle à la fabrique de Douillet. En tous cas, que les torts fussent du côté du curé ou du côté de la dame de Courtarvel, les progrès chaque jour croissants de l'influence ecclésiastique n'en furent point entravés.

Au contraire le chapitre intervient bientôt à son tour pour la fortifier encore dans la paroisse de Douillet en rachetant des dîmes tombées précédemment aux mains des laïques. Par un acte du 21 mars 1284, passé devant le doyen de Fresnay, Guillaume de Flaye chevalier, et Alice sa femme, vendent ainsi au chapitre pour une somme de 120 liv. tourn. les dîmes qu'ils avaient droit de percevoir à Douillet sur le blé, le vin, les pailles ; ainsi que la grange dîmeresse, « et toutes les autres « apartenances que ledit chevalier avait en la vile de Doillet ». — Ils font ratifier cette vente par leur fils aîné Jean de Flaye, et ils la confirment par un second acte, (en français) du 4 nov. 1284, dans lequel le prix de vente n'est plus que de 110 livres (2).

Il est assez difficile malheureusement de déterminer l'origine de cette famille de Flaye, qui pouvait occuper un rang important au XIIIe siècle dans la noblesse de Douillet. L'absence de textes et l'éloignement des paroisses ne permet guère de la rattacher à la famille de Flaye établie dès le XIe siècle à Flée, près de Château-du-Loir (3), ou à celles de Jean de Flacé de Connerré (1228) et de Nicolas de Flaë, chanoine du Mans en 1240 (4). Peut-être serait-il préférable de chercher son

(1) Arch. de la Sarthe, série H. — Bilard, *Inventaire sommaire*, p. 86, nos 424 et 425.
(2) *Livre Blanc* ou *Chartularium insignis Ecclesiæ cenomanensis*, Le Mans, 1869, in-4° p. 319.
(3) L'abbé Charles. *Saint Guingalois*, Le Mans 1879, p. 32 et 105.
(4) *Livre Blanc*, p. 270, 271, 335, 449.

lieu d'origine dans les environs de Sillé ou de Fresnay. Un document du XIII⁰ siècle, publié dans le *Cartulaire de la Couture*, place dans cette dernière région une terre nommée Flée (1) ; en 1484, Jean de saint Rémy, écuyer, est seigneur de Courtoussaint à Douillet, de Montigné à Montbizot, et de Flée (2) ; au XVI⁰ siècle le chapitre de Sillé rend aveu pour 22 sous de rente au fief de Flye (3) ; en un mot plusieurs indices tendent à faire croire à l'existence d'une seigneurie de Flée, réunie à un moment donné dans les mêmes mains que celle de Courtoussaint, et qui pourrait être le berceau de la famille de Flaye, propriétaire des dîmes de Douillet.

Quoi qu'il en soit de cette question accessoire, le jour même où le chapitre acheta ces dîmes à monsour Guillaume de Flaye, le 4 nov. 1284, il les afferma pour dix ans à deux habitants de la paroisse, Guillaume Renier et Juliot Boteveile. Le fermage annuel de 12 liv. tournois devait être payé en la ville du Mans, moitié à la Chandeleur, moitié à la Saint-Jean-Baptiste, et les deux fermiers s'engageaient « à tenir hostage personnel en ladite ville sanz en partir jusqu'à tant que le « chapitre se tenist por bien poié (4) ». Ils renonçaient aussi à toute exception de droit, même au privilège « de croix prise ou à prendre (5) ». Il est à remarquer que cet engagement ne fut pas désavantageux pour Juliot Boteveile qui devint bientôt un personnage ; ses descendants possèderont à Douillet un manoir de leur nom, la Bouteveillère, et au siècle suivant on élèvera à la mémoire de l'un d'eux, à l'intérieur même de l'église, un tombeau intéressant dont nous parlerons plus loin. En outre, il est très possible que Juliot Boteveile appartînt à une famille du même nom, habitant au Mans le faubourg Saint-Vincent, et fut parent de Géoffroy Bouteveile moine à l'abbaye de Saint-Vincent en 1292 (6).

Quelques années plus tard, en 1298, le chapitre qui cherchait à reprendre de tous côtés ses anciennes possessions, recouvrait encore des droits de justice sur les paroisses de Teillé et de Lucé d'un autre écuyer de Douillet Jean Tragin. (7) Cette

(1) *Cartulaire de la Couture*, Le Mans, 1882, in-4⁰ p. 239. Flée est ici traduit par Fyé.

(2) Arch. de la Sarthe. E. 59, 227. Plus tard, un Jacques de Saint Rémy sera qualifié seigneur de Fyé et Montigné. Arch. de la Sarthe E. 59. — Pesche, *Dictionnaire*. art. Montbizot. Flée et Fyé doivent-ils donc être identifiés ?

(3) Arch. de la Sarthe, G. 469.

(4) *Livre Blanc*, p. 321.

(5) Les croisés ayant obtenu, entre autres privilèges, des délais spéciaux pour payer leurs dettes, trouvèrent difficilement des prêteurs : de là dans les contrats une clause de renonciation à ces privilèges, clause qui ramenait les parties au droit commun.

(6) Arch. de la Sarthe H, 96, 105. — *Livre Blanc*, p. 222.

(7) *Martyrol. Eccl. Cenom.* Ms. de la bibliothèque du Mans. Cet acte est de 1298 et non de 1292 comme on l'a imprimé par erreur.

fois aucune incertitude n'est permise ; nous sommes en présence du seigneur de Douillet, le premier dont le nom soit parvenu jusqu'à nous.

Les Tragin posséderont en effet la seigneurie de Douillet pendant tout le XIVᵉ siècle, et il est probable, bien qu'on ne puisse préciser la date, qu'ils étaient établis dans la paroisse depuis longtemps. D'après un *Mémoire* du XVIᵉ siècle, ils auraient même reçu directement le fief de Douillet du baron de Sillé, dont « Guillaume Tragin aurait anciennement épousé la fille (1) ». — C'est une des familles les plus anciennes et les plus nombreuses du Maine. On trouve des Tragin dans le *Cartulaire de Saint-Vincent* dès le XIᵉ siècle ; en 1268 Thibaut Tragin est déjà seigneur de Moire la Tragin à Coulombiers, et depuis ce moment les membres de la famille apparaissent sur tous les points de la province : à Douillet, à Saint-Georges-le-Gaultier, à Andouillé, à Cossé-le-Vivien, à Marolles, à Souvigné-sur-Même etc. Ils portaient « *d'argent à trois fasces de sable* (2) ».

Jean Tragin n'est connu jusqu'ici que par la transaction précédente conclue avec le chapitre ; nous pouvons ajouter qu'il vécut dans la seconde moitié du XIIIᵉ siècle, et que l'époque de sa mort se place entre les années 1298 et 1314, car à cette dernière date la seigneurie de Douillet sera entre les mains de Fouquet Tragin, son fils sans doute.

Cependant, bien que la seigneurie soit ainsi possédée par une puissante famille, l'élément féodal ne peut absorber l'élément ecclésiastique. En outre des droits importants qu'y exerce le chapitre, un des principaux personnages du diocèse, Guérin de la Chapelle, parait à ce moment dans l'histoire de Douillet. Chanoine du Mans et procureur du chapitre en 1272, archidiacre de Passais en 1280 (3), Guérin de la Chapelle était-il originaire des environs de Douillet ou propriétaire dans notre paroisse ? Nous ne saurions le dire. Toujours est-il qu'à l'occasion de la mort de ses parents, l'église du Mans reçoit un don de 15 sols, dus à la Purification par « Jamet Borraut et Jehanne la Borraude, paroissiens de Doillet (4) ».

De même, les moines de la Couture perçoivent dans la paroisse plusieurs

(1) Chartrier du château de Douillet.

(2) Bellée. *Inventaire des archives de la Sarthe*, II, p. 349, III p. 44. — *Rôle des finances pour les francs fiefs, dressé en 1314*, Bibl. nat..S. F. 17826 fol. 27. — Le Guicheux. *Chron. de Fresnay*, p. 411. — L'abbé Charles. *L'Eglise et la paroisse de Souvigné-sur-Même*, Mamers 1876, p. 31. — *Essai sur Saint-Georges-de-Lacoué*, Arras, 1878, p. 43 et 44. — S. d'Elbenne. *Généalogie Ms. de la famille Tragin.*

(3) *Livre Blanc*, p. 232, 237, 439.

(4) *Martyrol. Eccl. Cen.* au III des ides de février. — Bibl. du Mans.

dîmes, entre autres sur les terres dépendant de la seigneurie de Courtoussaint, dont l'existence au XIIIᵉ siècle est prouvée par là même (1), et quatre deniers de rente dus le lendemain de Pâques par le curé de Douillet au prieuré de Saint-Sauveur de Fresnay, que les anciens vicomtes du Maine avaient fondé antérieurement à l'année 1100.

C'est ainsi que se révèle peu à peu, sous son véritable aspect, la situation de la paroisse et de la seigneurie de Douillet au XIIIᵉ siècle. Un seul détail manque encore ; c'est le nom du curé qui ne se trouve pas dans nos documents avant le XVᵉ siècle. Mais cette omission provient de l'importance même qu'avait alors le curé dans la société paroissiale. Ses fonctions et sa dignité étaient en effet si respectées, son influence si prépondérante, qu'on le désignait toujours par le seul mot de *persona*, et ce titre qui implique une haute considération suffisait pour éviter toute confusion. Ainsi dans le *Rôle des finances*, dressé en 1314 pour les francs-fiefs et pour les acquêts des gens de main-morte, le receveur s'est contenté d'écrire : « [Reçu] de la *Persone de Douillet* pour 20 sous de rente acquis de « Fouquet Tragin.... 6 liv. (2) », comme on écrirait aujourd'hui : « Reçu de l'évêque du Mans ». L'individualité disparait devant la fonction ; qu'il soit de famille noble ou roturière, le curé est toujours une des plus hautes autorités du village, et ce n'est que plus tard, lorsque son influence commencera à diminuer, que l'on prendra l'habitude de le désigner nominativement comme les autres ecclésiastiques.

Ce même *Rôle des finances de 1314* mentionne encore deux autres rentes de 20 sols, achetées au fief de la Corbelière par Guillaume Jarry et André Le Comte. On est amené à en conclure que la division territoriale, qu'il sera possible d'étudier avec précision au XVᵉ siècle, est sans doute complète, puisque des terres de moindre étendue, la Corbelière, la Bouteveillère, la Tousche, la Courteille, se groupent autour des fiefs plus importants tels que les seigneuries de Douillet, de Moré, de Corbon et de Courtoussaint, que nous avons rencontrées antérieurement. D'autre part, ces acquisitions faites par des roturiers montrent qu'il se forme peu à peu, grâce à l'abolition du servage, une classe de petits propriétaires ruraux qui s'élèvent par le travail à une condition moyenne. Ce fut en effet une des conséquences principales de l'influence religieuse du règne de saint Louis de transformer sur un certain nombre de points les serfs en tenanciers libres, et de préparer la célèbre ordonnance de 1315, qui abolira définitivement le

(1) *Cartulaire de la Couture*, p. 239 et 240.

(2) *Rôle des finances*, f. 27 ; nous devons à l'obligeance de M. l'abbé Charles la communication de ce document, copié jadis à la Bibl. Nat. par M. G. de Lestang.

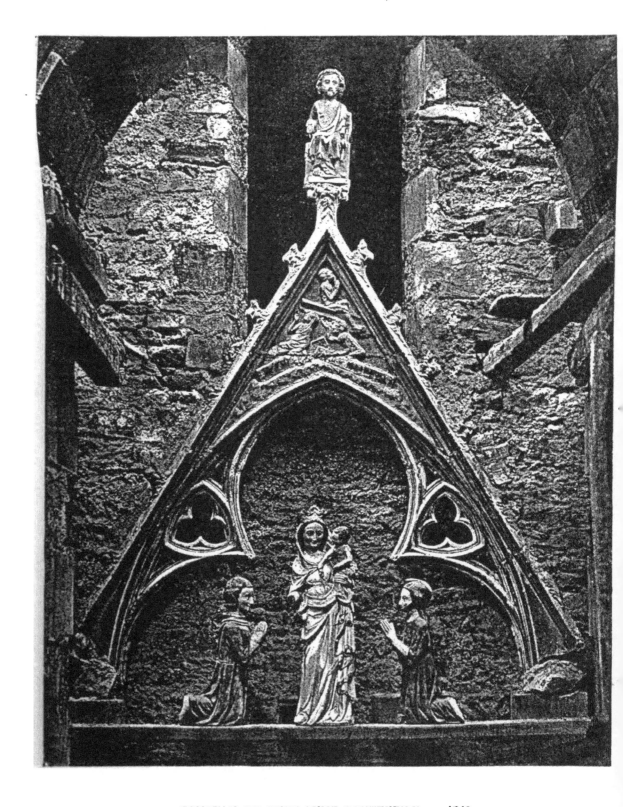

TOMBEAU DE GUILLAUME BOUTEVEILE. — 1340

servage dans le domaine royal et consacrera par suite un **progrès** social considérable.

Aussi pouvons-nous appliquer sans crainte à la paroisse de Douillet le tableau général tracé récemment par un éminent historien pour l'Ouest de la France (1). Au commencement du XIV⁰ siècle la population est au moins égale à la population actuelle ; de toutes parts se construisent de nombreux hameaux dont les maisons, faites de terre et de lattes entrecroisées, couvertes de chaume, éclairées par d'étroites ouvertures ou par des portes qu'on laisse ouvertes, diffèrent peu des habitations rurales d'il y a quelques années ; le mobilier lui-même est à peu près semblable à celui de nos jours, et « on ne couche plus sur la paille que dans les cachots ». L'usage du linge, des habitudes de propreté plus grandes indiquent en même temps un accroissement sensible de l'aisance et de la prospérité publiques.

Les preuves matérielles de ces progrès se trouvent d'ailleurs dans l'église paroissiale pour laquelle un nouvel agrandissement marque régulièrement chacun des développements de la vie locale. Du XIII⁰ au XIV⁰ siècle, l'église de Douillet reçoit ainsi plusieurs augmentations successives : D'abord un chœur attribué à tort au XII⁰ siècle (2), car il se terminait par un chevet carré, percé d'une large fenêtre, disposition fréquente dans les églises rurales du XIII⁰ siècle, tandis qu'à l'époque romane la plupart se terminent par des absides ; ce chœur communiquait avec la nef par une porte ouverte dans le mur de fond de l'église primitive, mais si étroite que le peuple pouvait à peine entrevoir le maître autel ; de chaque côté de la porte deux petits autels , dédiés à la Vierge et à saint Jean, étaient adossés à la muraille. On élève ensuite sur le côté Sud de l'église deux chapelles ; l'une à la hauteur du chœur, chapelle Saint-René, devenue chapelle du Rosaire au XVII⁰ siècle ; l'autre immédiatement au-dessous, chapelle Saint-Jean, qui appartenait aux seigneurs fondateurs temporels de la paroisse. Malheureusement ces diverses constructions n'offrent aucun caractère architectural.

Il en est tout autrement d'un petit monument que la première moitié du XIV⁰ siècle voit s'élever dans la nef, comme pour résumer les efforts et les idées de la période qui nous occupe. C'est un tombeau arqué, en saillie sur la muraille, construit vers 1340, à la mémoire d'un descendant de l'ancien fermier du chapitre, Juliot Boteveile. Il se compose de trois statues, une Notre-Dame entre **deux** personnages à genoux, supportées par des culs de lampe à un mètre environ

(1) Siméon Luce, *Hist. de Bertrand du Guesclin, Paris,* Hachette, p. 55.
(2) *Chroniques de Douillet,* p. 9

5

au-dessus du sol, et surmontées d'une élégante arcature en arc brisé, trilobé, que renferme un gable triangulaire. Dans le tympan compris entre les lignes de l'arc brisé et les rampants du gable la scène de la résurrection des morts, sculptée en relief. Au sommet une statue du Dieu de majesté dans l'attitude du juge suprême, et dominant tout l'ensemble.

Les statues, inférieures comme exécution aux autres parties du monument, ne sont pas l'œuvre d'un sculpteur expérimenté ; mais, cette réserve faite et malgré leurs défauts au point de vue artistique, elles sont intéressantes au point de vue iconographique et ne manquent pas d'un certain style. La vierge, debout et non plus assise comme au siècle précédent, porte sur le bras gauche l'enfant Jésus, qui tient dans une main un oiseau et de l'autre semble tirer à lui le voile de sa mère : le bras droit de la vierge est brisé ; sans aucun doute il portait un sceptre ou une fleur ; la robe et le manteau sont bien drapés.— Cette Notre-Dame, caractérisée par le mouvement de hanche très accentué qui se retrouve dans toutes les statues de l'époque, offre dans toute sa pureté le type du XIV° siècle ; elle a une analogie frappante avec les vierges en marbre blanc de l'église de Vivoin (Sarthe) et de la cathédrale de Coutances, ainsi qu'avec la statue de N.-D. de Bermont devant laquelle Jeanne d'Arc, dans son enfance, pria si souvent [1]. La statue placée à droite représente une femme dans l'attitude de la prière, à genoux, les mains jointes, son livre d'heures près d'elle ; vêtue d'une tunique sans ceinture qui permet d'entrevoir le surcot au cou et aux bras, elle a pour coiffure le chaperon en forme de bonnet phrygien, avec mentonnières. Le personnage, agenouillé à gauche, les mains jointes lui aussi, est vêtu d'une robe sans ceinture et à capuchon ; la tête est nue ; les cheveux longs, relevés sur la nuque, laissent apercevoir une tonsure. Ces statues, peintes toutes les trois, sont en pierre dure comme le tombeau entier, qui parait construit avec cette pierre de Bernay employée aux XIII° et XIV° siècles dans les travaux de la cathédrale du Mans. Des peintures, aux couleurs riches et éclatantes, dont nous avons retrouvé des fragments, décoraient le fond du monument qui devait être entièrement peint [2].

Mais la partie architecturale est de beaucoup supérieure par la pureté du style, la perfection des détails et des proportions. Toutes les lignes sont d'une exécution irréprochable ; les moulures arrondies, d'une régularité parfaite ; les

_____

(1) Il faut encore citer une statue du Louvre (salle des Sculptures de la Renaissance n° 76) et une autre à Saint-Germain-des-Prés.

(2) On peut rapprocher ce tombeau d'un tombeau arqué du même genre qui existe dans une des chapelles de la cathédrale de Tours, et aussi du tombeau de Marie de Bueil dans l'église de Château l'Ermitage (Sarthe).

animaux fantastiques, qui les terminent à la partie inférieure, sont d'un excellent dessin ; les trèfles intercalés de chaque côté entre les lignes principales du monument, sont dignes d'un grand édifice ; enfin la scène de la résurrection, tant par le mouvement des personnages que par leurs expressions de confiance et de ferveur, n'est pas moins remarquable. Toute cette partie du monument est évidemment l'œuvre d'un artiste habile qu'on aura fait venir de loin, et on peut la comparer sans crainte aux sculptures des cathédrales. Elle présente en particulier beaucoup de rapports avec les gables qui ornaient alors les fenêtres, et il serait peut-être permis de croire que le tombeau des Bouteveile est dû à un de ces artistes *appareilleurs*, employés à l'ornementation des grandes fenêtres des cathédrales.

Quoi qu'il en soit, ce tombeau est daté d'une façon certaine par l'inscription suivante, en belles capitales du XIVᵉ siècle, encastrée dans le mur au-dessous de la statue de la vierge :

En reconstituant la seconde date à l'aide de la première et en se rappelant que le mot *rouvaisons* est synonyme de rogations, on lit ainsi cette inscription : « † *Ci gisent les corps de feu Guillaume Bouteveile et de Esdeline sa femme ; et* « *trépassa le lundi après la conception de Notre Dame Vierge, l'an 1338, et* « *lui le vendredi devant les rogations, l'an 1340. Dieu ait merci de eux* (1) ».

(1) Cette inscription et le monument entier ont été interprétés de la façon la plus malheureuse dans les *Chroniques de Douillet* et la plupart des travaux qui ont reproduit ce dernier manuscrit. La traduction donnée plus récemment par la *Semaine du fidèle* X, p. 375, est également erronée.

Cet intéressant tombeau fut donc élevé à la mémoire de deux membres de cette famille Bouteveile déjà établie au XIIIe siècle dans la paroisse de Douillet. Ce fut peut-être un témoignage de reconnaissance pour les services rendus au chapitre dont les Bouteveile étaient en quelque sorte les hommes d'affaires dans la région ; ou simplement un hommage de piété filiale de Jean Bouteveile qui habitera encore la Bouteveillère en 1416. Il est possible aussi que Guillaume et sa femme aient mérité par quelque don important l'honneur d'être ainsi inhumés dans l'intérieur de l'église. Dans tous les cas, il est à remarquer que Guillaume Bouteveile n'est ni gentilhomme, ni ecclésiastique. C'est un de ces clercs, véritables hommes d'affaires, qui parviennent vers la fin du règne de Philippe-le-Bel à prendre une place importante dans la société.

Et maintenant l'idée qui inspira le plan du monument est facile à saisir L'attitude suppliante des deux défunts rappelle les luttes de leur vie et leur pieuse confiance dans la Vierge qui doit intercéder pour eux près de Dieu. Cette confiance ne doit pas être trompée : aussi la partie supérieure du tombeau représente-t-elle la scène si aimée du moyen-âge, la résurrection des morts et le jugement dernier ; les morts sortent de leurs cercueils pleins d'espérance dans la miséricorde du Sauveur, qui domine tout l'ensemble et parait les rassurer en leur montrant les plaies, d'où a coulé le sang de la rédemption. En un mot ce qui frappe surtout dans cette composition, c'est une idée de miséricorde ; la Vierge sourit, l'enfant joue ; le juge suprême semble rempli d'indulgence ; pas un damné, pas un démon, à l'exception des dragons refoulés à la partie inférieure (1).

Ce tombeau fut inspiré par la foi profonde et le symbolisme mystérieux que le moyen-âge seul connut, et auxquels nous devons les plus belles sculptures de nos cathédrales. Il résume à la fois la doctrine catholique entière, et l'histoire de Douillet du XIIIe au XIVe siècle. Par sa composition en effet il prouve la puissance du sentiment religieux ; par la pureté de son architecture il révèle les progrès accomplis dans les arts ; enfin par l'importance de ce souvenir consacré à la famille Bouteveile il indique la formation d'une classe intermédiaire qui grandit chaque jour grâce à une longue période de tranquillité, et surtout grâce à l'abolition du servage auquel l'Eglise a porté un coup décisif.

(1) Transporté sous la tour lors de la reconstruction de 1878, et restauré par les soins de la commission des monuments historiques de la Sarthe, le tombeau de Guillaume Bouteveile est aujourd'hui la principale richesse de l'église, au point de vue archéologique.

CHAPITRE VII

LA PAROISSE DE DOUILLET DE 1350 A 1450
LA GUERRE DE CENT ANS

.

Robert de Sillé et Marie de Maillé. — Ravages des Anglo-navarrais. — Les Ferquin, seigneurs de Douillet. — Armagnacs et Bourguignons. — Ambroise de Loré et la lutte pour l'indépendance nationale ; événements militaires de 1417 à 1431. — Situation de la paroisse de Douillet sous la domination anglaise jusqu'à la reprise de Fresnay par les Français.

VEC l'année 1346 s'était terminée pour les environs de Douillet, comme pour toute la France, la période de calme et de progrès que le XIIIᵉ siècle avait vu s'ouvrir. Cette époque ayant permis à la société paroissiale de se constituer définitivement, l'heure était venue de provoquer l'union des unités locales pour former peu à peu une société nationale, ou mieux la Patrie française. Or pour dégager ainsi l'idée de nationalité, pour effacer les préjugés et élargir les horizons au delà des limites de la paroisse, il fallait une lutte longue, pénible, acharnée, qui donnât à chacun conscience de sa valeur, qui unit dans un même but toutes les intelligences et tous les efforts.

Cette lutte était commencée depuis quelques années déjà lorsqu'en 1346 le désastre de Crécy vint tout à coup jeter l'effroi dans les moindres villages. Douillet cependant ne fut atteint directement par les calamités du temps que deux ans plus tard, au moment de la fameuse peste noire de 1348, qui causa dans toute la contrée de terribles ravages et fut suivie d'une famine désastreuse.

Plus heureuse que bien d'autres, notre population eut au moins sous les yeux un grand exemple pour soutenir son courage. La baronnie de Sillé, de laquelle dépendait en majeure partie le territoire de Douillet, était alors possédée par le jeune baron Robert de Sillé, et Robert venait d'épouser cette admirable jeune fille, Marie de Maillé, que l'Église devait plus tard placer sur ses autels.

Doués de toutes les vertus chrétiennes, les jeunes seigneurs firent des prodiges de charité et de dévouement pour secourir leurs vassaux. Le château de Sillé fut ouvert à toutes les infortunes ; les pauvres y trouvèrent d'abondantes aumônes, les malades des soins dévoués, tous sans distinction des encouragements plus précieux encore que les secours matériels (1). Cette noble conduite des suzerains exerça sur la situation morale du pays une bienfaisante influence, car l'exemple est d'autant plus puissant qu'il vient de plus haut, et c'est un bonheur pour une population d'avoir à sa tête en pareil cas de grands cœurs et de vaillants chrétiens ; comme une troupe bien commandée, elle supporte mieux le choc de l'épreuve et elle ne perd pas l'espoir.

Les désastres, hélas ! ne tardèrent pas à se précipiter ; à la défaite de Crécy succéda celle de Poitiers ; aux ravages de la peste noire et de la famine, ceux non moins terribles des Anglo-navarrais. Vers 1357 une de ces bandes d'aventuriers s'empara du château de Beaumont-le-Vicomte (2), puis de la ville de Sillé, après un combat dans lequel périrent quarante-six gentilshommes, vassaux de Robert de Sillé. A partir de ce moment la contrée comprise entre les forteresses de Beaumont, Fresnay et Sillé devint le théâtre d'invasions périodiques. En 1359 le célèbre Robert Knolles enlève de nouveau Sillé, fait Robert prisonnier et saccage les terres de la baronnie ; à la même époque Fresnay est occupé par une garnison anglo-navarraise (3). La paroisse de Douillet se trouve dès lors en proie à tous les excès que commettent les grandes compagnies, et ces excès sont si affreux « que la vie des campagnards n'est plus qu'une angoisse de tous les instants. Traqués comme des bêtes fauves, ils sont sans cesse sur le qui vive, et à la moindre alerte ils courent se cacher avec leurs familles dans les rochers et dans les bois (4) ». En vain en 1360, le traité de Brétigny stipule l'évacuation de Fresnay : les Anglo-navarrais n'acceptent aucune loi, et il faut les dures leçons que leur inflige Bertrand du Guesclin pour leur faire lâcher prise.

Ce n'est même qu'après l'avénement de Charles V en 1364 et surtout après la victoire de Pontvallain en 1369, que les environs de Fresnay et de Sillé recouvrent quelques années de tranquillité. C'est une conséquence des succès dus à l'administration éclairée de Charles V ; c'est un moment de répit entre les défaites de la première heure et les désastres qui précéderont la lutte suprême.

A cette époque, c'est-à-dire en 1373, la seigneurie de Douillet est entre les

(1) Barassé et Janvier. *Vie de Jeanne Marie de Maillé.* Tours 1872, in-12, p 28 et s.
(2) Dom Piolin. *Histoire de l'Église du Mans,* V. p. 18.
(3) S. Luce. *Hist. de Bertrand du Guesclin* p. 498.
(4) *Ibid.* p. 342.

mains de Guillaume Tragin, écuyer, dont le frère ainé Fouques Tragin, vient de mourir sans enfants. Par suite d'une convention passée sous le sceau de la cour de Fresnay, le dimanche d'avant la sainte Marguerite l'an 1373, Guillaume Tragin cède à Jacques Tragin, prêtre, chanoine du Mans, une rente de 9 l. 10 s. que lui doivent plusieurs habitants de Ségrie, à charge de lui rendre foi et hommage et de lui faire 12 d. de service (1). Guillaume Tragin possédait en outre à Vernie le fief de Chaligné, qu'il fieffa en septembre 1380 à Guillaume Morel, seigneur de Vernie-le-Moustier, pour une rente perpétuelle de 30 s. (2). Peu après, dans le cours de la même année 1380, Guillaume Tragin meurt, laissant une fille unique, Jeanne Tragin, qui hérita de la seigneurie de Douillet, et épousa Pierre Ferquin, fils de Colas Ferquin, écuyer, seigneur de Saint-Georges-le-Gaultier (3). Pierre Ferquin seigneur de Douillet rend aveu en 1409 au baron de Sillé pour la terre de la Bermondière.

C'est ainsi que la famille Ferquin, se greffant sur la branche désormais éteinte des Tragin de Douillet, entra en possession du fief de Douillet qu'elle conservera pendant deux siècles. Son origine nous est inconnue ; au XIVᵉ siècle seulement, quelques années avant le mariage de Pierre Ferquin et de Jeanne Tragin, elle apparaît à Saint-Georges-le-Gaultier. Devenue plus tard très nombreuse elle se retrouvera sur divers points de la contrée. Ses armes étaient « *d'argent à la croix alésée de gueules* ».

Il est impossible de dire quels furent les rapports de Guillaume Tragin et de son gendre avec leurs vassaux, ou même avec le curé de la paroisse. La vie locale ne nous laisse pas encore entrevoir son fonctionnement. La fabrique est cependant déjà en état de défendre ses droits contre les seigneurs, et l'église reçoit des legs de plusieurs paroissiens ; telles sont par exemple une redevance de trois livres de cire imposée chaque année à la terre de l'Étricherie depuis 1385 pour l'entretien d'un cierge devant le crucifix, payable le jour de Pâques fleuries, puis une autre redevance établie le 25 mai 1415 par Guillaume Cochet sur la vigne de Frobert (4).

Bientôt d'ailleurs les événements reprennent un cours précipité. La folie de Charles VI fait naître une guerre implacable entre ses oncles, entre les Armagnacs et les Bourguignons. Le comte d'Alençon prend parti pour les premiers et entre

(1) Bilard. *Inventaire des Arch. de la Sarthe* p. 57.

(2) Arch. de la Sarthe E. 169.

(3) Menjot d'Elbenne. *Généalogie ms. de la famille Ferquin*. Nous trouvons indistinctement *Ferquin* et *Ferrequin*.

(4) Arch. par. de Douillet.

en lutte, dès 1411, contre Louis, roi de Sicile et comte du Maine, allié du duc de Bourgogne. Saint-Cénery, Fresnay et Beaumont reçoivent des garnisons d'Armagnacs ; presque aussitôt elles sont attaquées et prises par les Bourguignons. De nouveau la paroisse de Douillet est sillonnée par les gens de guerre qui vivent suivant l'usage aux dépens du pays. Bien mieux, les Alençonnais ayant été battus en 1412 à Saint-Rémy-du-Plain, le comte de Richemont vient à leur secours avec seize cents Bretons, et le duc de Clarence avec dix mille Anglais. Ces troupes se concentrèrent dans les environs de Sillé, « boutèrent des feux, prirent des prison- » niers, firent moult d'autres maux (1) », et finalement s'emparèrent sur le comte du Maine de Sillé et de Beaumont. De 1411 à 1413 notre contrée fut donc alternativement au pouvoir des deux partis, et la paix ne lui fut rendue qu'après le traité de Bourges (2).

Malheureusement l'anarchie qui ruinait le royaume avait réveillé du même coup l'ambition d'Henri V d'Angleterre. La bataille d'Azincourt lui ayant livré la Normandie en 1415, il résolut de reconquérir le Maine ainsi que les autres provinces occupées jadis par ses ancêtres. Le 1er août 1417 (3) une armée anglaise formidable débarquait à Touques ; le 22 octobre elle arrivait sous les murs d'Alençon ; le 30 Fresnay et Beaumont étaient en son pouvoir (4). Dès lors commence pour la paroisse de Douillet la période funeste de la domination anglaise, période de souffrances, mais aussi de courageux efforts, couronnés parfois de brillants succès. C'est la dernière phase de la guerre de Cent ans, celle qui doit aboutir après trente années au triomphe de la patrie.

A dater de la première heure les Anglais surent se faire détester. Cruels envers « les pauvres compagnons », ils écrasèrent sans pitié les paysans et s'en firent par leurs excès d'irréconciliables ennemis. Ceux-ci furent contraints par suite de chercher l'appui de la royauté et de la noblesse pour chasser l'envahisseur, et une telle alliance devait produire d'importants résultats. Cette situation politique et militaire semble parfaitement nette dans notre contrée la première année même de l'invasion. D'une part les garnisons anglaises de Fresnay et Beaumont dévastent le pays, se livrant à tous les crimes, s'emparant du château de Sillé au mépris de la trève signée le 16 novembre 1417 à Alençon entre le duc Jean VI et le roi

---

(1) Parceval de Cagny. *Chron. manuscrite*, à la Bibl. Nat^{le}. Mss. Duchesne, n° 48.

(2) Gruel. — *Chron. d'Arthur III*, édit du Panth. litt. p. 356. — Monstrelet, *Chroniques*, liv. I, ch. XCV, édit. du Panth. litt. p. 232. — Odolant Desnos. *Mém. hist.* I, p. 471.

(3) Toutes les dates sont citées dans le cours de ce récit d'après notre manière de compter actuelle, en faisant commencer l'année au 1er janvier.

(4) Hellot. *Chron. de Normandie*. Rouen 1881, p. 31 et 203.

d'Angleterre (1) ; d'autre part les populations, sans distinction de castes, se groupent autour de deux vaillants soldats, Ambroise de Loré et le bastard d'Alençon, pour commencer la guerre. Il n'y a plus en présence ni Armagnacs ni Bourguignons, mais des conquérants et des opprimés, des Anglais et des Français. La lutte est devenue nationale ; elle va être terrible.

Le premier effort des Français dans les environs de Douillet est heureux. Au mois de juin 1418 ils reprennent Fresnay, et le bastard d'Alençon, malgré un léger échec dans une rencontre où il avait attaqué une troupe de routiers avec des recrues inexpérimentées, se présente devant Beaumont. Il y est rejoint par le seigneur de Fontaines et par « un gentil écuier de bonne volonté, Ambrois de » Loré, qui était dans le chastel de Courceriers, et qui mettait peine de » trouver et attraper les Anglais ». Beaumont capitule, et l'ennemi chassé également de Sillé, perd dans quelques jours les trois forteresses principales du pays. Ambroise de Loré est fait chevalier et nommé capitaine de Fresnay. Jeune, plein d'ardeur et d'activité, il devient l'âme du parti français, le héros de la résistance ; bientôt il prend une vigoureuse offensive, battant successivement les Anglais à Arçonnay, à Sèez, à Mieuxcé, sur les bords de la Sarthe ; pendant une année, de 1418 à 1419, il les tient à distance des marches de Fresnay. La paroisse de Douillet échappe par là même momentanément à l'occupation anglaise.

Mais à la fin de 1419 l'ennemi faisant un nouvel effort s'avance vers Fresnay de deux côtés à la fois. Loré appelle à son secours le seigneur de Beauveau, gouverneur d'Anjou et du Maine, puis il se porte à la rencontre d'un fort détachement anglais qui occupe Villaines-la-Juhel, d'où il menace les paroisses de la rive droite de la Sarthe, Saint-Paul-le-Gaultier, Saint-Georges et Douillet. Les renforts n'étant pas arrivés à temps les Français sont un contre quatre ; après une attaque désespérée ils sont battus et Ambroise de Loré fait prisonnier. L'ennemi poursuivant aussitôt sa victoire, entre à Fresnay dont la garde est confiée à un capitaine nommé Robert Brent. Celui-ci domine bientôt la contrée environnante que ses derniers défenseurs sont forcés d'abandonner entièrement pendant deux ans.

La lutte recommence en 1422 à l'avénement de Charles VII, alors que les Français « se sentent de toutes parts régénérés de joie dans leurs cœurs et dans » leurs esprits (2) ». A l'automne, Ambroise de Loré, qui avait reçu après sa délivrance le commandement de l'importante forteresse de Sainte-Suzanne, aidé

(1) Arch. mun. du Mans. 21.
(2) Jean Chartier. *Hist. de Charles VII*. Paris 1858, I, p. 14.

de Jean du Bellay, vient courir devant Fresnay dans l'espoir de surprendre la ville. La tentative échoue, mais Sillé est occupé et le parti national reconforté par cette reprise des hostilités que signale peu après la victoire de la Gravelle. La paroisse de Douillet redevient au moins pays de frontières. Elle continue, il est vrai, à être pressurée par la garnison de quarante hommes d'armes et de cent vingt archers à cheval soit deux cent quarante hommes (1)., que Thomas de Salisbury, gouverneur du pays conquis au Maine, entretient à Fresnay aux dépens des paroisses voisines (2).

En 1424, la donation du comté du Maine à Bedford, à charge d'en achever la conquête, et la défaite des Français à Verneuil donnent une nouvelle impulsion aux envahisseurs. Falstolf, grand maître d'hôtel et lieutenant du Régent, est nommé capitaine de Fresnay et d'Alençon. Dès le mois de septembre il entre en campagne avec le sire de Scales, s'empare de Tannie, de Beaumont le Vicomte (3) et de Sillé, dont le capitaine Olivier Le Forestier capitule le 1er octobre. Les Anglais restent ainsi seuls maîtres de notre territoire ; ils établissent le centre de leur domination à Fresnay, où Falstolf commande à dix hommes d'armes à cheval, dix à pied et à soixante archers. Cet effectif est, comme on le voit, moitié moindre qu'en 1422 ; on peut en conclure que les conquérants redoutaient moins un retour offensif des Français et qu'ils avaient consolidé leur situation dans les environs de Fresnay, que cent vingt hommes suffisaient à contenir. Le théâtre de la lutte s'était en effet éloigné après la prise du Mans, de Sainte-Suzanne et de Mayenne en 1425, et Ambroise de Loré était réduit maintenant à défendre les frontières de l'Anjou et du Vendômois.

Du mois d'octobre 1424 au mois d'août 1429 la paroisse de Douillet fut donc exclusivement au pouvoir du capitaine et de la garnison anglaise de Fresnay, que soutenaient les détachements de Saint-Cénéry et de Sillé. L'effectif de ces « retenues » est assez variable. Au commencement de 1426 Falstolf entretient à Fresnay vingt lances à cheval, trente à pied et cent cinquante archers ; peu après il est remplacé par le bailly d'Alençon, le fameux Guillaume Glassedal qui s'illustrera plus tard à Orléans par sa grossièreté envers Jeanne d'Arc, et dont la retenue

_____

(1) Chaque homme d'armes était accompagné d'un coutillier et d'un serviteur.

(2) Bibl. Nationale. — Fonds Français etc. La plupart des documents inédits qui nous ont servi à établir la chronologie, et à fixer l'effectif des garnisons anglaises, proviennent de la Bibl. Nationale ou des Archives Nationales. Comme nous réservons ces documents pour un travail ultérieur sur la guerre de Cent ans dans le Maine, nous ne pouvons citer ici avec précision ; mais nous nous réservons de donner à l'occasion tous les renseignements que l'on croirait devoir nous demander.

(3) Arch. nationales etc.

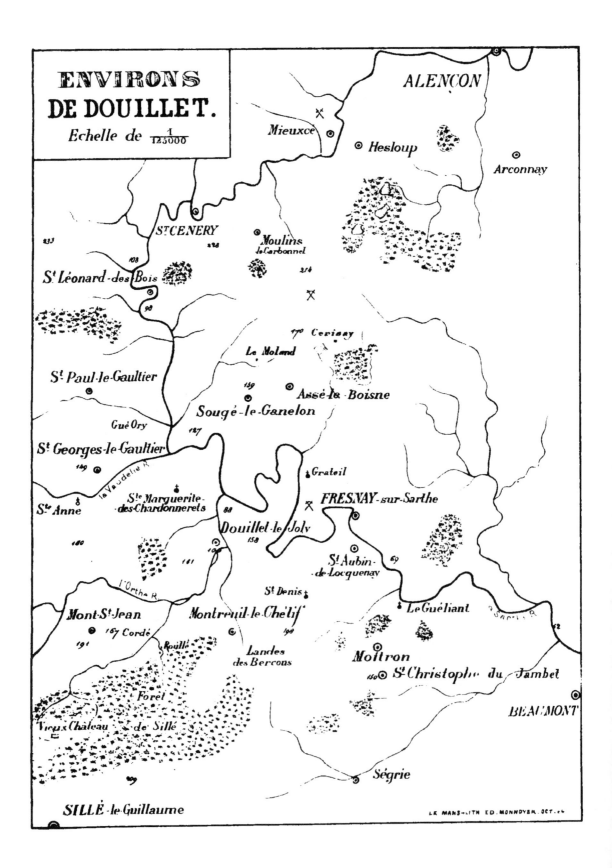

ENVIRONS DE DOUILLET.

Echelle de $\frac{1}{125000}$

ALENÇON

Mieuxcé

Hesloup

Arconnay

St CENERY

Moulins le-Carbonnel

St Léonard-des-Bois

St Paul-le-Gaultier

Cerisay

Le Moland

Assé-la-Boisne

Sougé-le-Ganelon

Gué Ory

St Georges-le-Gaultier

Grateil

Ste Marguerite-des-Chardonnerets

Ste Anne

FRESNAY-sur-Sarthe

Douillet-le-Joly

St Aubin-de-Locquenay

Mont-St Jean

Montreuil-le-Chétif

St Denis

Le Guéliant

Cordé

Rouillé

Landes des Bercons

Moitron

St Christophe du Jambet

Forêt

Vieux Château de Sillé

BEAUMONT

Ségrie

SILLÉ-le-Guillaume

LE MANS-LITH ED. MONNOYER. OCT. 84

comprend seulement six lances à cheval, sept à pied et trente-un archers, soit soixante-dix hommes, réduits même à soixante à la Saint-Michel suivante (1). Nous sommes loin, on le voit, des chiffres exagérés et peu vraisemblables que donnent certains chroniqueurs. Les populations découragées n'en étaient pas moins forcées de subir les excès de ces aventuriers, inexpugnables dans leurs forteresses, et d'accepter le joug en silence. Jean Le Boucher est alors procureur du roi d'Angleterre à Fresnay et Nicolas Vauderon grenetier du grenier à sel. Le 7 mai 1429 Glassedal s'étant noyé dans la Loire, au moment où Jeanne d'Arc pénétrait dans la bastide des Tourelles, Robert Harling, chevalier, bailli d'Alençon et neveu de Falstolf, lui succède à Fresnay. Quelques mois plus tard la situation des Anglais se trouve singulièrement compromise.

Enthousiasmés par les succès de Jeanne d'Arc et le sacre de Charles VII, les Français reprirent effectivement une vigoureuse offensive dans le Maine à la suite de la campagne de la Loire. Ainsi, dès le mois d'août 1424, le lieutenant d'Ambroise de Loré, Jean Armange, secondé par un gentilhomme breton, Henri de Ville-blanche, s'empara du château de Saint-Cénery démantelé depuis peu, et le remit en état de défense (2). C'était un important succès car cette forteresse située au milieu du pays conquis allait devenir pour les Français un point d'appui et une base d'opérations. Les Anglais le comprirent, et la garnison d'Alençon vint sur le champ attaquer Jean Armange, le troisième jour après son entrée dans la place. L'assaut fut heureusement repoussé et l'ennemi n'eut d'autre ressource que de renforcer au plus vite le détachement de Fresnay ; le 29 du même mois, Robert Harling reçut un renfort de quarante hommes d'armes et cent vingt archers à cheval, avec ordre de les payer en provisions et vivres, *pris sur les paroisses ou villages des environs.* Vers la même époque il fut remplacé, nous ignorons pour quel motif, par un autre capitaine nommé Nicolas Grey.

Ces circonstances placèrent de nouveau la paroisse de Douillet au centre même de la lutte. Obligée de contribuer pour sa part à l'entretien des Anglais de Fresnay, exposée en même temps aux excursions des Français de Saint-Cénery, elle allait subir pendant quatre années tous les ravages de la guerre, et être traitée en pays conquis par les deux partis alternativement. Sa situation devint surtout difficile à la fin de 1429, lorsque Ambroise de Loré fut rappelé des environs de Paris dans le Maine par le duc d'Alençon, pour prendre le comman-

(1) Bibl. nat. Fs. Fr. etc. — de Beaurepaire. *La Normandie sous la domination anglaise.* Caen 1859, p. 34.

(2) Jean Chartier I p. 110. — Longnon. *Les limites de la France au temps de Jeanne d'Arc* dans la *Revue des Quest. hist.* 1er oct. 1875. — S. Luce. *Chron. du Mont-Saint-Michel*, p. 33.

dement de Saint-Cénery et la direction générale des opérations sur les marches du Maine ; chaque année sera désormais signalée par une série de combats, car l'activité prodigieuse du vaillant compagnon d'armes de Jeanne d'Arc, du héros de Patay, ne laissait guère de répit à l'ennemi.

Dès le premier hiver par exemple, (1429-1430), le connétable de Richemont, très probablement à l'instigation d'Ambroise de Loré, faisait une entreprise sur Fresnay qu'il faillit prendre. Un peu plus tard, dans le cours de 1430, les Français sont rentrés à Sillé, à Beaumont, et Loré repousse victorieusement à Saint-Cénery une seconde attaque du sire de Scales, de messires Robert Bouteiller et Guillaume Oldhall, à la tête d'une armée nombreuse, « avec grans habillemens de bombardes, canons et autres artilleries (1) ». Les Anglais effrayés s'empressent de renforcer encore la garnison de Fresnay de cinq lances à cheval et de quinze archers pour le paiement desquels la châtellenie de Fresnay est taxée à 148 liv. 19 sols. 2 den. tourn. (2) ; ils en confient le commandement à un de leurs principaux capitaines, Guillaume Oldhall, qui ruine le plat pays par des exactions telles que le roi d'Angleterre est obligé d'intervenir lui-même et de lui faire rendre gorge. L'année suivante, au mois de septembre 1431, Loré venge ses compatriotes par son brillant coup de main sur la foire Saint-Michel à Caen (3), et le Régent voulant à tout prix le réduire à l'impuissance en lui donnant un adversaire digne de lui, remplace Guillaume Oldhall par Falstolf qui prend possession du château de Fresnay avec vingt-cinq lances à cheval, quinze à pied et cent vingt archers, soit deux cent quarante hommes. En même temps, c'est-à-dire au mois de décembre 1431, une armée redoutable commence à se concentrer sous les ordres de Robert de Willughby, « lieutenant du Roy et du Régent ès basses marches de Normandie » pour écraser définitivement Saint-Cénery. Willughby entre en campagne au printemps et vient mettre le siège devant la place en mai 1432 (4) ; l'approche d'une armée de secours que Loré est allé chercher à Sablé, et le succès remporté à Vivoin par les Français le forcent à lâcher prise cette fois encore.

Jusqu'ici on peut donc dire que l'avantage restait à Ambroise de Loré dans la lutte commencée en 1429 : il conservait ses positions et soutenait ainsi dans le pays l'influence française. Tant qu'il se maintenait à Saint-Cénery la domination

---

(1) Ce deuxième siège eut lieu vers la fin de 1430 (n-s.) et non en 1429. — Bibl. nat. Fs. Fr.

(2) Arch. nat. etc.

(3) L'expédition d'Ambroise de Loré à Caen que beaucoup de chroniqueurs et d'historiens récents placent en 1432 a bien eu lieu en sept. 1431, comme nous l'avions avancé dans la *Revue du Maine*. III p. 279. — Voir Arch. nat. JJ. 175 etc.

(4) Bibl. nat. Fs. Fr. etc.

des Anglais était menacée, leur conquête incomplète, et le résultat final incertain dans toute la partie supérieure de la vallée de la Sarthe. Une telle situation ne pouvait se prolonger ; il fallait que l'un ou l'autre parti l'emportât, soit que les Français reprissent Fresnay et les marches du Maine, soit que les Anglais parvinssent à chasser Loré de Saint-Cénery et à étouffer par là même les dernières chances de la résistance. L'année 1433 devait être décisive sous ce rapport, et le sort de la paroisse de Douillet, comme celui de toute la région, dépendait de la prochaine campagne. Les adversaires, saisissant fort bien la situation, redoublèrent d'efforts et se mirent en mouvement dès que le printemps parut.

Le 1er mai un détachement de la garnison de Fresnay vient planter un mai à la barrière de Saint-Cénery pour provoquer Loré. Celui-ci se met aussitôt à la poursuite des audacieux et les bat en route, dans une brillante escarmouche sur le territoire d'Assé-le-Boisne, paroisse limitrophe de Douillet. Un peu après, vers l'Ascension, le comte d'Arundel, qui s'est avancé entre Alençon et la Poôté pour surveiller Saint-Cénery (1), fait une tentative sur le château de Sillé ; Loré accourt et le force à lever le siège. Quelques jours plus tard il part de nouveau de Saint-Cénery, traverse la partie occidentale de la paroisse de Douillet, et disperse au même endroit un détachement de la garnison anglaise de Sainte-Suzanne (2). De tous côtés en un mot Douillet est environné de combattants, et chaque jour son territoire est sur le point de devenir lui aussi le théâtre d'une rencontre.

Il est permis d'ailleurs de présumer que le comte d'Arundel le traversait de part en part avec son armée vers le commencement de l'automne. Au mois d'août en effet le Régent avait résolu de reconquérir à tout prix les places des frontières de Normandie, et il avait chargé Arundel de cette importante mission. Le 31 celui-ci mettait le siège devant Bonsmoulins qui se rendait au milieu de septembre (3), puis il attaquait le château d'Orthe, et de là, s'il faut en croire Jean Chartier, venait directement passer la Sarthe, au gué de Grateil entre Fresnay et Saint-Cénery, dans l'intention évidente de surprendre cette dernière place par un mouvement tournant. Or la paroisse de Douillet est placée exactement sur la direction d'Orthe à Grateil, hameau de la paroisse d'Assé-le-Boisne, à quelques pas de la rivière, et où s'élevait alors un établissement de l'ordre de Malte relevant de la commanderie du Guéliant, ainsi qu'une chapelle dédiée à saint Eutrope, lieu de pélérinage très-fréquenté. Il était donc impossible à l'armée anglaise d'atteindre,

---

(1) Arch. nat. JJ. 175 etc.
(2) Le Corvaisier. *Vies des évêques du Mans*, p. 704.
(3) Bibl nat. Fs. Fr. etc

sans traverser Douillet, le gué de Grateil situé sur la limite Est de cette paroisse.

Quoi qu'il en soit, il est certain que le comte d'Arundel après la prise du château d'Orthe vint se loger un soir dans le village de Grateil. Ambroise de Loré en fut immédiatement averti, et, suivant une tactique qui lui avait souvent réussi, il résolut de prévenir l'ennemi. Parti de Saint-Cénery avec cent cinquante hommes environ, il arrive à Grateil au clair de lune, surprend les Anglais dans leur logis et s'en empare tout d'abord assez facilement ; mais les fuyards s'étant ralliés dans les bâtiments de la Commanderie reviennent à la charge avec ardeur, et les Français moins nombreux sont obligés de se replier à leur tour. Bien que forcés de suivre un défilé très étroit, ils regagnent Saint-Cénery en bon ordre, sans que l'ennemi puisse leur couper la retraite et après avoir désorganisé l'armée d'Arundel (1). Cette audacieuse surprise sauva momentanément Saint-Cénery et produisit dans la contrée une grande impression. Encore aujourd'hui on montre sur le bord de la Sarthe le chemin creux par lequel Loré se retira : il porte le nom significatif de *rue du sac* ; la largeur de la rivière seule le sépare du sol de Douillet.

Le comte d'Arundel toutefois ne se découragea pas et ne se laissa pas même arrêter par l'approche de l'hiver. Dès le 26 décembre 1433 il ouvre la tranchée devant Saint-Cénery, que Loré a été contraint de quitter quelques jours. Armange se défend bravement ; mais il est tué sur la brèche avec une partie de la garnison, et la place, écrasée sous le feu d'une nombreuse artillerie, investie par une véritable armée, est enfin réduite à capituler vers le milieu de janvier 1434 (2).

Arundel redescend sur le champ la vallée de la Sarthe, passe non loin de Douillet et vient avec toutes ses forces assiéger le château de Sillé, dernier refuge des Français dans la contrée. Après diverses péripéties que nous n'avons pas à raconter ici, et grâce à une ruse de guerre peu loyale, ce château est enlevé d'assaut à son tour. C'est à peine si Arundel consent « à recevoir à obéissance et » subjettion les gens d'église, bourgeois, commun, manans et habitans de la ville », par une capitulation qu'il leur accorde du Mans le 12 mars 1434 et qui sera confirmée à Rouen par le roi d'Angleterre le 25 août suivant (3). Comme ceux de Saint-Cénery, les remparts de Sillé sont aussitôt rasés.

La prise de Saint-Cénery et celle de Sillé entraînèrent forcément la fin de la résistance et la soumission définitive de la contrée. Les Français avaient perdu la

(1) Jean Chartier I, p. 160.
(2) Bibl. nat. Fs. Fr. etc.
(3) Arch. nat. JJ. etc.

partie sur les marches du Maine qu'ils durent abandonner jusqu'au recouvrement de la Normandie en 1450. Ambroise de Loré lui même, appelé par Charles VII à des fonctions importantes ne devait plus revenir avant sa mort dans son pays natal. Falstolf, « lieutenant et gouverneur du baillage d'Alençon, des pays d'Anjou et comté du Maine », réunit au titre de capitaine de Fresnay celui de baron de Sillé ; il reçut le commandement en chef de la région et fit occuper le château de Fresnay par une garnison de trente-quatre lances à cheval, neuf à pied et cent vingt-sept archers, soit deux cent soixante hommes. C'était plus que suffisant pour contenir les campagnes environnantes privées de leurs défenseurs, ruinées et dépeuplées dans une proportion effrayante.

A dater du mois de février 1434, la paroisse de Douillet subit donc exclusivement, pour la troisième fois, la domination anglaise. Examinons quelle dut être sa situation pendant cette triste période.

Bien que nous ne puissions invoquer aucun document particulier, il est incontestable tout d'abord que la paroisse de Douillet, par suite de sa position géographique, eut beaucoup à souffrir de la guerre. Cela résulte du voisinage des forteresses de Fresnay, Sillé et Saint-Cénery, des combats livrés dans la région et de l'acharnement de la lutte racontée plus haut. La garnison de Fresnay y fit sans doute, comme partout ailleurs, de fréquentes excursions, « pillant les paysans, » enlevant leurs provisions et leurs chevaux, mettant et imposant de grosses » sommes de deniers sur les paroissiens par manière de taille ou d'appatis (1) ». En outre de leur solde en effet, qui était généralement de « douze deniers d'esterlins, monnaie d'Angleterre », par jour pour chaque lance à cheval, de huit deniers pour chaque lance à pied et de six deniers pour chaque archer, et qui était prélevée « sur les cens, rentes, prouffis et émoluments du pays conquis », les hommes d'armes anglais percevaient sur le plat pays « les regards accoustumés » c'est-à-dire diverses prestations en nature. Souvent même, lorsque les finances du roi d'Angleterre étaient épuisées, ils étaient autorisés à vivre entièrement sur les paroisses et villages voisins de Fresnay, comme nous l'avons vu au mois d'août 1429. Dans ce cas, à la vérité, les vivres fournis par les paroisses devaient être déduits de leurs tailles et appatis, mais presque toujours le capitaine laissait commettre les plus grands excès, donnant lui-même l'exemple de l'arbitraire et du vol. C'est ainsi qu'en 1431 le roi d'Angleterre ordonna de retenir sur les gages de Guillaume Oldhall et de la garnison de Fresnay une somme de 1002 liv. 6 den. tourn. « pour vivres et provisions *indûment extorqués* aux manans et habitants

(1) Arch. mun. du Mans.

» de la comté du Mayne, vicomté de Beaumont et bailliage de Saonnois (1) ». Ce Guillaume Oldhall était d'ailleurs coutumier du fait, car il avait fallu déjà lui faire rendre gorge en 1430, lorsqu'il était capitaine de Bonsmoulins. (2) Le voisinage de pareils hommes était désastreux pour une paroisse, et Douillet ne fut point épargné.

Tout était de bonne prise pour ces aventuriers anglais : chevaux, bestiaux, blés, vins, chars, foins, avoines, même les personnes. Le moindre prétexte suffisait pour faire un manant prisonnier ; c'était un crime de défendre ses biens ou sa vie, de s'absenter du pays, de secourir les blessés « armagnacs », de vendre du sel non gabelé etc. On jetait les malheureux dans les prisons de Fresnay, Beaumont et Sillé, où « ils estaient mis dans la basse fosse, en fers et en seps, très dure- » ment traictiez et en dangier de finer misérablement leurs jours, s'ils ne poioient » une grosse rançon (3) ». Une damoiselle prise en 1435 par un archer de Fresnay est vendue au Mans plus de deux cents salus d'or (4). Parfois encore « des gens de labour, auxquels « on avait imposé qu'ils estaient brigans, estaient occis en » leur lict, sans procès leur avoir fait, ni leur ouvrir autrement voye de justice ». Les marchands, « rançonnés de jour et de nuit n'osaient plus aller par le pays, » pour doubte de corps et de bien » Enfin des terres, manoirs et fiefs, appartenant à des gens d'église ou à des gentilshommes étaient confisqués, et leurs meubles volés.

Avec un pareil système les villages voisins de Fresnay furent bientôt ruinés et dépeuplés. Aux violences des gens de guerre, qui empêchaient d'ensemencer les terres, s'ajoutèrent la misère et l'émigration ; de sorte qu'il se trouva des paroisses réduites au curé, à trois ou quatre ménages et à quelques femmes veuves. Celle de Hellou par exemple, située à mi-chemin entre Alençon et Saint-Cénéry, « estoit dutout demourée déserte, dit un document de 1445, dépopulée et » déhabitée, sans ce qu'en icelle y put y avoir personne demouré n'y qu'aucun » labour n'y recollecte fait », et cela pendant huit années consécutives (5).

A Douillet cependant il dut subsister toujours un centre de population, car plusieurs aveux sont rendus au seigneur de Courtoussaint en 1419 et 1425 ; et dans les plus mauvais jours de l'invasion le curé semble être resté à son poste. Nous voyons ainsi le chapitre autoriser en 1419 Hugues de Meiza,

(1) Arch. nat. K. etc.
(2) Bibl. nat. Fs. Fr. etc.
(3) Arch. nat. JJ. etc.
(4) Bibl. nat. Fs. Fr. etc.
(5) L'abbé P. *Saint-Cénéry-le-Géré*, p. 116. — Arch. de la Sarthe E. 114.

curé de Douillet, à permuter avec Geoffroy Fortin, curé d'Artins en Vendômois, lequel Geoffroy Fortin est remplacé lui-même en 1425 par Louis Rouault (1). Il est vrai que le 17 septembre 1421 et le 16 mars 1426 le chapitre fait remise à ces deux ecclésiastiques de plusieurs sommes qu'ils lui devaient à cause de leur cure, et qu'ils n'avaient pu payer sans doute par suite des malheurs du temps. D'autre part, vers la même époque, la famille Ferquin reste en possession de la seigneurie qui appartient alors à Jean Ferquin et à sa femme Jeanne de Brée, héritiers directs de Pierre Ferquin et Jeanne Tragin. On peut donc dire, croyons-nous, d'une manière générale que la paroisse de Douillet dut moins souffrir que celles de la rive gauche de la Sarthe, placées directement, comme Assé-le-Boisne et Hellou, sur le chemin de Fresnay à Saint-Cénery et Alençon.

Au reste, dès les derniers temps de la résistance, les Anglais organisèrent leur conquête et la situation du pays se détendit. Chaque paroisse fut mise à même de payer un *appatis*, c'est-à-dire une rançon annuelle de 12 salus, pour se mettre à couvert du pillage des garnisons ; chaque feu put acheter une *bullette de ligeance* constatant qu'on avait prêté serment au roi d'Angleterre ; enfin des *congiés* ou sauf-conduits individuels furent délivrés à ceux qui en firent la demande (2). Nous citerons comme exemples, pour les environs de Douillet, des congés de trois mois accordés moyennant un salus ou quarante sols tournois en 1434 aux paroissiens de Mont-Saint-Jean, Assé-le-Boisne et Saint-Paul-le-Gaultier ; de même une damoiselle nommée Annette Ermenge paie dix salus pour « demourer durant six mois environ, elle, ses enfans et familiers en ladite » paroisse de Saint-Pol-le-Gaultier, en l'obéissance du Roy d'Angleterre » ; Philippe Germont d'Assé-le-Boisne, Étienne Garnier de Sougé, Guillaume du Crocq de Fresnay, achètent également des congés de trois mois un salus chacun ; deux habitants de Saint-Aubin-de-Locquenay en obtiennent un de quinze jours, moyennant dix sols tournois, pour aller à Laval et Chasteaugontier etc (3). Le clergé lui-même est admis à profiter de cet ingénieux système destiné à remplir les coffres du régent : le 21 mai 1434, frère Guillaume Houssaye prieur de Saint-Aubin-de-Locquenay achète une bullette de ligeance cinq sols tournois, et le 22 août frère Jean Laisné, commandeur de Grateil, obtient une sauvegarde d'un an pour dix sols tournois seulement. En même temps on commence à accorder des lettres de grâce aux émigrés, témoin Jean du Boisyvon, de la famille

(1) Arch. de la Sarthe G. 18. fo 6.
(2) S. Luce. *Le Maine sous la domination anglaise*, 1878, in-8°.
(3) Arch. nat. KK. 324, fos 51, 93, 172, 21 etc.

des seigneurs de Saint-Aubin de Locquenay, qui paie 8 liv. 15 s. t. une lettre de grâce, « pour soy avoir esté absenté et fréquenté avec les adversaires ». Les habitants de notre région peuvent donc au moins désormais, en finançant, rester chez eux ou en sortir sans risquer leur vie. C'est un progrès si on compare ce régime à leur situation terrible pendant la lutte, alors que Français et Anglais les pressuraient successivement, sans aucune explication.

On voit aussi fonctionner plus régulièrement l'organisation administrative. La paroisse de Douillet est, au moins en partie, rattachée comme la châtellenie de Fresnay au même bailliage que la vicomté de Beaumont et le Sonnois. A la tête de ce bailliage est placé Jean Guillaume, écuyer, qui a pour lieutenant à Fresnay Pierre Eustasse. Jean Leboucher remplit toujours les fonctions de procureur du roi. Ce territoire est compris dans les donations faites au régent, duc de Bedford (1). La partie qui relève de Sillé est placée sous la suzeraineté de Falstolf, baron de Sillé.

Quant à l'organisation militaire, elle subit peu de changements. Falstolf commande en chef au nom du Régent. Jusqu'au milieu de l'année 1438 il reste capitaine de Fresnay, dont la garnison varie de cinquante à soixante lances avec un nombre triple d'archers, suivant l'usage anglais. Il est à remarquer toutefois que Falstolf ne réside pas en personne à Fresnay, et qu'à partir de 1435 de nombreux détachements sont *mobilisés* et envoyés comme renforts aux armées en campagne ; l'effectif de la garnison se trouvant réduit, les charges des paroisses voisines sont par là même diminuées. Olivier Ofbartirsby porte le titre de lieutenant de Fresnay ; Osberne Mundeford a remplacé William Kirkeby comme maréchal de la garnison ; Jean Hilles a succédé à Séraphin Labbe comme contrôleur.

Au mois de septembre 1438 la garde du château de Fresnay est confiée à messire Thibaut Gorge, chevalier, avec vingt lances à cheval, vingt à pied et cent treize archers ; mais ce capitaine est presque constamment détaché au loin. En 1442 Richard Wideville le remplace avec vingt-deux lances à cheval, quinze à pied et cent cinq archers, soit deux cent vingt hommes, sous les ordres d'André Trolops et Henri Standisch lieutenants ; Richard Wydeville contribue, pensons-nous, avec le comte de Sommerset à reprendre en 1443 Beaumont-le-Vicomte où les Français étaient parvenus à rentrer, car le 4 avril 1445 Henri VI d'Angleterre lui accorde une somme de 1200 livres, « tant pour ses bons services que pour les dépenses qu'il a faites ». L'année suivante 1446 on ajoute à la garnison de Fresnay,

(1) Bibl. nat. Fs. Fr. etc.

sous la retenue de « noble homme messire Robert Roos, conseiller du roy », seize lances à cheval et vingt-neuf archers, du nombre « d'aucuns gens de guerre » qui nagaires vivaient sans gages sur les paroisses » ; cette mesure a pour objet de débarrasser les environs des routiers les plus dangereux et aussi d'aider à la garde du pays (1).

L'heure approchait en effet où les Anglais, par suite d'événements politiques et militaires survenus en dehors du Maine, allaient être obligés d'abandonner la province. Le 16 mars 1448, après de longues négociations, ils évacuèrent Le Mans qu'une armée française était sur le point de prendre d'assaut, puis Beaumont et Sillé. Fresnay seul resta entre leurs mains (2).

Messire Jean de Montagu, chevalier, bâtard de Salisbury, en reçut le commandement avec une retenue de sept lances à cheval, sept à pied et quarante deux archers, soit quatre-vingt-quatre hommes. Dès le mois de mars 1449 il était remplacé par l'ancien maréchal de la garnison, Osberne Mundeford, qui avait pris une part importante à la reddition du Mans comme bailli du Maine, capitaine du Mans et de Beaumont. Osberne Mundeford s'empressa de renforcer sa retenue de quinze lances à cheval et soixante sept archers, ce qui l'éleva au chiffre total de 196 combattants, mais il fut fait prisonnier peu après à Pont-Audemer, et la garde de Fresnay demeura confiée à deux lieutenants André Trollops et Jannekin Baker. Ceux-ci, se voyant menacés par l'armée française, parvinrent à concentrer autour d'eux quatre ou cinq cents hommes. Les Français n'en mirent pas moins le siège devant la place le 13 mars 1450 (3) avec des forces imposantes et une artillerie nombreuse ; dix jours plus tard la garnison capitulait et se repliait sur Falaise après avoir payé une rançon de 2000 salus d'or.

Cet heureux événement mit fin à la domination anglaise dans les environs de Fresnay et en délivra pour toujours la paroisse de Douillet. Ce fut en même temps pour elle, comme pour la contrée entière, le signal d'une réorganisation générale ; les terres furent ensemencées, les ruines disparurent, les populations reprirent courage, et bientôt on vit se produire dans chaque village un nouveau progrès social.

(1) Bibl. nat. Fs. Fr. — Arch. nat. K etc. — *Annuaire de l'Orne*, pour 1874.

(2) Stevenson. — *Letters and papers of the Wars of the English*, London 1861, II p. 436. — A. Joubert. *Négociations relatives à l'évacuation du Maine* dans la *Revue du Maine* VIII p. 221. On a dit que cette même année 1448 le duc d'Alençon, Jean II, s'était emparé de Fresnay, mais qu'il ne sut pas garder sa conquête : cela nous semble douteux.

(3) Arch. nat. K. etc. Cette date doit être préférée à celle du 21 mars 1451 donnée par M. A. Joubert. L'armée française fut devant Fresnay du 13 au 26 mars 1450 (nouv. st.).

La lutte que nous venons de raconter avait eu en effet de grands résultats. D'une part, en nécessitant l'alliance de toutes les provinces et de toutes les communautés d'habitants, en les groupant autour de la royauté pour chasser l'envahisseur, elle avait consommé et consolidé l'unité nationale. D'autre part, en unissant dans un même effort toutes les classes de la société, en leur fournissant l'occasion de s'estimer réciproquement sur les champs de bataille, elle avait effacé bien des préjugés, donné aux gens du commun une plus grande place dans les affaires publiques et préparé ainsi l'avénement des temps modernes, la substitution au régime féodal d'un état social plus perfectionné.

CHAPITRE VIII

LA PAROISSE DE DOUILLET A LA FIN DU MOYEN AGE

La société paroissiale au moyen-âge. — § I. Le curé, le clergé, la paroisse. — § II. Le seigneur et la noblesse. — Divisions territoriales établies par la féodalité : Fiefs de Douillet, Courtoussaint, la Bouteveillère, la Droulinière, Moré, la Courbe, Corbon, Les Roches, Launay, Les Beauces et Lorière. — § III. Les gens du commun : laboureurs, vignerons, artisans, propriétaires ruraux. — Rapports réciproques entre les divers éléments de la société paroissiale. — L'assemblée de fabrique.

'ÉPOQUE où nous sommes arrivés, c'est-à-dire celle où la société du moyen âge disparait pour faire place à un régime nouveau, est une grande époque dans l'histoire du pays. Elle voit s'accomplir une évolution importante dont les conséquences se feront sentir sur tous les points du territoire, aussi bien dans les châteaux que dans les chaumières.

Avant de franchir définitivement ce pas considérable, avant d'abandonner la période *féodale* pour aborder l'étude de la période *monarchique*, il est indispensable d'arrêter quelques instants sa marche, pour se rendre compte du chemin parcouru et de celui qui reste à parcourir. Comme un voyageur parvenu à un point culminant, sur la frontière de deux pays différents, contemple une dernière fois la région qu'il quitte et jette sur elle un regard d'ensemble, afin de mieux fixer dans son esprit son aspect général ; de même nous devons examiner rapidement, avant d'aller plus loin, ce que le régime féodal avait fait de la paroisse de Douillet. Ce sera tout à la fois un résumé de l'époque précédente et une base nécessaire pour l'étude de l'époque suivante.

A la fin du moyen-âge la société paroissiale se compose de trois éléments essentiels : le curé ; le seigneur de paroisse et la noblesse ; les gens du commun, marchands et laboureurs, membres épars du corps qui deviendra bientôt le Tiers-Etat. Ces trois éléments se trouvent réunis dans l'assemblée de fabrique dont tous font partie, et dans laquelle se traitent en commun les affaires relatives à l'église ou aux intérêts des paroissiens.

Dans la paroisse ainsi constituée, deux personnages dominent généralement : le curé par l'ascendant moral, le seigneur par la puissance territoriale. Nous ne pouvons cependant grouper ici la société paroissiale autour de ces deux personnages seuls ; placer d'un côté les manants soutenus par le curé, de l'autre la noblesse dominée par le seigneur. Le tableau serait plus simple il est vrai, mais inexact, car on arriverait ainsi à exagérer l'intimité de certaines alliances, ou à supposer des antagonismes qui n'existèrent peut-être pas. D'une part, en effet, le curé ne s'appuie pas exclusivement sur les gens du commun mais sur tous ses paroissiens ; d'autre part la suprématie du seigneur n'est pas absolue à Douillet, son autorité se trouvant restreinte par la présence d'autres gentilshommes, ses égaux dans la hiérarchie féodale.

Il est donc plus sûr d'étudier séparément les trois éléments, clergé, noblesse, gens du commun ; d'exposer la situation de chacun, ses tendances, ses progrès ; puis de rechercher la nature de leurs rapports réciproques, en examinant, sous forme de conclusion, le fonctionnement de l'assemblée de fabrique, seul lien commun qui les réunisse.

§ I. — LE CURÉ ET LE CLERGÉ PAROISSIAL.

Le curé, qui occupe le premier rang dans la société paroissiale, nous apparait sous un triple aspect : comme prêtre, comme administrateur ou officier public, comme propriétaire foncier.

Prêtre, il relève directement et exclusivement de l'évêque. L'église de Douillet ayant été fondée par saint Hadouin, l'évêque du Mans conserva toujours le droit de présentation à la cure, c'est-à-dire la nomination du curé, qui devait en outre, par suite de la donation d'Alain, « certaines sommes de deniers et douze boisseaux de seigle, mesure de Fresnay » au chapitre du Mans (1). Inutile d'ajouter que le curé était soustrait, suivant le privilège général, à la juridiction seigneuriale et soumis aux seuls tribunaux ecclésiastiques. L'évêque et le chapitre, telles étaient donc les deux autorités dont le curé de Douillet tenait ses pouvoirs, et sur lesquelles il pouvait s'appuyer en toute occasion. Il communiquait avec elles par l'intermédiaire du doyen de Fresnay de la circonscription duquel faisait partie la paroisse de Douillet.

(1) Arch. de la Sarthe, G. 18, f° 123.

Soutenu ainsi d'un côté par une hiérarchie fortement constituée, d'un autre par le prestige que lui donnaient la supériorité de son instruction et son caractère sacerdotal, le curé de Douillet garda sans peine son influence vis à vis du seigneur et de la petite noblesse rurale ; ce fut même là, ainsi que nous l'avons dit, la cause de la prédominance de l'élément religieux, le fait caractéristique de l'histoire de Douillet. Non seulement le curé demeurait souverain juge dans le domaine de la conscience, mais encore il disposait sur les affaires de tout genre d'une prépondérance marquée, comme défenseur des faibles et intermédiaire naturel entre ses paroissiens. A la différence du seigneur, dont l'autorité ne dépassait guère les limites de son fief, le curé étendait son influence dans toute sa paroisse et en conséquence sur les vassaux de plusieurs seigneuries : c'était le lien commun, le chef incontesté de la société paroissiale.

Le centre de cette influence du curé était avant tout l'église où il exerçait dans toute sa plénitude cette puissance spirituelle considérable, que lui donnait son double titre de prêtre et de pasteur. L'église de Douillet, nous l'avons dit, ne présentait au moyen-âge aucun caractère architectural : elle était composée d'une nef ancienne, dont la façade supportait un modeste pinacle, d'un chœur à chevet carré ayant à sa droite deux chapelles, à sa gauche une autre chapelle bâtie au XVᵉ siècle seulement par le seigneur de Corbon. C'était là, dans ce modeste édifice, que le curé donnait à ses paroissiens les conseils de la charité chrétienne, qu'il instruisait les enfants et enseignait à tous les doctrines civilisatrices de l'Evangile.

Sa juridiction s'étendait ensuite sur l'ensemble du territoire qui forme maintenant encore la paroisse de Douillet, dont les limites ne se sont pas modifiées sensiblement. A la fin du moyen-âge comme aujourd'hui, elle était bornée au Nord par Sougé-le-Gannelon ; à l'Est par Assé-le-Boisne et Saint-Aubin-de-Locquenay ; au Sud par Montreuil-le-Chétif ; à l'Ouest par Mont-Saint-Jean et Saint-Georges-le-Gaultier. La paroisse de Douillet allait ainsi au Nord jusqu'au bois Besnard, la chapelle de Sainte-Marguerite des Chardonnerets, en Sougé, lieu de pèlerinage fréquenté, le ruisseau de Coulonge et la Sarthe. A l'Est elle était séparée d'Assé par la Sarthe sur la rive gauche de laquelle se trouvait seulement le fief de la Grande-Courbe ; de Saint-Aubin par le bois des Laires, la croix Boutin et la croix des Etricheries, qui tenaient lieu en quelque sorte de devises, suivant un antique usage. Longtemps incertaine au Sud du côté de Montreuil, entre les croix des Etricheries et de Chêne brûlé, la limite rejoignait la rivière d'Orthe ; puis à l'Ouest, du côté de Mont-Saint-Jean et de Saint-Georges, elle était marquée à peu de chose près par la croix des Rambeudières, la lisière du bois des Boulais, le taillis de Beaucoudray et la croix des Guimerières. C'était en résumé les frontières actuelles, sauf deux ou trois exceptions ; ainsi en 1415 la métairie de la Mulotière, aujourd'hui en Saint-Aubin, fait encore partie de Douillet (1) ; vers la même époque le territoire compris entre le pont de Douillet, la croix Boutin, l'Etricherie, le chemin du Mans, la Peraudrerie, la Coquinière, le moulin de l'Aune et la rivière d'Orthe, constitue sous le nom de *Commune des paroisses de Douillet et Montreuil* une sorte de territoire mixte sur lequel les deux curés exercent le droit de dîme ; enfin au Nord-Ouest, le taillis de Beaucoudray est à la fois réclamé par Douillet et Saint-Georges (2).

Le rôle administratif du curé est beaucoup moins important que son rôle au point de vue spirituel et moral. On peut même dire qu'il est indirect, puisque l'administration des affaires de la fabrique appartient à tous. Toutefois l'instruction étant peu répandue et le petit nombre de manants instruits l'ayant été par les soins du curé, l'opinion de ce dernier avait parfois un poids tout particulier, et lui seul souvent était en état d'aider le procureur de fabrique dans la tenue de ses comptes. D'autre part le droit qu'il avait alors de recevoir les testaments et les actes publics, les fonctions de tabellion, qu'il exerçait en concours avec les notaires royaux de la cour du Bourg-Nouvel (3), contribuaient à augmenter son prestige, l'introduisaient dans l'intérieur même des familles et lui donnaient une part plus grande dans la direction des affaires.

En troisième lieu enfin, le curé avait la gestion et l'administration du temporel de la cure. Ici, il perdait sa situation dominante et devenait le vassal du seigneur. Depuis que le seigneur de Douillet avait en effet reconstitué la dotation de la cure et pris le titre de « fondateur temporel de la paroisse » le curé figurait en tête « des hommes et subjets tenus tant à foy que censivement du fief de Douillet (4) ». Il lui rendait aveu pour tout son temporel qui comprenait : 1° les logis presbytéraux, jardins, vergers et terres labourables y attenant ; 2° le lieu des Prêtrises près du gué du Ferret, sur les bords de l'Orthe ; le curé dirigeait l'exploitation de ces différentes terres et en passait les baux sauf approbation de l'Evêque. En outre, à ces revenus s'ajoutèrent peu à peu de nombreux legs, puis les dîmes qui consistaient dans la onzième partie des grains récoltés dans la paroisse et dans l'étendue du fief de Maulny en Saint-Pierre-la-Cour (5) ; ce dernier droit avait été concédé

---

(1) Chartrier du château de Douillet.

(2) Arch. paroissiales.

(3) Trouillard. *Etude sur le Bourg-Nouvel* dans le *Bulletin de la Société d'agriculture, sciences et arts de la Sarthe*, XIX, p. 412.

(4, 5) Arch. paroissiales.

nous ne savons à quelle époque par les fondateurs de la paroisse. Il est vrai que le curé de Douillet était tenu de payer lui-même chaque année une dîme aux religieux de la Couture à cause de leur prieuré de Saint-Sauveur de Fresnay (1). Dans tous les cas l'importance des logis presbytéraux et de la grange dîmeresse, encore existants au haut du bourg, prouvent que de tout temps les revenus de la cure de Douillet ont été assez considérables.

D'ailleurs à partir du moment où les noms des curés nous ont été conservés, nous nous trouvons en présence d'ecclésiastiques distingués, ce qui semble indiquer que la cure de Douillet était donnée le plus souvent à des prêtres de mérite. Le plus ancien curé de Douillet que nous connaissions est Hugues de Meiza qui permute le 12 juillet 1421, en vertu d'une autorisation du chapitre, avec Géoffroy Fortin curé d'Artins (2). Or la cure d'Artins en Vendômois était une des plus anciennes du diocèse ; elle appartenait au chapitre et lui payait chaque année une rente de 20 liv. tournois. De plus Hugues de Meiza est peu après élevé à la dignité de chantre de Vendôme. Cette assimilation des paroisses de Douillet et d'Artins, ainsi que la personnalité de Hugues de Meiza, montre que la cure de Douillet n'était pas sans avantages puisqu'elle est mise en parallèle avec une des quarante cures du chapitre.

De même à Géoffroy Fortin, ancien curé d'Artins, succède à Douillet Mᵉ Louis Rouault, avec lequel André de Montourdel et Jean de Landissan, délégués du chapitre, déterminent, le 25 mai 1425, la somme de deniers due « au bienheureux saint Julien », par l'église de Douillet, et dont une partie lui est abandonnée l'année suivante, sans doute à cause des malheurs de la guerre (3). Le 6 août 1425 Louis Rouault est chargé par le scolastique de la direction de l'école de la cathédrale, et le chapitre approuve ce choix avec empressement, preuve incontestable de la valeur du curé de Douillet (4). Il est vrai, qu'on est amené à se demander si Louis Rouault conserva son bénéfice avec ses nouvelles fonctions, et par conséquent s'il résida régulièrement dans sa paroisse.

En 1455, la cure de Douillet est occupée par Jean Fouillet (5).

En 1480 Jean Busson a remplacé Jean Fouillet. Lui aussi semble appartenir à une famille du pays ; il afferme le lieu des Prêtrises à un de ses parents Jean Gayne, moyennant une rente annuelle de 4 l. 10 s., approuvée par l'évêque du Mans ; puis il passe divers actes, testaments et échanges (6). Vers la même époque,

(1) Archives paroissiales.
(2, 3, 4) Arch. de la Sarthe, G. 18, fᵒ 6, 123, 119.
(5) *Ibid.* E. 232-233.
(6) Arch. paroissiales.

Jean Beudin est qualifié chapelain de Douillet dans une procuration donnée le 18 septembre 1487 au doyen de Fresnay par plusieurs prêtres des environs pour rendre aveu au seigneur de Fresnay. Dans cet acte Jean Beudin parait représenter le curé de Douillet (1). Etait-il donc alors vicaire de Douillet, ou chapelain de la chapelle Saint-Jean fondée en l'église de Douillet, par le seigneur de la paroisse le 11 mars 1456 ? (2). Nous ne saurions le dire. Remarquons seulement qu'il existe à Mont-Saint-Jean une famille nombreuse du nom de Beudin et une métairie appelée la Beudinière ; en 1460 messire Chesnay, procureur du chapitre de Sillé, s'avoue sujet du seigneur de Vaudepierre pour une rente due par Jean Beudin (3).

A côté de Jean Beudin nous trouvons encore plusieurs autres ecclésiastiques groupés autour du curé. Tels sont par exemple maitres Etienne Becoys, prêtre, et Guillaume Le Breton, clerc, qui figurent comme témoins sur plusieurs actes (4). Dès la fin du XVe siècle le curé de Douillet est donc pour ainsi dire à la tête d'un clergé paroissial, recruté dans les familles du pays, et dont les membres, à la fois prêtres et hommes d'affaires, contribuent puissamment à consolider l'influence de l'élément ecclésiastique dans la société paroissiale.

§ II. — LE SEIGNEUR DE DOUILLET ET LA NOBLESSE. — DIVISIONS TERRITORIALES ÉTABLIES PAR LE RÉGIME FÉODAL.

Le territoire de Douillet à l'époque féodale était partagé en deux parties suivant une ligne Est-Nord-O. par la limite de la baronnie de Sillé-le-Guillaume et de la vicomté de Beaumont (5). Toute la région située à l'Ouest et au Sud relevait, directement ou indirectement, des seigneurs de Sillé ; toute la région située à l'Est et au Nord, des vicomtes de Beaumont.

FIEFS RELEVANT DE LA BARONNIE DE SILLÉ.

Dans la région mouvante de Sillé, se trouvaient : 1° la seigneurie de *Douillet*, à laquelle se rattachaient deux terres de moindre importance le *Plessis-Breton* et

(1) Bilard, *Inventaire des Archives de la Sarthe*, p. 15.
(2) *Pouillé* du XVIIe siècle, Bibl. du Mans.
(3) Arch. de la Sarthe, G, 460, E, 226.
(4) Arch. paroissiales.
(5) Chartrier du château de Douillet.

Brantalon ; 2º La seigneurie de *Courtoussaint* et le domaine de la *Bouglière* ; 3º la terre de la *Bouteveillère* ; 4º la seigneurie de la *Droulinière*.

1º *Seigneurie de Douillet.*

La terre, fief et seigneurie de Douillet relevait « nuement, à foy et hommage lige » de la baronnie de Sillé (1). Pour rendre hommage à son suzerain le seigneur de Douillet devait se transporter au château de Sillé, appeler par trois fois à haute et intelligible voix « monseigneur, monseigneur, monseigneur le baron de Sillé », et lui dire : « Je suis venu icy exprès pour vous faire et jurer foy et hommage, « telle qu'elle vous est due à cause et pour raison de ma terre, fief et seigneurie ; « haute, basse et moyenne justice à moy appartenant ». Il reconnaissait ensuite les services anciens, « gageait le rachapt quand il échoira (2), et offrait de bailler « aveu ou dénombrement toutefois que monseigneur le baron le deman-« derait (3) ».

Le château, qui servait d'habitation au seigneur de Douillet et pour ainsi dire de chef-lieu à la seigneurie, était situé, comme nous l'avons dit, au sommet du bourg, attenant à l'église, dominant la vallée de l'Orthe et les maisons du village. Malgré sa forte position au point de vue militaire, et bien que protégé naturellement d'un côté par les escarpements de la vallée de l'Orthe, il ne semble pas avoir été jamais un château fort. D'une part l'histoire n'a conservé le souvenir d'aucun épisode militaire relatif au château de Douillet, et d'autre part il n'a été retrouvé aucune trace de ces formidables enceintes qui entouraient alors les moindres forteresses. C'était sans doute un *manoir* de construction ancienne, en état de résister à une tentative de pillage, mais non de soutenir un siège régulier.

Au moyen-âge le parc n'était pas même enclos de murs comme il l'est aujourd'hui. Ce n'est qu'en 1456 (4), au moment de la réorganisation générale qui succède à la guerre de Cent ans, que le seigneur de Douillet fait entourer ses

---

(1) Archives de la Sarthe E, 226. — « *Nuement* » terme féodal indiquant que le fief de Douillet relevait directement de Sillé ; « *à foy et hommage* », ces deux termes confondus à une certaine époque ont exprimé longtemps deux choses différentes: la *foi,* serment de fidélité dû par tout sujet ; l'*hommage,* reconnaissance de la vassalité, c'est-à-dire du lien particulier que créait le contrat féodal. L'hommage *lige* était un lien plus étroit que l'hommage simple : il entraînait une sorte d'alliance offensive et défensive envers et contre tous, ainsi que l'obligation du service militaire partout et en tout temps. M. Roy. *Cours d'institutions* professé à l'École des Chartes.

(2) Le rachapt doit être pris ici, croyons-nous, dans le même sens que relief, c'est-à-dire droit de mutation à payer au suzerain.

(3) Minutes Urbain Deshais.

(4) S. d'Elbenne, *Généalogie ms. de la famille Ferquin.*

bois de murailles en pierres sèches, peu élevées, sur un développement d'environ deux mille mètres, dans le but de retenir le gibier et nullement de fortifier son domaine.

La seigneurie de Douillet comprenait dans sa mouvance le bourg et un certain nombre de terres ou de métairies.

Dans le bourg signalons comme dépendances principales : les logis presbytéraux, jardins, vergers, terres labourables composant le temporel de la cure ; le moulin à blé ou mieux le moulin *blaret*, situé au pied du château et auquel les vassaux de la seigneurie, « demeurant dans la lieue du moulin (1) », étaient tenus de faire moudre leurs grains ; la métairie du Boisfade ; les moulins à *tan* ou à *foulon* sur la rivière d'Orthe, à l'entrée du village : les vassaux, « demeurant dans les trois lieues (2) », étaient obligés de venir y fouler leurs draps, et celui qui les exploitait devait chaque année au seigneur de Douillet, le jour de Noël, « 60 soubs « de debvoir avec le foullaige de 30 aulnes de drap, fait également par chascun an « à la maison dudit seigneur (3) ».

Parmi les métairies relevant de la seigneurie nous citerons celles de la Jarretière, de la Foubayère, de Brantalon, du Cormier, du Bignon, de la Grange, du Plessis, les bois des Boulays, le lieu des Prêtrises dépendant de la cure, et plusieurs pièces de terre détachées appartenant à la fabrique (4). D'une manière générale on peut donc dire que la seigneurie de Douillet s'étendait sur la majeure partie du plateau limité par la vallée de l'Orthe et le ravin du Valaugu, c'est-à-dire sur la partie Sud-Ouest du territoire de Douillet.

Mais la suzeraineté sur le bourg et les terres que nous venons d'énumérer, qui avait pour conséquence, comme pour toutes les seigneuries, l'exercice des droits de *censive*, de *terrage* et de *banalité*, ne constituait pas à elle seule le fief de Douillet. Il comportait en outre plusieurs autres droits seigneuriaux importants, droit honorifique de *patronage*, droits utiles de *justice* et de *péage*.

Le seigneur de Douillet, il est vrai, n'avait pas le droit de patronage dans toute sa plénitude. Comme l'église avait été bâtie par saint Hadouin, l'évêque du Mans avait conservé le droit de présentation à la cure, premier élément du droit de patronage ; et le seigneur qui l'avait simplement dotée, tout en ayant pris le titre de « fondateur de la paroisse », présentait seulement à la chapelle Saint-Jean

(1) Beautemps-Beaupré. *Coutumes d'Anjou et du Maine*. Préface p. LXV.
(2) *Ibid.* p. LXXIX.
(3) Chartrier du chât. de Douillet.
(4) Arch. paroissiales.

fondée dans l'église pour le service du château. Toutefois cette réserve faite, le seigneur de Douillet jouissait de la préséance et des droits honorifiques accordés aux patrons. Ainsi, indépendamment de la chapelle Saint-Jean, où il avait le droit de « faire dire messes et oraisons, et d'être ensepulturé lui, son épouse, et ses « enfants ou amis trépassés », il possédait dans le chœur un banc seigneurial avec ses armoiries ; pendant les offices il recevait l'eau bénite le premier ; à sa mort une *litre* ou ceinture funèbre, espèce de bande de couleur noire avec armoiries de distance en distance, était peinte à l'intérieur de l'église, en signe de deuil. En 1878 nous avons retrouvé, sous le badigeon des murs de la nef, les traces d'une de ces litres ; d'une largeur de 0ᵐ65 centimètres soit environ deux pieds, suivant la règle commune, elle datait du XVᵉ siècle et portait de chaque côté, en son point d'origine, un écusson aux armes des Ferquin, « *d'argent à une croix de gueules* » ; la bordure supérieure était à 4ᵐ45 au-dessus du sol.

Au moyen-âge les seigneurs de Douillet avaient également droit de haute justice, et on vit jusqu'en 1788, à l'Est du cimetière, sur la voie publique, un poteau avec un carcan et une chaine, indices ordinaires du droit de justice criminelle. N'ayant sur ce sujet aucun document particulier nous renvoyons à la *Coutume du Maine* pour les droits des seigneurs haut-justiciers en matières civile, criminelle et administrative. Rappelons seulement que jusqu'au XVIᵉ siècle on reconnut généralement aux seigneurs justiciers la propriété des chemins publics et par conséquent l'obligation de les entretenir.

C'est de ce principe que résulta le droit de péage du seigneur de Douillet, qu'il nous reste à étudier. Il s'exerçait à deux gués ou ponts situés sur l'Orthe ; l'un au bas du bourg de Douillet, nommé le pont de Douillet ; l'autre « à demi « quart de lieue environ en amont, sur le chemin à aller dudit bourg de Douillet « au chasteau de la baronnie de Sillé », appelé le gué de l'Aune. Depuis un temps immémorial ces deux points étaient *branchères* de la baronnie, c'est-à-dire qu'on y percevait les droits de coutume et de prévôté au profit des seigneurs de Sillé (1). Plus tard ceux-ci transformèrent les droits de péage perçus au pont de Douillet et au gué de l'Aune en un fief distinct, et les concédèrent au seigneur de Douillet auquel ils revenaient tout naturellement, puisque le pont de Douillet et le gué de l'Aune formaient en quelque sorte les deux entrées de la seigneurie. Le péage se percevait « tant de jour que de nuit, sur toutes les marchandises tres- « passans par les détroits, fors sur celles qui allaient au *corps* (2) de la baronnie

---

(1) Branchères : Lieux où l'on a coustume d'ancienneté de mettre et d'asseoir la billette, hors la principale ville ou bourg. *Coutume du Maine*, art. 60.

(2) Ville principale de la baronnie.

« ou qui avaient passé par icelui corps », à charge pour le seigneur de Douillet de faire un acte de foy et hommage spécial, et de payer cinq sous tournois de service au baron de Sillé. Conformément à la règle posée par les coutumes, une pancarte ou *billette* était suspendue près du lieu où le péage devait être perçu, pour avertir les passants et constater le droit du seigneur (1).

Telle était la composition de « la terre, fief et seigneurie de Douillet » au moyen-âge. Pour avoir maintenant une idée exacte et complète de l'ensemble des possessions du seigneur de Douillet, il faut y ajouter : 1º la terre, fief et seigneurie de la *Bermondière*, en Mont-Saint-Jean , relevant également de la baronnie de Sillé et qui fut toujours entre les mêmes mains que la seigneurie de Douillet (2) ; 2º le pré Drouet, près du Pont-Landry, aussi en Mont-Saint-Jean, dépendant du fief d'Illiers, qui relevait lui-même en arrière fief de la vicomté de Beaumont (3) ; 3º plusieurs pièces de terres détachées, sur divers points de la paroisse de Douillet et mouvantes d'autres seigneuries ; 4º des fiefs ou métairies situés dans les environs et appartenant momentanément au seigneur de Douillet par héritage, mariage ou achat, comme le fief de *Chaligné* à Vernie que nous avons vu Guillaume Tragin fieffer en 1380 à Guillaume Morel (4).

Pendant tout le XVe siècle la seigneurie de Douillet est possédée par la famille Ferquin, qui l'a reçue, à la fin du XIVe de la famille Tragin. Du mariage de Pierre Ferquin et de Jeanne Tragin sont nés effectivement deux enfants : Jean qui hérite de la terre de Douillet ; Marguerite qui reçoit dans son lot, entre autres choses, une rente de seize boisseaux de seigle et seize boisseaux d'avoine mesure de Sillé, sur le lieu du Pin Hallay en Mont-Saint-Jean, laquelle rente sera vendue par elle à Jean du Pin, écuyer, seigneur dudit lieu du Pin, et ensuite rachetée de ce dernier le 10 juillet 1454 par René de Hallay, écuyer, sieur du Pin-Hallay (5). Jean I de Ferquin, devenu à la mort de son père seigneur de Douillet, épouse Jeanne de Brée, puis Marie Le Brasseur et en a trois enfants : Jean II, Gervais, et Anne, mariée en premières noces à Robin Guion, écuyer, et en secondes noces à Jean du Pin ; il possède la seigneurie de Douillet pendant la domination anglaise. Son fils Jean II, marié le 13 juin 1456 à Marguerite de Chevigné, fille de Girard de Chevigné, écuyer, et d'Isabeau Le Conte, hérite à son tour de la terre de Douillet et a six enfants ; Philippe qui épousera Rose Bourel et deviendra seigneur de

(1) Chartrier du chât. de Douillet.
(2) Archives de la Sarthe E, 226, 227, 263, G, 460.
(3) *Ibid.* E, 203-204.
(4) *Ibid.* E, 169, 174, 263.
(5) *Ibid.* E, 263.

GÉNÉALOGIE DE LA FAMILLE FERQUIN

D'APRÈS LES ARCHIVES PAROISSIALES DE DOUILLET ET LES NOTES COMMUNIQUÉES PAR M. S. D'ELBENNE.

Armes : « *D'argent à la croix aléise de gueules* », d'après la litre découverte dans l'église de Douillet et l'écusson du Plessis-Breton. — « *D'argent au lion de gueules* », d'après M. de Maude, *Armorial*. — « *De sable à trois fers de cheval d'argent* », d'après M. l'abbé Angot, *Monographie de Brée*.

Colas FERQUIN, escuier, sr de Saint-Georges-le Gaultier, à la fin du XIVe siècle.

Pierre F. et Jeanne TRAGIN fille unique de Guillaume T. escuier, seigneur de Douillet en 1409.

Jean F. sr de Ruffrançois, et de la Cognardière, à Saint-Germain-de-Coulamer, en 1409.

Jeanne F. et André GOMER, escuier.

Jean GOMER

Jean I et Jeanne de BRÉE, avant 1426. — Jean I aurait aussi épousé en secondes noces sans doute Marie LE BRASSEUR.

Gervais F.

Jean II, épousa le 13 juin 1456 Marguerite de CHEVIGNÉ, fille de Girard, escuier, et d'Isabeau LE CONTE ; ils font bâtir les murs du parc de Douillet.

Marguerite F., qualifiée sœur du sr de Douillet en 1454, était peut-être sœur de Jean I et tante de Jean II.

Anne F., épouse : 1o Robin GUION, escuier ; 2o Jean du PIN, escuier.

Perrine F. épouse le 28 septembre 1488, Roland LE MAIRE ; elle est dame de Brantalon.

Philippe F., épouse Rose BOUREL, sr de Douillet et de la Bermondière en 1499.

Ambroise, épouse le sr de la POTERIE.

Geneviève, épouse Guillaume LE FÈVE.

Jeanne épouse Robin LION

Jeanne GUION, épouse Gauthier CHERADAMEL.

Florent LE MAIRE, sr de Brantalon.

Antoine F., épouse : 1o Renée d'ORCISSES, morte à Douillet, le 31 mai 1543 ; 2o Françoise de MONTESSON, fille de Guillaume de Montesson et de Françoise Jagu.

Hardouin religieux.

Renée épouse le 10 juin 1537, Jean LAMBERT, esc.

Charles mort sans hoirs.

Jeanne F., dame du Plessis-Breton, épouse Jacques LE ROY, sr des Valetes, pays de Bretagne : ils rebâtissent le Plessis vers 1534.

Marie LE MAIRE, dame de Brantalon en 1596.

François F., sr de Douillet, mort sans hoirs.

Rose F., épouse Guillaume de MONTESSON, sr de Douillet.

Jeanne F., épouse Jean LE MAIRE DE MILLIÈRES, escuier, sr de la Goupillère.

Guyonne épouse Jean des ROTOURS, escuier.

Marguerite épouse Etienne de VANSSÉ, escuier.

Thomas LE ROY, épouse Olive de MORÉ : ils bâtissent en 1589 la chapelle du Plessis-Breton dans l'église de Douillet.

Douillet à la fin du XV⁰ siècle ; Perrine mariée le 28 septembre 1488 à Roland Le Maire, seigneur de la Bougrie ; Ambroise mariée à un sieur de la Poterie ; Geneviève mariée à Guillaume Le Fève ; et Jeanne à Robin Lion (1). C'est ainsi que la famille Ferquin, non contente d'agrandir son parc après la guerre de Cent ans, se reconstitue rapidement, et que le château de Douillet voit naître toute une génération nouvelle.

A la seigneurie de Douillet se rattachent deux terres sur lesquelles nous avons peu de renseignements, mais qui semblent en avoir été démembrées, très probablement à l'époque où nous arrivons.

Le Plessis-Breton, à environ 2 k. Ouest du bourg, qui deviendra au siècle suivant un manoir d'une certaine importance, lorsqu'il sera entre les mains de Jeanne Ferquin, fille du seigneur de Douillet. Nous avons lieu de supposer en effet que la terre du Plessis fut comprise dans la mouvance de la seigneurie de Douillet au milieu de laquelle elle était enclavée. A la fin du XV⁰ siècle elle comprenait deux métairies ; le Haut-Plessis qui prit le nom de Plessis-Courtimont lorsque Jean Le Sage et Guillaume son fils, paroissiens de Douillet, l'eurent vendu le 14 février 1475, pour la somme de 130 liv. à Georges de Wellys, écuyer, seigneur de Courtimont en Saint-Georges-le-Gaultier (2) ; le Grand-Plessis, surnommé le Plessis-Breton, sans doute au moment du mariage de Jeanne Ferquin avec un gentilhomme breton.

Brantalon. Ici l'hésitation n'est plus possible. Dépendance directe du château de Douillet, dont elle était distante de deux kilomètres, au Sud-Ouest, cette terre fut donnée en dot en 1488 à Perrine Ferquin quand elle épousa Roland Le Maire.

2° *Seigneurie de Courtoussaint*.

C'était, après la seigneurie de Douillet, le plus important des fiefs de la paroisse. Courtoussaint relevait en effet directement, lui aussi, de la baronnie de Sillé, et se trouvait dès lors au même degré que le fief de Douillet dans la hiérarchie territoriale établie par la féodalité. Toutefois le seigneur de Courtoussaint ne jouissait ni du droit de patronage, ni de celui de haute justice, qui appartenait au baron de Sillé ; il était seulement bas justicier, mais il possédait le droit de banalité, car, aux termes de la *Coutume du Maine*, le droit de faire moudre au moulin était une conséquence de la propriété de la terre et dépendait de la justice foncière (3).

(1) S. d'Elbenne, *Généalogie ms. des Ferquin*.
(2) Titres de propriété du Plessis.
(3) La justice *foncière* était le droit du suzerain de forcer le vassal à payer les redevances,

D'après les plus anciens aveux, le seigneur de Courtoussaint devait au baron de Sillé l'hommage de foi simple et quatre livres tournois de devoir, moitié à l'angevinne et moitié à Noël, « à cause de sadite terre, en laquelle il y avait dix-huit « livres en deniers, seize corvées, trente-six chefs de poulailles et plusieurs « domaines (1) ».

Le manoir s'élevait à un kilomètre environ au Sud du bourg, au sommet d'une croupe limitée, d'un côté par le ravin de Montlouveau, de l'autre par le ruisseau dit de Courtoussaint. Pour y arriver en partant du bourg, il fallait remonter le cours de ce ruisseau, puis franchir une gorge étroite resserrée entre deux rochers, et au-delà de laquelle prend naissance la croupe que dominent les bâtiments. Des fenêtres du manoir la vue s'étendait en avant jusqu'à cette gorge, porte naturelle pour ainsi dire du domaine de Courtoussaint, à gauche sur le ravin de Montlouveau, à droite sur le vallon principal au fond duquel on apercevait le moulin blaret de la seigneurie et des étangs encadrés de grands arbres. C'était sur une échelle plus petite un site analogue à celui du château de Douillet, le ruisseau de Courtoussaint tenant lieu de la rivière d'Orthe, le ravin de Montlouveau de celui du Boifade. Aujourd'hui, le « logis seigneurial de Courtoussaint » est entièrement détruit et remplacé par des bâtiments d'exploitation de construction récente ; seuls les murs d'enceinte du jardin subsistent. La tradition attribue cependant une certaine importance à l'ancien manoir, et conserve le souvenir de souterrains qui auraient, dit-on, relié les différents corps de bâtiments ; au siècle dernier une tour en ruines se voyait encore à l'angle de la boulangerie. Le moulin comprenait dans ses dépendances : « une maison, les mouteaux, un étang et deux « journaux de terre » ; il devait chaque année un denier de devoir à la Toussaint, et valait à la fin du XVe siècle deux cents livres tournois.

Le manoir de Courtoussaint et le moulin qui en dépendait étaient situés presque rigoureusement au centre de la seigneurie, dont un *Inventaire*, heureusement retrouvé aux archives de la Sarthe (2), nous a permis de reconstituer la mouvance avec une précision bien rare. Du pont de Douillet, point où la rivière d'Orthe la séparait du fief de Douillet, et en tournant de gauche à droite, la seigneurie de Courtoussaint comprenait : les métairies de la Gauffardière et de la

elle s'exerçait au moyen des *assises du fief*, sorte de tribunal où les vassaux et tenanciers étaient tenus de comparaitre devant les officiers du seigneur. Il existait un *Registre des Plaids et assises* de Courtoussaint en 1450 et 1454.

(1) Arch. de la Sarthe, E, 226-227.

(2) *Ibid.* E. 232.

Charpentrie, depuis longtemps détruites, situées dans les prairies en amont du parc, entre la rivière et le chemin de Montreuil ; le cours de l'Orthe, de la Gauffardière à l'Aune, avec le droit de pêche ; une partie des terres de la Jarretière et de la Foubayère ; les métairies du Genetay et de la Morlière ; le bordage de la Butte aujourd'hui disparu, sur la rive gauche de l'Orthe ; le moulin de l'Aune ; une maison près du moulin de Bernay ; la ferme de la Coquinière ; le domaine d'Yvré actuellement détruit ; les métairies du Rocher et des Corbelières ; une partie du hameau des Etricheries ; le lieu de Montlouveau ; deux maisons et plusieurs champs à la Bouglière ; plusieurs « maisonnais » au bois des Laires ; une partie des villages de Frobert et de la Courbe, sur les bords de la Sarthe ; enfin le bordage de Bois-Rasoir, d'où la limite revenait rejoindre en ligne droite le pont de Douillet, en passant par le carrefour de la Baste, le hameau de la Perrière et la métairie du Pont. En d'autres termes, la seigneurie de Courtoussaint renfermait dans sa mouvance la vallée de l'Orthe et ses deux versants entre le moulin de l'Aune et les murs du parc ; le cours inférieur du ruisseau de Courtoussaint depuis la Coquinière ; enfin toute la partie Sud-Est de la paroisse entre le vallon de Courtoussaint et la vallée de la Sarthe.

Le plus ancien seigneur de Courtoussaint, dont le nom soit parvenu jusqu'à nous, est Eudes de Montigné qui vivait dans la seconde moitié du XIVᵉ siècle. Sa veuve, Alix de Montigné, dame de Courtoussaint, rend aveu en 1409 au seigneur de Sillé [1].

En 1457 et 1460 le fief de Courtoussaint appartient à Guillaume de Beaugencé, écuyer, qui doit à la baronnie de Sillé la foi et hommage simple, quatre livres tournois de devoir, et quarante jours de garde monté et armé par chacun an [2]. Nous serions porté à croire qu'à la mort de Guillaume de Beaugencé, Courtoussaint fit retour aux seigneurs de Montigné, car le 14 mai 1484, Jean de Saint-Rémy, écuyer, seigneur de Montigné, se qualifie seigneur de Courtoussaint, dans un aveu rendu pour la terre de Montigné à François de l'Epervier, seigneur de Boulouère, Combres, Montbizot et le Meau [3].

Dans tous les cas le fief de Courtoussaint devient peu après la propriété de la famille de la Vayrie, qui le possédera pendant les XVIᵉ et XVIIᵉ siècles.

Parmi les principaux sujets du seigneur de Courtoussaint nous citerons : le seigneur de Douillet qui s'avoue, dans une déclaration du 10 février 1402, « subjet

[1] Archives de la Sarthe, E, 227.
[2] *Ibid.* E, 227, 233.
[3] *Ibid.* E, 59.

7

« du seigneur de Sillé, par le moien du seigneur de Courtoussaint, de tout ce qu'il
« a ès environs de la ville de Douillet, de çà le cours de l'eau de la Sarthe, fors le
« travers qu'il a sur la coutume » ; Guillaume Busson qui paie en 1402 cinq sols
tournois de rente pour héritages aux environs de la Coquinière : il forme la souche
d'une famille nombreuse et aisée, dont le chef Jean Busson, établi peu après à la
Corbelière, rend aveu pour ce lieu en 1461 et 1466, à charge de deux deniers de
devoir à la Toussaint ; Jean Julienne, dont messire Guillaume de Berné, écuyer
obtient par échange en 1402 une portion de pré, « pour faire le fond d'un biau
« près de son moulin de Bernay, en la rivière d'Orthe » ; Etienne Husset qui tient
censivement en 1419 le lieu de Frobert sous le devoir de deux sols, six deniers ;
Jean Louveau, tenancier du lieu d'Yvré en 1425 ; le curé de Douillet en 1455,
Jean Fouillet, redevable d'une maille pour un journal de terre sur le chemin de
Sillé au pont de Douillet ; Guillaume Cochet et Jean Pelard, chefs de deux familles
qui parviendront bientôt au premier rang du Tiers, tenanciers de Frobert ; Marin
Fouscher et Jean Lasne du Bois-Rasoir ; Guillaume Juillé qui rend une déclaration
pour le lieu d'Yvré en 1456 ; Hubert Boutin tenancier de Montlouveau ; Richard
Billon et Jean Gouin de la Bouglière ; Jean Le Comte de la Morlière et d'une partie
de la Foubayère ; Thomas et Guillaume les Gesbert de la Charpentrie ; Thomas
Huron qui rend aveu le 3 janvier 1470 pour le moulin de l'Aune, sous le devoir de
deux deniers tournois à la Toussaint ; Jean Cosnard, propriétaire du pré des
Rivières sur le ruisseau de Courtoussaint ; Léonard Langlois ; Jean Ferquin,
écuyer, qui reconnait en 1478 « tenir de la seigneurie de Céans le pré de Vau
« d'Orthe, situé entre la rivière et le chemin de la Gauffardière à l'Aune, moyen-
« nant six den. de devoir à la Toussaint » ; Jean Carré tenancier du Rocher ;
Robert Paris qui rend aveu le 29 octobre 1493 pour le moulin de Courtoussaint, et
dont la veuve Gillette, remariée à Guillaume Gérard, vend ce moulin en 1502 à son
propre seigneur moyennant « huit vingt-cinq livres etc (1) ».

Domaine de la Bouglière. A la seigneurie de Courtoussaint se rattache étroi-
tement le domaine de la Bouglière, enclavé pour ainsi dire dans sa mouvance et
situé dans la même région topographique. Longtemps nous avons cru que cette
terre relevait exclusivement de Courtoussaint, dont la *Remembrance* mentionne
deux maisons et plusieurs champs à la Bouglière. Cependant, dans un aveu rendu
le 30 août 1485, par Antoine de Beauveau, baron de Sillé, à François de Coesmes,
seigneur d'Orthe, pour les fiefs de Saint-Berthevin, François de la Vayrie est cité
comme homme de foi et hommage simple d'Antoine de Beauveau, « pour raison

---

(1) Archives de la Sarthe, E, 232.

« de son domaine de la Bouguelière, sis en la paroisse de Douillet, et lui est tenu
« faire, en outre ladite foy et hommage, quarante sols tourn. de service chascun
« an au terme de Toussaint (1) ». Il faut donc bien reconnaître qu'en 1485 la
Bouglière fait partie des fiefs de Saint-Berthevin, appartenant alors à la famille de
Beauveau et mouvant de la seigneurie d'Orthe, laquelle relevait elle-même de la
baronnie de Sillé.

Mais la Bouglière ne tardera pas à être réunie dans les mêmes mains que
Courtoussaint, car dès la fin du XVe siècle la famille de la Vayrie possédera ces
deux terres sous la suzeraineté du baron de Sillé. Nous ne pouvons malheureusement établir avec certitude à quelle partie du Maine se rattachait ce François de
la Vayrie qui apparait ainsi pour la première fois en 1485 dans l'histoire de
Douillet. Etait-il de la même famille que Jérome, François et Joachim de la
Vayrie, théologiens célèbres au siècle suivant, et par conséquent originaire du
pays de *Nuz* dans le Bas-Maine (2)? Appartenait-il à une famille plus modeste dont
le point d'attache eut été la terre de la Vayrie, près d'Orthe, ou mieux encore le
domaine de la Vayerie, à Mont-Saint-Jean, dépendant du fief de Moidan et par
suite des fiefs de Saint-Berthevin (3). Nous l'ignorons jusqu'ici (4), mais il est
présumable au moins que François de la Vayrie était parent de René de la Vayrie
curé de Fresnay à la fin du XVe siècle.

3° *La Bouteveillère*

Sur le même versant de la vallée de l'Orthe que la seigneurie de Douillet, à
dix-huit cents mètres au Sud-Ouest du bourg, s'élevait le manoir de la Bouteveillère, centre d'une terre moins importante que les précédentes, mais qui relevait
elle aussi de la baronnie de Sillé (5). Son histoire est difficile à éclaircir, car il
existe dans la paroisse de Mont-Saint-Jean une autre terre nommée la Bouteveillère dont le voisinage fait naitre d'inévitables confusions.

Aux termes de l'aveu d'Antoine de Beauveau rendu en 1485 au seigneur
d'Orthe, la Bouteveillère (de Mont-Saint-Jean) eut fait partie, comme la Bouglière,

(1) Arch. du château de Lucé, communiqué par M. V. Alouis.

(2) Haureau. *Hist. litt. du Maine*, 1852. III, p. 360. — Dom Piolin, *Hist. de l'Eglise du Mans*, V,
p. 619. Le pays de *Nuz* était situé sur la rive gauche de la Mayenne, au nord de la ville de
Mayenne.

(3) Arch. du château de Lucé.

(4) On retrouve encore aux XVe et XVIIe siècles une famille de la Vairie à Bazouges-sur-le-Loir.
S. de la Bouillerie. *Bazouges-sur-le-Loir, son église et ses fiefs*, Mamers, 1884, p. 62, 77, 91 etc.

(5) Arch. de la Sarthe, E, 226.

des fiefs de Saint-Berthevin. — Il n'en est pas moins possible qu'elle ait appartenu originairement à la même famille que la Bouteveillère de Douillet. Nous avons signalé en effet dès le XIIIᵉ siècle l'existence dans le pays d'une famille Bouteveile qui prit à ferme les dîmes du chapitre à Douillet, et nous avons vu élever au siècle suivant à la mémoire d'un de ses membres, Guillaume Bouteveile, un tombeau remarquable dans l'église de Douillet. Or, Guillaume Bouteveile était sans doute propriétaire de la Bouteveillère de Douillet dans les premières années du XIVᵉ siècle. En 1416 un de ses descendants, Jean Bouteveile, rend de nouveau aveu pour cette terre.

Quoi qu'il en soit, il existait anciennement à la Bouteveillère une chapelle aujourd'hui détruite, mais dont on a conservé plusieurs statues : elles offrent certaines analogies avec celles du tombeau de l'église. L'une d'elles, une statue de Saint-Jean, placée depuis un temps immémorial au-dessus de la cheminée principale de la ferme, a sa légende : « Un dimanche matin qu'un garçon de labour et une femme étaient restés seuls à garder pendant la messe, le garçon, raconte-t-on, voulut utiliser son temps et se mit à raccommoder ses sabots. La femme lui en fit reproche, lui demandant comment il osait travailler ainsi le dimanche, pendant la messe ! — Pourquoi pas ? reprit le garçon en riant et montrant la statue ; personne ne peut m'en empêcher, pas même le petit saint que voilà ! — Au même instant la statue quitte brusquement sa niche, saute sur la table, et les yeux s'animant tout-à-coup jettent à l'incrédule un regard irrité. Le malheureux s'enfuit, la femme tombe à genoux, et leur maitre seul peut, à son retour de la messe, remettre en place la statue merveilleuse ».

A la fin du XVᵉ siècle la Bouteveillère appartient à damoiselle Michelle de Saint Denis.

4º *Seigneurie de la Droulinière.*

Cette seigneurie, à la différence de celles de Douillet, Courtoussaint et la Bouteveillère, ne relevait pas directement de la baronnie de Sillé. Au XVᵉ siècle, elle était tenue à foi et hommage simple de la seigneurie d'Orthe, dont le seigneur était lui-même vassal du baron de Sillé (1).

Le manoir de la Droulinière s'élevait à l'extrémité Sud-Ouest de la paroisse, sur le même versant de la vallée de l'Orthe que les fiefs de Douillet et de la Bouteveillère : il a été depuis longtemps transformé, et les bâtiments actuels n'offrent aucun intérêt archéologique.

(1) Arch. de la Sarthe, E. 227-304. — Titres Duplessis-Châtillon, communiqués par M. l'abbé Esnault.

En 1413 la terre de la Droulinière se composait : « 1° de l'habergement et
« domaine de la Droulinière avecques le plessis et la circuite d'environ, tant
« courtis, vergers, plessis à conins, contenant icelles choses quatre-vingts journaux
« de terre ou environ, tous contigus et adjacens l'un de l'autre. 2° Journée à vingt
« hommes faucheus de près, près le patis ou environ, en plusieurs plessis.
« 3° Trente-huit journaux de bouois ou environ, en plusieurs plessis, et un estant
« appelé l'estant du Passouer. 4° Un autre domaine de cinquante journaux de terre
« ou environ avec journée à quatre hommes de près et deux estans. 5° Trois
« journaux de bouois au bois des Boulays joignant les terres précédentes ». Le
fief de la Droulinière comprenait en outre, d'après des documents plus récents, les
métairies des Rambeudières en Douillet, de Lorière, de Vaumorin, de la Pestière,
de la Brosse, des Chevillardières, de l'Esperonnière à Mont-Saint-Jean, et plusieurs
rentes sur les héritages de la Vau et des Fleurières, même paroisse (1). La mouvance de la Droulinière s'étendait donc sur cette partie du territoire de Douillet
que bornent aujourd'hui le bois des Boulais, la rivière d'Orthe et les limites de
Mont-Saint-Jean.

A la fin du XIVe siècle, Jean du Mesnil, escuier, était à la fois seigneur du
Mesnil à Mont-Saint-Jean et de la Droulinière. En 1409 il rendit aveu au seigneur
de Sillé pour le premier de ces fiefs, et reconnut lui devoir quarante jours de
garde en son chastel ; il possédait également plusieurs dépendances de la terre de
Vassé, appartenant alors à messire Jean de Vassé, chevalier. Il mourut sans doute
peu après cet aveu, car le 24 mars 1413 son fils Charles du Mesnil, escuier, rend
aveu comme seigneur de la Droulinière à noble et puissant seigneur, monseigneur de Couaymes, seigneur d'Orthe, auquel il doit « un baiser en entrant dans
sa foi et hommage ».

Vers le milieu du XVe siècle le Mesnil et la Droulinière changent de famille.
Dès l'année 1457 ils sont entre les mains de Guillaume Hellier, escuier, dont le
frère Michel Hellier est à la même époque propriétaire du domaine de Thimont,
près du Mesnil ; Guillaume Hellier, seigneur de la Droulinière, assiste en 1466
avec l'abbé de Beaulieu et le seigneur de Courtarvel, à l'enterrement de son
suzerain Charles de Coesmes, seigneur d'Orthe, qui vient de mourir en son
château d'Orthe ; il avait épousé Jeanne Rilland que nous voyons mentionnée en
1468, lors de l'acquisition du pré Drouet, près du pont Landry.

Il est probable que Guillaume Hellier et Jeanne Rilland n'eurent pas de fils,
car la Droulinière passera bientôt aux seigneurs de Courbayer, et le pré Drouet
est vendu dès 1478 au seigneur de Douillet Jean Ferquin.

(1) Arch. de la Sarthe, E, 203, 227, 263, 304. — Titres Duplessis-Châtillon.

Au nombre des principaux sujets du seigneur de la Droulinière il faut citer : « en 1413, Jean Gerart, Drouet Louenson, Colin Busson ; et plus tard le chapelain de la chapelle du Peron à Mont-Saint-Jean, qui doit, outre la foi et hommage, trois deniers de service par an et une corvée à faner dans les prés dudit seigneur de la Droulinière ».

Fiefs relevant de la vicomté de Beaumont.

Dans la région Nord et Est de la paroisse de Douillet, mouvante de la vicomté de Beaumont, se trouvaient : 1° la seigneurie de *Moré*, de laquelle relevait celle de la *Courbe*, 2° La seigneurie de *Corbon*, et le fief des *Roches* qui en dépendait, 3° Les seigneuries de *Launay*, des *Beauces* et de *Lorière* qui semblent former un même groupe.

1° Seigneurie de Moré.

Ce fief nous est déjà connu : nous avons eu occasion de prouver que son importance au XIII° siècle avait été exagérée, et aussi de signaler un legs fait par un de ses premiers seigneurs à l'église de la paroisse.

La seigneurie de Moré était située à l'entrée de la vallée de l'Orthe, sur les deux versants de laquelle elle étendait sa mouvance. Le « logis » reconstruit au XVI° siècle, s'élève au sommet d'un mamelon qui domine le confluent de la Sarthe et de l'Orthe, et commande le gué de Moré. C'est un site pittoresque, varié, qui offre tout à la fois des rochers sauvages ou des prairies encadrées de hauts peupliers, sur les bords de la Sarthe ; de riches cultures sur les coteaux voisins. Au pied du mamelon, sur la rivière d'Orthe, s'abritait le moulin blaret de la seigneurie.

Le fief de Moré relevait de la châtellenie d'Assé-le-Boisne, qui dépendait elle-même de la baronnie de Fresnay et par suite de la vicomté de Beaumont.

Sa mouvance comprenait : le domaine de Moré avec ses circonstances et dépendances, c'est-à-dire le moulin, la garenne, les bois, la rivière et le droit de pêche entre Moré et les Roches ; les terres de Haut-Moré, du Souillet, du Bois-Besnard, des Boulais, de la Bussonnière, du Fléchin, de Beaucoudray et de la Courteille sur le versant gauche de la vallée de l'Orthe ; celles de la Bergerie, de la Chalonnière et plusieurs champs près Lorière, sur le versant de droite (1). Elle s'étendait donc sur le nord de la paroisse et le cours supérieur de l'Orthe, occupant ainsi une

(1) Arch. paroissiales. — Minutes Martineau. — Arch. municipales du Mans.

situation très avantageuse au double point de vue de la position géographique et de la variété des cultures.

De la seigneurie de Moré relevait en outre le fief de la Courbe, situé en aval, sur le bord de la Sarthe, et la belle prairie de la Coursure, près Fresnay (1).

Au XIII° siècle Moré appartenait à ce Philippe de Moré dont la veuve épousa en secondes noces le baron de Sillé. A la fin du XIV° siècle, le procureur de fabrique soutient « en l'assise du Mans » un procès contre la dame de Moré, qui refuse de payer la rente de 8 sols léguée sans doute à la fabrique par son ancêtre, et obtient en 1408 un jugement contre ladite dame (2).

Nos documents ne nous permettent pas toutefois de déterminer l'origine de cette famille de Moré. Etait-ce une branche de la puissante famille de Moyre que l'on trouve aux XIII° et XIV° siècles à Ancinnes, à Colombiers et dans tous les environs de l'abbaye de Perseigne (3) ? Se rattache-t-elle plutôt aux de Moré, seigneurs du Val au Ribay (Mayenne), de Bresteau, Tennie, la Ségussonnière, Tailhert et Lunay à Ségrie, de Chauffour à Crissé (4) ? Nous ne saurions le dire jusqu'ici, mais il n'en est pas moins certain qu'il existe à Douillet jusqu'au XVI° siècle une famille de Moré.

Seigneurie de la Courbe. — Ce fief relevait à foi et hommage de la seigneurie de Moré.

Le manoir est situé à l'extrémité Est de la paroisse, sur la rive gauche de la Sarthe, au centre d'une presqu'île formée par une de ces courbes nombreuses que la rivière décrit entre Moré et Fresnay. Cette presqu'île occupe le fond d'un vaste cirque que domine à l'Ouest le plateau compris entre les vallées de la Sarthe et de l'Orthe, et qui constitue, comme nous l'avons dit, la région orientale du territoire

(1) Arch. paroissiales de Fresnay.

(2) Arch. paroissiales.

(3) G. Fleury, *Cartulaire de Perseigne*, Mamers, 1880, in-4° p. 113, 114, 115, 152, 199. — Dom Rigault, *Cartulaire de la Couture*. Le Mans 1881, in-4°, p 169.

(4) Sur cette famille : archives de la Sarthe E, 76, 97, 118, 178, 189, 203, 208, 262, 266 etc. S. d'Elbenne, *Les sires de Braitel*, dans la *Revue hist. du Maine*, I, p. 248. — L'abbé Blin, *Vie d'Henri Moré*, Laval, 1856 ; — de Maude, *Armorial* etc. En 1450 Ambroise et Olivier de Moré sont nommés procureurs de Marie du Cormier, veuve de Montesson. — Chartrier du château de Douillet. Bien que par une coïncidence singulière les Chapelain de Moré, du Mans, aient possédé le fief de la Courbe en Douillet au XVI° siècle, nous ne pensons pas qu'ils aient jamais été en possession de notre seigneurie de Moré ; le fief du grand Moré, dont ils tirent leur nom, est situé dans la paroisse de Saint-Ouen-sous-Ballon. — Le Joyant, *Généalogie ms.*, communiquée par M. l'abbé Esnault.

de Douillet ; c'est en ce point seulement que les limites de la paroisse franchissent la Sarthe, coupant la presqu'île à sa gorge, et rattachant ainsi à Douillet le manoir de la Courbe avec les prairies environnantes.

Assez éloignée des coteaux de la rive droite pour ne pas être atteinte des hauteurs voisines avec les armes du temps, défendue de trois côtés par la Sarthe, large et profonde dans cette partie de son cours, la terre de la Courbe était naturellement à l'abri des ravages des aventuriers ; d'autre part l'étendue des prairies rendait facile l'élevage des bestiaux. Il n'est donc pas surprenant qu'on ait songé à créer en cet endroit un centre d'exploitation important, et tout semble indiquer qu'il y eut au moyen-âge une grande métairie dans la presqu'île de la Courbe. Antérieurement aux bâtiments actuels il existait en effet un ensemble de vastes constructions, aujourd'hui rasées, mais dont les fondations encore apparentes ont fourni quantité de pierres, entre autres les matériaux d'une maison bâtie dans le bourg en 1778. La tradition, qui rend merveilleux les faits les plus simples, rapporte « que le château de la Courbe contenait cent chambres et communiquait au moyen d'une galerie souterraine avec la commanderie de Grateil située à quinze cents mètres au Nord ». D'après les observations et les fouilles du propriétaire, M. Guy, il faut réduire à quarante environ le nombre des appartements, et attribuer à une cause violente, telle qu'un combat ou un incendie, la destruction de cet immense « logis », car on a retrouvé dans les débris des poutres calcinées. La date de cet événement est inconnue ; elle doit être ancienne puisque des arbres énormes ont poussé leurs racines entre les pierres, et qu'une couche de terre épaisse a recouvert les murailles. Il serait possible d'ailleurs que la Courbe eut été ravagée et détruite pendant la guerre de Cent ans, dans un de ces nombreux combats qui se livrèrent entre Fresnay, Grateil et Assé.

La seigneurie de la Courbe comprenait dans sa mouvance la métairie de la Grande Courbe située dans la presqu'île, la rivière « autant qu'elle ceignait et environnait ladite terre », le moulin de la Courbe aujourd'hui détruit, une partie du bois des Laires et la métairie de la Petite-Courbe, sur la rive droite de la Sarthe, en Douillet (1).

Vers la fin du XVᵉ siècle la seigneurie de la Courbe appartenait à noble Jean Bouchard, escuier, seigneur de Groutel à Champfleur, de Loisardière et des Hallais à Thorigné (2) Très probablement fils de Berthelot Bouchard, escuier, seigneur de

(1) Titres de propriété de la Courbe, communiqués par M. Guy, de Fresnay. — Arch. mun. du Mans.

(2) Thorigné-en-Charnie, canton de Sainte-Suzanne, arr. de Laval (Mayenne).

Groutel et Neillère en 1417 (1), nous ne saurions dire s'il descendait de la même souche que Jean Bouchard, seigneur de la Miterie en Villaines, dont la fille Louise épousa, vers 1472, Guillaume de Montesson, et qui était dès 1451 propriétaire de la sergenterie de Sillé-le-Guillaume. Toujours est-il que Jean Bouchard, seigneur de la Courbe, de Loisardière et des Hallais, et Ambroise Gobé sa femme, fondèrent en 1497 une chapelle à la Grande-Courbe, sous le vocable de Saint-Julien (2). Cette chapelle, grande et bien construite, a été détruite en 1793 ; sa dotation se composait de deux fonds distincts : le champ des Groseillers, de sept journaux, et la moitié du pré de l'Ecluse à Douillet, le champ du Cleray à Thorigné. Suivant l'usage Jean Bouchard s'était réservé le droit de patronage et de présentation des chapelains ; mais comme il eut sans doute plusieurs enfants, ce droit fut exercé alternativement après lui par le seigneur de la Courbe et celui de Loisardière et des Hallais, ces deux dernières terres n'en faisant qu'une. Les chapelains étaient tenus à deux messes par semaine.

Au nombre des sujets de la seigneurie de la Courbe se trouvait, à la même époque, le curé de Fresnay, propriétaire d'un bordage à la Petite-Courbe « avec droit de pêcherie, fief et rivière », en vertu d'un legs fait jadis à sa cure par Colin Gesnier et sa femme, à la charge d'une messe par semaine dans l'église de Fresnay. Ce legs donna naissance en 1494 à un procès entre Martin Gesbert, prêtre, bachelier en droit canon et civil, curé de Fresnay, et Pierre Lesné, demeurant à la Beauce en Douillet, qui se prétendait lui aussi propriétaire du bordage de la Petite-Courbe « au moyen de la baillée que lui avaient faite jadis « M⁰ˢ Jean Chevalier et René de la Vairie, curés de Fresnay ». Ce procès se termina par une transaction aux termes de laquelle Pierre Lesné consentit à payer chaque année au curé de Fresnay dix livres de rente et quatre chapons (3).

2° *Seigneurie de Corbon.*

Cette terre relevait du fief de la Forest, paroisse d'Assé-le-Riboul, qui dépen-

---

(1) Notes communiquées par M. S. d'Elbenne, d'après les *aveux* de Groutel et de Champfleur.

(2) Titres de propriété de la Courbe. — *Pouillé de 1772.* La prétendue contradiction signalée entre les *Chroniques de Douillet* et les Titres de propriété de la Courbe, par M. Leguicheux, *Chroniques de Fresnay*, p. 98, s'explique facilement. L'article relatif à la chapelle de la Courbe, inséré dans les *Chroniques de Douillet*, a été rédigé en effet d'après une consultation envoyée en 1722 au curé de Douillet par un avocat du Mans, qui avait remplacé dans son mémoire, suivant l'usage ordinaire, tous les noms propres par des noms de convention, tels que Paul, Pierre etc., comme l'on dirait aujourd'hui : Primus, Secundus etc. Or, on a pris ces noms de convention pour les noms véritables des seigneurs de la Courbe.

(3) Arch. de la Sarthe. G, 48.

dait de la Chatellenie d'Assé-le-Riboul, laquelle au moyen-âge relevait elle-même de Beaumont (1).

Le « logis seigneurial » de Corbon, en partie reconstruit au XVIᵉ siècle, devenu depuis longtemps l'habitation du fermier, s'élève au N.-E. de la paroisse, dans la région extrême du plateau oriental qu'environne la Sarthe, et sur les pentes opposées à la Courbe.

La seigneurie comprenait dans sa mouvance entre autres terres : le fief des Roches à six cents mètres en amont sur le bord de la rivière ; la métairie de la Touche ; celle de Corbon avec le bois dit de Corbon et le droit de pêche depuis les Roches ; enfin la métairie de la Queue-du-Bois en Assé (2).

Dès le XIIIᵉ siècle elle appartient à la famille de Corbon dont un membre, Guischard de Corbon, fils de Guillaume, légua une rente à l'abbaye de Champagne en 1223. Au XVᵉ siècle elle est entre les mains de Jean de Corbon, escuier, seigneur dudit lieu et des fiefs de Courcelles, qui vend en 1451 à frère Jean Rabinot, commandeur de Grateil, pour cinquante sols tournois, une rente de deux sols six deniers que Guillaume Clément, d'Assé-le-Boisne, était tenu de servir chacun an au seigneur de Corbon, à la décharge dudit commandeur, à cause de la chaussée du moulin du Pré « sis en la rivière du seigneur de Corbon ».

Jean de Corbon était en même temps suzerain du fief de Chaigné à Pezé-le-Robert, pour lequel noble Guillaume de Cordouan, seigneur de Mimbré, lui rendit aveu le 17 janvier 1457, se reconnaissant son homme de foi simple et confessant lui devoir une fouasse ensafranée de deux sols six deniers et trois chapons de service à la Toussaint. Le fief de Chaigné ne tarda pas toutefois à changer de propriétaire et de suzerain. En 1458 en effet Pierre Lepaige paya à Jean de Corbon les ventes de l'acquêt qu'il avait fait de Guillaume de Cordouan du fief et appartenance de Chaigné ; et trois ans plus tard en 1461, Jean de Corbon vendit à son tour à noble Etienne d'Aligny, seigneur de Chauffour à Crissé, la foi et hommage qui lui était due pour la terre de Chaigné, la fouasse et les chapons de service, retenant seulement un denier de devoir à la Toussaint. Chaigné relevait en arrière-fief, de même que Corbon, de la châtellenie d'Assé-le-Riboul (3).

Jean de Corbon, que nous voyons encore figurer en 1469 dans un accord avec

---

(1) Min. Martineau. — Arch. de la Sarthe E. 145-146. — Cauvin, *Suppl. aux observations topogr.*, p. 55. La châtellenie d'Assé-le-Riboul fut distraite du duché de Beaumont à la fin du XVIᵉ siècle seulement, lors de l'érection du marquisat de Lavardin.

(2) *Cartulaire de Champagne.* — Min. Martineau.

(3) Arch. de la Sarthe E, 293, II. 1877.

l'abbé de Champagne au sujet de 14 sols de rente legués par ses prédécesseurs sur les lieux de Corbon et de la Touche (1), avait épousé Roberde de Saint Berthevin, fille de Jean de Saint Berthevin, seigneur de Souday et de Sougé-le-Gannelon et de Jaquette de Vassé. Il eut deux enfants : Pierre et Jeanne de Corbon (2).

Pierre succéda à son père comme seigneur de Corbon ; il fonda dans les dernières années du XVe siècle, sous le vocable de Notre-Dame, une chapelle dans l'église de Douillet, pour y être enseputuré lui et ses successeurs ; cette chapelle reconstruite en 1792, occupait l'emplacement actuel de la chapelle de la Vierge (3).

Seigneurie des Roches. — De Corbon dépendait, comme nous l'avons dit, le fief des Roches, situé sur le même versant de la vallée de la Sarthe, à quelques pas de la rivière, entre Moré et Corbon. Ce fief semble avoir eu peu d'importance. A la fin du XVe siècle, il était entre les mains de la famille de Lavergne (4).

3o *Seigneuries de Launay et des Beauces.*

Ces deux terres, voisines de Corbon se trouvent l'une, Launay, sur le versant qui fait face à la Courbe ; l'autre, les Beauces, au sommet du plateau dit de la Beauce, au Nord-Est de la paroisse.

Elles appartenaient en 1422 à damoiselle Julienne Desvron, veuve de Jean Martin, dame du domaine de Cerisay, en Assé-le-Boisne, et relevaient de Beaumont ; l'une, Launay, par Cerisay, l'Echenay, Fontaines, Cons, Corbusain et Assé-le-Riboul, pensons-nous ; l'autre, la Beauce, par Assé-le-Boisne et Fresnay.

Aux termes d'une transaction passée devant la cour du Mans le 21 mars 1422, Julienne Desvron bailla la métairie de Launay avec ses appartenances, tant en fief, domaine, seigneurie, foi et hommage, et le fief et seigneurie de la Beauce, avec douze journaux de terre en trois pièces au fief de Sougé, à Jean Dernotin, écuyer, tuteur de Robin et Jean Martin, enfants mineurs de feu Thibaut Martin.

---

(1) *Cartulaire de Champagne.*

(2) Moulard. *Chron. de Sougé*, p. 5. — Le 8 juin 1481 un Robert de Corbon prononce ses vœux à l'abbaye de la Couture. Etait-il de la même famille? *Actus profess. monach. Sancti-Petri de Culturâ.* Ms. n° 96 de la Bibl. du Mans.

(3) Arch. paroissiales.

(4) Jean Ronsart n'a jamais été seigneur des Roches *en Douillet*, comme le disent les *Chroniques de Fresnay*, p. 18., mais des Roches à *Sceaux*.

Cette baillée était faite en compensation de la tierce partie du domaine et seigneurie de Cerisay appartenant à Jean Dernotin, à cause de sa femme Catherine,
et auxdits mineurs, « au tiltre de certain don piecza fait par feu Jean Desvron,
« père de ladite Julienne, à feu Jeanne de Beaugencé dernièrement conjointe par
« mariage avecques feu Guillaume Martin, père et mère de feu Martin et de ladite
Catherine (1) ».

Dans les dépendances de Launay, au milieu d'un pré situé un peu au-dessous
des bâtiments, s'élevait une chapelle dédiée à saint Michel et connue sous le nom
de chapelle Saint-Michel-de-la-Courbe. D'origine ancienne, elle était devenue
un lieu de pélérinage célèbre, où on venait prier de toute la contrée
environnante.

A la fin du XVᵉ siècle la seigneurie de Launay appartenait à Anne Martin,
veuve Guyon Defay, en son vivant « segreay » de la Charnie. Bien qu'elle se soit
fixée non loin de Sainte-Suzanne, près de la chapelle de Blandouet où était enterré
son époux et qu'elle même avait choisi pour lieu de sa sépulture, la dame de
Launay n'eut garde d'oublier la chapelle de Saint-Michel. Elle lui légua à perpétuité « un pain bénit d'un boisseau de blé, mesure de Sainte-Suzanne, pour être
» offert chascun an le jour et fête Saint-Michel du Mont de la Tumbe, avec dix
« deniers d'offrande au curé pour faire la prière de son âme ». Elle donnait en
outre trois sols quatre deniers à chacun des curés de Douillet et d'Assé, et vingt
deniers aux fabriques afin d'avoir la prière du peuple, chargeant ses enfants Pierre
Defay et messire Jean Defay, prêtre, ainsi que le seigneur de Cerizay, de faire
exécuter ses dernières volontés.

La seigneurie de la Beauce comprenait dans sa mouvance le lieu des
Pisserots ; une partie du hameau du Haut-Frobert ainsi que le droit de pêche dans
la rivière, et la terre de Lorière. Elle fut divisée dès le XVIᵉ siècle en deux fiefs :
la Grande et la Petite-Beauce ; il est probable que jusqu'à cette date elle appartint,
comme Launay, à la famille Martin. En 1766 elle fera partie de la châtellenie
d'Assé-le-Boisne (2).

Seigneurie de Lorière. — Nous n'avons au moyen-âge aucun document sur
ce fief peu important ; il sera bientôt réuni entre les mêmes mains que la
seigneurie de la Beauce dont il aurait d'ailleurs relevé, d'après une remembrance
du XVIIIᵉ siècle. Dès la fin du XVᵉ siècle, Lorière appartient à la famille du
Cormier.

Telle était à la fin du moyen-âge la division territoriale établie à Douillet par

(1) Acte du Chartrier de Cerisay, communiqué par M. Moulard.
(2) Arch. paroissiales. — Minutes Brousset. — Notes communiquées par M. Moulard.

HIÉRARCHIE DES FIEFS DE LA PAROISSE DE DOUILLET AU MOYEN AGE.

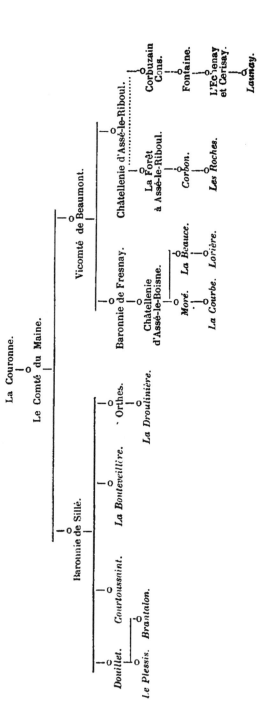

La Couronne.

Le Comté du Maine.

Baronnie de Sillé.

Vicomté de Beaumont.

Douillet. Courtoussaint. La Bontevillière. Orthes.

Le Plessis. Brantalon. La Droulinière.

Baronnie de Fresnay. Châtellenie d'Assé-le-Riboul.

Châtellenie d'Assé-le-Boisne. La Forêt à Assé-le-Riboul.

Moré. La Beauce. Corbon. Corbuzain Cons.

La Courbe. Lorière. Les Roches. Fontaine.

L'Echenay et Cerisay.

Launay.

le régime féodal. Le territoire était, comme on le voit, très morcelé et beaucoup de seigneuries n'avaient qu'une faible étendue. Il en résultait que la paroisse était peuplée d'une petite noblesse peu riche souvent, mais nombreuse et entreprenante, dont les chefs, en rapports continuels avec la population rurale, exerçaient sur elle l'influence qui appartient toujours aux classes élevées de la société, quand elles ont le bon sens de ne pas dédaigner systématiquement les classes inférieures.

§ III. — LES GENS DU COMMUN

Après le clergé et la noblesse se présentent à nous, dans la société paroissiale, les gens du commun, marchands, artisans, laboureurs, qui forment la masse de la population rurale. Bien qu'ils occupent encore une situation modeste, aux prises avec un labeur pénible leur permettant à peine de gagner « leur pauvre vie », et rarement de prendre part aux affaires, ils ont droit eux aussi à notre souvenir. Ce sont eux, intrépides travailleurs de la terre, qui constituent les forces vives du pays, la sève toujours vigoureuse à l'aide de laquelle la paroisse se repeuple après les longues guerres, le sol se défriche en s'améliorant.

Ce serait une erreur cependant de voir dans cette classe des gens du commun un ordre distinct, indépendant, analogue à ce que sera bientôt le Tiers-Etat. Au moyen-âge en effet, le caractère principal des gens du commun, c'est-à-dire de tous ceux qui n'appartiennent ni au clergé ni à la noblesse, c'est d'être à un titre quelconque sous la dépendance des autres. Dans les premiers siècles de la féodalité les populations rurales se composent ainsi de serfs très nombreux, attachés à la terre qu'ils cultivent pour le compte du seigneur, comme les anciens colons gallo-romains, sans pouvoir disposer de leurs biens, puis de quelques hommes libres qui ont reçu de ces mêmes seigneurs des portions de terre à charge de services ou de redevances. Dès le XII° siècle toutefois, grâce à l'influence de l'Eglise d'une part, au besoin d'argent qu'éprouve la noblesse d'autre part, beaucoup de serfs sont affranchis ; il existe déjà en Normandie et en Touraine une classe nombreuse de petits propriétaires ruraux qui augmente de plus en plus sous le règne de saint Louis, de telle sorte qu'au XIV° siècle, après la fameuse ordonnance de Louis X (3 juillet 1315), on peut dire que, dans notre contrée au moins, les serfs sont affranchis.

Les gens du commun, ou vilains, se composent dès lors presque exclusivement de *tenanciers*, libres de leurs personnes et de leurs biens, pouvant se marier et tester, mais soumis à des redevances, ou services, envers les seigneurs dont ils ont reçu la terre, soit à titre de jouissance perpétuelle (*fiefferme*), soit sous forme de contrat d'*emphythéose* ou simplement de *bail*. Tous paient le *cens* dû au suzerain, la *taille*, l'*aide* et autres impôts levés sur les non privilégiés.

Dans une contrée essentiellement agricole comme le territoire de Douillet la grande majorité de ces tenanciers est formée par les laboureurs. L'absence de documents nous empêche d'apprécier leur nombre, même approximativement ; néanmoins nous pouvons dire qu'ils sont disséminés dans toute l'étendue de la paroisse, sur un plus grand nombre de points qu'aujourd'hui : hameaux, métairies, bordages, dont chacun forme un petit centre d'exploitation. Non seulement nous avons en effet constaté dès le XV⁰ siècle l'existence de la plupart des noms de lieux actuels, mais encore il est certain que plusieurs ont disparu postérieurement, tels que la Gauffardière, la Charpentrie, la Butte, Yvré etc. Chacun de ces bordages, peu considérable suivant l'usage de cette partie du Maine où les exploitations sont d'une faible étendue et la propriété territoriale très divisée, est habité par une famille de paysans dont le nombre des membres varie selon les événements. Décimées parfois par la guerre et la misère, ces familles se reforment dans les périodes de calme, et à l'époque où nous sommes arrivés entre autres, après la guerre de Cent ans, chaque foyer compte en général de nombreux enfants.

Ces enfants sont une richesse pour leurs parents. Le sol, abandonné en bien des endroits pendant la domination anglaise, exige, pour produire, un travail opiniâtre, et les difficultés de la culture sont encore augmentées à Douillet par la nature accidentée du terrain et le mauvais état des chemins. Creusés par le temps dans les pentes rocailleuses des coteaux ou obstrués dans les vallées par des boues épaisses, négligés toujours par les seigneurs qui en sont réputés propriétaires, ces chemins sont à peine praticables pour les chevaux ou les attelages de bœufs employés exclusivement aux labours. Il en résulte que l'exploitation est pénible et demande un grand nombre de bras. Il en résulte aussi que les laboureurs, condamnés par la nécessité à ces durs travaux de la vie journalière, offrent dans leur caractère les défauts et les qualités inhérents à une telle situation ; c'est une race vigoureuse, énergique, mais un peu rude et quelquefois grossière ; le moindre prétexte suffit pour provoquer une querelle, surtout les jours de fêtes, dans les tavernes du village. Au reste, sauf cette rudesse plus accentuée du caractère, provenant d'un état social moins avancé, les différences avec les mœurs actuelles ne sont pas aussi grandes qu'on pourrait le croire.

Mais la paroisse de Douillet ne se compose pas seulement de ces terres légères ou marécageuses qui font couler tant de sueurs du front des gens du commun ; elle leur offre dans la partie Nord-Est un genre de culture plus avantageux, celle de la vigne. Au moyen-âge le plateau de la Beauce, principalement le versant de la Courbe, est planté en vignes, et cette culture remonte très haut puisque l'église de Douillet fut assujettie lors de sa fondation à une redevance en vin. Ces vignes sont très recherchées et divisées en nombreux clos. En 1415 par exemple Guillaume Cochet légua « un pot de vin » à la fabrique sur la vigne de Frobert ; en 1461 Etienne Husset achetera 25 sols tourn. « un courtil contenant semure à un boisseau de blé » et un quartier de vigne situé près de sa vigne de Frobert, à la charge de faire 2 sols tourn. de rente à la fabrique au jour de Toussaint (1).

A côté des laboureurs et des vignerons nous devons distinguer ensuite les tenanciers des moulins à blé, à foulon et à papier, qui sont plutôt des industriels que des cultivateurs. Les moulins blarets étaient nombreux au moyen-âge ; à Douillet on en comptait six, quatre sur la rivière d'Orthe : le moulin de l'Aune exploité en 1470 par Thomas Huron, sur l'emplacement actuel de la forge de l'Aune qui n'existait pas encore ; celui de Bernay ; celui de Douillet ; celui de Moré ; un sur le ruisseau de Courtoussaint, le moulin dudit lieu valant environ 200 liv. et exploité par Robert Paris (2) ; enfin sur la Sarthe le moulin de la Courbe aujourd'hui détruit. Il existait en outre, comme nous l'avons dit, au bas du bourg un moulin à foulon et un moulin à papier, appartenant au seigneur de Douillet. Le moulin à foulon, « avec la closture d'ycelui, très, pillons, auges, fers et toutes « autres choses estant de sa dépendance », fut vendu en mai 1476 par Jean Lebrun et Jacquette sa femme au curé d'Averton, messire Guillaume Le Roy, pour la somme de soixante livres en douze escus d'or, payés comptant, plus quinze sols de vin de marché (3). Le moulin à papier était lui aussi très ancien, mais nous ne connaissons pas la date de son établissement. Telle fut la situation bien modeste de l'industrie dans la paroisse de Douillet, pendant le moyen-âge. Le commerce n'était guère plus développé, entravé par les droits de péage, le mauvais état des voies de communication et le grand nombre des pillards.

Il faut admettre cependant qu'il s'était formé depuis le XIII⁰ siècle, parmi les gens du commun, une classe de petits propriétaires supérieurs aux « hommes de labour », et composée de tous les travailleurs dont les affaires, comme celles des Bouteveile au XIV⁰ siècle, avaient prospéré. Nous trouvons en effet au XV⁰ siècle plusieurs familles relativement aisées, propriétaires de bordages ou de terres, et au nombre desquelles il faut citer les familles Cochet, Cosnard, Busson, Belocier,

(1) Archives paroissiales.
(2) Arch. de la Sarthe E, 232.
(3) Chartrier du château.

Julienne, Husset, Juillé, Boutin et Pelard, dont les descendants figureront à plusieurs reprises dans le cours de cette étude.

Un testament du 16 mars 1482, celui de Jean Cosnard et de sa femme Guillemette, fait d'ailleurs saisir très nettement la situation et les idées de cette classe supérieure des gens du commun. Après avoir recommandé leurs âmes « à Dieu, à « la vierge Marie, à monsieur saint Michel, à monsieur saint Pierre, à toute la cour célestielle »; après avoir demandé que « leurs corps soient ensépulturés au cime- « tière de monsieur saint Pierre de Douillet et qu'il soit célébré douze messes pour « chacun, tant à leur enterrage qu'à leur sepme », Jean Cosnard et sa femme lèguent chacun : « six blancs sol mançais à monsieur saint Pierre de Douillet, six blancs « à monsieur saint Michel de la Courbe, trois blancs à saint Supplice de Montreuil, « deux blancs à monsieur saint Georges-le-Gaultier et à monsieur saint Jehan du « Mont saint Jehan, quatre blancs à la fabrique de Fresnay, cinq deniers au curé « pour faire la prière, trois blancs pour les réparations de la chapelle de Sainte- « Marguerite-des-Chardonnerets, six deniers à Saint-Eutrope-de-Grateil, cinq « deniers à Sainte-Barbe de Fresnay, cinq deniers à Sainte-Marie-Magdeleine- « d'Assé et autant au curé, trois blancs à la reparation de monsieur saint Julien, « deux blancs à saint Michel du mont de la Tumbe, deux blancs à Saint Mathurin « de Larchant, un agneau et cinq deniers à saint Denis de Saint Aubin, dix deniers « tournois à saint Martin de Sougé, douze deniers à tous leurs filleuls et filleules « qu'on pourra trouver ». — Ils affectent ensuite un pré près le pont de Douillet, au fief de Courtoussaint, nommé la noe de Montralu, au paiement d'un pain bénit de douze deniers que la mère de Guillemette « feue Jehanne Lanesse », avait jadis laissé à saint Michel de la Courbe, avec deux deniers et une chasuble d'offrande le jour « de la dédication de monsieur saint Michel de la Tumbe ». Enfin ils lèguent au curé de Douillet, « pour être ès prières et à toujoursmais perpétuellement », une rente de deux sols six deniers; à la fabrique une demi journée de pré sise au pré Blanche, un journal de terre près le champ Marteau au fief de la Beauce, et une pinte de vin, mesure de Fresnay, sur leur vigne du clos de la Baste (1).

Il est évident d'après les dispositions de ce testament passé sous les sceaux du doyen de Fresnay, en présence de douze témoins, que Jean Cosnard et sa femme Guillemette possédaient quelque aisance, sans quoi ils n'auraient pu se montrer aussi généreux dans leurs pieuses aumônes. Ils n'appartenaient cependant pas à la noblesse; il faut donc bien reconnaitre l'existence à cette époque d'une classe de gens du commun parvenue à une certaine situation sociale.

Le testament de Jean Cosnard nous révéle en outre et par dessus tout les

(1) Arch. paroissiales.

sentiments de foi profonde qui animaient alors « les paroissiens de monsieur saint Pierre de Douillet ». Non contents de subvenir aux besoins de leur paroisse, ils étendent leurs libéralités aux paroisses voisines, à tous les lieux de pélerinage de la contrée, même à monsieur saint Julien du Mans le patron du diocèse (1), et au sanctuaire le plus célèbre de tous, le Mont-Saint-Michel. Le XVe siècle est en effet par excellence l'époque des pélerinages. Loin de se ralentir pendant l'invasion anglaise, cette forme de dévotion semble avoir été pratiquée avec plus d'ardeur qu'aux siècles précédents, à ce point que le duc de Bedford trouva moyen de battre monnaie en accordant à prix d'or des sauf-conduits aux pélerins (2). Nous voyons par l'exemple de Jean Cosnard que les habitants de Douillet obéissaient à ce sentiment général, à cette tendance caractéristique de leur temps.

Leur pays était parsemé de chapelles de dévotion où des foules nombreuses se rendaient chaque année le jour de la fête du patron. Saint-Michel-de-la-Courbe semble avoir été pour eux le premier de ces sanctuaires, ce qui est naturel puisque la chapelle était située sur le territoire même de Douillet, et que la dévotion à Saint-Michel était devenue prédominante en France à la suite des succès de Jeanne d'Arc, attribués à la protection de l'archange, le saint français, opposé à saint Georges, le saint anglais (3). Puis venaient la chapelle de Sainte-Marguerite-des-Chardonnerets, à la limite de Douillet et Sougé ; Saint-Eutrope chapelle de la commanderie de Grateil, à quelques pas de la Sarthe, vis-à-vis Saint-Michel-de-la-Courbe ; Saint Denis dans la paroisse de Saint-Aubin-de-Locquenay (4). Enfin, en outre de ces chapelles spéciales, beaucoup d'églises étaient le centre d'une dévotion particulière, comme saint Martin à Sougé, sainte Marie-Madeleine à Assé, sainte Barbe à Fresnay, sainte Avoise à Saint-Ouen-de-Mimbré. Tous ces sanctuaires étaient le but de *voyages* nombreux de la part des gens du commun, et le jour de la fête du patron ces voyages devenaient une occasion de distraction, en même temps qu'un acte de foi. C'était un lieu de réunion, un rendez-vous où se retrou-

(1) Ce legs nous ferait croire que Jean Cosnard faisait partie de l'antique confrérie de St-Julien établie dès le XIIIe siècle dans le diocèse pour la conservation et l'ornementation de la cathédrale ; dès 1413 il existe à Assé une confrérie spéciale dite de Saint-Julien. *Semaine du fidèle,* XV, p. 280.

(2) S. Luce. *Le Maine sous la domination anglaise,* p. 11.

(3) S. Luce. *Jeanne d'Arc et le culte de St Michel,* dans la *Revue des Deux-Mondes* du 1er décembre 1882.

(4) Encore aujourd'hui les *voyages* à la chapelle Saint-Denis sont en usage à Assé, et donnent lieu à de singulières superstitions ; ainsi pour être efficaces ils doivent être faits la nuit par neuf personnes, marchant en silence à la suite l'une de l'autre, conduites en tête et en queue par deux guides qui seuls peuvent parler durant le trajet.

8

vaient les parents et les amis disséminés dans les paroisses voisines ; après la messe on dinait ensemble, on échangeait les nouvelles, et à la nuit chaque groupe reprenait le chemin de son village. Les manants, arrachés ainsi quelques heures à l'isolement de leurs champs, apprenaient par là même à entrer en rapport les uns avec les autres, à comparer les événements ; ils faisaient en quelque sorte leur éducation sociale sous l'influence bienfaisante du sentiment religieux.

Qu'on ne dise pas du reste que nous généralisons trop vite. Le testament de Jean Cosnard n'est pas une exception, et les conséquences que nous en tirons sont confirmées par d'autres documents. Ainsi quelques années plus tard, en 1495, deux autres paroissiens de Douillet, Jean Busson et sa femme Vincende, qui avaient déjà racheté en 1460 de leur suzerain, Guillaume de Beaugencé, seigneur de Courtoussaint, une rente de quatre deniers que celui-ci avait droit de percevoir sur un de leurs champs (1), laissent à leurs enfants en mourant un bordage entier, celui de la Corbelière au fief de Courtoussaint, à charge de donner chaque année un pain bénit de vingt deniers tournois « pour être départi par charité le jour de « saint Julien en l'église de Douillet, et de fournir d'huile la lampe du chanceau de « ladite église, durant que le sacre sera sur l'autel, à la feste dudit (2) ». Or, cette famille Busson établie depuis longtemps à Douillet et qui compte parmi ses membres plusieurs ecclésiastiques (Jean Busson, précédemment curé de Douillet, Pierre Busson, fils du propriétaire de la Corbelière), est parvenue comme Jean Cosnard à une condition supérieure à celle des hommes de labour, et doit être rangée elle aussi dans la classe des propriétaires ruraux. Il en est de même encore pour la famille Belocier, dont un membre dresse l'acte de partage du lieu de la Corbelière entre les quatre enfants de Jean Busson, et pour Jean Deret, fils de Colas Deret qui achètera le 4 février 1500, de Jean Chouin « paroissien de Douillet » le champ de la Castille près l'Etricherie, moyennant sept livres tournois et cinq sols de vin de marché, et à charge de faire chaque année une rente de trois sols tournois à la fabrique (3).

Nous croyons donc pouvoir dire en conséquence que, dans une paroisse rurale comme Douillet, deux sentiments principaux avaient dirigé les efforts des gens du commun depuis leur affranchissement ; le sentiment de la famille qui les avait poussés à force de travail et d'économie, à augmenter leur patrimoine, à améliorer la condition de leurs enfants autant que le permettaient les dures exigences du régime féodal ; le sentiment religieux qui leur faisait un devoir de

(1) Arch. de la Sarthe E, 233.
(2) Arch. paroissiales.
(3) Arch. paroissiales.

s'intéresser aux affaires de leur paroisse et de témoigner de leur foi par des dons prélevés sur leurs gains. Le premier de ces sentiments est essentiellement naturel et toujours puissant, chez les populations honnêtes. Le second était parfaitement logique puisque les gens du commun n'étaient quelque chose pendant le moyen-âge, qu'aux yeux de l'Eglise et grâce à l'Eglise. Tenus en dehors des affaires publiques que les seigneurs se réservaient, appelés seulement à prendre part aux affaires de la fabrique, ils se montraient reconnaissants de cette sorte d'hommage rendu par l'Eglise à leur dignité, en assimilant jusqu'à un certain point les intérêts de la paroisse à leurs intérêts privés. Cette alliance entre les gens du commun et l'Eglise, qui les encourageait au travail et les défendait au besoin, jointe au sentiment de la famille, avait amené la formation d'une classe de petits propriétaires ruraux déjà nombreuse et influente à la fin du XVe siècle. La royauté en s'appuyant sur elle, pour détruire la féodalité, favorisera son développement et préparera son avènement à la vie publique.

Comme conclusion à ce long chapitre il resterait à examiner maintenant la nature des rapports réciproques des trois éléments de la société paroissiale que nous venons d'étudier isolément. L'absence de documents nous impose sur ce point une réserve forcée.

Toutefois nous avons vu, en ce qui concerne le curé, que le caractère sacerdotal dont il était revêtu, la supériorité de son instruction et son intervention officielle dans les affaires privées lui donnaient sur tous ses paroissiens une influence considérable. Si de temps à autre des difficultés passagères pouvaient surgir entre lui et quelques seigneurs jaloux de cette influence, on peut dire que la bonne harmonie était rarement troublée avec les gens du commun. D'une part l'Evangile lui ordonnait de protéger les faibles, d'autre part les manants étaient heureux de trouver en lui un défenseur et un intermédiaire auprès de leurs suzerains ; le sentiment religieux et l'intérêt matériel se rencontraient dès lors pour consolider l'alliance des gens du commun avec le curé.

Quant aux seigneurs, leurs rapports mutuels, déterminés par les mœurs et les lois du temps, ne pouvaient offrir à Douillet de caractère particulier. Après la fin des guerres privées et le grand mouvement des croisades, l'état social avait fait un progrès réel ; les relations de la noblesse étaient devenues plus faciles, plus courtoises, et elles n'étaient plus guère troublées que par les procès inévitables auxquels donnait lieu le jeu des institutions féodales, si compliquées et si mal définies. Encore faut-il remarquer que ces procès se terminaient souvent par des transactions, afin d'éviter les frais et les longueurs d'une procédure ruineuse.

En 1458 par exemple une contestation s'élève devant la cour de Sillé entre Jean Ferquin, écuyer, seigneur de Douillet et de la Bermondière, et son voisin Fouques de Courtarvel qui voulait contraindre les vassaux de la Bermondière à tourner à son moulin de Combrans, et avait fait saisir « en l'hostel de la Bermondière certaine quantité de farine appartenant au métayer dudit lieu ». Jean Ferquin soutenait au contraire que les deux seigneuries relevant également de Sillé étaient indépendantes l'une de l'autre, et que ses vassaux de la Bermondière devaient faire moudre à son moulin de Douillet. Mais il était sans doute dans son tort, car il consent pour l'avenir à reconnaitre la prétention de Fouques de Courtarvel, par transaction passée le 27 janvier en présence de noble homme Tragin, seigneur de Saint-Georges-le-Gaultier, de Jean de Corbon, seigneur dudit lieu de Corbon, et de Guillaume Heslier écuyer, voisins et amis des deux plaideurs (1).

De même en 1478 nouvelle difficulté entre Jean Ferquin et Jean Perot, licencié en décret, seigneur du fief d'Illers à Mont-Saint-Jean, qui réclamait du seigneur de Douillet la foi et hommage et douze deniers de services pour le pré Drouet. Jean Ferquin est cité pour le 8 mai devant messeigneurs des Requestes à Paris, mais le 31 mars les parties conviennent courtoisement que « l'adjournement « sourceray jusqu'au retour de la guerre où messires les nobles et autres du pays « du Maine vont de présent (2) ». Puis les plaideurs paraissent oublier leur différend pendant la campagne, car l'affaire n'est reprise que huit ans après et se termine par une transaction : Jean Ferquin promet de faire la foi et hommage et de payer les douze deniers « s'il parait par ses titres que ses prédécesseurs l'ont ainsi fait ; » il demeure quitte des arrérages (3). Une telle solution n'indique pas un grand acharnement entre les deux gentilshommes.

Mais les rapports n'étaient pas toujours aussi faciles entre les seigneurs et les gens du commun ; grâce aux abus du régime féodal, ceux-ci se trouvaient à la merci de leurs seigneurs dont les exigences étaient parfois fort dures. Indépendamment des *cens* (4) et des devoirs de toute sorte, il y avait la *taille,* impôt de capitation

(1) Titres Duplessis-Châtillon.

(2) Il s'agit sans doute de la guerre contre Maximilien d'Autriche, signalée par la bataille de Guinegatte qui se livra le 7 août 1479 (n. s.).

(3) Arch. de la Sarthe, E. 203.

(4) Le *cens* est la redevance imprescriptible et non rachetable due par la terre.

tout arbitraire à l'origine (1) ; l'*aide* (2) ; la *garde*, taxe spéciale pour obtenir la protection du seigneur ; les droits de banalité, de *péages*, et surtout les *corvées* ; ce ne dut pas être, entre autres, une faible charge pour les vassaux du seigneur de Douillet que de construire par corvées, vers 1456, les deux mille mètres de murs en pierres sèches qui environnent le parc. De cet arbitraire, érigé en droit par la féodalité, résulta dans la pratique, comme toujours en pareil cas, une grande variété, suivant le caractère des individus. Tantôt on rencontrait un suzerain comme Robert de Sillé qui fut un père et un modèle pour ses vassaux ; tantôt un seigneur comme Jean d'Aligny, fils du seigneur de Chauffour à Crissé, qui se précipitait « l'épée toute nue en reniant Dieu son créateur », sur de malheureux faucheurs, les frappait à tort et à travers « tellement que plusieurs étaient bléciés ou navrés ». Jean d'Aligny, il est vrai, était célèbre par sa violence : c'est lui encore qui traitait les sergents du comte du Maine de « vilains bedeaux ! », et menaçait Jean Perot, licencié en décret, « de lui couper les deux oreilles rasibus de la teste ! » (3). Entre ces deux extrêmes Robert de Sillé et Jean d'Aligny, entre les vertus d'un saint et les colères d'un aventurier, s'échelonnaient bien des caractères divers, bien des individualités distinctes qu'il est impossible de mettre en lumière, faute de documents suffisants.

Il existait cependant dans la société paroissiale, malgré les différences profondes qui séparaient ses éléments, un lien commun, un terrain où tous avaient leur place : c'était l'assemblée de fabrique. L'Eglise ayant en effet posé en principe l'égalité des âmes devant Dieu, avait du reconnaître comme conséquence un droit égal à tous ses enfants dans les questions relatives à l'exercice du culte, à l'entretien du temple consacré à Dieu, et à l'administration temporelle de la paroisse. Aussi, dès une époque reculée, nous voyons les assemblées de fabrique, composées du *général* des paroissiens, fonctionner régulièrement dans les campagnes du Maine. Elles se réunissaient le dimanche, à l'issue de la grand'messe, au son de la cloche, dans le cimetière qui entourait l'église, sur la convocation du *procureur* de fabrique, sorte de trésorier ou de fondé de pouvoirs choisi par l'assemblée. Cette convocation était lue au prône de la messe paroissiale qui n'était pas seulement une instruction religieuse, mais encore une instruction adminis-

---

(1) Avant le XIV⁰ siècle la *taille* est un impôt levé sur les personnes et les biens non couverts du privilège de la noblesse, lorsque le seigneur a besoin d'argent ; après le XIV⁰ siècle, c'est l'impôt direct. M. Roy. *Cours d'institutions,* prof. à l'Ecole des Chartes.

(2) Avant le XIV⁰ siècle l'*aide* est la redevance payée par le vassal au suzerain dans les cas déterminés par le contrat féodal ; après le XIV⁰ siècle, c'est l'impôt indirect, M. Roy. *Ibid.*

(3) Arch. de la Sarthe E, 171.

trative et judiciaire, dans laquelle le curé, organe de l'autorité, donnait lecture des monitoires et de tous les actes intéressant la communauté ; à une époque où les offices étaient fréquentés par tous il ne pouvait y avoir de meilleur mode de publicité.

Le curé et les seigneurs assistaient à l'assemblée de fabrique, mais les gens du commun y formaient la majorité, car tous étaient libres d'y prendre part. Le procureur exposait les affaires courantes qui avaient trait généralement soit à l'entretien de l'église, soit à la location ou à la vente aux enchères des terres de la fabrique et des fruits du cimetière, soit à la défense des intérêts de la fabrique. L'assemblée décidait, et un tabellion dressait acte de la délibération que la présence de dix paroissiens suffisait à rendre valable. Le procureur était ensuite chargé d'en poursuivre l'exécution, de recevoir les rentes, de payer les ouvriers, de rendre les aveux aux seigneurs de fiefs etc.

Dès l'année 1408 les paroissiens de Douillet donnent ainsi pouvoir à leur procureur, Macé Lagogué, de citer en l'assise du Mans la dame de Moré qui refusait de payer les arrérages d'une rente de huit sols due par elle à la fabrique, et ils gagnent leur cause. En 1464 un autre procureur, Guillaume Martin, reçoit une rente de deux sols, sise sur le pré Gareau appartenant à Léonard Langlais : il est possible qu'il tint déjà un compte régulier des deniers de la fabrique, mais ces documents si intéressants n'ont été conservés à Douillet qu'à partir de 1525. En 1467 autre affaire plus grave : Guillaume Horeau, procureur de fabrique, soutient un procès contre le seigneur de Douillet lui-même, messire Jean Ferquin, relativement à la chapelle Saint-Jean, jadis fondée par ses prédécesseurs en l'église de Douillet. Jean Ferquin avait fait déposer de la chaux dans cette chapelle en vue de certaines réparations ; les paroissiens l'avaient fait jeter dehors, et soutenaient que Jean Ferquin avait seulement le droit de faire dire des messes ou oraisons dans la chapelle Saint-Jean et d'y être enseveli lui et les siens. Au dernier moment cependant, le 26 juillet 1467, le courage fait défaut aux adversaires, et « sur le conseil de gens de bonne renommée » ils se décident à transiger. La fabrique abandonne ses prétentions et consent à laisser prendre la clef de la chapelle par le seigneur de Douillet quand bon lui semblera, ainsi qu'à souffrir toutes les réparations qu'il jugera convenable, à la condition que Jean Ferquin se charge de l'entretien, paie chaque année une rente de dix sols, et n'interdise jamais accès de la chapelle aux paroissiens. Deux ans plus tard enfin, en 1469, Jean Belocier procureur de fabrique rend aveu en l'assise d'Assé-le-Boisne, pour la rente de huit sols que la fabrique avait droit de percevoir sur la seigneurie de Moré (1).

(1) Arch. paroissiales.

Ces exemples, et surtout le procès avec Jean Ferquin, prouvent nettement l'importance des assemblées de fabrique au XVe siècle. Ce sont de véritables assemblées délibérantes qui ne craignent pas même d'attaquer les seigneurs de paroisses, et donneront bientôt naissance aux assemblées de communauté. C'est de là que surgissent, dès la fin du moyen-âge, sous l'influence du sentiment religieux, les premiers germes de la vie municipale, germes qui se développeront rapidement aux siècles suivants et arriveront peu à peu à rapprocher les divers éléments si profondément séparés à l'époque féodale.

CHAPITRE IX

LA PAROISSE DE DOUILLET A L'ÉPOQUE DE LA RENAISSANCE JUSQU'AUX GUERRES DE RELIGION

Premières années du XVIᵉ siècle. — I. Dons faits à l'église ; peintures sur bois de 1510 ; ministère de Mᵉ Chantepie ; la vie paroissiale. — II. Influence de la Renaissance : reconstruction des manoirs du Plessis, de Moré, Corbon etc ; la noblesse rurale sous le règne de François Iᵉʳ ; l'industrie et le commerce ; établissement de la forge de l'Aune ; ministère de Mᵉ de la Vayrie. — III. Dernières années du règne de François Iᵉʳ et règne de Henri II ; refonte de la grosse cloche ; assassinat ; dons et legs à l'église malgré la Réforme ; progrès du Tiers ; les Montesson seigneurs de Douillet.

ÈS les premières années du XVIᵉ siècle, le mouvement général de réorganisation et de progrès commencé au lendemain de la guerre de Cent ans, favorisé ensuite par la politique inflexible de Louis XI, qui achève de détruire la féodalité, a produit des résultats importants ; l'expédition de Charles VIII en Italie a ajouté aux bienfaits des réformes intérieures le prestige de la gloire militaire, et a donné aux arts une impulsion jusqu'alors inconnue ; l'ère de la Renaissance s'ouvre pour la France, et le règne de Louis XII correspond à une période brillante de prospérité.

I.

A Douillet, par une conséquence forcée de cette situation générale, les progrès de tout genre, que nous avons signalés au siècle précédent, s'accentuent rapidement. D'une part, la vie paroissiale prend une vigueur plus grande, grâce au fonctionnement plus régulier des institutions ; d'autre part l'aisance matérielle augmente chaque jour. De là tout d'abord de nombreux dons faits à l'église ou à la fabrique par des paroissiens de toutes conditions, puis la reconstruction de plusieurs « logis seigneuriaux ».

C'est ainsi par exemple qu'en 1504 Guillaume Busson et sa femme lèguent à la fabrique une rente de cinq sols sur le champ des Chevaleries ; exemple suivi bientôt par une humble femme du peuple, Jeanne Chappeaux, qui laisse par testament en date du mois d'avril 1507, à l'église et à la fabrique, une partie des jardins de la Roche, au fief de Corbon, et cela indépendamment de vingt-six messes qu'elle demande à sa sépulture et à son *sepme*, et de plusieurs dons d'un *carolus* chacun fait à l'église de Douillet et aux paroisses voisines. Jeanne Chappeaux avait été, il est vrai, la nourrice des enfants de Pierre de Corbon qui lui devait encore à la date de sa mort « vingt-deux sols et une paire de chausses » pour le nourrissement de Georges et de Charlotte » ; il est donc probable que c'est au service des seigneurs de Corbon qu'elle avait pu amasser quelques économies, et aussi une certaine quantité de linge qu'elle distribue généreusement à ses amis. L'année suivante 1508, c'est la dame de Launay, Anne Martin, veuve de Guyon Defay, qui, en plus de ses libéralités à la Chapelle-Saint-Michel, donne trois sols quatre deniers au curé et vingt deniers à la fabrique, « afin d'avoir la prière du peuple ; » puis deux manants, Jean Juille et Richette sa femme, qui lèguent à leur tour le champ Guillouard à la fabrique dans un but analogue (1). Vers la même époque l'église de Douillet possède déjà un missel imprimé, l'une des premières éditions du missel du Mans de Pierre Hennier, « *imprimé à Rouen devant Saint-Lô, 1505* » ; et il est présumable que ce missel intéressant pour l'histoire de l'imprimerie lui avait été donné également par quelque pieux paroissien (2).

Mais aucun de ces dons n'offre un intérêt comparable à celui qui est fait en 1510 par Jean Belocier, procureur de fabrique. Il ne s'agit plus en effet ici d'un lambeau de terre ou d'une somme d'argent d'une importance minime ; nous sommes en présence d'un objet d'art très curieux pour l'histoire de la peinture dans le Maine. C'est un devant d'autel composé d'un panneau en chêne de 0m 75c de hauteur sur 2m de largeur, recouvert de peintures qui représentent les cinq scènes principales de la passion ; séparés les uns des autres par de légères colonnettes peintes, ces tableaux sont réunis par un massif encadrement carré de 0m 12c de largeur (3).

(1) Arch. paroissiales.

(2) Quelques années plus tard la fabrique achetera un second missel, plus soigné au point de vue typographique, celui de 1559.

(3) Il a été trouvé en 1874, lors de la reconstruction de l'église, dans la masse même de l'autel du Rosaire, où il remplaçait un rang de pierres.

Le premier tableau reproduit la scène du jardin des Oliviérs. Au premier plan, trois apôtres endormis ; au centre, Jésus sous les traits d'un jeune homme, vêtu d'une robe fort bien drapée. Au second plan, une palissade percée d'une porte qui livre passage à une troupe armée de bâtons ; Judas la précède : il est vêtu d'une tunique rouge, avec écharpe jaune, et tient une bourse à la main ; à gauche de la porte un petit diable à peine visible escalade la clôture, tandis qu'un personnage couronné d'une tiare, le Père éternel sans aucun doute, apparait au milieu d'un nuage. Dans le jardin, des fleurs des champs parsemées ça et là ; puis un ruisseau sinueux, le Cédron probablement, sur lequel on a jeté une planche pour servir de pont.

Le deuxième tableau représente la flagellation. Le Christ, attaché à la colonne, est entouré de bourreaux vêtus de longues robes ou de tuniques serrées à la ceinture, avec chausses ajustées, comme on les portait sous le règne de Charles VIII. Au dernier plan une galerie occupée par trois personnes : une femme dont le visage exprime la compassion, deux hommes qui paraissent rire et insulter la victime.

Le troisième tableau, celui du crucifiement, est le plus important. Le corps du Christ, mal proportionné et fort raide, accuse une ignorance absolue de l'anatomie ; les bras de la Croix sont démesurément longs ; Jésus penche la tête et regarde sa mère debout au pied de la croix. La Vierge, assez bien drapée dans un manteau sombre, croise les bras sur la poitrine et baisse les yeux à terre ; Saint Jean au contraire lève ses regards désolés sur son maître expirant. De chaque côté, un larron : l'un dans une attitude de souffrance résignée ; l'autre en proie à un profond désespoir, qu'accentue un mouvement bizarre de la tête et du cou. Dans le lointain, les remparts de Jérusalem.

Le quatrième tableau représente la descente aux enfers. Le Sauveur tend une main à Adam et porte de l'autre une sorte de croix processionnelle à bras courts. Adam, un genou en terre, prend la main du Christ ; son corps est plus rouge que les autres, sans doute par allusion au sens hébreu du mot Adam qui répond au latin *rufus*. En arrière, sur le seuil des enfers figurés par une tour crénelée, se tient Ève suivie d'un autre personnage. Enfin du sommet de la tour deux monstres ailés contemplent la scène et se disposent à prendre la fuite.

Le cinquième et dernier tableau, la résurrection, est encore inférieur aux précédents comme dessin. Le Christ surtout est mal proportionné. Autour du sépulcre sommeillent quatre gardes, dont les costumes et les hallebardes n'eussent pas été déplacés à la cour de Louis XII. Dans le lointain, au milieu d'un paysage accidenté, plusieurs villages, trois femmes et deux pélerins avec leurs bourdons, très probablement les disciples d'Emmaüs.

Héliog & Imp. Lemercier & Cie

Devant d'Autel donné en 1510, a l'église de Bouille.

Sur la partie inférieure de l'encadrement serpentent quelques arabesques grossières. A la partie supérieure des branches de vigne et de marronnier entrelacées forment un joli motif de décoration et encadrent deux inscriptions. — La première, placée au-dessus de la scène de la flagellation, a été lue ainsi par M. E. Hucher qui a dirigé lui-même la restauration de ce devant d'autel, comme membre de la commission des monuments historiques de la Sarthe :

Hoc opus e divo apelle celatum tinii

. . . . [1] per Jo. Belocier fabrice pro.

quarto kal. junii anno M. quingesio X°

Ce qu'il faut traduire : *Cette œuvre, de l'art du divin Apelle, peinte sur bois,* [a été faite ou donnée] *par Jean Belocier, procureur de fabrique, le quatrième jour des calendes de Juin l'an 1510* (2).

Quant à la seconde inscription, placée au-dessus du crucifiement, elle se lit : « *Revertere Sunamitis* », abréviation de ce passage du *Cantique des Cantiques :* « Revertere, revertere, Sunamitis, revertere, revertere, ut intueamur te ». Ch. VI, vers. 12. — Des trois sens que les commentateurs donnent à ces paroles, le plus naturel ici, en présence du calvaire, semble celui de saint Ambroise et de saint Bernard ; ce serait une invitation pressante à l'âme pécheresse de changer de vie et de revenir à Jésus-Christ (3).

Dans son ensemble, cet autel offre un intérêt incontestable. Si le dessin est en général mauvais, si les corps nus surtout sont mal dessinés, certains personnages ne manquent pas de mouvement ; la peinture, assez commune, s'accorde bien avec la date, si l'on tient compte du retard ordinaire des campagnes sur les centres artistiques ; de même le coloris qui se compose de verts foncés pour les paysages, de rouges, de noir et de bruns brochés d'or pour les vêtements. Cette œuvre est d'autant plus précieuse qu'elle est ainsi parfaitement datée, et unique peut-être, sous ce rapport, dans le département de la Sarthe.

Malheureusement le nom de l'artiste est incertain, et on est réduit sur son compte à des conjectures. Les défauts du dessin, la naïveté de la composition ne

(1) Ce mot est fruste.

(2) Le 29 mai 1510.

(3) Une description inexacte de ce devant d'autel a été publiée dans l'*Union de la Sarthe* en 1875 et reproduite par la *Semaine du fidèle* du 30 janvier de la même année.

permettent pas d'attribuer ces peintures à un artiste connu, tel que Simon Hayeneuve curé de Saint-Paterne près Douillet, architecte, peintre, dessinateur, alors dans la plénitude de son talent ; difficilement même à un des élèves qu'il aurait formés à son retour d'Italie (1). L'auteur ne serait-il pas plutôt quelque amateur local, doué de dispositions naturelles ? Ne serait-ce pas Jean Belocier lui même ?

Cette dernière hypothèse n'a rien d'impossible. Nous avons déjà rencontré la famille Belocier : dès 1467 un témoin, du nom de Thomas Belocier, est cité dans la transaction survenue entre les paroissiens de Douillet et leur seigneur au sujet de la chapelle Saint-Jean ; deux ans après, *Jean Belocier, procureur de la fabrique,* comparaît aux assises de la châtellenie d'Assé-le-Boisne : il est ensuite mentionné dans le testament de Jean Cosnard comme propriétaire de plusieurs pièces de terre. En 1495 c'est encore un Jean Belocier, le même peut-être, qui fait le partage de la succession Jean Busson et qui, en 1504, passe le testament de Guillaume Busson. — Ce Jean Belocier, *tabellion en la Cour du Bourg-Nouvel,* personnage instruit, riche et influent, doit être considéré, croyons-nous, au moins comme le donateur de notre devant d'autel, si on ne pense pas pouvoir lui en attribuer le mérite, en lui supposant quelques connaissances artistiques. Dans tous les cas il est mort antérieurement à 1525, car Jean du Lierre, procureur de fabrique à cette date, enregistre dans ses comptes une dépense de douze deniers, « pour avoir cherché les titres de la fabrique chez *feu Jean Belocier, qui en était* » *procureur* ». — En 1528 nous trouvons à la vérité un nouveau Jean Belocier qui figure aussi en 1551 dans le testament de son frère Lucas ; mais Jean Belocier, prêtre, et Lucas Belocier, semblent plutôt d'après les dates, les fils du Jean Belocier dont il est question dans l'inscription de 1510 (2).

Quoi qu'il en soit, il est à remarquer que la famille Belocier est, à la fin du XVe siècle, une des principales familles de la classe des petits propriétaires ruraux, classe qui devient à l'époque où nous arrivons, le Tiers-Etat. C'est donc encore à un membre de cet ordre que l'église de Douillet est redevable de son curieux devant d'autel, comme elle l'a été, au XIVe siècle, du tombeau de Guillaume Bouteveile. Nous relevons ce fait au passage, car il confirme nos appréciations au sujet de l'alliance du clergé avec les gens du commun et de la prépondérance du sentiment religieux dans l'histoire de Douillet.

---

(1) En 1878 M. Chardon, d'après une photographie, avait émis cette conjecture que le **devant** d'autel de Douillet pouvait être l'œuvre d'un élève de Simon Hayeneuve. — H. Chardon. *Les Artistes du Mans jusqu'à la Renaissance,* Le Mans, 1878 p. 33.

(2) Arch. paroissiales.

Au reste l'assemblée de fabrique, qui tend parfois déjà à devenir une assemblée de communauté, garde son indépendance vis à vis du curé, et vis à vis du seigneur. Le 28 décembre 1512, maitre Jean Hamelin, prêtre et procureur de fabrique, Guillaume Hamelin, Jean Le Breton, Pierre Galpin, Jean Girard, clerc, se faisant fort de tous les autres paroissiens, baillent à Jean Chauson un des champs de la fabrique, situé près du pont, à charge de deux sols tournois de rente au jour de Noël. Ce bail était consenti à la suite d'une mise à l'enchère annoncée « en plein prosne de l'église parrochial » par trois dimanches consécutifs, et il comportait un abandon très large, car l'année suivante la veuve et le fils de Jean Chauson le passeront en toute liberté à un autre paroissien, Jean Champdavoine. Or ni le curé, messire Jean Chantepie, ni le seigneur, messire Philippe Ferquin, ne prennent part à cet acte, preuve évidente de l'indépendance absolue de l'assemblée de fabrique.

Messire Jean Chantepie, il est vrai, nous est peu connu. D'après les *Chroniques* il appartenait à une famille noble du Maine, dont une branche posséda la seigneurie de Saint-Paul-le-Gaultier (1). Pendant le cours de son ministère il fut témoin de plusieurs donations nouvelles faites à la fabrique et à la cure, entre autres celles du champ du Cormier légué par Paul Agin, d'une maison et d'un jardin au Tertre-Guilouard, du champ du gros Courtil, d'un journal de terre près Lorière donné par Jean Juille « pour avoir la prière le Vendredi benoist », du grand clos de la Croix Boutin légué par Ambroise Boutin, etc. Il eut également à soutenir un procès « en cour royale du Mans » relativement au lieu des Prêtrises qui faisait partie du temporel de la cure ; un de ses prédécesseurs, « meu d'affection charnelle », avait baillé ce bordage, au dessous de sa valeur réelle, à plusieurs membres de sa famille qui avaient cherché ensuite à le prescrire ; Mⁿ Chantepie exigea la résiliation, puis finalement en 1515 se décida à transiger : le bail fut renouvelé moyennant la reconnaissance formelle du droit du curé, le paiement d'une rente annuelle de quatre liv. dix sols, et une redevance de six boisseaux de blé à la fabrique. Mⁿ Chantepie avait eu pour vicaire Julien Monlouveau, dont le nom vient s'ajouter à ceux de Pierre Busson, Jean Hamelin, Jean Belocier, Jean Girard, Guy Chaignon, Philippe Laîné, Pierre Hamelin vicaire en 1527, Mathurin Lepennetier, pour compléter la nomenclature des prêtres de Douillet au commencement du XVIⁿ siècle.

(1) En 1622 Georges de Pannart, écuyer, seigneur de Saint-Paul, possède le fief de Chantepie en Thubœuf. — D'autre part Jacques de Chantepie est seigneur du Bu et de Chahin à Sougé-le-Bruant : il porte « *d'azur à la croix d'argent chargée d'une pie de sable, cantonnée de quatre besans d'or.* » — Le Guicheux, *Chroniques de Fresnay*, p. 490. — Cauvin. *Armorial*.

Si le curé, par suite de la rareté des documents, tient peu de place dans l'histoire de la paroisse à ce moment, il en est de même du seigneur. Tout ce que nous savons en effet à son sujet, c'est que la seigneurie de Douillet appartenait, dans les premières années du siècle, à Philippe Ferquin, fils de Jean II. Il avait épousé Rose Bourel et en eut cinq enfants : Antoine qui lui aura succédé dès 1529, Hardouin, Jeanne, Renée et Charles (1) ; sa sœur Perrine, qui avait épousé en 1488 Roland Le Maire, était encore en 1515 dame de Brantalon (2).

C'est donc toujours aux affaires de la fabrique qu'il faut revenir pour retrouver les traces les plus intéressantes de la vie paroissiale. Le premier compte de la fabrique actuellement conservé, dressé par le procureur Jean du Lierre pour la période qui s'étend de 1525 à 1530, vient d'ailleurs rendre la moisson plus abondante (3). Il fait connaître les rentes dues à la fabrique ; les pains bénits « laissés en charité » à l'église de Douillet ; les redevances de vin « pour communier les fidèles le jour de Pâques », de froment pour faire des pains d'hosties, d'huile pour entretenir la lampe, de cire pour renouveler le cierge devant le crucifix ; puis certaines recettes extraordinaires, curieuses à signaler, telles que : le lin de la boyte vendu 10 sols en 1526 et 13 sols en 1527 ; le blé de la boyte vendu en 1526 à ban d'église aux parties enchérissant la somme de 42 sols et de 61 sols en 1527 ; les deniers trouvés dans le tronc ou « boueste de Nostre-Dame », 25 sols en 1526 ; les sommes données par les paroissiens « pour avoir la prière au prosne », par le seigneur de Lorière pour faire enterrer deux de ses enfants dans l'église, par les héritiers du seigneur de l'Asnerie pour le luminaire de son enterrement et l'ouverture de l'église etc. Tous ces détails révèlent avec une saveur pleine de naïveté le fonctionnement normal de la vie paroissiale ; ils nous montrent tous les paroissiens, seigneurs et vilains, groupés autour de leur église, soumis aux mêmes règles pour les affaires religieuses, et s'efforçant de témoigner leur foi par des générosités proportionnées à leurs ressources.

Le chapitre des dépenses est encore plus instructif. En outre des sommes payées pour l'entretien des cloches, le luminaire aux grandes fêtes, l'achat des ornements tels que « des étoles paiées au Mans 2 sols 6 den. par messire Pierre Belocier », « la visitacion du doyen et de l'archidiacre, le voiage de celui qui est allé quérir le Saint-Cresme », les réparations à l'église etc, il donne de précieux renseignements sur plusieurs affaires de la communauté, sur ses rapports avec le seigneur et le pouvoir central.

(1) S. d'Elbenne. *Généalogie ms.*
(2) Arch. de la Sarthe E. 203.
(3) Arch. par. Tome I, n° 1.

Dès cette époque par exemple, la taille, devenue permanente depuis environ un siècle, est fixée chaque année pour la paroisse par l'autorité royale qui s'est substituée sous ce rapport aux seigneurs, dans les pays d'élections comme le Maine ; c'est même, on peut le dire, la première forme sous laquelle le pouvoir central se manifeste directement à la paroisse, le premier lien administratif qui vient rattacher, en dehors de tout intermédiaire, la communauté au gouvernement royal. Dans l'intérieur de la paroisse, la taille est « cueillie », sur les non privilégiés, par des collecteurs que choisissent les paroissiens. Jean du Lierre remplit, en même temps que les fonctions de procureur de fabrique, celles qui seront dévolues plus tard au procureur syndic ; c'est-à-dire qu'il représente la communauté au point de vue administratif. C'est lui que les collecteurs font assigner pour la garantie des procès contre les habitants mal imposés ou insolvables ; c'est lui qui fournit « le papier à faire le taux de la paroisse ». En d'autres termes il y a encore confusion entre les affaires de la fabrique et les affaires administratives ; l'assemblée de la paroisse est aussi assemblée de la communauté, et l'agent de la fabrique ne diffère pas de celui de la communauté. Donc nous avions raison de présenter l'assemblée de fabrique comme le premier germe de la vie municipale, et c'est elle qu'il faut considérer toujours comme le centre de l'histoire paroissiale, centre où se trouvent fusionnés tous les éléments de la société locale.

Le compte de Jean du Lierre nous montre ensuite que la dévotion à Saint-Michel, si répandue au siècle précédent, tient encore une place spéciale dans les habitudes religieuses des habitants de Douillet. En 1527 en effet il consacre un article particulier aux sommes reçues à l'occasion du *pardon* de Saint-Michel, par l'entremise de Lucas Belocier, René Lesné et autres « qui cueillaient ledit pardon » ; ces sommes furent employées la même année à quelques réparations à la chapelle Saint-Michel-de-la-Courbe, lieu ordinaire du pardon. Il est vrai que le désastre de Pavie, la captivité de François Ier, la famine et les désordres qui en avaient été la conséquence, étaient venus rappeler aux populations que la protection de l'archange leur était plus nécessaire que jamais, pour obtenir une paix devenue indispensable.

Vers le même temps néanmoins les habitants de Douillet partent en guerre à leur tour, ou mieux ils s'engagent dans un procès avec le seigneur de Corbon, noble homme Georges de Corbon, écuyer, seigneur de la Couldrière (1), fils ainé et principal héritier de Pierre de Corbon. Georges de Corbon avait fait inhumer « en la chapelle Notre-Dame estant au dedans de l'église de Douillet » deux de ses

---

(1) Commune de Saint-Gemmes-le-Robert (Mayenne).

enfants, sans le consentement et volonté des paroissiens, et sans leur avoir rien payé pour le droit d'ouverture de l'église, sous prétexte que son père était fondateur de cette chapelle. L'assemblée de la fabrique, se croyant forte de son droit, résolut de lui tenir tête et le fit assigner devant l'official, lui réclamant 50 sols tourn. d'indemnité. Il faut croire cependant que la cause était douteuse, car, à la suite d'un voyage au Mans du procureur, Jean du Lierre, et d'une consultation de trois avocats en cour d'église, les parties consentirent à transiger : Georges de Corbon et son vassal le seigneur des Roches, Jean de Lavergne, obtinrent le droit de faire enterrer gratuitement les membres de leurs familles dans la chapelle Notre-Dame, « d'y faire célébrer prières et oraisons », enfin d'y placer leurs bancs, à charge de l'entretenir à leurs frais « en bonne et suffisante reparation », et de payer à la fabrique, le seigneur de Corbon une rente annuelle de dix sols, le seigneur des Roches une rente de deux sols six deniers, « pour estre ès prières des paroissiens le jour de Pasques ». Cette transaction, dont les bases avaient été publiées dès le mois de décembre 1527 au prône de la messe par maitre Pierre Hamelin, vicaire de Douillet, fut approuvée par l'assemblée de fabrique le 14 janvier 1528 et la paix fut définitivement signée, en présence de maitre Jean Belocier, prêtre, par le seigneur de Corbon, Mᵉ F. de la Vairie procureur du curé, Jean du Lierre et Lemarié notaire en la cour de Sillé (1).

II.

L'année suivante 1529 un traité de paix d'un autre genre, le traité de Cambrai, rendait le calme à la France entière pour une période de quatorze ans. A peine troublée en 1536 par une tentative d'invasion sans importance pour le Maine, cette longue tranquillité hâta le développement de la prospérité publique et permit à la Renaissance de produire ses plus brillants effets. Or cette fois encore la noblesse et la paroisse de Douillet ne tardèrent pas à suivre le mouvement général.

Antoine de Ferquin, qui est entré en possession de la seigneurie à la mort de son père et vient d'épouser Renée d'Orcisses, fille de Guy d'Orcisses écuyer et de Madeleine de la Palu, s'empresse tout d'abord d'étendre ses possessions. En 1529 et 1530 il achète ainsi plusieurs vignes au clos de la Baste, dont l'une lui est vendue 19 liv. tourn. par Bertrand du Cormier seigneur de Lorière et damoiselle Guyonne Moreau son épouse ; puis en 1531 le pré du Haut-Plessis etc.

(1) Arch. paroissiales.

MANOIR DU PLESSIS-BRETON

Rennes — Imp. G. Fleury & A. Dangin

En même temps sa sœur, Jeanne Ferquin, mariée à Jacques Le Roy, sieur des Vallettes, gentilhomme breton , entreprend la reconstruction du manoir du Plessis, qui prend dès lors le nom de *Plessis-Breton*. D'après les traditions, ce nouveau « logis » aurait eu l'importance d'un château. Le bâtiment principal, flanqué en son milieu d'une tourelle ronde contenant un bel escalier de pierre, éclairé par de larges fenêtres presque carrées, occupait le fond d'une vaste cour. Cette cour était fermée par un mur d'enceinte épais et élevé, « garni de couleuvrines », auquel s'appuyaient à l'intérieur de larges galeries qu'on voyait encore en 1800, et qui donnaient accès à la chapelle située dans l'angle nord-ouest. De profonds fossés complétaient le système de défense, entourant le château et la cour où on ne pouvait pénétrer que par une porte et une poterne ouvertes au sud de l'enceinte et munies de deux ponts-levis (1). Enfin, derrière le manoir s'étendait un vaste jardin enclos de murs qui subsistent encore en partie. Aujourd'hui il ne reste plus du manoir du Plessis que la moitié du principal bâtiment, l'autre moitié, ainsi que les galeries, ayant été abattues vers 1807 ; le mur d'enceinte est également rasé et les fossés comblés. Cette destruction est d'autant plus regrettable que la description précédente s'accorde parfaitement avec l'architecture de la Renaissance, et permet de croire que le Plessis-Breton, à l'époque de sa splendeur, était le plus complet des logis seigneuriaux de la paroisse.

Toutefois il existe encore au Plessis quelques détails intéressants : un écusson aux armes des Le Roy et des Ferquin, pensons-nous, de belles cheminées, puis deux inscriptions gravées sur ardoises. L'une reproduit simplement un verset de l'Écriture : « *Unam petii a Domino* » ; l'autre est ainsi conçue : « *Ædes patrias colapsas vetustate nobilis Jacobus Rex et Johanna de Ferquin conjux reficiunt, 1534* ». On peut en conclure que les principales constructions étaient commencées à cette date, mais non terminées, car une troisième inscription, en partie détruite, portait : « *Nobilis Thomas Rex et Ol. de Moré conjux opus perficiunt* (2) ». Thomas le Roy était fils de Jacques, mort avant 1545 et auquel survécut plusieurs années la damoiselle de Ferquin ; il vécut dans la seconde moitié du XVIe siècle et fit achever le Plessis sans doute de 1570 à 1589. Jacques Le Roy et Jeanne de Ferquin devaient jouir d'une fortune assez considérable, puisque les dépenses de la construction du Plessis ne

---

(1) *Chroniques de Douillet* f° 4 : en 1836 il a été trouvé dans les murailles un certain nombre de pièces d'or anciennes.

(2) Un fragment de cette inscription, que nous avons *vu*, nous permet de rectifier une erreur de lecture de l'auteur des *Chroniques*. L'inscription porte Thomas Rex et non Jacobus Rex.

9

les empêchent pas d'acheter 1250 liv. la métairie du Pin-Hallay à Mont-Saint-Jean, par acte passé le 16 août 1536 au manoir des Valettes, pays de Bretagne ; puis le 5 avril 1539 celle de la Gauffardière en Douillet, qu'ils paient 1000 liv. tourn. Ils possédaient en outre la métairie de la Bourdonnière à Mont-Saint-Jean, que Jeanne de Ferquin devenue veuve agrandit par l'acquisition de plusieurs pièces de terre, faite en son nom en 1545 par noble Florent Le Maire son procureur, et, croyons-nous, son cousin germain. Florent Le Maire devait être le fils de Roland Le Maire et de Perrine Ferquin, dame de Brantalon ; il possède cette dernière terre dès 1539 (1).

Mais la reconstruction du Plessis-Breton ne fut pas un fait isolé, et l'influence de la Renaissance se fit sentir sur d'autres points encore de la paroisse. C'est en effet à cette époque que doivent se rattacher certaines modifications apportées à la nef de l'église et aussi la construction du manoir actuel de Moré, qui appartenait alors à Pierre de Laval, seigneur de Lezay, de la maison de Montmorency-Laval, fils de Guy de Laval, seigneur de Lezay, et de Claude de la Jaille (2).

A l'église on remplaça les étroites ouvertures du XIIe siècle, percées dans la muraille nord de la nef par des fenêtres plus larges, amorties par des arcs surbaissés, ou arcs en anse de panier ; puis on refit la charpente et la voûte. Cette charpente, comme celle d'un grand nombre d'églises rurales du même temps, se composait de tirants et de poinçons apparents, à arêtes abattues ; des jambettes et des esseliers courbes tenaient lieu de contrefiches, et supportaient des douves en bois formant une voûte en arc brisé.

Quant au manoir de Moré, il peut être cité comme l'exemple le plus parfait de l'architecture civile de la Renaissance dans la paroisse de Douillet, au moins sous le rapport de la solidité de la construction, plus soignée assurément que celle du Plessis. C'est un vaste bâtiment rectangulaire à un étage, avec une aile moins importante en retour d'équerre, construit au sommet du mamelon qui domine le confluent de la Sarthe et de l'Orthe : le bâtiment principal est parallèle au cours de l'Orthe et percé du côté de la vallée de quatre fenêtres à meneaux de pierre d'un excellent style, du côté de la cour d'une porte basse, amortie par un arc très surbaissé, et surmontée d'une fenêtre haute, étroite, partagée par une seule traverse horizontale ; deux fenêtres du même genre éclairent au premier étage l'aile parallèle à la Sarthe, l'une du côté de la rivière, l'autre du côté de la cour ; tous les angles sont en pierres de taille bien appareillées. A l'intérieur, les embra-

---

(1) Chartrier du château de Douillet. — Arch. de la Sarthe, E. 233.

(2) Moulard. *Chroniques de Sougé* p. 313. — A Renée, *Madame de Montmorency*, Paris, 1658, p. 308 etc. — A. Duchesne. *Hist. généalogique* etc.

INSCRIPTIONS TROUVÉES AU PLESSIS-BRETON

sures des fenêtres, profondes de 0ᵐ 60ᶜ environ, avec revêtements en pierres de taille également, sont garnies chacunes de deux bancs de pierre ; les cheminées sont immenses et leurs manteaux supportés par des corbeaux à moulures ou par des colonnettes. La charpente est conçue sur le même plan que celle de l'église, et repose comme elle sur des tirants et des poinçons ; les jambettes et les esseliers courbes, rendus apparents par l'absence de douves, forment par leur ensemble un élégant berceau ogival. Il est évident toutefois que les parties supérieures du manoir n'ont pas été achevées.

Le logis de Corbon, habité comme nous l'avons vu par noble homme Georges de Corbon, dut subir lui aussi des remaniements importants, car les ouvertures actuelles datent de la Renaissance.

D'une manière générale d'ailleurs nous serions porté à croire que la plupart des logis seigneuriaux de la paroisse se transformèrent plus ou moins à cette date. La petite noblesse rurale ne fut jamais plus nombreuse, et, en outre de ceux que nous avons précédemment cités, la plupart des manoirs sont habités par leurs seigneurs : Courtoussaint par monseigneur François de la Vayrie (1) ; la Droulinière par noble homme Martin de Courtallain, époux de damoiselle Marie de Loudon, seigneur de Courbayer et de la Droulinière (2) ; la Bouteveillère par damoiselle Michelle de Saint-Denis (3) ; les Roches par Jean de Lavergne et damoiselle de Crux son épouse ; la Courbe appartient à Pierre II Chapelain de Moré, lieutenant de la prévosté du Mans, et à damoiselle Renée Piau qu'il a épousée vers 1520 (4) ; Launay aux enfants de Guyon Defay et Anne Martin ; la Beauce à monseigneur Ambroise de Bellert ; Lorière à Bertrand du Cormier et à son fils Pierre. Or tous ces seigneurs, dont quelques uns occupaient un rang assez élevé, jouissaient encore d'une incontestable influence et savaient fort bien conserver leurs prérogatives. A partir de 1533 par exemple, nous sommes en mesure d'affirmer que les plaids et assises de Courtoussaint sont tenus avec une parfaite régularité. Chaque année les officiers de la justice seigneuriale, Thomas

(1) Arch. municipales du Mans.

(2) Titres Duplessis-Chatillon. — Sur les familles de Courtalain et de Loudon : l'abbé Ledru, *Notes sur Jean V de Champagne*, Mamers, 1883, p. 20. — Moulard, *Notes sur les familles de Loudon et Morin de Loudon*, Mamers 1880.

(3) Famille descendant sans doute des anciens seigneurs de Saint-Denis-sur-Sarthon, dont les membres se retrouvent au XVIᵉ siècle dans tous les environs d'Alençon.

(4) Arch. municipales du Mans. — Le Joyant. *Généalogie ms.* D'après ce dernier document la Courbe aurait appartenu ensuite à leur fille Gatienne, tandis que d'après les Arch. mun. elle serait devenue la propriété de Marie, épouse de Louis Le Tourneur ; Gatienne étant morte fille il est possible que la Courbe ait appartenu successivement aux deux sœurs.

Chesnay bailli, Jean Le Maire, Guillaume Lelouet ou Abraham Mauboucher lieutenants, Etienne Le Rouge sergent, Guillaume Husset et Etienne Fouscher recors, citent par devant eux les sujets qui doivent rendre aveu ou dénombrement, et en cas de défaut ils n'hésitent pas à prononcer la saisie des terres. Nous voyons ainsi comparaître beaucoup de tenanciers qui nous sont déjà connus : les Belocier, les Busson, les Juille, les Gayne du Genetay (1), les Deret, les Lefaucheux, les Chaignon, les Carré, les Saillant, le seigneur de Semallé, noble homme marquis Morin écuyer, acquéreur d'un pré mouvant de la seigneurie, la dame de la Droulinière, damoiselle Marie de Loudon veuve de Martin de Courtallain, le seigneur de Douillet lui-même Antoine Ferquin, le procureur de fabrique, Florent Le Maire procureur de Jacques Le Roy et de Jeanne Ferquin acquéreurs de la Gauffardière, enfin les maitres des forges de l'Aune (2).

La Renaissance avait eu en effet pour conséquence à Douillet, en provoquant un accroissement de prospérité, non seulement de donner une plus grande impulsion aux constructions et aux affaires de tous genres, mais encore de développer l'industrie ; dans les premières années du XVI⁰ siècle le moulin de l'Aune s'était transformé en une forge importante. Cette forge bâtie, dit-on, par un nommé Nepveu « qui avait fait ruyner l'ancien moulin (3) », fut saisie vers 1530 par les officiers de Courtoussaint pour défaut d'exhibition de contrat en profit de fief, et baillée en commission, par la cour du Mans, à « honnête homme Olivier Daulmouche, dit Gaudemer, et à Philippe Busson. Olivier Daulmouche l'exploita de 1534 environ à 1537, date à laquelle il est déjà mort et remplacé par sa veuve. Celle-ci céda bientôt son droit d'exploitation au sieur Michel Feron qui acheta d'autre part, cette même année 1537, les droits que possédaient aussi sur la forge ou le fourneau « noble homme maistre Eustache Le Verrier et damoyselle Françoise Amy, par suite du décès de Gabriel Amy père de cette dernière ». Michel Feron paya pour cette portion seulement une somme de 1400 liv. tournois ; il mourut sans doute peu après, car en 1540 la forge de l'Aune sera exploitée par sa veuve

---

(1) Ce nom doit être remarqué. La famille Gaisne de Bourmont, rendue célèbre dans notre siècle par les brillants états de service du maréchal de Bourmont, est originaire du Maine et possédait au XVIᵉ siècle une terre du nom du Genetay, dans les environs de Sillé. Les Gayne du Genetay en Douillet se rattacheraient-ils donc à cette famille ? L'abbé Esnault. *Les livres de famille dans le Maine*, Le Mans, 1883, p. 8.

(2) Arch. de la Sarthe E. 233.

(3) Chartrier du château de Douillet. Il pourrait bien y avoir confusion avec Roland Nepveu mari de la veuve Michel Feron, qui n'exploita la forge que plus tard.

Jeanne Columbelle qui épousa en secondes noces « honneste homme Roland Nepveu » et par son fils Michel Feron (1).

De même, et en outre des moulins *blarets* et à *fouleret* sur lesquels nous ne reviendrons pas, le moulin à papier du seigneur de Douillet existe certainement à l'époque où nous sommes arrivés, et il est même, paraît-il, réputé « une des meilleures papeteryes du Maine (2) ».

La période qui s'étend de 1529 à 1540 fut donc sous tous les rapports, et pour toutes les classes de la société paroissiale, une période de prospérité ; bien plus on peut dire que c'est l'époque où la Renaissance produit à Douillet ses plus heureux résultats. Il est à peine utile d'ajouter que l'élément paroissial proprement dit ne reste pas en arrière, et il se développe d'autant mieux que la réforme naissante n'est pas venue encore troubler d'une manière sensible une des populations les plus catholiques du Maine.

Dès l'année 1537 un gentilhomme, messire Christophe de la Vayrie, de la famille des seigneurs de Courtoussaint, a succédé comme curé à Mᵉ Chantepie (3). Peu après, sans doute après la mort de François de la Vayrie, il devient lui même seigneur de Courtoussaint et il réunit ainsi à l'autorité spirituelle du pasteur l'influence sociale du gentilhomme. Il est entouré en outre d'un nombreux clergé dont les membres, recrutés dans les familles du pays, servent en quelque sorte de liens entre la noblesse et le Tiers État. Tels sont : maitres Michel Gayne vicaire en 1537, Philippe Lainé, Jean Fouscher, Jean Juillé, Michel Lefaucheux, Michel Horeau, Jean Girard, Ambroise Chappeaux, Guillaume Levrard, Jean Dagron et René Busson, prêtres. Enfin et par une dernière conséquence de la prospérité générale, les dons à la fabrique ne se ralentissent pas. Le compte de Pierre Lhuissier, procureur en 1535 et en 1536, mentionne ainsi des legs nouveaux de la part de Pierre Deret, de Bertrand du Cormier seigneur de Lorière, de la dame de la Bouteveillère, de Guillaume Charbonnier, de Jeanne Deret etc ; le compte de Pierre Lhuissier fut examiné le 30 novembre 1537 dans une assemblée de fabrique où se trouvent réunis en grand nombre, autour

(1) Ces origines de la forge de l'Aune sont assez obscures : elle semble avoir été d'abord entre les mains de plusieurs personnes, car en 1535 Gabriel Amy et Olivier Daulmouche sont qualifiés en même temps « sieurs des forges de l'Aune ». — Arch. paroissiales, tome I nᵒ 2. — Arch. de la Sarthe E. 233.

(2) Chartier du château de Douillet.

(3) Arch. paroissiales, I, nᵒ 2. Si Mᵉ Christophe de la Vayrie appartenait à la famille de la Vayrie du Bas-Maine, dont une branche posséda les seigneuries de la Cesrerie à Desertines et de la Villayne à Larchampt, il portait : « *d'azur à six macles d'argent posées 2 et 1* » Le Paige, I, p. 350. Sur la famille de Chantepie, voir *Saint-Martin-de-Préaux*. Mamers, 1884, p. 28.

d'Antoine de Ferquin et de M° Christophe de la Vayrie, prêtres, gentilshommes et manants (1).

III.

Malheureusement à partir de 1539 un manque absolu de pluies, des chaleurs excessives et une cruelle famine donnèrent naissance à des maladies contagieuses qui éprouvèrent les campagnes. Puis en 1541 les hostilités furent reprises avec Charles Quint, et il fallut se préparer à la guerre. L'arrière ban de la sénéchaussée du Maine fut convoqué au Mans le 11 octobre 1542, et au nombre des nobles passés en revue par Christophe Perot, sénéchal du Maine, commissaire du Roy, en présence de « messire François de Meslay, chevalier, seigneur de Cerisay, commis pour conduire ledit arrière ban au pays de Picardie », se trouvait le seigneur de Douillet, Antoine Ferquin. Le Maine fut dès lors occupé à plusieurs reprises par des garnisons de gens de guerre, qui commirent sur différents points de grands dégâts ; la misère reparut, et il y eut un temps d'arrêt dans le développement de l'aisance publique.

Cela n'empêcha pas toutefois les habitants de Douillet de faire refondre leur grosse cloche, à l'aide d'une souscription publique et des ressources de la fabrique. Deux paroissiens, Guillaume Hamelin et Pierre Lefaucheux procureur de fabrique, furent envoyés au Mans pour acheter 400 liv. de métal, qu'ils payèrent 80 liv. à un marchand nommé Gallopin ; le vin de marché et les dépenses de leur voyage s'élevèrent à 70 sols ; les frais de transport du Mans à Douillet à 30 sols ; les droits de coutume payés à la prévosté du Mans à 20 deniers. Puis la fabrique passa un marché avec un fondeur appelé Moyst qui s'engagea à fondre la cloche moyennant 7 livres 10 sols. ; de plus 24 sols furent déboursés « pour le vin qui fut beu et autres despenses en faisant ledit marché ». Le procureur de fabrique paya en outre : « 3 sols à ceux qui descendirent la cloche du pinacle ; 5 sols pour achapt du suif destiné à graisser l'intérieur du moule ; 3 sols 4 den. pour la peine de celui qui aida le fondeur à faire le mortier de terre glaise mêlée de bourre et de poil de veau, pour ledit moule ; 25 sols pour le charbon ; 7 sols 6 deniers pour la peine du charpentier qui fit la charpente à pendre la cloche, sans y comprendre le bois qui fut donné par défunt Coisnon ; 5 sols pour le vin qui fut donné à ceux qui aydèrent à souffler le jour que la cloche fut fondue; 20 sols enfin à sept personnes qui la remontèrent au pinacle de l'église (2) ».

(1) Arch. paroissiales I, n° 2.
(2) Ibid. n° 3.

Mais la refonte de la grosse cloche ne fut pas, hélas, la seule dépense extra-ordinaire que les paroissiens de Douillet eurent alors à subir. Peu après en effet, l'année qui suivit la mort de François Ier et l'avènement de Henri II, un triste événement venait tout-à-coup jeter l'émoi parmi eux et leur imposer des frais de justice : le jour de la fête des Innocents 1548, messire Bertrand Hamelin, prêtre, était assassiné à la porte même de l'église, dans le cimetière. Nous ignorons quels furent l'auteur et le motif de ce crime ; serait-ce une vengeance privée ou un acte de fanatisme regrettable provoqué par l'expansion des doctrines de la réforme ? Sur l'ordre des paroissiens une information fut faite par Mathurin Guillon et Georges Busson notaire royal à Douillet, et portée aussitôt par un messager aux gens du conseil de la Chambre d'office de monseigneur du Mans ; puis le procureur de fabrique, Pierre Lefaucheux, se rendit au Mans, exprès et à cheval, afin d'obtenir une commission de ladite chambre pour reconcilier le cimetière. Cette commission fut envoyée au doyen de Fresnay qui vint alors en personne procéder à la reconciliation.

A part cet incident du reste, il faut reconnaître que les guerres avec Charles-Quint et l'agitation intérieure provenant de la réforme, qui marquèrent tout le règne de Henri II, ne semblent pas avoir exercé de contre-coups sensibles sur l'histoire de Douillet. De 1547 à 1559 la paroisse présente un aspect régulier, paisible, moins brillant qu'au milieu du règne de François Ier, mais que ne troublent pas encore les discordes civiles. Me Christophe de la Vayrie, toujours titulaire de la cure, fait approuver à l'évêque vers 1549 l'échange d'une pièce de terre dépendant de la cure, au fief de Courtoussaint, contre un autre champ au fief de Douillet, contigu aux terres du presbytère, et qui lui est cédé par Antoine Ferquin. L'église est visitée suivant la règle par l'archidiacre et le doyen de Fresnay. Sauf une légère difficulté au sujet du legs Guillaume Charbonnier, tranchée d'ailleurs par une transaction, la fabrique continue à percevoir ses rentes. Elles sont grossies par la vente, aux enchères publiques, des noix du cimetière, du lin et des gerbes de la boete ; par le produit du tronc, les *aguillanneufs* (1), les droits d'ouverture de l'église pour les corps « de la damoiselle de Courtimont et de Me Bertrand Hamelin ; ce qui permet d'entretenir l'église et de commander à un tisserand du bourg une pièce de toile, dont le procureur fait faire des aubes par la lingère chargée des ornements (2).

Bien plus, il y a toujours quelques legs nouveaux à signaler. En 1549 Me Ambroise Chappeaux, ancien vicaire de la paroisse, ordonne par son testament

(1) Dons en nature faits par les paroissiens au renouvellement de l'année.
(2) Arch. paroissiales I, n° 3.

qu'il soit dit cent messes pour le repos de son âme, laisse 7 sols tourn. au curé et
à la fabrique pour avoir la prière le jour des trépassés et le jour de Pâques, plus
10 deniers « à chacun des frères de la confrairie qui viendront dire une messe en
l'église de Douillet » ; depuis 1518 il existait effectivement à Fresnay une confrérie
du Saint-Sacrement qui avait pour but d'assurer aux membres défunts les prières
de leurs confrères, et dont la plupart des prêtres des environs faisaient partie :
c'est à eux que s'applique cette pieuse disposition qui paraît ici pour la première
fois, mais se renouvellera souvent. De même en 1550, Robert Pelard, du village
de la Chapelle-des-Chardonnerets, après avoir demandé de nombreuses prières
« pour sa pauvre asme et les asmes de ses amys trespassés » aux prêtres de
Douillet et Sougé, lègue au curé et à la fabrique de Douillet une rente de 20 sols
tourn. hypothéquée sur le pré des Saules, près la Chapelle ; plus 10 livres tourn.
« si le cas advenait que l'église dudit lieu de Douillet soit élargie et faict édifice
nouveau », plus enfin 12 deniers tourn. à l'église « de monsieur Saint-Julien du
Mans ». Ce Robert Pelard faisait un commerce considérable, comme le prouvent
les ventes et les achats de grains, de chevaux, de bestiaux et de moutons mentionnés dans son testament ; il est probable que ce commerce l'avait enrichi, car
les membres de sa famille paraissent occuper dès cette époque le premier rang du
Tiers-État de la paroisse, et quelques jours après sa mort, le 26 avril 1550, sa
veuve s'empresse d'augmenter encore de 5 sols tournois la rente léguée à la
fabrique de Douillet. L'année suivante, c'est un des propriétaires de l'Étricherie
Ambroise Bouvier qui consent à payer de nouveau, après une interruption, les
trois livres de cire dues chaque année par sa terre, depuis 1385, pour entretenir
un cierge devant le crucifix ; ce pieux usage se généralise même dans la plupart
des familles de la paroisse et il est encore suivi aujourd'hui. Puis viennent : en
1551 un legs de 20 deniers de rente fait à la fabrique par Lucas Belocier de
Launay, riche propriétaire rural ; en 1554 la fondation en l'église de Sougé,
par le curé Me Jean Le Royer, de la chapelle N.-D. de Pitié ou prestimonie de la
Chalonnière (1), dont la dotation se compose du bordage de la Chalonnière en
Douillet ; en 1558 divers dons de Me Jean Girard, prêtre, demeurant à la Bussonnière, qui lègue 12 den. au curé, 4 sols à la fabrique et le champ Marteau, 70 liv.
tourn. à l'église pour avoir une croix, 12 den. à Saint-Julien du Mans, 2 sols à
la Maison Dieu de Paris, 2 sols aux Quinze-Vingt, 5 sols au procureur de la confrérie du Saint-Sacrement, un sol à chacun des confrères qui assisteront à son
service etc. (2).

(1) Moulard, *Chroniques de Sougé*, p. 309.
(2) Arch. paroissiales.

Cette longue énumération des générosités faites par les paroissiens de Douillet paraîtra peut-être aride : au fond elle a une portée historique réelle. Elle montre d'une part que le clergé garde son influence et l'idée religieuse sa puissance, malgré la réforme sans cesse grandissante ; d'autre part que le Tiers-État se groupe peu à peu. Enrichis par le commerce, protégés par le clergé dont ils ont soin de conserver l'alliance, les paroissiens de Douillet marchent toujours en avant dans la voie que l'Église leur a ouverte et que la monarchie leur aplanit ; au milieu du XVIe siècle beaucoup d'entre eux s'élèvent rapidement, et quelques-uns, tels que les Pelard et les Belocier, sont déjà parvenus à la bourgeoisie.

Nous ajouterons que la noblesse rurale, pour avoir perdu son omnipotence politique et être forcée de faire chaque jour une place plus grande au Tiers « ce protégé de l'Église et de la royauté », n'a rien perdu de la considération qui lui appartient dans la hiérarchie sociale. Nous arrivons au contraire au moment où la seigneurie de Douillet passe de la famille Ferquin à la famille de Montesson, une des plus illustres du Maine. Antoine de Ferquin en effet, qui avait épousé en premières noces Renée d'Orcisses morte à Douillet en 1543, était resté veuf avec quatre filles : Rose, Jeanne, Guyonne, et Marguerite. Or, au mois de février 1555, il mariait Rose à Guillaume de Montesson, seigneur de Saint-Aubin et du Cormier, veuf de damoiselle Françoise Jagu, tandis que lui même épousait Françoise de Montesson fille des précédents. Ce double contrat fut signé au château de Douillet, le 14 février, par devant Georges Busson, notaire royal à Douillet, en présence de Thomas Le Roy, seigneur du Plessis, fils de Jacques Le Roy et de Jeanne de Ferquin, de Florent Le Maire, fils de Perrine de Ferquin, de Me René Busson vicaire de la paroisse (1). Antoine de Ferquin et Françoise de Montesson eurent un fils François de Ferquin, mais celui-ci étant mort jeune encore, sans héritiers et avant sa mère, la seigneurie de Douillet devenait quelques années plus tard, en vertu des dispositions du contrat de mariage, la propriété de la famille de Montesson, qui la conservera pendant trois siècles.

C'était un événement pour l'histoire de Douillet. La famille de Montesson, qui avait figuré aux croisades et occupait un des premiers rangs dans la noblesse du Maine, devait donner à notre paroisse une illustration nouvelle, par suite des hautes situations que ses seigneurs occuperont désormais (2).

(1) Chartrier du château.

(2) La généalogie de la famille de Montesson a été donnée trop souvent pour qu'il soit nécessaire de la reproduire ici. V. entre autres : Borel d'Hauterive. *Annuaire de la noblesse* 1863, p. 246 : *Notice historique et généalogique sur la maison de Montesson.*

En d'autres termes la paroisse de Douillet pouvait affronter sans crainte la tempête des guerres de religion : la Providence lui avait donné un clergé nombreux, dévoué, profondément enraciné dans le pays ; des seigneurs influents et puissants ; enfin une vaillante population, courageuse au travail, inébranlablement attachée à l'ordre public et à la religion catholique.

ECUSSON

Encastré dans le pignon nord du manoir du **Plessis-Breton.**

CHAPITRE X

LA PAROISSE DE DOUILLET A L'ÉPOQUE DES GUERRES DE RELIGION

I. Les guerres de religion. — Attachement des gentilshommes et des manants de Douillet à la religion catholique. — Ministères de Mᵉˢ de la Vayrie et de Herbelin. — Dons à la fabrique et construction d'une chapelle à l'église, par les seigneurs du Plessis-Breton. — Séparation administrative de la communauté et de la fabrique ; le procureur général des manants. — Progrès du pouvoir central. — **II. La Ligue et Henri IV.** — Les ligueurs à Douillet. — Ministères de Mᵉˢ d'Alencé et Jean Cohon. — Rétablissement de l'ordre. — Création de l'Etat-Civil. — La Société paroissiale à Douillet après les guerres de la Ligue. — **III. Ministère de Mᵉ Guillaume Laurens.** — Progrès du Tiers-Etat. — Triomphe définitif de l'élément catholique : refonte de la grosse cloche et travaux à l'église. — La noblesse et le clergé pendant les premières années du règne de Louis XIII, jusqu'à la prise de la Rochelle en 1628.

USQU'AU milieu du XVIᵉ siècle environ, la réforme n'avait pas troublé d'une manière sensible les campagnes voisines de Douillet. Dès l'année 1535 un acte sacrilège avait bien été commis dans l'église de Montsort, mais il n'avait eu qu'un retentissement passager, excitant l'indignation des populations plutôt que leurs sympathies pour les doctrines nouvelles. Seule, l'influence de Jeanne d'Albret, devenue en 1548 dame de Fresnay et de Beaumont par son mariage avec Antoine de Bourbon, put porter quelque atteinte à la religion catholique dans nos contrées ; à partir de 1550 surtout, la propagande était devenue active à Fresnay, et il s'était formé dans la banlieue de cette ville, entre autres dans la paroisse de Saint-Ouen-de-Mimbré, un noyau nombreux de calvinistes.

Les environs de Douillet subissent dès lors le contre-coup des guerres de religion, et, avant que la fermeté de Richelieu ne soit parvenue à rétablir définitivement l'ordre public dans l'Ouest de la France, la vie paroissiale traverse successivement trois périodes distinctes : la première est marquée par les dissensions religieuses proprement dites, la deuxième par les dissensions politiques et la lutte entre la Ligue et Henri IV, la troisième par les progrès décisifs de l'élément catholique.

I.

Le mariage de Jeanne d'Albret avec Antoine de Bourbon ayant assuré aux protestants de nombreuses sympathies dans notre contrée, les paroisses voisines de Fresnay ne pouvaient échapper longtemps aux agitations que suscitaient de toutes parts les luttes religieuses. Ainsi, dès la première guerre de religion, lorsque les protestants, qui avaient occupé Le Mans pendant trois mois, furent contraints d'abandonner cette ville, le 10 juillet 1562, ils s'empressèrent de battre en retraite dans la direction de Beaumont, Fresnay et Alençon, domaines de la reine de Navarre. Après avoir commis de graves excès à Beaumont, les débris de leur armée arrivèrent à Fresnay sous les ordres de la Motte - Thibergeau ; la ville ouvrit ses portes sans résistance , « pourquoy il ne fut faict aucun deplaisir aux « habitants, hormis que les ymages et les cloches de leur temple furent rompus », c'est-à-dire que l'église fut entièrement saccagée. Peu de temps après, celle de Sougé-le-Ganelon semble avoir eu le même sort, et le désordre devint si général qu'Henri de Bourbon dut envoyer à Fresnay un capitaine nommé de la Borderie, avec cent arquebusiers à cheval. Ceux-ci malheureusement se contentèrent « d'emplir leurs bouches » aux dépens des paroisses, de telle sorte que le pays demeura troublé plusieurs années de suite. Enfin, en 1568, une armée protestante traversa Fresnay une seconde fois, venant d'Alençon sous les ordres de Montgommery pour rejoindre dans le Maine le marquis de Lavardin et se rendre ensuite à l'armée des Princes (1).

Il est incontestable que la paroisse de Douillet subit dans une certaine mesure les conséquences de ces événements. Toutefois la rive droite de la Sarthe eut beaucoup moins à souffrir que la rive gauche, et elle ne fut pas sillonnée, comme celle-ci, par les armées protestantes. De même que pendant la guerre de cent ans, Douillet dut à sa situation un peu écartée d'être laissé de côté par les gens de guerre, qu'éloignaient le mauvais état des chemins et surtout la nature du sol si accidenté et si boisé. Les habitants eurent bien à supporter des charges extraordinaires, telles qu'une taxe de 43 liv. mise sur leur paroisse, vers la fin de 1568, par « Mgr Gilles du Verger, président à Tours, commissaire du Roi », ce qui

(1) Moulard. *Chroniques de Sougé*, p. 193, 194, d'après les archives paroissiales de Sougé et Assé.

obligea la fabrique à vendre, en 1569, une pièce de terre au seigneur de Corbon (1), mais aucun fait historique ne vient consacrer d'une manière précise la présence des huguenots sur le territoire de Douillet, au moins à cette époque.

Ceux-ci ne semblent avoir eu, à la vérité, parmi les seigneurs de la paroisse, ni amis dévoués à visiter ni ennemis sérieux à combattre.

Dès l'année 1565, Antoine de Ferquin et son gendre, Guillaume de Montesson, sont morts, laissant la seigneurie entre les mains de deux femmes et de deux enfants en bas âge ; Françoise de Montesson, veuve d'Antoine de Ferquin et mère de François de Ferquin ; Rose de Ferquin, veuve Guillaume de Montesson, bail et garde noble de Jacques de Montesson son fils. Françoise de Montesson s'étant remariée à Charles d'Ornaulx, seigneur de Courdemanche, Jacques de Saint-Rémy, seigneur de Fyé, est nommé par justice curateur de François de Ferquin ; mais celui-ci mourra bientôt à son tour, et la seigneurie de Douillet reviendra en définitive, comme nous l'avons dit, à Jacques de Montesson (2). Or, jusqu'à sa majorité, ce dernier ne peut attirer l'attention des belligérants ni prendre parti dans la lutte religieuse.

De même pour le seigneur du Plessis-Breton, Thomas Le Roy, fils de Jacques Le Roy et de Jeanne de Ferquin, trop jeune encore pour jouer un rôle important dans les événements, et qui reste près de sa mère devenue veuve. Sa sœur, Françoise Le Roy, épouse vers ce moment le seigneur de la Droulinière, Georges de Courbayer, fils de Martin de Courtalain et de Marie de Loudon ; de ce mariage naissent deux filles, Hélène et Suzanne de Courbayer, qui sont élevées, elles aussi, dans la religion catholique. Bien mieux, le seigneur de Courtoussaint, Mgr René de la Vayrie, est proche parent du curé, qui habite lui-même le manoir de Courtoussaint ; de ce côté encore, le fonctionnement régulier des assises du fief, tenues sans interruption de 1563 à 1579, n'implique aucun événement particulier, si ce n'est peut-être un accroissement progressif du nombre des contrats enregistrés (3). Les seigneurs de Moré et de la Courbe, n'habitant pas leurs manoirs de Douillet, n'exercent qu'une lointaine influence. — Ceux de Corbon et des Roches, messires Jean de Corbon, seigneur de la Coudrière, fils de Georges de Corbon, et René de Lavergne, qui a succédé à Jean de Lavergne, ne peuvent être suspectés d'hérésie, car ils jouissent toujours de leur chapelle, dans l'église de Douillet, et en outre Jean de Corbon achète en 1563, du procureur de fabrique Marin Garnier, le pré

(1) Arch. paroissiales.
(2) Chartrier du château.
(3) Arch. de la Sarthe, E, 233.

Blanche situé au fief de Moré, moyennant une somme de 25 liv. 10 sols, et à charge « de faire faire la prière en l'église de Douillet, le jour de Pâques, à l'intention de « ceux qui ont laissé ladite terre à la fabrique ». — Enfin Lorière appartient à Jacques du Cormier, fils de Pierre du Cormier ; Launay à damoiselle Marie Defay, femme de Jean Lemaire, sieur des Guinguenières, et héritière de Mᵉ Pierre Defay, prêtre (1).

De toute la noblesse de Douillet, une seule famille aurait pu être soupçonnée de favoriser le calvinisme : celle des seigneurs de la Bouteveillère, héritiers de damoiselle Michelle de Saint-Denis. La terre de la Bouteveillère sera possédée plus tard effectivement par un gentilhomme protestant, Jacques de Cocherel. Or, en 1566, René Le Royer, seigneur de la Bouteveillère, est appelé à figurer comme témoin dans un échange très avantageux à la cure, à côté du curé et du vicaire, avec lesquels il semble en fort bons termes.

Quant aux manants, de nouveaux dons faits à l'église par Philippe Coisnon et Marie Hamelin, en 1572, par Jean Carré du Rocher en 1574 etc, nous prouvent que la propagande protestante ne parvient pas à les séduire. Comme jadis, ils demandent dans leur testament la prière des fidèles, de nombreuses messes et des *voyages* à divers sanctuaires, entre autres à saint Mathurin de Larchamp (2).

On peut donc affirmer que l'influence calviniste est nulle jusqu'ici à Douillet, en comparaison de l'influence catholique, et que les premières guerres de religion ne portent pas atteinte à la situation dominante du curé.

Mᵉ Christophe de la Vayrie administre la paroisse jusqu'en 1581. Bien que déjà âgé et habitant au manoir de Courtoussaint, il a soin d'améliorer le temporel de la cure par l'échange du champ du Cormier, conclu en 1566 avec la dame du Plessis Jeanne de Ferquin, « pour la commodité et augmentation du bien et utilité de la maison presbytérale de Douillet ». Puis après la saint Barthélemy, qui a pour conséquences d'affaiblir le parti protestant et d'amener la conversion instantanée des huguenots de Fresnay, il n'hésite pas, de concert avec Jean Provost « procureur général des manants et habitans de Douillet » à s'engager dans un long procès pour forcer le fermier de Launay à payer le pain bénit et les dix deniers d'offrande, légués à la chapelle Saint-Michel-de-la-Courbe par la dame de Launay, Anne Martin. Ce procès, commencé dès 1574, se termine le 14 avril 1575 par un jugement du lieutenant particulier de la sénéchaussée du Maine qui donne gain de cause au curé. Vers le même temps, et sans aucun doute à l'instigation de

(1) Arch. paroissiales.
(2) *Ibidem.*

Mᵉ Christophe de la Vayrie, Jean Provot fait assigner devant le sénéchal du Maine Guillaume Sorier, « seigneur et détenteur du lieu des Prestrises », qui négligeait aussi de payer les rentes dues à la cure et à la fabrique ; suspendu quelques années par une transaction en date du 16 mars 1574, ce procès reprendra vie plus tard et se prolongera indéfiniment. Jusqu'à la fin de son ministère, Mᵉ de la Vayrie fut aidé du reste par un clergé dévoué, dont nous avons eu occasion de citer plusieurs membres : ajoutons seulement aux précédents les noms de maitres Jean Périer, vicaire, Michel Horeau, Olivier Nothier, Jacques Deschamps, Guy Gayne, Jean Deret.

En 1581 cependant, Mᵉ de la Vayrie, âgé de plus de soixante ans, crut devoir résigner son bénéfice ; le 9 août il nomma deux procureurs pour remettre la cure entre les mains de l'ordinaire, « à cause toutefois de permutation faite avec noble « Léonard de Saint-Denis, curé recteur de l'église paroissiale de Saint-Pierre-de- « Larré, chapelain de la chapelle Sainte-Anne située et desservie au manoir de « Poillé, paroisse de Saint-Léger, au diocèse de Séez ». — Mais cette permutation souleva des difficultés, M. Crestot, grand vicaire de l'évêque du Mans, soutenant « que les actes de ce genre étaient faits en fraude, afin de ne pas laisser vacquants « les bénéfices de ceux qui tombaient malades ». Aussi, bien que messire Léonard de Saint-Denis se soit empressé, en vertu de provisions de l'archevêque de Tours, de faire prendre possession de la cure de Douillet par un clerc de Louvigny-en- Sonnois nommé Jean Abot, le 14 septembre de la même année, cette première résignation n'eut pas d'effet. Mᵉ Christophe de la Vayrie résigna de nouveau sa cure en faveur de Mᵉ Ambroise de Herbelin, qui obtint sans peine cette fois l'ap- probation de Mᵉ François Jourdan, docteur en droit, chanoine prébendé de l'Eglise du Mans, grand vicaire du cardinal de Rambouillet (1).

Le nouveau curé de Douillet, comme son prédécesseur, était issu d'une famille noble du Maine, établie à Saint-Calais-du-Désert et portant : « *d'azur au chevron d'or, accompagné de trois étoiles d'argent, deux et un* ». Fils de noble François de Herbelin, il avait été tonsuré au Mans le 28 mai 1575 et ordonné prêtre le 1ᵉʳ juin 1577 par Mᵍʳ Louis du Molinet, évêque de Seez, dans la chapelle du palais épis- copal de Séez. Il prit possession de la cure de Douillet le 6 décembre 1581, à deux heures de l'après-midi, en présence de Mᵉ Jacques Deschamps, prêtre, Robert Saillant, Michel Garnier et autres témoins (2). Son ministère devait être marqué par plusieurs faits importants pour l'histoire de Douillet.

Citons d'abord le mariage de Jacques de Montesson, qui épouse à l'âge de

(1) Arch. de la Sarthe G, 348. — *Insinuations* XVII, fᵒ 74, 84, 86 et 92.

(2) *Insinuations*, XVII, fᵒ 92.

vingt-cinq ans, en 1583, Jeanne de Rougé, fille de Mathurin de Rougé, chevalier de l'ordre du roi, gentilhomme ordinaire de sa chambre, lieutenant de l'ancienne bande des cent gentilshommes de sa maison sous la charge du seigneur de Chauvigny ; le contrat est signé le 21 novembre au lieu de Lorière, paroisse de Dissé sous le Lude, en présence de plusieurs seigneurs de Dissé, de Mont-Saint-Jean et de Douillet (1). Peu après Jacques de Montesson est qualifié lui-même un des cent gentilshommes de la maison du roi, sous la charge du seigneur de Chauvigny comme son beau-père, et il est exempté en cette qualité de la **taxe d'arrière** ban pour les fiefs de Douillet et de Saint-Aubin (2). Citons ensuite, en 1585, un premier essai d'état-civil qui nous est révélé par une feuille isolée, conservée dans le registre de 1594, avec les signatures de maitres de Herbelin et Horeau. Cette tentative est à signaler lorsqu'on pense qu'elle précédait d'une année la création de l'état-civil de Lyon. Fut-elle poursuivie régulièrement par Me de Herbelin ? Sans pouvoir l'affirmer, nous sommes porté à le croire, et à supposer alors que les premiers registres, antérieurs à 1594, ont été détruits par les aventuriers qui occupèrent l'église en 1589 et 1591.

Dans tous les cas, les efforts de Me de Herbelin durent être paralysés plus d'une fois par le passage ou le voisinage des gens de guerre. Dès 1583 par exemple, une troupe de soudards commandés par un capitaine nommé La Rivière, commettaient toute sorte de dégâts dans l'église d'Assé, et l'heure approchait où la paroisse de Douillet elle-même allait être occupée. En attendant, les impôts devenaient de plus en plus lourds, et les habitants, mus par un esprit de solidarité inconnu de nos jours, prenaient le parti de s'entraider mutuellement à les supporter. Ainsi en 1583, Guillaume Agin, des Boulays, en outre de plusieurs dons pieux tels qu'un pain bénit à la messe de minuit et dix sous donnés au curé, sur le champ des Ouches, pour avoir la prière, lègue au procureur de fabrique, Pierre Cormaille vingt écus « pour estre icelle somme baillée aux collecteurs qui seront nommés à « ladite paroisse, pour eux ayder à payer la taille et crue qui seront mises par le « roy sur les habitants de Douillet, laquelle somme de 20 escus lesdits collecteurs « seront tenus prendre à toujours mais entre les mains du procureur de fabrique au « jour de Toussaint (3) » ; disposition curieuse qui montre quelles relations intimes existent encore entre la communauté et la fabrique, mais surtout jusqu'où peut aller le dévouement des paroissiens de Douillet envers la *communauté*.

Au reste leur générosité ne semble pas se ralentir, même dans les jours les

---

(1) Chartrier du château.
(2) Chartrier du château.
(3) Arch. paroissiales.

plus troublés. En 1583 Robert Chantclou donne à perpétuité un pain bénit de 2 sols 6 deniers au jour de Toussaint, sur le jardin de la Loge. En 1586 Jeanne Deschamps, veuve Jean Martineau, de la Guiloire, lègue dix deniers à chacune des églises de Douillet, Sougé, Saint-Georges, Montreuil et Fresnay, plus un pain bénit à l'église de Douillet le jour de Sainte-Catherine, hypothéqué sur le pré Ribot. L'année suivante, Me Michel Horeau, prêtre, meurt le 5 juin laissant de même une rente de 20 sous tournois au curé et à la fabrique, trois écus un tiers pour avoir des ornements, douze deniers à chacun de ses frères et sœurs de la *flarye* de Notre-Dame, trois boisseaux de blé aux pauvres, sans parler d'une foule d'autres dons moins importants, comme « deux lès de drap noir à sa niepce Rose Horeau pour lui faire un chaperon etc. » Quatre mois plus tard, le 24 octobre 1587, Georges Lagogué lègue une rente de 40 sols au curé et à la fabrique, sur le clos d'Orgères, pour avoir la prière tous les dimanches. En 1589 enfin ce sont de simples femmes du peuple, Catherine Déret et Rose Cormaille qui lèguent chacune un champ à la fabrique, exemple suivi encore par un autre paroissien nommé Ambroise Chappeaux (1).

Bien plus, cette même année 1589 est marquée par la construction d'une nouvelle chapelle à l'église. Thomas Le Roy, seigneur du Plessis-Breton, et Olive de Moré son épouse (2) ayant terminé le manoir commencé par Jacques Le Roy, et ne pouvant plus compter sur la chapelle des seigneurs de Douillet devenue la propriété de la famille de Montesson, voulurent avoir eux aussi une chapelle spéciale dans l'église de la paroisse, « afin d'y placer leur banc, d'y faire célébrer le « service divin et d'y être ensépulturés ». C'était en effet le complément de leur œuvre, la consécration définitive de la reconstitution de leur seigneurie. Le 10 avril, jour de la dédicace, une assemblée de fabrique, à laquelle assistent Jacques de Montesson, patron fondateur de l'église, Ambroise de Herbelin, curé, Gabriel Lavollé vicaire, Jean Agin, procureur fabrical, Michel Durant *procureur du général des manans*, leur concéda un emplacement de quinze pieds carrés à prendre dans le cimetière au-dessous de la chapelle de Corbon, à charge de payer chaque année à la fabrique une rente de dix sols tournois au jour des Rois (3).

Pour la première fois dans cette assemblée solennelle de la fabrique, on voit

(1) Arch. paroissiales.

(2) Olive de Moré descendait des seigneurs de Bresteau à Tennie, Elle devait être fille de René de Moré, marié en 1550 à Françoise de Bois-Simon. — Cf. S. d'Elbenne : *Les Sires de Braitel*, dans la *Revue du Maine* I, p. 248.

(3) Arch. paroissiales.

10

figurer à côté du procureur fabrical, avec lequel on ne peut plus dès lors le confondre, un *procureur général des manans*. Or, nous pensons qu'il faut considérer cet agent, qui existe à Douillet depuis 1586 au moins (1), comme le représentant spécial de la communauté, appelé au siècle suivant *procureur syndic*. De là cette conclusion, qu'à l'époque où nous sommes arrivés, et sans doute par suite du développement des affaires, il s'est produit une tendance à séparer la communauté de la fabrique, les affaires des manants de celles des paroissiens en général. C'est une conséquence de l'importance chaque jour plus grande que prend la vie administrative de la communauté, et surtout de l'accroissement continu du pouvoir central, auquel il faut désormais un intermédiaire dans ses relations avec les moindres communautés d'habitants.

Depuis le commencement du siècle en effet le gouvernement n'a cessé d'étendre ses attributions et de multiplier ses rapports avec la communauté. Non seulement il continue à manifester directement son autorité par la levée des impôts, mais encore il est arrivé à exercer presque exclusivement le droit de justice. A part quelques cas peu importants de basse justice, laissés aux procureurs fiscaux des seigneuries, la plupart des causes viennent désormais au bailliage royal de Fresnay, dans le ressort duquel est comprise la paroisse de Douillet, et par appel au présidial du Mans, puis un peu plus tard au présidial de La Flèche ; tels sont spécialement les procès relatifs aux biens de la fabrique et les causes criminelles. De même, le mouvement des affaires devenant sans cesse plus actif, la Royauté crée de toutes parts de nouveaux officiers publics ; les anciens notaires de la cour du Bourgnouvel et les membres du clergé, qui recevaient les actes à l'époque précédente, sont ainsi remplacés dans chaque paroisse par un notaire royal. Tels sont à Douillet Georges Busson dès 1547 et Pierre Lebouc en 1587, à côté desquels on trouve encore René Lefaucheux notaire de la Cour de Sillé, en 1566, et Julien Briffaut notaire de la cour du chapitre. Cette multiplicité des notaires royaux dans les communautés d'habitants, et la prééminence qu'il ne tardent pas à y prendre, contribuent insensiblement à augmenter l'influence du pouvoir royal.

II.

Malheureusement ces progrès de l'autorité centrale, avantageux sous bien des

---

(1) Gervais Agin est cité à cette date comme procureur général, à côté du procureur de fabrique, dans un fragment d'inventaire des titres de la fabrique. Dès 1574 Jean Provôt était bien qualifié lui aussi procureur général, mais il n'était pas distingué aussi nettement du procureur de fabrique.

rapports, sont accompagnés dans notre contrée des ravages de la guerre civile, et l'année 1589 en particulier est signalée à Douillet par le passage des gens de guerre. Au moment de l'assassinat de Henri III, la ligue, qui avait été à l'origine une association de défense du parti catholique, avait pris dans la province un grand développement. Aussi Henri IV, vainqueur à Arques, mais incapable encore de rentrer dans Paris, résolut-il, vers la fin de l'année, de soumettre le Maine. Dès le mois d'octobre son principal lieutenant, Hertré, avait surpris Fresnay : le 2 décembre il s'emparait à son tour de la ville du Mans, et peu après les châteaux de Beaumont et de Sillé ouvraient leurs portes à ses partisans. Pendant toute cette campagne ligueurs et royaux sillonnèrent les environs de Fresnay et la paroisse de Douillet ne pouvait être épargnée. Elle fut occupée successivement par les compagnies de la Beraudière, la Chevalerie, Conettière, le Tremblay et autres capitaines. Les reitres établirent leurs corps de garde dans l'église, mangèrent les fruits du cimetière, brûlèrent tous les cierges qu'ils purent trouver et emportèrent même les ornements, tels que les chasubles, les nappes et le linge de la sacristie (1). Ce fut une dévastation complète qui ne porta pas bonheur il est vrai à ses auteurs, car les plus célèbres d'entre ces ligueurs, Jean Moreau, dit le capitaine de la Beraudière, et Michel de la Chevalerie, seigneur de la Touchardière et de l'Eperonnière, furent tués l'année suivante, dans des conditions particulièrement affreuses, au combat de Mayenne où Lansac fut vaincu par les troupes de Hertré (2).

Mais les ligueurs après cette défaite ne se tinrent pas pour battus. Ils continuèrent dans notre région une guerre de partisans, et la paroisse de Douillet ne tarda pas à recevoir de nouveau leur visite. En 1591 par exemple, la compagnie de Georges d'Orange, seigneur de la Courbe et la Feuillée, y renouvela les scènes de 1589 ; elle transforma l'église en corps de garde, brûla les cierges et déroba les ornements. De même en 1592, le 21 mai, la compagnie du capitaine La Pommeraye y brisa une fenêtre et y commit toute sorte de dégâts ; puis un peu plus tard un autre détachement, « la fougère du régiment des Fourneaux », vint se loger à la Bussonnière. Cette dernière troupe fut sans doute encore plus exigeante ; la fabrique dut lui fournir du vin et le seigneur de Douillet envoya à sa rencontre plusieurs serviteurs avec des provisions, pour l'empêcher de venir faire des réquisitions dans le bourg (3). Enfin en 1593, le 13 janvier, ces différentes compagnies,

(1) Arch. paroissiales I, n° 4.

(2) *Le Siège de Mayenne en 1590*. Mayenne, 1879, p. 11 et 17. — Le Paige, *Dictionnaire* II, p. 302. — De Beauchêne : *Essai sur le château de Lassay*, Le Mans, 1876, p. 45.

(3) Arch. paroissiales I, n° 4.

renforcées, dit-on, par un détachement d'Espagnols et profitant d'une matinée de brouillard, tentèrent de prendre Fresnay par escalade (1). Elles échouèrent, et à la suite de cet échec quittèrent peu à peu notre région. Au reste l'abjuration d'Henri IV survenue le 25 juillet suivant, son sacre dans la cathédrale de Chartres le 27 février 1594 et sa rentrée triomphale à Paris portèrent bientôt les derniers coups à la ligue : Boisdauphin renonça à la lutte, et le calme se rétablit dans la partie du Maine qui nous occupe.

Ce serait une erreur toutefois de croire que les événements précédents avaient entièrement suspendu la vie paroissiale à Douillet. Dans les intervalles de ces invasions de gens de guerre, communes à la plupart des paroisses du Maine, nous voyons M° Gabriel Lavollé conclure des transactions de diverse nature, en qualité de procureur de fabrique, et poursuivre plusieurs procès devant le bailli de Fresnay, entre autres celui des Prêtrises dont les détenteurs sont de nouveau condamnés en appel, en 1591, par le présidial du Mans ; puis un marchand, Pierre Lavollé, acheter en 1592 de Jacques de Montesson, moyennant 400 liv. une partie du lieu de Frobert (2), et plusieurs paroissiens léguer à la fabrique divers pains bénits sur le clos Augé et le jardin de la Loge. Vers le même temps, la fabrique fait acheter au Mans, par Gabriel Lavollé, une custode d'argent et une lampe de cuivre. Elle fait ensuite modifier la clôture du cimetière, supprimer une tourelle et un pavillon situés aux extrémités de cette clôture : les matériaux sont vendus à Jacques de Montesson, sans doute pour être utilisés au château. Enfin elle abandonne gratuitement la jouissance de deux champs, les Sablonnets et le gros Coustil, à Jean Chappeaux, « à charge d'entretenir le grand corps de l'église en bonne et « suffisante réparation (3) ».

Néanmoins, M° de Herbelin ne devait pas être témoin de la pacification tant désirée par les populations rurales. Soit qu'il ait résigné sa cure ou cessé de résider, il est suppléé depuis 1590 dans la plupart des actes par M° Gabriel Lavollé, puis en 1594 il est remplacé, comme curé, par M° Jacques d'Alencé, fils de Martin d'Alencé, de la paroisse de Château-du-Loir. Ce nouveau curé n'était pas encore prêtre ; tonsuré par l'évêque du Mans le 16 mars 1590, l'obligation de terminer ses études ne lui permit pas de résider à Douillet, où il laissa peu de souvenirs (4). Lui aussi fut suppléé par Gabriel Lavollé, et son rapide passage ne

(1) *Reg. de l'Etat-civil* de Fresnay.
(2) Arch. paroissiales.
(3) *Ibid.* I, n° 4.
(4) *Insinuations* XX, p. 110, 111. — XXI, p, 56, 76, 126. — Les *Chroniques de Douillet,* par suite sans doute d'une erreur de lecture, appellent ce curé M° *Arcelin* au lieu d'*Alencé,* et prolongent

fut signalé que par deux faits ; une gelée exceptionnelle qui détruisit la récolte dans la nuit du 24 au 25 mai 1594 ; un procès devant l'official qui condamna Jacques d'Alencé, le 10 avril 1595, à payer sept années d'arrérages du droit de luminaire dû par la cure de Douillet au chapitre du Mans (1). Cette condamnation dégoûta sans doute Jacques d'Alencé de son bénéfice, car un an après en avoir pris possession, le 14 juillet 1595, il permuta la cure de Douillet avec Jean Cohon, curé de Sougé-sur-Loir. Ordonné prêtre en 1596 et reçu licencié en droit canon, il fut pourvu d'un canonicat à Tours, termina ses études à Paris au collège de Boncourt, et devint plus tard chanoine prébendé et scolastique de l'Eglise du Mans.

Me Jean Cohon prit possession de la cure de Douillet le 4 août 1595 avec les cérémonies habituelles, en présence de Jacques de Montesson, Thomas Le Roy, Gabriel Lavollé, Jacques Deschamps et Gervais Galpin, prêtres ; Jacques Feron et Raphael Marye, avocats au Présidial du Mans, et de plusieurs habitants de la paroisse (2). Il appartenait à une famille qui deviendra bientôt célèbre et sur laquelle nous aurons à revenir longuement ; bornons-nous ici à remarquer par quel concours de circonstances il est amené à Douillet, c'est-à-dire par suite de ses relations personnelles avec Jacques d'Alencé.

La prise de possession de Me Jean Cohon coïncidait avec une ère d'apaisement, et une pacification qui devint peu après générale, à la grande joie des populations. Cette joie se manifesta surtout le dimanche 5 juillet 1598, lors de la grande procession faite à Fresnay pour remercier Dieu de la paix avec l'Espagne ; la paroisse de Douillet y prit part, ainsi que toutes les paroisses voisines de la ville et du doyenné ; il y eut à la procession une prédication par M. Mimbré, principal du collège de Sillé, et aux vêpres un *Te Deum* en musique, suivi d'un feu de joie devant les Halles (3). Aussitôt les affaires de tout genre reprirent une impulsion nouvelle ; les devoirs féodaux furent remplis plus exactement ; l'évêque du Mans Claude d'Angennes, entreprenant la visite de son vaste diocèse, vint à Fresnay célébrer une messe pontificale ; enfin la comptabilité des fabriques fut examinée

son ministère jusqu'en 1599, ce qui est certainement inexact. En outre, elles placent avant lui et après Me de Herbelin, en 1590, un curé du nom de Jean Cochet, *chanoine du Mans.* Or, il nous a été impossible de retrouver la moindre trace de Jean Cochet, ni dans les archives paroissiales, ni dans les *Insinuations,* et nous avons tout lieu de croire qu'il y a eu ici encore une confusion avec Jean Cohon, *chanoine du Mans* et curé de Douillet en 1595, lequel au contraire est omis dans les *Chroniques.*

(1) Arch. municipales du Mans. *Mém. du Luminaire.*

(2) *Insinuations* XX, p. 110.

(3) *Reg. de l'Etat-Civil* de Fresnay.

et mise en ordre. — A Douillet par exemple, Jacques de Montesson renouvelle dès 1597 l'aveu qu'il doit à Charles de Cossé, comte de Brissac, à cause de « Madame Judith d'Assigné son épouse », à laquelle appartient la baronnie de Sillé (1). Puis le 2 novembre 1599 une assemblée de fabrique importante arrête les comptes de Gabriel Lavollé, procureur de fabrique de 1589 à 1593. Jean Cohon assiste à cette assemblée, et il y est qualifié chanoine du Mans (2) ; le curé de Douillet était en effet un prêtre de mérite, pourvu d'une prébende dès 1595 (3), et connu « pour sa science, sa prudence et son expérience ». Rien ne prouve il est vrai qu'il ait résidé à Douillet d'une manière continue, car il est représenté maintes fois par ses vicaires, Gervais Galpin et André Bigot ; Gervais Galpin tient avec régularité les registres de baptême de 1594 à 1598, André Bigot les signe presque exclusivement de 1600 à 1606 (4).

Mais hélas, malgré ces premiers indices favorables et les efforts du gouvernement de Henri IV, le commencement du XVIIᵉ siècle ne devait pas être heureux pour la paroisse de Douillet. Il fut effectivement marqué par une série de crimes et d'épidémies ; les uns et les autres n'étaient en réalité que les conséquences inévitables des guerres et des misères des années précédentes. Dans la nuit du 19 au 20 octobre 1600, Pierre Guiller, dit la Vallée, est assassiné près de la Guiloire ; le 15 octobre 1605 un autre habitant, Marin Descarié, dit le Cadet, reçoit un coup de poignard dont il meurt six jours après ; enfin le 8 janvier 1608 on enterre un maître d'escrime du nom de Gilles Gombaut, tué par des forgerons au bas du tertre de Haut-Moré (5). Ces crimes indiquent suffisamment quelles secousses profondes les mœurs de la population ont éprouvées pendant la guerre civile. — L'épidémie fut encore autrement funeste. Précédée dès le mois de janvier 1602 d'une espèce de coqueluche, « de laquelle presque grands et petits de tout sexe furent fort vexés », cette contagion prit rapidement

(1) Arch. paroissiales.

(2) *Ibid.* I, nº 4, Jean Cohon avait été pourvu de son canonicat par permutation avec un chanoine nommé de Berthe, malgré une certaine opposition de l'évêque du Mans, et en vertu d'une autorisation spéciale de l'archevêque de Tours accordée en octobre 1595. Dom Piolin, *Hist. de l'Eglise du Mans* V, p. 606.

(3) *Insinuations* XXI, fº 281.

(4) Le registre des baptêmes est intitulé : « *Papier baptismal où sont enregistrés tous les enfants* « *baptisés en l'église de Douillet depuis l'année 1594, suivant une lettre à nous envoyée par Mgr* « *du Mans, par laquelle il est commandé de n'admettre qu'un parrain et une marraine au baptême* « *de chaque enfant, laquelle est en dabte du seiziesme jour d'août 1594 et demeure collée sur l'un* « *des (gardes) de notre missel. — Ce que certifie estre vrai et témoigne de mon seing, ce 20ᵉ jour* « *de septembre 1598. — Signé Galpin* ».

(5) *Reg. de l'Etat-Civil*

une telle intensité que les habitants de la contrée déléguèrent un des leurs, Michel Lecuyer, « pour faire le voyage à monsieur saint Sébastien ». Le mal n'en persista pas moins, et le 4 septembre un paroissien de Douillet, nommé Georges Chantelou, était enterré aux environs du lieu de la Touche parce que sa femme n'avait pu trouver personne pour amener le corps au cimetière (1). Des faits analogues se produisaient d'ailleurs dans les paroisses voisines où les ravages de la peste étaient également terribles : de tous côtés on enterrait les morts dans les champs ou dans les jardins, et un homme de Saint-Aubin-de-Locquenay reçut dix écus pour creuser les fosses d'une famille entière, du père et des quatre enfants ! Au mois de décembre la situation fut encore aggravée par une crue subite des eaux, survenue dans la nuit du 15 au 16, avec une telle force et une telle promptitude que plusieurs personnes furent noyées dans leurs maisons à Fresnay « pour n'avoir eu le loisir de se sauver (2) ».

Quoique cruellement éprouvés par ces fléaux, les paroissiens de Douillet ne se laissèrent point abattre et continuèrent, dans la mesure du possible, à suivre les exemples des générations précédentes. En 1601 Jean Deret et Jeanne Belocier, sa femme ; en 1603 Michel Durant et Françoise Cormaille ; en 1605 Jean Leguier et Jeanne Horeau, lèguent à la fabrique ou à l'église plusieurs champs et diverses rentes, « pour avoir la prière, pour aider à avoir une chapelle des Trépassés », etc. Leur générosité s'étend même aux paroisses voisines, aux maisons Dieu de Paris et du Mans, aux Filles-Dieu d'Alençon, à Saint-Julien du Mans etc. En d'autres termes, la classe supérieure du Tiers-Etat est déjà assez aisée pour supporter sans trop de gêne plusieurs années malheureuses (3).

Quant à la noblesse, plus libre de ses actions depuis la pacification, elle reporte sur ses intérêts privés l'activité et l'humeur batailleuse qu'absorbait jadis la guerre civile ; du reste elle souffre moins de la contagion que le peuple, par cette raison qu'elle se trouve dans des conditions hygiéniques meilleures.

Ainsi tout d'abord la famille du seigneur de Douillet se reconstitue peu à peu, depuis le mariage de Jacques de Montesson avec Jeanne de Rougé, par les naissances de treize enfants. Leur père doit dès lors préparer leur avenir et défendre énergiquement leurs droits. De là premièrement une série de travaux entrepris au château de Douillet immédiatement après les guerres de la Ligue. C'est à cette époque en effet que nous croyons devoir attribuer la partie actuelle du château, contigue à l'église ; trop simple pour fournir des éléments précis de date, son

(1) *Reg. de l'Etat-Civil* de Fresnay.
(2) *Ibid.*
(3) Arch. paroissiales.

architecture parait celle du commencement du XVIIᵉ siècle ; or, d'une part cette aile voisine de l'église est antérieure à celle de la vallée, par conséquent à 1620, et d'autre part dès 1593 les modifications apportées à la clôture du cimetière et l'achat des matériaux fait par Jacques de Montesson semblent indiquer que ce seigneur avait déjà l'intention de bâtir. De là en second lieu de nouvelles déclarations des biens que la fabrique tient censivement ou en nuesse de la seigneurie de Douillet, exigées en 1602 de Pierre Delinthe procureur fabrical ; puis plusieurs procès : l'un devant le parlement avec les paroissiens, qui se termine le 25 avril 1604 par une transaction entre Mᵉ de Montesson et Guillaume Seigneur, procureur de fabrique, l'autre beaucoup plus mémorable entre le seigneur de Douillet et son propre suzerain, le maréchal de Cossé, baron de Sillé.

Vers 1588 parait-il, le maitre des forges de l'Aune, Jean Féron, ayant fait voiturer six charretées de fer desdites forges à Conlie sans payer le droit de coutume dû à la seigneurie de Douillet, Jacques de Montesson avait fait saisir les bœufs, chevaux et charrettes, « contre lequel arrest ne fit grandes poursuites ledit Feron, recognoissant sa faute ». Mais après le décès de Jean Feron, que Jean Adam remplaçait comme maitre des forges de l'Aune dès l'année 1592, son fils Jacques Feron étant devenu capitaine du château de Sillé (1), et « ayant acquis à cause de ce une grande autorité audit lieu » fit appeler Mᵉ de Montesson « en réintégrande dudit fer. » — Or, celui-ci, « cognoissant l'authorité dudit Feron vers le justicier de Sillé », fait renvoyer la cause aux Requêtes du Palais à Paris (2), pour éviter la juridiction de Sillé. Jacques Feron, effrayé à son tour, s'empresse de faire intervenir au procès son maitre le maréchal de Cossé, et ainsi soutenu « rend litigieux le droit de coustume du seigneur de Douillet », espérant profiter du débat des deux seigneurs pour obtenir la délivrance de son fer. Nous ne pouvons suivre ce curieux procès au milieu des innombrables incidents de procédure qu'il soulève ; d'ailleurs nous ignorons comment il se termina, mais nous signalerons encore ce moyen de défense caractéristique : Jacques Feron, dit-on, n'a rien pu usurper sur le « seigneur, lequel plus ordinairement usurpe le droit de l'inférieur, et bien « souvent le déboute de tout, pourquoy l'on dit qu'un *seigneur de paille mange un*

---

(1) Jacques Feron avait remplacé dans cette charge Lancelot Chesnay, écuyer. — A Bernard, *Notice sur le Greez.* Le Mans, 1874, p. 12.

(2) Ce détail nous indique que Jacques de Montesson jouissait du privilège de *Committimus*, qui avait pour effet de soustraire les particuliers aux juridictions ordinaires, et de porter la cause devant les requêtes du Palais, juridiction spéciale composée de membres du Parlement, dont les appels étaient en outre portés directement au Parlement.

MESSIRE JACQUES DE MONTESSON

SEIGNEUR DE DOUILLET

Né en 1558, mort vers 1620

« *subjet d'acier !* » Rien ne peut mieux peindre les abus des justices seigneuriales et les idées du temps qu'un tel dicton, et surtout que l'exposé des faits de ce procès ; on y prend sur le vif, pour ainsi dire, toutes les passions humaines, toutes les ruses de guerre que peuvent inventer des plaideurs à l'humeur batailleuse, et on voit par la même combien il était urgent que l'autorité royale, se substituant aux seigneurs de fiefs, vint départir à tous une justice plus impartiale ou au moins étrangère aux intrigues locales. Ajoutons que messire Jacques de Montesson, s'il faut en juger par son portrait conservé au château de Douillet, était doué d'une énergie à toute épreuve et qu'il ne dut pas se laisser « manger », même par le maréchal de Cossé. Le voisinage de la forge de l'Aune lui causait d'ailleurs des pertes et des incommodités réelles : le lavage des minerais infectait l'eau de la rivière d'Orthe et faisait mourir le poisson, rendant ainsi illusoire son droit de pêche sur une longueur de plus d'une lieue ; les canaux et écluses de ses moulins blarets, foulleret et à papier, devaient être nettoyés trois ou quatre fois l'an au lieu de l'être tous les cinq ans ; enfin « sa papeterye anciennement réputée la « meilleure du Maine, était du tout gastée et inutile (1) ».

Quelques mots maintenant sur les autres seigneurs de la paroisse qui suivent tous, plus ou moins, l'exemple de Jacques de Montesson. Thomas Le Roy, seigneur du Plessis-Breton meurt le 5 mars 1600, au logis seigneurial de Bresteau (2), où il était allé faire visite aux parents de sa femme, Olive de Moré ; il a eu plusieurs enfants : Guy « escolier en 1593 », Françoise, Thomas et Jeanne, qui continuent à habiter avec leur mère le manoir du Plessis-Breton. — Brantalon est toujours possédé par la famille Le Maire (3). — Courtoussaint par Christophe-de-la-Vayrie qui n'est pas encore marié et succède à un seigneur de la même famille, mort le 12 mars 1602 (4). — La Droulinière par Jean du Plessis-Châtillon, écuyer, sieur des Vaulx, fils de Louis du Plessis et de Renée du Bellay, marié en 1583 à Suzanne de Courbayer ; de ce mariage est issu Charles du Plessis-Châtillon qui devient, après la mort de sa mère enterrée à Douillet le 12 septembre 1604, seigneur de la Droulinière et qui épouse le 5 septembre 1606, dans l'église de Mont-Saint-Jean, demoiselle Renée de Guenée, dame de la Touche : la famille du Plessis-Châtillon, originaire de la paroisse de Châtillon-sur-Coussemont, était une ancienne famille du Maine et portait « *d'argent à trois quintefeuilles de gueules* (5) ».

(1) Chartrier du château.
(2) *Reg. de l'Etat-Civil.*
(3) Arch. de la Sarthe E, 203.
(4) *Reg. de l'Etat-Civil* de Fresnay et de Douillet.
(5) *Reg. de l'Etat-Civil* de Douillet. — *Généalogie du Plessis-Châtillon*, dans la *Semaine du Fidèle* XV, p. 209.

— Moré a été donné en dot par Pierre II de Laval à sa fille Jeanne Jacqueline de Laval, lors de son mariage avec Honorat d'Ascigné, comte de Grand-Bois, capitaine de cinquante hommes d'armes. — La Courbe a passé des Chapelain de Moré et des Le Tourneur du Mans entre les mains de Pierre de Guyon, sieur de Sanceaux, et de Charlotte du Brail, auxquels succède leur fils Jacques de Guyon. — Corbon est échu, après la mort de Jean de Corbon, à Jacques de Courtarvel, écuyer, seigneur de Boisgency, fils de Pierre de Courtarvel, seigneur de Boisgency, la Petite-Lucasière, Vauhallier etc, et d'Antoinette de Corbon (1). Cette famille de Courtarvel, une des plus nombreuses et des plus puissantes de la contrée, conservera Corbon plus d'un siècle. — Les Roches sont habitées par René de Lavergne et Louise Deschamps sa femme, dame de la Miotière. — Lorière par Jacques du Cormier et Bonne de Moré qui ont eu sept enfants : Thomas, Marguerite, Gabrielle, Jean, René, Bonne et Françoise (2). — Donc, sous le règne de Henri IV, la noblesse de Douillet, remise des secousses qu'elle a pu éprouver pendant les guerres religieuses, s'est non seulement reformée mais aussi fortifiée ; des alliances avec des familles puissantes de la contrée sont venues augmenter son influence, et comme la plupart de ses membres n'ont pas encore abandonné leurs manoirs, ils sont appelés à jouer un rôle social actif.

Les rapports entre les différentes classes de la société paroissiale deviennent chaque jour plus faciles, et déjà semblent même comporter certains rapprochements. Un grand nombre de seigneurs acceptent de tenir sur les fonts baptismaux les enfants de leurs vassaux ou tenanciers, et les procès suscités par les institutions féodales deviennent plus rares. A part le mémorable procès entre Jacques de Montesson et le baron de Sillé, nous ne connaissons en effet que deux affaires de ce genre au commencement du XVII° siècle : l'une entre le seigneur de la Droulinière et son suzerain pour un aveu mal rendu, l'autre entre Christophe de la Vayrie et un de ses tenanciers (3).

Quelle qu'ait été cependant à cette époque l'importance des efforts de la société paroissiale en vue d'effacer les plaies de la guerre civile, M° Jean Cohon était un personnage trop considérable dans le clergé du diocèse pour rester longtemps curé de Douillet. Avant l'année 1607 il y est remplacé par un ami de sa famille, M° Guillaume Laurens. Celui-ci conservera la cure de Douillet jusqu'à la fin de l'année 1628 ; son administration coïncide donc avec la première partie du règne de Louis XIII, et le rétablissement définitif de la paix religieuse, puisque la prise

(1) *Reg. de l'Etat-Civil.*
(2) *Ibid.*
(3) Titres du Plessis-Châtillon. — Titres de la Vayrie, communiqués par M. l'abbé Esnault.

de la Rochelle, survenue cette même année 1628, peut-être considérée comme la limite extrême des guerres de religion dans l'ouest de la France.

III.

Dans les commencements de son ministère, Mᵉ Guillaume Laurens se trouve aux prises avec les mêmes difficultés que ses prédécesseurs, et tout d'abord il doit poursuivre l'éternel procès contre les détenteurs des Prêtrises. C'est pour lui, il est vrai, l'occasion d'un succès, car dans une sentence du 4 avril 1608 le sénéchal du Maine condamne Jacques Sorière à quitter les lieux et à payer, outre les dépens, une amende de vingt sols (1). L'affaire n'en ira pas moins en appel et grâce à l'acharnement de l'adversaire elle ne sera pas encore terminée quarante ans plus tard ; c'est le type par excellence de ces procès interminables que les mœurs judiciaires de l'époque permettaient de prolonger plus d'un siècle . Mᵉ Guillaume Laurens doit ensuite intervenir, de concert avec le procureur de la fabrique Charles Veillon, pour réparer une injure que les paroissiens avaient faite au seigneur de la Droulinière en démolissant le « banc-oratoire » qu'il possédait dans l'église de Douillet (2). Heureusement Charles du Plessis-Châtillon se montre d'une bonne composition : par transaction du 3 avril 1609 il consent à payer chaque année, moitié au curé moitié à la fabrique, une rente de dix sols, en échange de laquelle on lui accorde un nouveau banc et « la prière le dimanche de la Passion (3) . »

Mais ce ne sont là que des épisodes secondaires en comparaison des événements qui viennent bientôt attrister la paroisse entière. L'année suivante en effet on apprend avec une stupeur profonde l'assassinat du bon roi Henri IV, qui plonge de nouveau la France dans l'incertitude et la crainte. Puis en 1611 la contagion reparait avec une force qu'elle n'avait pas encore eue. A Douillet le nombre des décès s'élève à quarante pour cette seule année, au lieu de vingt-huit, chiffre de 1602. La terreur est si grande que deux paroissiens de Sougé atteints de la contagion, Etienne Petiot, homme de bras, et Catherine sa sœur, en sont réduits à dicter leurs dernières volontés au notaire de Douillet, Mathurin Cochet, *au milieu d'un champ* dépendant de la métairie du Boisfade (4) ! Enfin quelques jours plus

---

(1) Arch. paroissiales.

(2) Le seigneur de la Droulinière possédait en outre un banc dans l'église de Mont-Saint-Jean, où il se rendait sans doute plus souvent qu'à Douillet.

(3) Arch. paroissiales.

(4) Arch. parroissiales.

tard, le 29 mai, un ancien procureur de fabrique, Pierre Delinthe, recevait un coup de poignard « à luy baillé par un voleux qu'il espérait prendre en un pré « dépendant de la Bouglière » ; le blessé étant mort presque aussitôt, son corps fut ouvert par maistre Ambroise Besongne, chirurgien, et ensuite enterré dans le cimetière par M⁰ Guillaume Laurens en personne ; « le soir messieurs de la Justice « de Fresnay se transportèrent à Douillet et firent déterrer ledit corps pour vérifier la plaie (1). En réalité de 1610 à 1613, c'est-à-dire jusqu'à la fin de la contagion, la paroisse traverse une période difficile pendant laquelle la vie locale se ralentit, s'il est permis d'en juger par la rareté des documents ; les archives de la fabrique ne contiennent en effet pour ces trois années qu'un inventaire dressé par Mathurin Cochet notaire, en présence du curé, du procureur de fabrique Charles Veillon, et de plusieurs paroissiens.

A partir de 1614 au contraire, après le voyage de Louis XIII au Mans et la convocation des Etats généraux, le mouvement des affaires reprend plus d'activité. C'est d'abord Jacques de Montesson qui provoque, entre les représentants de la famille de Ferquin, le partage du douaire de Françoise de Montesson, veuve Antoine de Ferquin ; ce partage est signé au château de Douillet et suivi bientôt, le 7 octobre 1614, d'un partage d'ascendants fait par Jacques de Montesson et Jeanne de Rougé à leurs huit enfants survivants : François de Montesson, écuier, fils ainé, Jacques religieux en l'abbaye de Saint-Calais, Thomas, Jean, Mathurin, Basile aussi écuiers, damoiselles Louise religieuse en l'abbaye du Ronceray à Angers et Françoise. La seigneurie de Douillet se trouve nécessairement comprise dans le lot de l'ainé (2). Cet exemple ne tarde pas à être suivi par de simples familles du Tiers, comme les familles Horeau et Chasserat, qui partagent le 16 décembre 1614 divers héritages situés à Beaucoudray. — Puis, nous nous trouvons en présence de plusieurs testaments comportant de nouveaux dons à la fabrique. Tels sont ceux de Pierre Lebouc, sieur du Génétay et de Françoise Picher sa femme, qui lèguent en 1615 plusieurs rentes à l'église « sur le pré de Douillet et « 20 livres pour ayder à avoir à un calice d'argent » ; de Georges du Lierre curé de Chevaigné-sur-Sarthe qui donne la même année à la fabrique une chape de damas rouge ; de Jean Agin, de Jeanne Vignoth femme de François Bougler en 1616 etc (3). Ces différents legs, ainsi que les aumônes attribuées aux pauvres, le grand nombre de messes demandées, la formule employée pour recommander les âmes « à Dieu, à la vierge Marie et à tous les saints », ne laissent

(1) *Reg. de l'Etat-Civil.*
(2) Chartrier du château.
(3) Archives paroissiales.

aucun doute sur l'esprit de foi qui anime les paroissiens de Douillet. De plus, des dons de mobilier plus fréquents : lits garnis de « charlict, couettes, draps et couvertures », pièce de toiles de lin, « devantiaux de drap violet (1) » etc. prouvent que l'aisance publique, et pour ainsi dire le confortable, augmentent peu à peu dans la population.

Il suffit d'ailleurs de parcourir les registres de l'état-civil pour constater l'existence, dès le règne de Louis XIII, d'une foule de petits propriétaires ruraux, qui ne sont pas exempts d'une certaine prétention. Tels sont : Jean Denier sieur de la Rabine maître de la forge de l'Aune ; honorable Pierre Lebouc sieur du Genétay ; Thomas de la Cour ; Ambroise Besongne, sieur du Tertre, maître chirurgien ; Jacques Agin, sieur de la Bussonnière, advocat au Mayne ; Gervais Seigneur, sieur des Rochers ; Julien Elys, sieur de l'Etricherie etc. La moindre masure, comme on le voit, suffit pour se faire qualifier « honneste homme, sieur de tel endroit », et Dieu sait combien de ces modestes travailleurs du Tiers, enrichis à force d'économies et d'efforts, sont aujourd'hui transformés en gentilshommes de haute lignée ! En résumé, malgré la contagion, malgré les secousses de l'ordre politique et moral, le Tiers grandit toujours. Il monte comme la marée, lentement mais à coup sûr, reculant quelquefois d'un pas pour en franchir deux le lendemain.

Il n'est donc pas étonnant que dans les années qui suivent la majorité de Louis XIII, et surtout à dater du ministère de Richelieu, la vie locale ait repris vigueur grâce à la protection d'un gouvernement fort ; au reste les troubles politiques suscités en 1620 par la lutte entre le roi et la reine-mère, comme ceux de 1614, eurent beaucoup moins d'effet dans les environs de Fresnay que dans les autres parties du Maine. En ce qui concerne particulièrement la paroisse de Douillet, les dernières années du ministère de Mᵉ Guillaume Laurens sont marquées par toute une série d'améliorations. Ainsi Jean Chantelou, procureur de fabrique de 1616 à 1619, en outre de nombreuses réparations, fait reblanchir entièrement l'église et soutient un long procès devant le siège royal de Fresnay et le présidial de la Flèche pour contraindre Marie Langlais à « quitter la jouissance d'un champ appartenant à la fabrique » ; ses comptes de gestion sont examinés avec soin le 12 mai 1619 par l'assemblée des habitants, à laquelle assistent Mᵉ Guillaume Laurens et Jean Seigneur procureur général de la communauté (2). Puis en 1623, les paroissiens de Douillet entreprennent, à l'exemple de ceux de Fresnay, la refonte de leur grosse cloche. Une souscription ouverte

(1) Tabliers que portent les femmes du peuple.
(2) Arch. paroissiales, I, n° 5.

par le nouveau procureur de fabrique, Lazare Cochet, produit une somme de cinquante livres, « recueillie des nobles de la paroisse, des maistres des forges de « l'Aune, des forgerons et de plusieurs autres paroissiens ». Aux termes du marché, conclu le 18 juin avec maître Nicolas Vigoureux fondeur de cloches à Dieppe, la fabrique lui paye 30 liv. de principal et 15 sols de vin de marché, en fournissant la pierre et la terre ; les fourneaux sont construits dans la grange dixmeresse du presbytère avec de la pierre prise à la Beauce et de la terre amenée des prés de la Bourdaine ; le jour de la fonte, 26 juin 1623, un souper, qui coute 55 sols à la fabrique, est offert à tous les ouvriers ; enfin le fondeur reçoit 8 livres pour 14 livres de métal, excédant du poids de la nouvelle cloche sur l'ancienne, et Lazare Cochet 60 sols, pour huit journées consacrées à surveiller l'opération (1). Deux ans plus tard on fait refaire la charpente du chanceau. Le travail, mis en adjudication le 10 août 1625 en présence du curé, d'André Bigot, de Mathurin Gipteau alors procureur de fabrique etc., est adjugé pour quarante livres à Mathurin Picart charpentier à Assé ; la fabrique fournit le bois, qui est donné du reste par Mᵉ de Montesson et abattu dans le bois des Boulais ; elle nourrit les ouvriers et accepte les risques « le jour ou la charpente doit être levée ». Les clauses de ce véritable cahier des charges sont exécutées avec une telle rigueur que Mathurin Picart fait assigner le procureur devant le bailli de Fresnay parce qu'il a tardé de quelques jours à faire amener le bois. La charpente achevée on s'occupe de la couverture qui est marchandée pour quinze livres à François Perdriau, couvreur à Sillé, matériaux non compris ; les ardoises proviennent des carrières de Saint-Georges ; le curé en donne quatre mille à lui seul. En 1627, enfin on termine la voûte et on la fait peindre à la colle, ce qui coûte 32 sols à Julien Elys, procureur de fabrique cette année là (2).

Mais si les paroissiens de Douillet étaient en mesure de faire exécuter ces améliorations, ce n'était pas seulement par suite de l'accroissement des revenus de la fabrique: ils étaient aidés, comme on vient de le voir, par le concours généreux du seigneur et du curé, de la noblesse et du clergé paroissial.

La noblesse, que nous avons vue dans une situation relativement prospère à la fin du règne de Henri IV, profite chaque jour davantage du calme et du repos que lui apporte dans notre contrée le ministère de Richelieu. En conséquence des partages de 1614, Mᵉ François de Montesson héritera de la seigneurie à la mort de son père. Le 7 janvier 1623 il épouse dans l'église de Fresnay, damoiselle Marguerite Sevin (3), et prend en mains peu après l'administration de la sei-

(1) Arch. paroissiales I, nᵒ 6.
(2) *Ibid.* I, nᵒ 7.
(3) *Reg. de l'Etat-Civil* de Fresnay et Douillet.

gneurie de Douillet. Ainsi tout d'abord il poursuit la reconstruction du logis seigneurial de Douillet, détruisant les petits bâtiments situés dans le prolongement de l'aile principale, et prolongeant le château jusqu'à l'escarpement de la vallée. Il fait ensuite bâtir en avant de la façade, de chaque côté de la cour d'honneur, les deux pavillons carrés qui subsistent encore et dont l'un porte la date de 1628. Ces pavillons étaient reliés entre eux et au château, du côté de l'église, par un mur d'enceinte, car l'ordre public n'était pas alors assez stable pour rendre inutile toute mesure de prudence. Les meurtrières percées dans les angles des pavillons ne peuvent effectivement se rapporter qu'à une idée de défense, et elles étaient sans doute destinées à recevoir au besoin des couleuvrines, dont le feu se croisait devant le portail d'entrée. Autour de François de Montesson se groupent différents membres de sa famille ; ses frères, Jean de Montesson, seigneur de la Cheverye, qui lui succèdera bientôt, Mathurin et Basile ; sa cousine Marie Le Maire, dame de Brantalon, que remplace dès 1628, comme propriétaire de cette terre, Abraham du Hayer, sieur du Perron, conseiller au présidial et bailliage d'Alençon, père du littérateur (1) ; puis les filles de Thomas Le Roy seigneur du Plessis-Breton et d'Olive de Moré, également ses cousines du côté de Ferquin ; l'une d'elles, Jeanne Le Roy, a épousé le 2 mai 1609, dans l'église de Douillet, Isaac Poyet, escuier, sieur de la Chevalerie, de la paroisse de Plumellec, évêché de Vannes, qui pourrait bien être le même que M. de la Chevalerie, maitre des forges de l'Aune quelques années plus tard : une autre épousa peut-être honorable Jean Le Roux, qualifié bientôt sieur du Plessis-Breton (2).

Enfin à côté du seigneur se réunissent encore comme précédemment, dans les assemblées de fabrique et les actes divers de la vie locale, de nombreux gentilshommes : Christophe de la Vayrie, seigneur de Courtoussaint, marié le 14 janvier 1613 dans l'église de la Roche Mabile à Louise Vasse, dont il a eu cinq enfants : René, Jacques, Christophe, Renée et Louise ; Charles du Plessis Châtillon, seigneur de la Droulinière ; Jacques du Cormier, écuyer, seigneur de Lorière et de la Beauce, puis son fils Thomas, marié le 18 février 1620, en l'église de Malicorne, à damoiselle Françoise de Valentin ; Jacques de Courtarvel, écuyer, seigneur de Corbon et de Boisgency, qui meurt le lundi de Pâques 4 avril 1626, laissant un fils, Joachim, et deux filles, Marguerite et Louise, de son mariage avec damoiselle Louise de Renard ; Gabriel de Cocherel devenu seigneur des Roches à la mort de René de Lavergne (3) etc. Toutefois remarquons qu'une partie de cette famille de

(1) Odolant-Desnos, *Mémoires historiques* II, p. 535.
(2) *Registres de l'Etat-Civil.*
(3) *Reg. de l'Etat-Civil.*

Cocherel, qui paraît ici pour la première fois dans l'histoire de Douillet, semble se séparer pendant quelque temps, au point de vue religieux, des autres familles nobles de la paroisse. Un parent de Gabriel de Cocherel, Pierre de Cocherel, écuyer, seigneur de Marolles, qualifié parfois lui aussi sieur des Roches, appartient à la religion réformée. Il en résulte certains dissentiments de famille : ainsi une de ses filles, née à Douillet en 1615, est d'abord baptisée à l'église sous le nom de Jacquine, puis portée par son père au temple de Mimbré, où elle reçoit le baptême protestant et le nom de Françoise (1). De même Jacques de Cocherel, seigneur de la Bouteveillère, est protestant. Il est vrai que tous se convertissent de bonne heure, car une autre fille de Pierre de Cocherel est baptisée le 2 mai 1626 par le vicaire de Douillet, et Françoise elle-même épousera à l'église, le 7 février 1630, René de Courtarvel, écuyer, sieur de Coulombiers, en présence de Jacques de Cocherel redevenu lui aussi catholique. Ces conversions coïncident sans doute avec celles de plusieurs calvinistes de la contrée, « ramenés au giron de l'église en « 1624 par les prédications d'un jésuite venu en mission à Fresnay (2) ». On ne peut donc attacher d'importance à cette influence calviniste de Pierre et Jacques de Cocherel, puisqu'elle ne fut que momentanée, exceptionnelle, et combattue énergiquement par d'autres membres de leur propre famille. — Quant au seigneur de Moré, Honorat d'Ascigné, gendre de Pierre de Laval, et à Jacques Elisant, seigneur de la Buschaye, demeurant à Blois, auquel Jacques de Guyon et Louise de Vaulx ont vendu la Courbe (3), nous rappellerons seulement leurs noms, car, par suite de leur éloignement, ils ne prennent qu'une part indirecte à la vie paroissiale.

En définitive, avant même l'écrasement complet du parti protestant par Richelieu, l'élément catholique a repris entièrement le dessus à Douillet. Sous le règne de Louis XIII, plus encore que sous le précédent, le curé domine la paroisse grâce à son alliance avec le seigneur, dont les sentiments religieux n'ont jamais varié. Il est secondé comme toujours par une véritable phalange de prêtres, au nombre desquels nous devons citer : André Bigot, Gabriel Lavollé, neveu de l'ancien vicaire du même nom (4), Jean Langlais, Julien le Roux, René Fouscher, Michel

(1) *Reg. de l'Etat-Civil.*
(2) *Reg. de l'Etat-Civil* de Fresnay.
(3) Archives municipales du Mans et Titres de propriété de la Courbe.
(4) M⁰ Gabriel Lavollé tient avec soin les registres de l'Etat-Civil depuis 1606 environ. Son premier registre est intitulé d'une part : « *Le libvre ou sont escript ceulx qui ont esté baptisés en*

GÉNÉALOGIE DE LA FAMILLE DE COCHEREL

(BRANCHE ÉTABLIE A DOUILLET AU COMMENCEMENT DU XVIIᵉ SIÈCLE)

Cette branche semble se rattacher à la famille de COCHEREL, originaire de Normandie, dont un membre Robert de COCHEREL, écuyer, qui épousa Marie des FEUGERETS, rend aveu en 1521 pour le fief de Marolles. (Saint-Allais, *Nobiliaire universel*, tome VIII, p. 3.)

Armes : *Coupé au 1 d'or, à trois fasces de gueules, au 2 d'argent, à trois chevrons de sable.*

JEAN DE COCHEREL.

JEAN DE COCHEREL, sᵣ de *Marolles*, inhumé à Douillet, le 21 septembre 1614.

PIERRE DE COCHEREL, écuyer, sᵣ de Marolles, épouse CATHERINE GRAVELLE.

MICHEL, inhumé à Douillet en 1614.

FRANÇOISE-JACQUINE, baptisée en 1615 à l'église de Douillet et au temple de Mimbré ; épouse : 1° le 7 fév. 1630, RENÉ DE COURTARVEL, sᵣ de Colombiers ; 2° ÉTIENNE DE HAVARD, sᵣ de Senantes, hérite en 1640 de la Bouteveillère.

JACQUES, sᵣ de la Bouteveillère mort sans hoirs le 26 juin 1640.

GABRIEL, sᵣ des Roches, épouse MARGUERITE DE BAILLON. Il est inhumé à Douillet, le 18 octobre 1659.

JUDITH, épouse NICOLAS BESNIER, sᵣ de la Grouas, procureur-syndic de Douillet.

JEANNE, baptisée à Douillet, le 18 mai 1621.

CHARLES DE COURTARVEL, sᵣ de Colombiers, épouse FRANÇOISE PIAU.

GABRIEL, baptisé à Douillet, le 8 mai 1655.

LOUIS, baptisé le 16 juin 1658.

RENÉE, épouse MATHURIN LE FÉRON, escuier, sᵣ de Longuemesière et meurt le 24 février 1655.

JEAN, baptisé le 5 juillet 1641.

NICOLAS, baptisé le 31 mars 1637.

MARGUERITE, épouse PIERRE GALPIN, assassiné en 1638.

LOUISE, baptisée à Douillet, le 2 juillet 1621.

FRANÇOISE DE COURTARVEL, épouse : 1° FRANÇOIS LOUBAT, sᵣ de Carles ; 2° ANDRÉ-CHARLES DE FOURCROY, sᵣ de Varipout.

ANTOINE-RENÉ LE FÉRON, seigneur des Roches, épouse MARIE-MADELEINE DE JUPILLES, fille du sᵣ de Moulins et meurt en 1713, sans hoirs, assassiné à la porte de l'auditoire du bailli d'Assé.

FRANÇOISE, épouse JEAN MAULNY.

JEAN, épouse ÉLISABETH TESSIER.

JACQUINE, épouse FRANÇOIS GODEFROY.

ÉLISABETH, épouse JULIEN RAVARY.

MARIE, épouse ANTOINE POUTEAU.

MADELEINE GALPIN.

CAMILLE-FRANÇOIS-CHARLES DE LOUBAT, sᵣ de Carles, et MARIE-ANNE SIRARD.

JULIEN MAULNY.

Enf. mineurs en 1718.

NICOLAS GODEFROY.

MARIE RAVARY, épouse PIERRE DODRÉ.

MARGUERITE POUTEAU, épouse JEAN BUSSON.

MARIE POUTEAU, épouse JEAN CHEVALIER.

Jarry, André Agin, Charles Saillant, Charles Lebouc, Jacques Lefevre, Jean Cochet, André et Louis Bougler etc. Mᵉ Guillaume Laurens a en outre auprès de lui un jeune clerc, parent de son prédécesseur et en même temps son compatriote, Jean Cohon, auquel l'irrégularité de sa naissance a créé une situation des plus difficiles. Bien qu'appartenant à une famille dont plusieurs membres occupent déjà un rang élevé dans le clergé du diocèse, et tonsuré depuis 1615, Jean Cohon, « qui ex presbytero et conjugata genitur », n'a pu encore parvenir à la prêtrise ; il vit retiré à Douillet, près du curé, que des relations d'amitié très anciennes unissent à la famille Cohon. En 1626 seulement on obtient en sa faveur, du pape Urbain VIII, une bulle de dispenses, en vertu de laquelle il est admis au diaconat et pourvu de plusieurs bénéfices : la cure de Bretoncelles au diocèse de Chartres, la chapelle Sainte-Catherine-du-Chesne dans l'église de Saint-Quentin au diocèse d'Angers, la chapelle de N.-D.-de-Pitié ou de la Chalonnière, en l'église de Sougé-le-Ganelon, dont il prend possession le 4 décembre 1627 (1). Mᵉ Guillanme Laurens, qui semble lui porter un vif intérêt, achevera bientôt de lui procurer une situation. D'un autre côté, la chapelle Saint-Julien-de-la-Courbe, desservie à l'autel Saint-Julien en l'église de Douillet, est possédée par Mᵉ François Chesnay, prêtre du diocèse de Séez, demeurant à Bérus, auquel l'a résignée le 4 juillet 1624 Mᵉ Germain Lemaitre, avec l'autorisation du présentateur, Jacques Elisant ; mais le chapelain de la Courbe ne réside pas à Douillet ; il ne vient pas même prendre possession en personne, et envoie sa procuration au vicaire André Bigot (2).

Comme on le voit, les dernières années du ministère de Mᵉ Guillaume Laurens

---

« *ladite eglise Saint-Pierre de Douillet, commanzant l'an 1606 et finissant l'an   ; fait par*
« *moi Gabriel Lavollé, prêtre, demeurant à Douillet.*

        « *Quand vous aurez faict de moy*
        « *Je vous prie, refermez moy.*

« D'autre part et en sens inverse : « *Le libure où sont escript tous ceulx qui ont esté mariés et*
« *ceux qui sont morts dans la paroisse de Douillet depuis l'an 1606, fait par moy, Gabriel Lavollé,*
« *prêtre audit Douillet :*

        « *Enseigne-moy, mon Dieu,*
        « *Que ton vouloir je face,*
        « *Tant qu'en céleste lieu*
        « *Je puisse voir ta face.*

Les registres de l'Etat-Civil de Douillet, bien que tenus régulièrement depuis 1594, contiennent peu de notes historiques; un extrait très abrégé a été publié dans le supplément du tome I de *l'Inventaire-sommaire des archives de la Sarthe*, p. 200.

(1) *Insinuations*, XXV, fᵒ 82.

(2) *Insinuations*, XXIV fᵒ 323.

furent plus heureuses que les premières. A part quelques réapparitions passagères de la contagion et des gens d'armes (1), ces deux fléaux du temps, elles ne furent troublées par aucun événement fâcheux. La prise de la Rochelle venait prouver d'ailleurs en 1628 que la France avait désormais au gouvernement énergique, peu disposé à tolérer les factions politiques ; et les paroisses voisines de Douillet comprenaient si bien la portée de ce succès qu'elles s'empressaient d'aller en procession à Fresnay, pour rendre grâce à Dieu. Aussi, lorsqu'au mois de décembre suivant Me Guillaume Laurens résigna sa cure à son protégé et ami Jean Cohon, pour devenir lui-même doyen de Craon (2), l'ère des guerres religieuses était fermée dans nos contrées de l'Ouest, et on pouvait dire désormais que la paroisse de Douillet avait traversé sans secousses trop profondes cette période difficile.

(1) « Charles Veillon et son fils furent enterrés le lundy 6e jour de décembre 1627 ; les gens « d'armes estaient à Douillet et furent trois jours : le capitaine se nommait Gaudigné ». — *Reg. de l'Etat-civil.*

(2) *Insinuations* XXV, f° 289.

CHAPITRE XI

LA PAROISSE DE DOUILLET AU XVIIᵉ SIÈCLE

I. Les Cohon à Douillet. — Anthyme Denis Cohon, prédicateur ordinaire du Roi, curé de
Douillet. — Administration de Mᵉˢ André Bigot et Gabriel Lavollé. — Influence à Douillet
d'Anthyme Denis Cohon après sa nomination à l'évêché de Nimes. — II. Ministère de Mᵉ René
Cohon. — L'élément paroissial atteint son développement complet sous la direction des
familles Cohon et de Montesson. — Situation brillante de la paroisse au commencement du
règne de Louis XIV. — III. Ministère de Mᵉ Hélie Derouez. — Rôle important du seigneur de
paroisse : Jean de Montesson. — Affaiblissement de la noblesse rurale. — La bourgeoisie. —
L'assemblée de paroisse et le procureur-syndic. — La seigneurie et la communauté en présence
à la fin du XVIIᵉ siècle.

E XVIIᵉ siècle, au moins de 1628 à 1696, est une époque particulièrement importante dans l'histoire de Douillet : c'est en effet
celle du développement complet de la société paroissiale, la
période la plus brillante de nos annales avant les grands événements de 1789. Les guerres de religion sont finies dans la
contrée, les troubles politiques de la Fronde doivent y être moins
sensibles que dans les autres parties du Maine, le régime féodal a fait place définitivement à un gouvernement ferme et vigilant ; quant aux désastres de la fin du
règne de Louis XIV, la Providence seule peut encore les prévoir. Affranchie dès
lors par la monarchie des abus les plus funestes de la féodalité, délivrée des
ravages périodiques de la guerre civile et surtout habilement dirigée par deux
familles influentes, les familles Cohon et de Montesson, la paroisse de Douillet
arrive à son apogée, c'est-à-dire au point culminant qu'il lui soit donné d'atteindre
sous l'ancien régime.

I.

Le nouveau curé dont l'avènement coïncidait ainsi avec le triomphe de

Richelieu et du pouvoir royal, maître Jean Cohon, prit possession de sa cure le 1er avril 1629. Suivant la coutume, après avoir présenté au notaire de la cour du Saint-Siège, maître Etienne Laigneau curé de Moitron, les provisions expédiées en la cour de Rome et le visa de l'évêque du Mans, il se rendit avec ses témoins, André Bigot vicaire et Gabriel Lavollé chapelain, à la grande porte de l'église : « où estant, dit l'acte de prise de possession, il a pris de l'eau béniste, est allé au » devant du Crucifix s'y mettre à genoux ; de là s'est allé prosterner devant le » saint Ciboire, et après quelques oraisons est allé laver ses mains, prendre la » custode, et a apporté le Saint-Sacrement sur le grand autel, l'a montré au peuple » et adoré avec toute révérence ; puis l'ayant remis à la custode, a ouvert les » livres, est allé visiter les fonts baptismaux et sonner les cloches ; de là il est » allé à la maison presbytérale où il a ouvert la porte principale etc (1) ». Or sous les apparences de ce cérémonial commun à tous les cas semblables se cachait un évènement caractéristique pour l'histoire de Douillet, la reprise de possession de la cure par la famille Cohon, qui devait la garder cette fois sans interruption jusqu'en 1666.

Cette famille, originaire de Craon où elle occupait une situation modeste, n'était pas encore parvenue à la célébrité qu'elle devait bientôt atteindre. A l'époque où nous sommes, elle était déjà connue cependant par deux membres arrivés à un rang élevé dans le clergé du diocèse : Me Jean Cohon, l'ancien curé de Douillet, chanoine du Mans, devenu archidiacre de Montfort et dont la science, la prudence et l'expérience étaient, comme nous l'avons dit, très appréciées de ses contemporains : et son neveu Anthyme-Denis Cohon, jeune prêtre rempli de talent et d'avenir, docteur en droit, chanoine du Mans lui aussi, qui commençait à se créer une réputation d'orateur. Nous avons vu par quel concours de circonstances les Cohon avaient été amenés à Douillet, Me Jacques d'Alencé ayant résigné sa cure à Me Jean Cohon, qu'il connaissait sans doute personnellement, et celui-ci la cédant à son tour à un compatriote et ami de la famille, Me Guillaume Laurens. Depuis lors des relations intimes semblent avoir uni les Cohon et Me Guillaume Laurens qui échangent entre eux, à plusieurs reprises, divers bénéfices : d'abord la cure de Douillet, ensuite le prieuré de Boère, plus tard celui de Saint-Jacques-d'Ernée etc. Enfin, c'est au presbytère de Douillet que Me Laurens recueille ce jeune homme qui porte le nom de Cohon, mais que l'irrégularité de sa naissance force à éloigner de la famille ; bien plus il lui résigne sa cure, preuve évidente de l'intérêt qu'il porte à tous les membres de la famille Cohon.

(1) *Insinuations.* XXV. fo 289.

Il ne nous appartient pas, il est vrai, de soulever le voile qui couvre la naissance du nouveau curé de Douillet. Les *Chroniques* le présentent d'après la tradition comme le frère de René qui lui succédera ; mais leur auteur ne connaissait pas les renseignements que nous ont fournis les *Insinuations*. Dans tous les cas il ne peut être question de parenté légitime : aussi nous bornerons nous à constater que des liens étroits paraissent avoir existé entre Jean Cohon d'une part, Anthyme-Denis et René d'autre part. Au reste Jean Cohon ne resta pas longtemps curé de Douillet, il résigna peu après cette cure à Anthyme-Denis pour devenir lui-même curé de Souligné-sous-Vallon.

A ce moment, c'est-à-dire vers 1631, Anthyme-Denis Cohon était déjà un personnage. Né le 4 septembre 1595 à Craon (1), il était fils de François Cohon, marchand cirier et de Renée Hallay : il avait été tenu sur les fonts baptismaux par Pierre Le Cornu, gouverneur de Craon pour la Ligue. Dès ses plus jeunes années on vit briller en lui beaucoup d'esprit, de la vivacité et un penchant naturel très prononcé pour les lettres, ce qui n'empêcha pas son père de le destiner à sa modeste profession. Heureusement le jeune homme, se sentant appelé vers une plus noble carrière et confiant dans sa destinée, quitta résolûment la boutique paternelle et vint se jeter dans les bras de son oncle, Mᵉ Jean Cohon, l'ancien curé de Douillet, alors à la tête du Chapitre du Mans. Celui-ci l'envoya à Angers où il fit d'abord ses humanités avec beaucoup de succès ; il commença ensuite son droit à l'université de cette ville, et le termina en soutenant, au milieu des applaudissements de ses professeurs et de ses condisciples, une thèse des plus brillantes qu'il avait dédiée au Présidial. Son oncle, charmé de ces succès, l'envoya alors à Paris étudier en Sorbonne, puis peu après il le fit tonsurer et lui résigna sa prébende. A vingt-trois ans Anthyme-Denis Cohon était ainsi déjà docteur en droit et chanoine du Mans.

Mais ce n'était là que le commencement de sa fortune. Diacre en 1618 et prêtre en 1619, Anthyme-Denis fut bientôt pourvu de nombreux bénéfices. Il devint entre autres : prévôt de Mésanges dans l'église de Chartres, curé de Saint-Denis-de-Cormes 1621, de Saint-Pierre-la-Cour 1623, de Saint-Céneré 1626, et

---

(1) Bien que plusieurs historiens aient fait naître Anthyme Denis Cohon à Izé (Mayenne), on ne peut douter qu'il ne fut originaire de Craon, en présence des termes formels de son épitaphe. Une copie de cette épitaphe, placée dans la cathédrale de Nîmes, fut envoyée au XVIIIᵉ siècle à Mᵉ Pelard, alors curé de Douillet et parent du prélat : elle est aujourd'hui insérée dans les *Chroniques*. — Cette épitaphe donne également la date de 1595 pour la naissance de Cohon, et non 1594. — V. encore : Ménard, *Histoire civile ecclésiastique et littéraire de la ville de Nîmes*. Paris, 1755, 7 vol. in-4° : Menard cite les registres de baptême de Craon.

prieur de Boère par la résignation que lui fit Mᵉ Guillaume Laurens (1). En même temps il poursuivit avec ardeur ses études de théologie, et sur les conseils d'un docteur en Sorbonne, Angevin comme lui, René Le Marchand devenu plus tard curé de Précigné (2) il résolut de cultiver ses aptitudes naturelles pour la prédication. Ses débuts furent malheureux. Son ami Le Marchand l'ayant fait inviter par l'abbesse de Montmartre à prêcher dans son église le jour d'une fête solennelle, Cohon fut trahi par sa mémoire et obligé de descendre de chaire sans achever son sermon. Par bonheur Le Marchand, qui avait lu le manuscrit et en avait été très satisfait, le força à prendre sa revanche peu de temps après et dans la même église. Cette fois le succès fut complet. « On trouva ce nouveau sermon solide et bien débité » ; on admira la persévérance et l'originalité du talent de Cohon, et bientôt on ne parla plus dans Paris que du jeune prédicateur, « qui était descendu et remonté dans la chaire de Montmartre ». Cohon devint l'orateur « à la mode » ; il eut des zélateurs passionnés qui prônèrent partout ses mérites : une élocution brillante et onctueuse, une noble tenue, un style correct et dégagé des frivoles ornements de l'érudiction pédantesque. La foule accourut à ses sermons et il monta successivement dans les chaires les plus importantes de la capitale.

Un incident imprévu et un trait d'esprit achevèrent, sur ces entrefaites, une fortune si bien commencée. Un jour que Cohon prêchait dans une église de Paris, il s'assembla tant de voitures aux environs de cette église que les cochers du cardinal de Richelieu ne purent fendre la presse et furent contraints de détourner leurs chevaux. Cet évènement fit du bruit. Richelieu voulut connaître un homme qui jouissait d'une si grande faveur et le manda près de lui. Cohon s'empressa d'accepter l'invitation, et dès l'abord, en saluant le cardinal, il lui dit : « J'ai donc été plus puissant que l'Allemagne et que l'Espagne réunies, puisqu'en » arrêtant Votre Éminence, j'ai pu faire ce qu'elles ont tenté vainement ». Cette saillie plut si fort au cardinal, ajoutent les mémoires du temps, qu'il donna son amitié à l'abbé Cohon, à ce point qu'il le fit très souvent manger avec lui et lui accorda une confiance particulière.

Tel était l'homme qu'un hasard singulier avait pourvu, au milieu de ses succès, de la modeste cure de Saint-Pierre-de-Douillet. Est-il besoin d'ajouter que l'orateur favori de la société parisienne, le confident de Richelieu, auquel on

(1) *Insinuations* XXIV fᵒˢ 126, 127, 129, 180, 231. — XXV fᵒˢ 49 et 90.

(2) Le Marchand, accusé d'hérésie, fut poursuivi plus tard par ordre de Richelieu. Au cours du procès, on lui reprocha « de mal parler de l'évêque de Nîmes et de se montrer jaloux de sa fortune parce que lui était resté simple curé de campagne, après avoir montré à prêcher à Cohon ». Communication de M. l'abbé A. Ledru, d'après un manuscrit de la Bibliothèque d'Angers.

réservait le premier évêché vacant, ne résida guère à Douillet? Et cependant ce serait une erreur de croire qu'il dédaigna complètement notre humble paroisse. Placé par la fortune, qui l'avait favorisé, au premier rang du clergé de France, il eut soin de réserver son bénéfice de Douillet aux membres de sa famille moins privilégiés, et particulièrement à un jeune parent pour lequel il avait beaucoup d'affection, René Cohon (1). Parmi ses diverses qualités, Anthyme-Denis semble avoir eu en effet, à un très haut dégré, ce que l'on appelle l'esprit de famille : en toutes circonstances il s'efforça de créer des situations aux siens en les appelant près de lui, ou en leur assurant par son crédit quelque bénéfice ; bien plus, devenu évêque de Nimes, il s'empressera de leur offrir les premières places dans les communautés ou dans les hopitaux qu'il fondera. Il n'y a donc pas lieu de s'étonner qu'Anthyme-Denis Cohon, déjà en possession d'importants bénéfices, soit resté pendant un an au moins titulaire de la cure de Douillet, où il avait résolu d'établir toute une branche de sa famille. Dès 1631 par exemple René Cohon, sous-diacre du diocèse d'Angers, chapelain de la chapelle de la Petite-Maison, desservie en la paroisse de Saint-Quentin au même diocèse, et prieur de Saint-Jacques-d'Ernée par la résignation que lui fait le 13 mai M⁰ Guillaume Laurens (2), est établi au presbytère de Douillet où il termine ses études pour la prêtrise. Un peu plus tard un de ses frères sans doute, Pierre Cohon, est maître chirurgien à Douillet où il fait souche d'une famille nombreuse (3) ; puis un cousin, Claude Cohon, demeurant au Mans paroisse du Crucifix, prend possession du prieuré de Mont-Saint-Jean (4). En un mot la paroisse de Douillet et ses environs sont devenus le pays d'adoption d'une partie de la famille Cohon.

Anthyme-Denis reste curé de Douillet jusqu'au mois de juin 1633. A cette époque il est depuis quelque temps prédicateur ordinaire du Roy, de telle sorte que la paroisse de Douillet peut revendiquer l'honneur d'avoir eu à sa tête, nominativement au moins, un des orateurs les plus célèbres du XVIIᵉ siècle avant Bossuet.

Pendant cette période, elle est administrée par deux modestes prêtres, beaucoup moins illustres assurément que leur curé, mais plus attachés peut-être aux habitants de Douillet : Mᵉˢ André Bigot et Gabriel Lavollé, dont nous avons souvent rencontré les noms. André Bigot, né à Sougé et appartenant à une des familles

---

(1) D'après les *Chroniques de Douillet* René Cohon eut été le frère d'Anthyme-Denis; d'après les *Insinuations* et l'*Histoire de Nimes* de Menard, il ne serait que son cousin.

(2) *Insinuations* XXV f⁰ 372.

(3) *Reg. de l'État-Civil.*

(4) *Insinuations* XXVI f⁰ 5.

les plus honorables de cette paroisse, était depuis trente ans vicaire ou prêtre habitué à Douillet. Pieux, très instruit et riche, il laissa dans la population les meilleurs souvenirs, tant par ses exemples que par ses générosités. Ainsi, non-seulement il lègue par son testament en date du 3 mai 1633 : dix sols à chacun des prêtres de la confrèrie du Saint-Sacrement de Fresnay, douze boisseaux de blé aux pauvres, quatre livres aux confrères de Saint-Julien du Mans, quatre livres à l'ordre de la Trinité et aux Pères Minimes de Sillé etc, mais encore il affecte à la fondation d'une prestimonie la maison qu'il habitait dans le bourg de Douillet près le presbytère, deux champs et un pré, à la condition que son neveu Louis Bougler, prêtre à Douillet, et après lui son plus proche parent prêtre, soient toujours pourvus de ce bénéfice. Le titulaire était tenu, aux termes de la fondation, de payer chaque année trois livres à la fabrique, vingt-cinq sols au curé « pour recommander le défunt aux prières des gens de bien », et de dire une messe, accompagnée de plusieurs oraisons spéciales, le premier dimanche de chaque mois, pour le repos de l'âme d'André Bigot, « en se servant du calice d'argent du fondateur (1) ». André Bigot mourut le 21 septembre 1633, et fut enterré dans l'église de Douillet devant le Crucifix, près de la marche du chœur ; suivant son désir, on grava sur sa tombe le verset *Ingemisco tanquam reus*, au milieu une tête de mort et au dessous les mots : *Requiescat in pace* (2). Gabriel Lavollé, né à Douillet, était neveu de l'ancien vicaire du même nom qui administra la paroisse pendant les guerres de la Ligue. Lui aussi montra beaucoup de piété et de dévouement, et par son testament en date de 1632, laissa à la fabrique le bordage de la Butte, près du Genetay, à la charge de lui faire dire chaque année quatre grandes messes et de le recommander au prône tous les dimanches (3). Enfin vers la même époque la fabrique reçoit encore de Pierre Chappeaux laboureur et Claudine Le Roux sa femme, deux rentes importantes et une somme de cinquante livres destinée à acheter un ornement blanc « pour servir le jour de Notre-Dame, mère de Dieu » ; puis de honneste homme Marin Veau, marchand, et de Marguerite Biette sa femme, quinze sols tourn. aussi de rente perpétuelle, sur le champ de Devant, près la Foubayère, pour deux messes basses chaque année et « la prière (4) ».

    Sur ces entrefaites, René Cohon ayant achevé ses études et ayant été ordonné prêtre, Anthyme-Denis, parvenu au faîte des honneurs et retenu à la cour, s'empressa de lui résigner la cure de Douillet, sur laquelle il se réserva néanmoins

(1) Arch. paroissiales.
(2) *Chroniques*, fᵒ 18. — Moulard, *Chron. de Sougé*, p. 203, 300.
(3) Arch. paroissiales.
(4) Arch. paroissiales

une pension de 300 livres (1). Quelques mois plus tard, le 19 novembre 1633, il était nommé évêque de Nîmes et appelé, par la confiance de Richelieu, à jouer un rôle prédominant en Languedoc, au triple point de vue religieux, politique et administratif. A partir de ce moment Anthyme-Denis Cohon n'appartient plus à l'histoire de Douillet et il faudrait un volume entier pour mettre en relief le caractère et les œuvres innombrables de l'illustre prélat. Formé, on peut le dire, sur le modèle de Richelieu et de Mazarin, ses protecteurs, il fût tout à la fois un grand évêque, un administrateur habile et un homme politique influent. Sa conduite pendant la Fronde, ses démêlés avec les Protestants, son attachement inébranlable à la cour, lui ont attiré parfois de sévères critiques : dans tous les cas on ne saurait contester les importants résultats qu'il obtint dans son diocèse, et surtout ce remarquable talent d'orateur qui lui valut l'honneur de prononcer l'oraison funèbre de Louis XIII et de prêcher au sacre de Louis XIV (2).

ARMOIRIES ET CHIFFRE DE Mgr ANTHYME-DENIS COHON
Peints sur la poutre du salon de l'ancien presbytère de Douillet.

Hâtons-nous d'ajouter maintenant qu'Anthyme-Denis Cohon n'oublia jamais la paroisse de Douillet. A plusieurs reprises, soit pendant les nombreux séjours qu'il fit à la cour, soit pendant les quelques années qu'il fut nominativement évêque de Dol, il revint à Douillet près de ses parents. Il ne dédaigna pas même de monter dans la chaire de notre église, et, suivant la tradition, fit beaucoup de bien dans la paroisse, car le prestige dont il jouissait, les honneurs dont il était

(1) *Insinuations* XXVI, fos 384 et 294.
(2) Nous ne pouvons entreprendre de donner ici une bibliographie même abrégée de l'évêque de Nîmes ; nous nous proposons d'ailleurs de lui consacrer postérieurement un travail spécial.

revêtu et sa grande réputation lui assuraient sur la population une irrésistible influence. Comment les habitants de Douillet auraient-ils pu rester insensibles à l'éloquence si entraînante d'un prélat qui fit un jour, à Bordeaux, crier vive le Roi, au milieu d'un sermon, à un immense auditoire enthousiasmé. L'évêque de Nîmes concourut en outre, avec son parent René Cohon, à restaurer et à augmenter le presbytère de Douillet; aussi ses armoiries « *d'azur à une fasce d'or accompagnée en chef d'un soleil et en pointe de trois étoiles 2 et 1* » furent-elles peintes sur la poutre maîtresse de la principale salle où elles existent encore.

Il reçut gratuitement dans ses communautés de Nîmes tous les membres de sa famille qui voulurent y entrer, et appela auprès de lui plusieurs de ses cousins, de ses neveux et de ses nièces. Enfin à sa mort, survenue en 1670, la branche de Douillet reçut en souvenir de lui un certain nombre de vases ou d'objets mobiliers, dont plusieurs ont été conservés jusqu'à nos jours de génération en génération. Les liens de famille qui unissaient les Cohon de Douillet à leur illustre protecteur étaient d'ailleurs si solides, qu'au XVIIIe siècle encore, le curé de Douillet Me Pelard, arrière neveu de l'évêque de Nîmes, était en correspondance avec des prêtres de ce diocèse qui lui envoyèrent de curieux renseignements sur l'émeute de 1658, dans laquelle Cohon faillit être tué par les Protestants, et une copie de l'épitaphe du prélat, aujourd'hui insérée dans les *Chroniques de Douillet*.

II.

Me René Cohon prit possession de la cure le 2 juillet 1633, en présence de Me Mathieu Chereau, chanoine prébendé de l'église du Mans, son parent, de Me Jean Cohon alors curé de Souligné-sous-Vallon, de Me Pierre Richer curé de Saint-Georges-le-Gautier, de Me Lefebvre curé de Montreuil-le-Chétif et de plusieurs autres ecclésiastiques. Fils de Pierre Cohon et de Olive Hamon, « paroissiens de Saint-Aubin-de-Pouancé, au diocèse d'Angers », il avait reçu la tonsure des mains d'André du Parc de la Porte le 27 mai 1622, avait été promu au sous-diaconat par l'évêque d'Angers Claude de Rueil le 21 décembre 1630, au diaconat par l'évêque du Mans Charles de Beaumanoir le 6 mars 1632, et enfin à la prêtrise par ce même prélat, dans l'église des Frères Mineurs du Mans, le samedi des Quatre-Temps après la Pentecôte, 21 mai 1633 (1). Il célébra sa première messe à Douillet le samedi 2 juillet, fête de la Visitation (2). C'était un prêtre instruit,

(1) *Insinuations* XXVI fo 384.
(2) *Reg. de l'État-Civil.*

zèlé, d'une parfaite régularité et d'une grande charité, qui consacra aussitôt à sa nouvelle paroisse tous ses soins, tout son dévouement et tous ses talents.

En premier lieu il met ordre aux affaires temporelles de la cure et termine par des transactions plusieurs difficultés relatives à la dîme : l'une avec le prieur de Fresnay au sujet des dîmes du bois des Laires, l'autre avec le curé de Saint-Georges au sujet des dîmes de Beaucoudray. Il conclut, avec l'approbation de l'assemblée de fabrique, un échange de terre avec le seigneur de Douillet ; puis il poursuit énergiquement l'éternel procès des Prêtrises qui est déféré en appel par Jacques Sorière au Parlement de Paris. Grâce à ses efforts une transaction sera signée quelques années plus tard et mettra enfin terme à cette longue affaire en ménageant les intérêts ou les susceptibilités des adversaires. En même temps M⁰ René Cohon s'efforce par tous les moyens en son pouvoir de développer les sentiments religieux de ses paroissiens. Ainsi il leur fait prendre l'habitude d'aller chaque année en pélerinage, croix et bannières en tête, aux sanctuaires les plus vénérés de la contrée. Cet usage, profondément entré dans les mœurs de la population, se conserva longtemps après René Cohon, et pendant tout le XVII⁰ siècle nous voyons la paroisse de Douillet se rendre processionnellement, ainsi que les paroisses voisines, à Saint-Roch-d'Averton, à Saint-Germain, à Sillé, à Ségrie, à Sainte-Anne-du-Val et surtout à Sainte-Avoie, tous les ans le lundi de Pâques (1).

René Cohon obtint ensuite la création dans l'église de Douillet d'une confrèrie du Rosaire, autorisée par l'évêque du Mans, Charles de Beaumanoir, le 10 octobre 1637, et érigée « à la demande des très dévots fidèles en J.-C. les habitants de » Douillet » par le P. Pierre Dubois prieur des Frères Prêcheurs du Mans, docteur en théologie, en vertu des privilèges spéciaux accordés à son Ordre par le Saint-Siège. Ce fut une grande fête pour la paroisse, et le procès-verbal qui en fut dressé dans l'assemblée des habitants mérite d'être cité : « Aujourd'huy dimanche » 11 octobre 1637, dit ce document, après midy, règnant Louis Treiziesme par la » grâce de Dieu Roy de France et de Navarre, en la paroisse de Douillet, église » de Saint-Pierre, par devant R. P. Frère René Perdriau, religieux du couvent » des Frères Prêcheurs du Mans, se sont présentés en leurs personnes Messieurs » *curé, prestres, noblesse et autres habitants soubsignés de ladite paroisse*, au » bourg de Douillet. Lesquels entendant de toutes parts les grands biens et fruits » spirituels que la dévote et saincte confrairie de Nostre-Dame du Rosaire produit » ès lieux où elle est juridiquement et canoniquement érigée, avec les statuts » divers exactement observés, et estant d'ailleurs bien certifiés du pouvoir et » authorité que le Saint-Siège Apostolique a donné par privilège à l'Ordre des

(1) Arch. paroissiales.

» Frères Prédicateurs d'instituer et establir la saincte société ; ensuite de quoy ils
» ont très humblement supplyé au nom de tous les habitants, le R. P. Frère
» Pierre Dubois, religieux dudit Ordre et prieur du couvent du Mans, de vouloir,
» selon le pouvoir qui lui en a été donné, ériger et instituer en cette dite paroisse
» de Douillet la confrairie et Société de N.-D. du Saint-Rosaire ; lequel aiant
» commis et délégué ledit R. P. Frère René Perdriau pour ce faire, avons prié et
» prions instamment ledit R. P. Frère René Perdriau de nous instituer et eriger
» ladite confrairie, avec tous les privilèges et indulgences concédés, par les
» souverains Pontifes, promettant lesdits suppliants et s'obligeant maintenant
» comme toujours et à jamais, *au nom de toute la communauté de ce lieu,*
» d'observer et faire observer les ordonnances d'icelle selon leur propre forme et
» teneur, et selon qu'il est porté dans la Bule.... Et oultre les conditions de ladite
» Bule s'obligent de faire célébrer tous les ans quatre anniversaires pour les
» défunts confrères et sœurs ; item, que tous les ans ferons présent d'un cierge
» blanc à N.-D. du Rosaire en l'église des Frères prêcheurs du Mans, et que les
» procureurs de la Confrairie auront soin de faire transcrire le nom des
» confrères et de les transporter en ladite église du Mans. Fait et passé
» au cimetière de Douillet, devant Christophe Le Bouc notaire en la cour royale
» du Mans, en présence de Michel Hermon affineur à la forge de l'Aune etc.
» Signé: R. Cohon, de Montesson, Sevin, J. de Cocherel, J. de Montesson etc. (1). »

A dater de ce moment et en exécution de l'engagement précédent, une des
plus anciennes chapelles de l'église, celle de saint René, réparée et décorée, prit
le nom de chapelle du Rosaire. Un petit tableau du Rosaire, renouvelé en 1774 et
aujourd'hui détruit, fut placé sur l'autel ; enfin les habitants s'efforcèrent à
plusieurs reprises de montrer leur dévotion au Rosaire par des dons et des fondations (2) ».

L'établissement de cette nouvelle confrérie ne fit point d'ailleurs négliger les
anciennes pratiques de piété. Nous voyons à la même époque la fabrique entreprendre des réparations importantes à la chapelle Saint-Michel de la Courbe, et la
plupart des chefs de famille entretenir à leurs frais, suivant un usage qui remontait
au XIVᵉ siècle, un cierge de cire blanche devant le crucifix de l'église : ils tiennent

---

(1) Arch. paroissiales.

(2) Un grand nombre de confréries du Rosaire furent établies dans le diocèse du Mans après
la victoire de Lepante et l'institution de la fête du Rosaire par le pape Pie V. M. l'abbé Lochet,
dans ses *Recherches sur l'histoire des Confréries*, Le Mans 1848, p. 89, en cite dix-huit, dont
douze établies de 1621 à 1637. Encore cette liste est-elle incomplète, puisqu'elle ne mentionne ni
la confrérie de Douillet, ni celle de Saint-Georges-le-Gautier, instituées à la même époque.

même à honneur de porter eux-mêmes ce cierge en procession le jour de la Chandeleur. Bien mieux encore le sentiment religieux est alors si profond que le procureur de fabrique est admis à sévir contre les paroissiens trouvés dans les tavernes pendant la messe ! (1).

Cependant cet élan de piété provoqué par le zèle de René Cohon ne pouvait instantanément modifier les mœurs du temps. L'année qui suivit l'érection de la confrérie du Rosaire, Mᵉ Cohon eut donc la douleur de voir son cimetière pollué par un scandale et un crime. Le 25 juin 1638 un paroissien nommé Pierre Galpin y fut assassiné par les gens des seigneurs de Moulins et de Jupilles (2). Tout en ne pouvant dire ce que venaient faire à Douillet ces deux gentilshommes et leur suite, nous croyons qu'il ne faut voir dans ce triste épisode qu'un incident fortuit, un crime isolé commis à la suite d'une rixe. Le cimetière fut reconcilié dès le 5 juillet suivant, mais, sous l'impression profonde qu'avait causée ce scandale, on prit presque aussitôt la résolution de l'abandonner. Le 12 juillet 1639 Jean de Montesson, devenu seigneur de Douillet par suite de la mort de son frère François, donna à la fabrique, pour servir de cimetière, le champ de l'Aguille, qui n'est autre que le cimetière actuel, à charge d'être recommandé aux prières du peuple dans toutes les processions qui s'y rendraient ; pour une cause à nous inconnue, ce nouveau cimetière ne sera bénit qu'en 1655.

En somme, l'année 1638 avait été marquée à Douillet par deux événements regrettables : l'assassinat de Pierre Galpin et la mort prématurée de François de Montesson, décédé sans postérité antérieurement au 2 mars 1639. A cette date en effet ses frères : Jean, Mathurin et Bazile, ainsi que sa sœur Françoise, mariée à François Le Maire de Maigné-du-Désert, se partagent sa succession (3). François de Montesson était, disent les *Chroniques*, un gentilhomme très religieux, et il était en si bons termes avec la population que *les manans et habitans de Douillet* l'avaient choisi pour représentant dans un procès que la fabrique dut soutenir en 1634. Toutefois son frère Jean qui lui succédait, et habitait Douillet lui aussi

---

(1) Arch. paroissiales. I, n° 10.

(2) *Reg. de l'État-Civil.* — Un fait du même genre se renouvela sans doute en 1667, car il fallut réconcilier le cimetière à cette date une seconde fois.

(3) François de Montesson n'est pas cité comme seigneur de Douillet dans la généalogie de Montesson publiée par Borel d'Hauterive. Il pourrait se faire en effet que son père Jacques de Montesson qui mourut très âgé, à une date que nous n'avons pu retrouver à Douillet, ait vécu aussi longtemps que lui. Il n'en est pas moins certain que la seigneurie de Douillet avait été attribuée à François par les partages de 1614, et qu'à partir de 1620 environ, lui seul dirige, comme seigneur de paroisse, tous les rapports avec la fabrique et les habitants.

depuis longtemps, partageait les mêmes idées ; les relations entre le curé et le seigneur restèrent donc ce qu'elles étaient, cordiales et faciles, comme le prouvent l'échange conclu entre eux dès le 12 juillet 1639 et la donation du champ de l'Aguille. Peu après, au mois de septembre 1640, Jean de Montesson épousait en l'église de Douillet damoiselle Elisabeth Picard, fille de Julien Picard seigneur de Villeneuve et de Madeleine Foulard, dont il eut dans la suite douze enfants (1). La branche de Montesson de Douillet reprit par là même une vigueur nouvelle pour toute la durée du siècle.

Il est vrai que la noblesse de la paroisse faisait vers le même temps une perte importante, celle du seigneur de la Bouteveillère Jacques de Cocherel. Dans son testament en date du 19 janvier 1640, il commence par « rendre actions de grâces » à Sa Majesté divine de ce qu'il a plu le ramener au giron de notre mère la » saincte Église catholique, apostolique et romaine », puis il lègue 30 livres aux capucins d'Alençon alors en grande estime dans la contrée, une rente de 19 liv. tourn. à la fabrique et au curé de Douillet « pour avoir tous les premiers dimanches » du mois la première messe du Saint-Rosaire, à laquelle on fera la prière de » lui » ; il choisit pour exécuteurs testamentaires M⁰⁰ René Cohon et Charles de Montesson (2). La tradition ajoute qu'il donna en souvenir de son retour à la religion catholique la belle croix de pierre qui s'élève aujourd'hui au milieu du cimetière (3). Si donc l'attitude de Jacques Cocherel n'avait pas toujours été orthodoxe, si même parfois sa conduite n'avait pas été régulière, on ne peut douter de la foi réelle qui l'animait au moment de sa mort; òr le mérite de cette conversion revient en grande partie à Mᵉ René Cohon, qui avait su, comme on le voit par le testament précédent, gagner la confiance et l'amitié de l'ancien huguenot.

Au reste quelques années plus tard, un événement mémorable au point de vue paroissial devait contribuer encore à réveiller les sentiments religieux de la population. Pour la première fois peut-être l'évêque du Mans venait administrer le sacrement de confirmation dans l'église de Douillet. Le 18 octobre 1645, jour où Monseigneur Emeric-Marc de la Ferté s'arrêta à Douillet, fut un grand jour pour les habitants, qui firent éclater leur joie, disent les *Chroniques*, d'une manière toute particulière. Au nombre des confirmés se trouvait cette demoiselle de

(1) *Annuaire de la noblesse* 1863, p. 257.

(2) Archives paroissiales.

(3) Il pourrait bien y avoir eu confusion sur ce point avec l'ancienne croix *boissée* du cimetière, aujourd'hui détruite en partie, car la croix actuelle du cimetière, que nous reproduisons, es d'un excellent style *gothique* : elle se rapporte bien plutôt au XVᵉ qu'au XVIIᵉ siècle.

Cocherel, qui avait été baptisée deux fois en 1615, à l'église de Douillet et au temple de Mimbré, sous deux noms différents : le prélat régularisa sa situation en

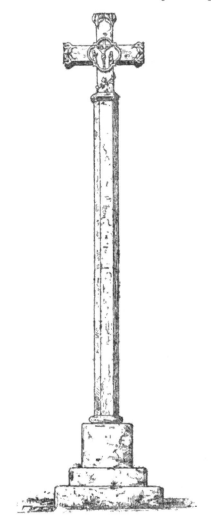

ajoutant à son nom catholique de Jacquine son nom protestant de Françoise, lequel fut ajouté par son ordre sur le « Papier baptismal » (1).

(1) *Reg de l'État civil.*

Développé ainsi par les efforts combinés de l'évêque, du curé et du seigneur, l'élement paroissial prend une force suffisante pour traverser sans arrêt les secousses politiques et les crises agricoles.

La mort de Louis XIII en 1643, les troubles de la Fronde si funestes à certaines parties du Maine de 1648 à 1652, et même la cruelle famine de 1650 ne produisent pas de contre-coups apparents à Douillet. Malgré des alarmes inévitables, malgré le passage dans les environs de troupes de gens de guerre, les affaires de la fabrique et la cure ne subissent pas de ralentissement sensible. La Paroisse, encadrée on peut le dire entre les familles de Montesson et Cohon, poursuit sa marche en avant, à tel point que la population s'accroît rapidement, et qu'en 1651 le nombre des baptêmes s'élève à *quarante*, chiffre maximum qu'il lui soit donné d'atteindre à Douillet. Les donations et les legs continuent ; une cloche est refondue et le pinacle réparé ; les « ymaiges de l'église sont rhabillées » par un ouvrier de Fresnay, et « on remet un bras à Saint-François ». Les assemblées de fabrique sont convoquées régulièrement pour approuver les baux et arrêter les comptes. On y trouve à leurs places respectives les principaux éléments de la vie locale : le curé, les vicaires, le seigneur, les gentilshommes, et les procureurs de fabrique ; remarquons au passage parmi ces derniers un parent du curé et de l'évêque de Nîmes, maître Pierre Cohon, chirurgien à Douillet et procureur de fabrique en 1648.

De même la *Communauté* se fortifie peu à peu et les fonctions de *procureur-syndic* prennent chaque jour plus d'importance. C'est à cet agent par exemple que le bailly de Fresnay transmet, le 28 juin 1651, l'ordre de convocation des États-généraux, aux termes duquel la députation du *tiers ordre des paroisses, composée d'ung ou deulx de chaque communauté*, doit se trouver à la Flèche le 24 juillet afin d'élire les députés du Tiers (1).

Enfin l'industrie elle aussi semble se développer. Mathieu Gohy, commissaire de l'artillerie, ayant charge du Maréchal de la Meilleraye, exploite les forges de l'Aune et y fait exécuter diverses améliorations ; la construction d'une levée de cent mètres de longueur, qui traverse un pré des Prêtrises, nécessite un arrangement entre Mes Cohon et Gohy : celui-ci promet au curé, le 4 février 1650, une indemnité de 60 sous tournois (2), mais il est remplacé peu après par « noble René de Crespy », qui sera inhumé le 25 septembre 1660 dans la chapelle du Rosaire, en l'église de Douillet, « sous le bon plaisir de Mes Cohon et de Montesson (3) ».

(1) L'abbé G. Esnault. *Note sur la convocation aux États-généraux de 1651.* Mamers, 1882, in-8°.

(2) Archives paroissiales.

(3) *Reg. de l'Etat civil.*

A plus forte raison, si la paroisse de Douillet ne souffre qu'indirectement des troubles de la Fronde, les progrès de tout genre qu'elle est en voie d'accomplir suivent une marche progressive après le triomphe de Mazarin, le rétablissement de l'ordre dans les pouvoirs publics et la majorité de Louis XIV.

Toutefois il faut bien reconnaître que c'est toujours l'élément religieux qui absorbe l'attention dans les annales de Douillet. Ainsi, à côté de la nouvelle confrérie du Rosaire, nous voyons dès 1654 l'antique confrérie du Saint-Sacrement de Fresnay, réorganisée en 1616 par Monseigneur de Beaumanoir, prendre un grand développement dans la paroisse : elle comprend plus de soixante-dix membres de toutes classes, et en première ligne le seigneur, Jean de Montesson (1). L'année suivante 1655, Mᵉ René Cohon procède en grande pompe, le 19 juin fête de saint Gervais et de saint Protais, à la bénédiction du nouveau cimetière. Cependant le cimetière étant à peine clos et difficile d'accès on l'abandonne presque aussitôt après y avoir enterré deux corps seulement, pour revenir à l'ancien : il est à remarquer d'ailleurs qu'au XVIIᵉ siècle les habitants notables sont encore enterrés dans l'église et en si grand nombre que les droits « d'ouverture de l'église » constituent pour la fabrique un revenu important. Enfin cette même année 1655, Mᵉ René Cohon est élu pour deux ans procureur fabrical, nouvelle preuve du rôle important qu'il remplit dans la paroisse et de l'influence qu'il exerce sur les habitants.

Pendant toute la durée de son ministère, une des principales préoccupations de Mᵉ René Cohon fut de faciliter et encourager les vocations ecclésiastiques ; il forma dans ce but un certain nombre d'élèves qui vinrent successivement augmenter le clergé paroissial de Douillet. Au premier rang de ce clergé on doit placer Mᵉ Michel Cochet, sieur de la Grenousière, vicaire en 1640 et ensuite prêtre habitué, ecclésiastique rempli de foi et descendant d'une des meilleures familles du Tiers-État de la paroisse. Vers 1650 il fut nommé titulaire de la chapellenie du Plessis-Breton, après quelques difficultés avec un personnage bien connu : Adam Deschamps, écuyer, conseiller du roi, lieutenant en la maréchaussée du Maine. René de Pannard, chevalier, seigneur de Chantepie et de Saint-Paul-le-Gauthier, mari de dame Anne de Fossay et curateur des enfants mineurs de feu Claude de Fossay, sieur de Lamboust, et de damoiselle Marie Le Roux sa femme, héritiers de la terre du Plessis-Breton, avait en effet présenté cette prestimonie à Adam Deschamps, tandis que Guy Le Roy la présentait de son côté à Michel Cochet. Un procès s'éleva, et Adam Deschamps obtint une sentence favorable du

_____

(1) Arch. municipales du Mans : dossier Fresnay.

12

présidial du Mans ; Michel Cochet interjeta appel, mais une transaction signée au Mans en mai 1650 mit terme à l'affaire. D'une part, Michel Cochet se désista et restitua les revenus perçus ; d'autre part, Adam Deschamps lui céda pour l'avenir le bénéfice en litige, lequel lui fut aussitôt présenté par le seigneur de Chantepie (1). Michel Cochet mourut le 13 janvier 1670. Par testament en date du 5 juin 1669, il légua à la fabrique une rente de 20 livres, à charge que la première messe de chaque dimanche fut dite pour lui et ses parents par un prêtre de sa famille, ou à son défaut par un prêtre au choix du curé ; une ordonnance de monseigneur de Froullay du 12 octobre 1726 réduira cette fondation au chiffre de quarante messes par an (2).

Après Michel Cochet il faut citer dans le clergé paroissial les autres vicaires : Mᵉˢ Jean Cochet ; Joachim Foies ; Jean Coisnon ; René Cohon neveu du curé, qui assista son oncle dans les dernières années de son ministère et passa ensuite dans le diocèse de Nimes ; puis des prêtres habitués nombreux, Jean Denis, Léonard Drouet, Jean Cadieu, Louis Briffaut, Sébastien Leduc qui légua une rente de 3 liv. 10 sols à la fabrique et une livre dix sols au curé pour être recommandé tous les dimanches au prône ; enfin les bénéficiers dont quelques uns résident, tels que Michel Cochet, chapelain du Plessis-Breton, et Louis Bougler, titulaire de la prestimonie Bigot.

Mais non seulement le zèle de Mᵉ René Cohon fut secondé par un clergé paroissial d'une conduite parfaitement régulière, il le fut encore par les exemples du seigneur et par d'excellentes relations avec les gentilshommes de la paroisse. L'alliance entre le curé et le seigneur, entre l'assemblée de fabrique et la noblesse, fut même si complète à l'époque où nous sommes que Mᵉ Jean de Montesson accepta vers 1660, peu après Mᵉ René Cohon, les fonctions de procureur de fabrique. On peut juger du reste de sa piété et de celle de la dame de Douillet par les dernières dispositions qu'ils dictent dès 1656 à Louis Durand notaire au Mans, dans la crainte d'être surpris par la mort. Ainsi ils demandent à être inhumés dans le chanceau, au lieu de la sépulture de leurs prédécesseurs, avec une grande simplicité, par le curé et les prêtres de la paroisse seuls. Ils règlent tous les détails de leur enterrement et font de nombreux dons aux pauvres, aux Capucins et aux Sainte-Claire d'Alençon (3).

(1) Communication de M. l'abbé Esnault.

(2) Arch. paroissiales. Cette fondation existe encore aujourd'hui, car, par une exception bien rare la fabrique a recouvré une partie de la rente, après la Révolution: toutefois une ordonnance épiscopale du 12 janvier 1841 a réduit le nombre des messes à douze.

(3) Chartrier du château.

Ces sentiments de piété sont généraux alors dans la noblesse de Douillet. Courtoussaint par exemple appartient encore à Jacques de la Vayrie, fils de Christophe de la Vayrie et de Louise Vasse, lequel a épousé dame Renée de Cissé ; or nous avons eu maintes fois occasion de signaler les opinions de cette famille si catholique. La Bouteveillère est échue en partage, après la mort de son frère Jacques de Cocherel, à Jacquine de Cocherel, confirmée en 1645 par l'évêque du Mans. Celle-ci a épousé en premières noces, croyons nous, le 7 février 1630 René de Courtarvel seigneur de Coulombiers, en secondes noces Etienne de Havard, écuyer, sieur de Senantes, fils de Jacques de Havard et de Geneviève de Guénée. Tous deux habitent leur manoir de la Bouteveillère, ainsi que René de Havard frère aîné d'Etienne, veuf d'Eléonore Deschamps et qui se remariera en 1660 à Renée Le Roux. Cette famille de Havard possédait dès le XVIe siècle la seigneurie de Senantes près Dreux, où elle semble avoir eu son principal point d'attache ; René de Havard meurt le 31 mars 1674 à l'âge de 66 ans, et son frère Etienne le 3 avril de la même année à 64 ans (1). La Droulinière est restée la propriété de la famille du Plessis-Châtillon. Damoiselle Marie de Guenée, première femme de Charles du Plessis, « ayant vécu en ce mariage vingt-
» six ans environ, était décédée le dimanche matin heure de grand messe, le 8 de
» février 1632, au grand regret de son mari et de tous ceux qui la connaissaient,
» comme étant parfait tableau de piété, de prudence, de chasteté, de modestie et
» de patience ; en seconde nopce ledit sieur de la Droulinière épousa le 3e jour de
» may, mardy des rogations l'an 1635, damoiselle Juliane Poivet, native de la
» ville de Fresnay, duquel mariage prit naissance du jour de Saint-Charles
» André du Plessis, nommé sur les fonds de baptesme le jeudi 5e jour de juin l'an
» 1636 par messire André du Plessis, chevallier, vicomte de Rugles et par Jeanne
» de Cordouan, damoiselle de la Montagne (2) ». Charles du Plessis étant mort à
son tour en 1647, la Droulinière est habitée par sa veuve Julienne Poyvet et son
fils André du Plessis Châtillon. Depuis 1652 au moins, Moré appartient à Louis
du Bellay, chevalier, seigneur des Buards en Anjou, de l'illustre famille du
Bellay, qui a épousé Anne d'Ascigné, héritière de Honorat d'Ascigné et de Jeanne
Jacqueline de Laval ; comme ses prédécesseurs, Louis du Bellay ne réside
pas à Douillet et habite son château des Buards en Anjou (3). Quant à la Courbe,
elle change coup sur coup de propriétaires. Vendue 10000 livres en 1646 à noble

---

(1) *Généalogie de la famille de Havard*, comm. par M. l'abbé Esnault. — *Reg. de l'Etat civil.*

(2) *Généalogie du Plessis-Châtillon*, dans la *Semaine du fidèle*, XV p. 209.

(3) Arch. mun. du Mans. — C. Port. *Dictionnaire de Maine-et-Loire* I. p. 532, II. p. 66.

homme Henri Dufour, médecin et conseiller du duc de Vendôme, par Jacques Elisant de Blois, elle est revendue dix ans après à Gilles de Jajollet dont un parent était en 1634 « hoste à Fresnay (1) ». Cette famille de Jajollet, que nous verrons acheter des terres de toutes parts dans la contrée sans pouvoir les payer, ne doit donc pas être confondue avec la vieille noblesse du pays, bien qu'en 1675 Marguerite de Jajollet soit pompeusement qualifiée femme de M. le lieutenant général de Fresnay (2). Plus favorisée, la terre de Corbon demeure à Joachim de Courtarvel, seigneur de la Galouère au pays de Dunois, de Boisgency, Vauhallier etc. qui compte toujours au premier rang de la noblesse du pays. De même Lorière est encore occupée par Bonne de Moré et son fils Thomas du Cormier ; Les Roches par Gabriel de Cocherel et sa femme Marguerite de Baillon, dont une fille Renée épouse en 1664 Mathurin Le Feron, escuier s^r de Longuemesière, de la paroisse de Moulins-le-Carbonel. Gabriel de Cocherel meurt avant 1665 et sa veuve continue à habiter les Roches ; par son testament du 4 novembre 1667 elle lègue au curé de Douillet une rente de cent sols tournois « pour avoir la prière et une messe basse aux fêtes de N.-D. », disposition qui nous révèle suffisamment les sentiments religieux de la dame des Roches (3).

Nous sommes donc en droit de dire que la noblesse de la paroisse est groupée autour du curé et du seigneur, dont elle partage les sentiments de foi et de piété. Les rapports mutuels se sont adoucis sous cette influence salutaire, car nous ne connaissons pour cette époque qu'un procès, intenté en 1662 à Julienne Poivet et André Duplessis-Châtillon par le bailli des châtellenies de Courtarvel, la Lucazière et Moudan pour défaut de foi et hommage (4) ; ce procès montre d'ailleurs combien les obligations féodales tendaient à se relâcher et surtout qu'elles étaient devenues absolument surannées. Cependant, si la noblesse contribue en général par ses exemples à consolider l'œuvre de civilisation poursuivie par Me René Cohon, il faut reconnaître aussi qu'elle a déjà certaine tendance à s'affaiblir. Les seigneurs de la Courbe ne sont plus à compter ; la veuve de Me Abraham Le Hayer procureur du roi à Alençon, damoiselle Françoise du Blanchet propriétaire de la métairie de Brantalon, ne peut-être considérée comme paroissienne de Douillet (5) ; la famille Le Roy du Plessis-Breton elle-même, si brillante au siècle dernier, s'est éteinte dans la personne de Guy Le

(1) Titres de propriété de la Courbe.
(2) Reg. de l'État civil de Fresnay.
(3) Arch. paroissiales.
(4) Titres du Plessis-Châtillon.
(5) Arch. de la Sarthe, E, 203, n° 138.

NOTES GÉNÉALOGIQUES SUR LA FAMILLE DE HAVARD.

———

« D'après l'*Inventaire des titres de noblesse* que René de Havard, escuier, s^r de
» Senantes, demeurant paroisse de Douillet, élection et ressort du Maine, tant
» pour lui que pour Estienne de Havard, escuier, demeurant à Douillet, son
» frère, met et produit devant vous, Mgr Voisin, chevalier, s^r de la Noiraye,
» conseiller du Roy en ses conseils et maistre des Requestes ordinaire de son
» hostel, commissaire departy pour la recherche des titres de noblesse.

Jacques Havard, escuier, épouse Madeleine de Pilliers (XVe siècle).

Pierre de Havard, escuier, s^r de Thuillay.	Louis de Havard, s^r de Senantes, épouse le 6 novembre 1529, en la principauté de Marcillac, Jeanne de Chatillon.	

Claude de Havard, escuier. s^r de Senantes.	Louis II de Havard, s^r du Couldray, épouse Catherine de Rhimbert, qualifié s^r de Senantes en 1593. Or en 1596 saisie des biens du feu s^r de Senantes, « condamné à avoir la teste tranchée, par sentence du bailly de Chartres.	Louise de Havard, épouse: 1° Jean de la Tour, escuier ; 2° N. de Morainville.

Marie de Havard.	Jeanne de Havard, épouse Jacques des Fiefs, chevalier, s^r de Mondétour.	Jacques de Havard, épouse Geneviève de Guenée, inhumée à Douillet, le 26 juin 1654.	Adrien de Havard.

René de Havard, épouse: 1°, le 25 novembre 1631, Léonard des Champs, fille de feu Josias des Champs, escuier, sieur de la Tour, et de Léonore Raulin, morte à Douillet, en 1658 ; 2°, le 19 janvier 1660, Renée Le Roux. René de Havard, meurt à Douillet, le 31 mars 1674, à l'âge de 66 ans.	Etienne de Havard, épouse damoiselle Françoise-Jacquine de Cocherel, dame de la Bouteveille re, à Douillet. Etienne meurt à Douillet, le 3 avril 1674, à l'âge de 64 ans.

« Le présent inventaire faict à Tours, le 12e février 1687. »

(*Archives du château de Chères.* — Communication de M. l'abbé G. Esnault.)

Roy, qui habite modestement le bourg et semble pour un motif quelconque privé d'une partie de ses droits, de telle sorte que le manoir du Plessis possédé quelque temps par la famille Le Roux est échu aux seigneurs de Saint-Paul-le-Gautier. Encore quelques années et la petite noblesse rurale, attirée à la cour ou dans les villes par l'attraction fatale du « grand Roi », abandonnera les campagnes où elle exerçait jusqu'alors un rôle prépondérant.

Cette tendance déjà sensible à Douillet, malgré la prospérité de la société paroissiale au temps de M° René Cohon, est compensée il est vrai par un redoublement d'efforts du Tiers, dont la classe supérieure, la petite bourgeoisie rurale, se prépare à prendre dans les campagnes les places que la noblesse laissera vides. En attendant les paroissiens de Douillet travaillent avec ardeur et ont soin de conserver leur rang dans les affaires de la fabrique. A l'exemple des gentilshommes, tous ceux qui parviennent à amasser une aisance suffisante se montrent généreux envers l'Église, affirmant ainsi à leur insu la vitalité de leur classe. Citons rapidement pendant l'administration de M° René Cohon : Jean Roger neveu d'André Bigot ; il lègue à la fabrique le champ de la Hantelle, six livres pour aider à construire une chapelle des Trépassés et une chape de camelot noir. Mathurine Châtelain « demeurant au logis seigneurial » : elle donne à l'église trente livres pour avoir un ciboire et une rente de six livres pour la célébration d'un *Stabat* les premiers dimanches de chaque mois. Pierre Péan marchand et Georgette Patry sa femme ; ils laissent une rente de dix sols pour la fondation de deux messes basses avec la prière. Léonard Denise maréchal et sa femme Marguerite Cochet, du Genetay, « lesquels considérant les grands amours et affections qu'ils ont eu » durant leur mariage, et aussi les grandes peines qu'un chacun d'eux a souffert » pour amasser aucuns biens que N. S. leur a pretté de sa grâce, en se mortel » monde ; désirant de tout leur pouvoir se récompenser l'un l'autre », se font donation réciproque de leurs biens, veulent qu'au décès dudit Denise le prix de sa boutique de maréchal « soit converty en service divin », et lèguent à la fabrique leur maison du Genetay. Anne Morillon qui laisse également à la fabrique une rente de quatre livres, dont trente sols « pour aider à avoir du luminère et des » ornemens au Saint-Rozère establi en l'église de Douillet. » Marguerite Biette veuve Mathurin Pelard ; entre autres prières elle demande à M° Michel Cochet trente-quatre messes qui doivent être dites devant l'image du Rosaire (1) etc. Il faut ajouter ensuite à ces noms ceux des familles Cochet, Cohon, Pelard, Bozo, Hercé etc., qui forment comme nous l'avons dit une classe moyenne entre la

(1) Arch. paroissiales.

noblesse et les laboureurs. Enfin les rapports du Tiers avec le clergé et la noblesse doivent être faciles, car les quelques difficultés soulevées par le paiement des rentes de la fabrique se terminent pour la plupart par des transactions, grâce à la médiation du curé et de Jean de Montesson. Tout au plus ceux-ci ont ils besoin d'obtenir deux sentences : l'une en 1658 du bailli de Sillé contre René Vasse, écuyer et Marie Defay sa femme, qui refusaient d'acquitter les arrérages de la rente de l'Étricherie ; l'autre en 1660, au siège royal de Fresnay, contre les héritiers Michel Durand (1).

Si maintenant on remarque que la fin du ministère de Mᵉ René Cohon coincide avec les premières années du gouvernement personnel de Louis XIV, avec la période glorieuse du grand siècle, on arrive à cette conclusion que cette époque fut une époque de prospérité et de paix pour la paroisse de Douillet. Seule l'année 1662 fit exception : elle fut marquée par une famine désastreuse et une dyssenterie qui éprouva si cruellement la paroisse qu'il fallut enterrer deux corps dans la chapelle Saint-Michel de la Courbe, « par peur de la contagion (2) ». Mais ce ne fut là qu'une éclipse momentanée comme il devait s'en produire inévitablement dans les campagnes, où les conditions matérielles de la vie laissaient encore beaucoup à désirer, et où le gouvernement n'était pas encore en mesure d'envoyer rapidement des secours. Aussi, abstraction faite de cette unique année 1662, on peut dire, croyons-nous, que jamais sous l'ancien régime la société paroissiale ne fut plus vivante, plus brillante même, grâce à l'heureuse influence du curé, du seigneur et de l'évêque de Nimes.

Mᵉ René Cohon mourut le samedi 10 avril 1666, après avoir été trente-trois ans curé de Douillet, et fut inhumé dans l'église. Sa succession fut partagée entre cinq branches d'héritiers, dont l'une était fixée au bourg d'Izé (Mayenne) et représentée par Jeanne Cohon, veuve Michel Pinot notaire à Evron, et Jean Cohon sieur de la Maltière (3), ce qui a fait croire parfois que la famille Cohon était originaire du Bas-Maine, et que l'évêque de Nimes particulièrement était né à Izé. Bien que le neveu de Mᵉ René Cohon, qui assistait son oncle comme vicaire, ait passé à ce moment dans le diocèse de Nimes où se trouvaient déjà plusieurs parents de l'évêque, la famille Cohon n'abandonna pas Douillet tout entière ; des nombreux enfants de Pierre Cohon, maître chirurgien et frère du curé, une fille au moins, Elisabeth, devait rester à Douillet où elle avait épousé en 1663 Mathurin Pelard.

(1) Arch. paroissiales,
(2) *Reg. de l'Etat civil.*
(3) Arch. mun. du Mans.

III.

Mᵉ René Cohon fut remplacé par Mᵉ Hélie Derouez, de Crannes-sous-Vallon, qui prit possession de la cure le 10 mars 1667. D'après les *Chroniques*, ce nouveau curé, tout en n'obtenant pas des résultats aussi brillants que son prédécesseur, montra lui aussi beaucoup de piété et de régularité pendant les vingt-neuf ans qu'il administra la paroisse. Au reste il s'efforça en toutes circonstances de suivre la voie tracée par René Cohon. Comme lui il conclut dès son arrivée avec Jean de Montesson un échange de terres avantageux à la cure ; comme lui il signa avec les curés de Montreuil et de Saint-Georges, pour éviter de regrettables procès, différentes transactions relatives aux dîmes. En un mot il administre avec soin et intelligence le temporel de la cure ; il rend aux seigneurs de fiefs les déclarations qui leur sont dues, et se fait délivrer réciproquement de nombreuses reconnaissances.

Au point de vue spirituel son rôle est plus effacé. Mᵉ Hélie Derouez se borne à maintenir les pratiques de dévotion établies antérieurement, et à entretenir les sentiments de piété qui animaient alors à un si haut degré les paroissiens de Douillet. Ces sentiments se traduisent comme toujours par des dons : en 1667 de Marguerite de Baillon dame des Roches et de Mathurine Lainé veuve André Bellanger de l'Étricherie ; en 1670 de Françoise Broust ; en 1687 d'Elisabeth Corbin etc (1). Toutefois ces dons ne sont plus aussi abondants qu'à l'époque précédente.

De même, quoique ses revenus soient régulièrement perçus et administrés, la fabrique n'entreprend plus de travaux importants. Il semble que les paroissiens de Douillet songent à se reposer des progrès qu'il viennent d'accomplir.

Quant aux bénéficiers leur rôle est toujours insignifiant, car ils remplissent en même temps d'autres fonctions dans le clergé paroissial, ou bien ils ne résident pas. Ainsi la prestimonie Bigot, après le décès de Mᵉ René Goyet qui avait succédé à Louis Bougler, est présentée en 1670 au curé lui-même Mᵉ Hélie Derouez ; la chapellenie du Plessis, vacante par la mort de Michel Cochet, à Antoine du Val sieur d'Onglée, clerc tonsuré demeurant au Mans, puis quelques jours plus tard à François de Pannard, prêtre, demeurant en la maison seigneuriale de Thubœuf (2).

Mais si l'élément religieux, qui a atteint son développement complet avec René Cohon, parait rester stationnaire sous le ministère de Mᵉ Hélie Derouez, la

(1) Arch. paroissiales.

(2) *Insinuations*, XXXIII. fᵒˢ 89, 97, 104, 361.

seigneurie se fortifie chaque jour davantage et tend de plus en plus à dominer la société paroissiale, par le prestige que lui donnent la puissance territoriale et les hautes situations de la famille de Montesson. Jean II de Montesson est mort en effet à l'âge de quatre-vingts ans le 20 septembre 1677, quelques mois après sa femme Elisabeth Picard, enterrée dans l'église de Douillet le 17 avril précédent. Son fils Jean III lui succède : le 20 avril 1678 il marie sa sœur Marie à Léonor de Jupilles, chevalier, seigneur de Moulins et d'Oisseau (1), puis le 4 août 1685 il épouse lui-même Marguerite Maudet, fille de Jacques Maudet, chevalier, seigneur du Verger, maréchal-général-des-logis des camps et armées du roi, et de feue dame Anne de Langlée (2). Marguerite Maudet lui apportait en dot la seigneurie de Moire-la-Haute, en Piacé et Saint-Germain-de-la-Coudre ; le fief de la Milesserie en Fyé et Oisseau, avec les droits honorifiques dans l'église de Piacé ; la terre de la Haie en Assé-le-Boisne ; une rente de soixante livres sur le lieu des Mezerettes en Courcité, enfin cinq mille livres en argent (3). Elle appartenait, comme on le voit, à une famille riche et influente qui possédait de nombreuses seigneuries dans la contrée et portait « *d'azur à trois poissons d'argent, posés en fasce l'un sur l'autre* ». Or ces alliances brillantes, qui l'unissaient à de puissants voisins, ne pouvaient manquer d'accroître le prestige du seigneur de Douillet, d'autant plus qu'en même temps plusieurs circonstances fortuites venaient augmenter son patrimoine. Ainsi son frère Charles s'étant fait religieux augustin, Jean-Baptiste et François ayant été tués au service du roi, et ses autres frères ou sœurs étant morts prématurément, Jean de Montesson ne se trouve plus en concours, pour la succession de sa mère, qu'avec sa sœur Marie, dame de Jupilles, et son frère Joseph, capitaine aide-major au régiment de Normandie. A l'époque où nous sommes le seigneur de Douillet est donc plus influent que jamais, et il a soin de montrer à tous sa puissance en faisant exécuter à son château des travaux d'embellissement. Il fait exhausser l'aile neuve, ouvrir des mansardes, adapter au milieu de la façade une porte d'entrée dont l'encadrement à moulures, largement traité, ne manque pas d'un certain style. Puis il achète de la fabrique pour agrandir son enclos une parcelle du cimetière ; enfin il fait meubler et décorer le château avec un luxe jusqu'alors inconnu à Douillet (4). A tous les points de vue il est véritablement seigneur de paroisse et domine tous les autres gentilshommes.

Le nombre de ceux-ci diminue rapidement il est vrai. A la mort du seigneur

(1) *Reg. de l'Etat civil.*
(2) Chartrier du château.
(3) Minutes Urbain Deshais.
(4) *Chroniques de Douillet,* fº 5.

de Courtoussaint, Jacques de la Vayrie (20 juillet 1660), cette terre a été achetée par René de Jajollet, fils de Gilles de Jajollet, déjà propriétaire de la Courbe, de Bernay à Montreuil et de l'Epinay à Assé. Gilles de Jajollet, d'une origine modeste comme nous l'avons vu, est devenu conseiller et secrétaire du roi, mais il habite à Paris paroisse Saint-Roch, et son fils René est receveur des finances à Caen. Ni l'un ni l'autre n'appartiennent dès lors à l'histoire de Douillet ; ce ne sont que des spéculateurs qui ne paient pas leurs acquisitions et dont la faillite, bientôt déclarée, modifiera singulièrement la situation de plusieurs anciens fiefs de Douillet. Le logis seigneurial de Moré est habité par un simple fermier général qui représente à Douillet Anne-Madeleine du Bellay et Charles du Bellay, chevalier non prêtre de l'ordre de Saint-Jean de Jérusalem, héritiers de Louis du Bellay et Anne d'Ascigné. Il est vendu en 1689, ainsi que le domaine de Moré tout entier, moyennant une somme de 21794 livres et la faculté de rachat pendant neuf ans, à Suzanne de Neuillan Parabère, duchesse de Navailles, épouse du maréchal. Inutile d'ajouter que la marquise de Navailles n'habitera jamais Douillet (1). Il en est de même de la famille Tavernier de Boulogne devenue propriétaire de Lorière et des Beauces ; puis de Mathurin Le Feron, écuyer, sieur des Roches, et de sa femme Renée de Cocherel.

Des anciens logis seigneuriaux de la paroisse trois seulement sont habités par leurs propriétaires à la fin du XVII⁰ siècle : la Bouteveillère, la Droulinière et Corbon. A la mort de Françoise de Cocherel, veuve Étienne de Havard, la Bouteveillère est échue à un fils qu'elle avait eu de son premier mariage, Charles de Courtarvel sieur de Coulombiers (2). Celui-ci a épousé damoiselle Françoise Piau qui meurt à la Bouteveillère postérieurement au 17 novembre 1691 ; par son testament en date de ce jour, Françoise Piau, dame de la Bouteveillère, laisse « deux cents livres de messes », vingt livres aux Mineurs de Sillé, cinquante livres à perpétuité à la fabrique de Douillet pour trois grandes messes par an, dans le cas ou sa fille décéderait sans héritiers, mais elle est obligée d'enlever la nue propriété de ses biens à cette dernière Françoise de Courtarvel, ainsi qu'à son gendre François de Loubat, sieur de Carles, « à cause de leur dissipation, pour conserver le bien de sa famille » (3). Elle leur substitue ses petits-enfants nés ou à naître, et supplie Mᵉ Hélie Derouez d'être son exécuteur testamentaire. La Droulinière est habitée par Julienne Poivet et son fils André du Plessis Châtillon qui a épousé Catherine Brière, petite fille de René Doissseau, sieur de Thou, de Crannes-sous-Vallon et parent de Mᵉ Hélie Derouez. André du Plessis Châtillon

(1) Arch. mun. du Mans.
(2) Archives de la Sarthe G, 45.
(3) Minutes Urbain Deshais.

étant mort en 1684, la Droulinière est achetée par René de Jajollet qui ne peut sans doute la payer ; car elle est saisie presque aussitôt et adjugée en avril 1687, pour 10500 livres, à Jean Brière, prêtre, supérieur de la communauté de N.-D. des Aides de la chapelle de Saint-Rémy-du-Plain, curé de la paroisse du Val et frère de Catherine du Plessis-Châtillon (1). Le nouvel acquéreur n'habite pas la Droulinière, mais il y laisse sa sœur qui continue à y demeurer et y fait son testament en 1694. Corbon enfin est habité par Anne de Courtarvel, fille de Jacques de Courtarvel, mariée à René de Barville écuyer.

En d'autres termes, la petite noblesse rurale, si vivante et si nombreuse aux siècles précédents, s'affaiblit de jour en jour pour faire une place plus grande d'une part à la famille de Montesson, d'autre part à la bourgeoisie, qui se trouveront bientôt seules en présence.

Cette dernière classe progresse en effet toujours à la faveur de la paix et de la prospérité qui règnent dans la contrée. Les fermiers généraux devenus des personnages importants se substituent insensiblement aux seigneurs qu'ils représentent : tels sont par exemple Guillaume Levrard sieur du Ronceray, fermier général de Moré, procureur de fabrique en 1696, et René Poybeau sieur du Clos, qui exploite les forges de l'Aune pour le compte de la baronnie de Sillé. Puis le nombre des membres du Tiers arrivés à une situation moyenne augmente sans cesse. A leur tête on voit : honorable Guillaume Jory sieur de Louville, marchand et greffier du rôle des tailles, « l'un des particuliers habitants de la paroisse », auquel l'assemblée de fabrique concède un banc dans l'église « en considération du zèle qu'il a pour rendre service à la fabrique » ; Michel Le Sage, sieur du Cormier, qui obtient également la concession d'un banc dans la nef ; Jacques Bellanger chirurgien et procureur de fabrique (2).

En même temps, par une conséquence des progrès administratifs qui marquent les débuts du règne de Louis XIV, la *communauté* s'organise sur des bases plus complètes. Protégée par le pouvoir central et placée sous la sauvegarde des intendants, elle ne tarde pas à se ressentir de l'appui que lui donne volontiers le gouvernement ; elle devient même en quelque sorte l'alliée de la royauté, car elle est trop faible encore pour lui porter ombrage, et assez forte déjà pour l'aider à limiter l'omnipotence des seigneurs. Le *procureur-syndic* placé à sa tête est élu par les habitants suivant l'ancienne coutume ; mais, comme il n'a d'autre autorité que celle qu'il tire de son mandat, il ne saurait être rigoureusement comparé au maire actuel. Il convoque l'*assemblée de la communauté* composée et réunie de la

(1) Minutes Urbain Deshais.
(2) Arch. paroissiales.

GÉNÉALOGIE DE LA FAMILLE DU PLESSIS - CHATILLON

(BRANCHE DES SEIGNEURS DE LA DROULINIÈRE, A DOUILLET).

D'après la *Généalogie* publiée dans la *Semaine du Fidèle du diocèse du Mans*, tome XV, p. 205, et les *Registres de l'Etat-civil* de Douillet.

———

Armes : *D'argent à trois quintefeuilles de gueules.*

———

GUILLAUME, sr du Plessis, de Châtillon sur Colmont, en 1274.

GERVAIS, sr du Plessis.

JEAN I, sr du Plessis et de la Poissonnière en Anjou, vers 1373.

JEAN II, sr du Plessis.

JEAN III, épouse MARIE DE PARPASSE, dame de Montchouan et du Bueil, en Anjou. Il est mort en 1422.

JEAN IV, chevalier, épouse : 1º en 1457, MARIE DE VAULX ; 2º CATHERINE D'AVAUGOUR.

JEAN V, épouse en 1470, JEANNE DES AUBIERS, dame de Mortayn et de Chauvigné, en Anjou.

JEAN VI, épouse en 1495, JEANNE DE MATHAN, de Normandie.

LOUIS, épouse : 1º CHARLOTTE DE SPEAUX ; 2º en 1540, RENÉE DU BELLAY, fille du sr de la Flotte ; leur fils aîné, François du P. continue la ligne principale.

JEAN, écuyer, sr des Vaulx, fils cadet de LOUIS et de RENÉE DU BELLAY, épouse en 1583, SUZANNE DE COURBAYER, héritière de la Droulinière. Suzanne de Courbayer est inhumée à Douillet le 12 septembre 1604.

CLAUDE, inhumé à Douillet le 22 novembre 1600.	GEORGES, inhumé le 10 mai 1611.	CHARLES, épouse : 1º le 5 septembre 1606, à Mont-Saint-Jean, dame RENÉE DE GUÉNÉE, morte à Douillet le 8 février 1632 ; 2º, JULIENNE POYVET, de Fresnay.			
ANDRÉ, fils de CHARLES et de JULIENNE POYVET. Baptisé à Douillet, le 5 juin 1636 ; épouse : 1º LOUISE DU BUAT, inhumée à Douillet, le 29 août 1661; 2º CATHERINE BRIÈRE. Lui-même est inhumé à Douillet, le 3 juillet 1684.	LOUISE, baptisée à Douillet, le 26 août 1638, inhumée le 18 octobre 1659.	ELISABETH, baptisée à Douillet, le 14 novembre 1640, inhumée le 20 septembre 1659.	RENÉE, baptisée le 11 mai 1645, épouse à Douillet le 18 septembre 1660 LOUIS DU PIN, écuyer, sr de la Motte, à Saint-Ouen-de-Mimbré.	MARIE, baptisée le 2 juillet 1645, épouse à Douillet, le 10 septembre 1671 DENIS HALLÉ, bourgeois du Mans.	CHARLES, baptisé le 10 novembre 1647.
CHARLES, fils d'ANDRÉ et de LOUISE DU BUAT, baptisé à Douillet, le 27 décembre 1658 Il ne vit pas sans doute, car la terre de la Droulinière passe à la famille BRIÈRE.					

même manière que l'assemblée de fabrique, avec cette seule différence que les seigneurs et le curé n'y prennent pas part. Il soutient les procès, et surtout surveille la levée des impôts, qui reste toujours la principale des affaires soumises à la communauté.

Plus heureux que précédemment nous avons désormais des documents qui nous permettent de saisir sur le vif le fonctionnement de la communauté des habitants de Douillet. En 1694 par exemple, Michel Le Sage, notaire de la baronnie de Sillé, sieur du Cormier, se trouvant taxé à une somme trop élevée pour la valeur de son « faisant valoir », forme opposition au rôle dressé par les collecteurs. Aussitôt, le procureur-syndic, Mathurin Colombu, fait lire au prône de la grand messe un billet invitant les habitants à délibérer sur les affaires les plus pressantes du *général*, et particulièrement sur la réclamation du sieur du Cormier. Puis, quelques heures plus tard, après midi, il fait sonner la cloche et se rend dans le cimetière, à la grande porte de l'église, avec Urbain Deshais notaire royal ; les « manants et habitants » arrivent de toutes parts ainsi que Michel Le Sage, et lorsque le *général* est ainsi *deuement congrégé*, Mathurin Colombu expose l'affaire. L'assemblée délibère, et, reconnaissant le bien fondé de la réclamation, propose d'abord au plaignant de diminuer sa taxe pendant les six années suivantes, « afin de le remplir de la surcharge qu'il a subie ». Michel Le Sage, avec son expérience d'homme d'affaires, objecte la mauvaise volonté des collecteurs futurs qui pourraient ne pas admettre cette convention. La remarque est juste, paraît-il, car la première proposition est abandonnée et les habitants s'engagent à payer solidairement entre les mains de Michel Galpin, collecteur de l'année présente, la moitié de la taxe imposée à tort au sieur du Cormier (1).

On peut donc résumer l'état de la paroisse de Douillet vers la fin du XVIIe siècle, pendant la période heureuse du règne de Louis XIV, en disant que l'élément religieux, parvenu à son complet développement dès le ministère de René Cohon, se maintient à peu de choses près au même point sous celui de Me Hélie Derouez ; que la seigneurie, malgré la mort de Jean de Montesson décédé le 27 avril 1693 à quarante-deux ans laissant une veuve avec trois enfants (2), voit accroître son importance par suite de la haute situation de la famille de Montesson et aussi par suite de la disparition de la petite noblesse rurale qu'attire dans les villes un premier essai de centralisation ; enfin que la communauté dont l'existence administrative est réglementée par le pouvoir royal, tend à devenir de plus en plus puissante, grâce aux efforts d'une petite bourgeoisie rurale, ambitieuse et

(1) Minutes Urbain Deshais.
(2) *Reg. de l'État civil.*

remuante, prête à prendre dans les campagnes les places abandonnées par la noblesse. C'est en définitive une situation brillante pour la paroisse de Douillet, et en général pour l'ancienne société qui atteint en ce moment son apogée. Mais aussi les contrastes s'accentuent entre le seigneur, que ses privilèges mettent au-dessus des autres mortels, qui ne paie pas la taille, qui est à l'abri dans son château de toutes les crises agricoles, et les manants qui supportent péniblement des impôts de plus en plus lourds, qui sont soumis à des obligations féodales surannées, et que la moindre disette éprouve dûrement. Ces contrastes constituent par eux-mêmes un danger, et il est facile de prévoir déjà qu'un choc se produira lorsque des calamités publiques ou des abus de pouvoir auront excité les passions, et surtout lorsque le sentiment religieux ne sera plus assez fort pour maintenir les esprits.

M⁰ Hélie Derouez, affaibli par l'âge et les infirmités, craignant d'être surpris par la mort, résigna sa cure au commencement de 1696 à un compatriote M⁰ Claude Guyon, de Vallon, prêtre instruit et dévoué qu'il connaissait depuis longtemps. Le 24 février suivant il dicta ses dernières volontés à M⁰ Jacques Lemaitre notaire royal de Saint-Germain-de-la-Coudre ; il léguait à la fabrique de Crannes son pays natal, où il demandait à être transporté, plusieurs rentes dont une de cent livres pour la fondation d'un *école gratuite*, qui serait tenue par un prêtre de sa famille : à la fabrique de Douillet une rente de trente livres pour l'entretien d'une lampe devant le Saint-Sacrement, et cinq sols chacun à cinquante pauvres de la paroisse. Puis par une disposition bizarre destinée à en assurer l'exécution, il ordonna que son testament fut gravé sur deux plaques de cuivre que les fabriques de Crannes et de Douillet feraient appliquer, avec des crampons de fer, à la grande porte de chaque église (1). M⁰ Hélie Derouez mourut quinze jours plus tard, c'est-à-dire vers la fin de février 1696, regretté de tous ses paroissiens.

(1) Arch. paroissiales.

CHAPITRE XII

LA PAROISSE DE DOUILLET AU XVIIIᵉ SIÈCLE

I. Mᵉ Claude Guyon. — La famille de Montesson pendant la guerre de la succession d'Espagne. — Anne de Courtarvel, dame de Corbon. — Grand hiver de 1709. — Disparition de la noblesse rurale.—Jean-Thomas de Montesson seigneur de Douillet.—Dernières années de Mᵉ Guyon. — II. Mᵉˢ Nicolas et Michel Pelard. — Efforts de la fabrique pour défendre ses droits. — La Communauté sous le règne de Louis XV. — Urbain Deshais, notaire royal, et le Tiers-Etat. — Constitution d'un grand domaine seigneurial, à la suite de la disparition de l'ancienne noblesse rurale. — Générosités de MM. Pelard. — III. Mᵉˢ Louis-René et Jean-Georges Hiron. — Procès au sujet des dîmes : leur signification et leurs conséquences. — Grêle de 1774. — Mᵍʳ de Gonssans à Douillet. — Vol à l'église. — Affaiblissement de l'élément ecclésiastique. — La Seigneurie _ la Communauté à la veille de la Révolution. — Rédaction du Cahier des Doléances et élections aux Etats-Généraux.

VEC le XVIIIᵉ siècle plusieurs des caractères que présentait jusqu'ici à Douillet la société paroissiale se modifient sensiblement. — A la suite des progrès accomplis à l'époque précédente l'état de choses, établi jadis par la féodalité et respecté au moins dans la forme par la monarchie, est devenu impossible ; il enserre la paroisse et la communauté dans un réseau de liens , désormais sans raison d'être et dès lors nuisibles à leur développement. L'heure approche où l'une et l'autre doivent briser ces liens et parvenir à un état social nouveau. Or les grandes transformations qui marquent l'histoire de l'humanité ne se produisent jamais brusquement ; elles sont préparées par un ensemble d'événements souvent inexplicables au moment même , et dont l'admirable enchainement n'apparait que plus tard, lorsque le plan arrêté par la Providence s'est entièrement déroulé. Le XVIIIᵉ siècle sera une de ces périodes de préparation et par là même une période de malaise, pendant laquelle tous les éléments de la vie locale changeront peu à peu d'aspect.

I.

Mᵉ Claude Guyon prit possession de la cure de Douillet le 21 juillet 1696, après quelques difficultés avec les héritiers de son prédécesseur, au sujet des réparations à effectuer au presbytère ; difficultés qui se termineront heureusement par une transaction grâce à l'intervention du frère du curé Mᵉ Pierre Guyon, praticien à Crannes sous Vallon, de Mᵉ Charles Le Plat de Quincé, procureur fiscal de la baronnie de Sillé, et de Jean Galpin procureur-syndic, auquel les habitants avaient donné pleins pouvoirs. Mᵉ Claude Guyon était alors prieur de Saint-Ouen-des-Fossés et habitait depuis quelque temps le palais épiscopal du Mans. Une éducation brillante, un talent réel comme théologien et prédicateur, un maintien distingué que relevait encore une taille élancée, l'avaient fait remarquer de Mᵍʳ de la Vergne qui l'avait attaché à sa personne et s'empressa de le nommer doyen rural de Fresnay, peu après son arrivée à Douillet. De tels précédents, et surtout la faveur dont il jouissait auprès de l'évêque, placèrent aussitôt Mᵉ Claude Guyon au premier rang du clergé de la contrée : il est vrai qu'il sut aussi mériter l'estime de tous, et ce qui est plus rare peut-être, se faire aimer de ses paroissiens (1).

Cependant, par une conséquence fatale de la disposition des esprits, il eut à subir plusieurs procès. Dès 1697 par exemple, le procureur de fabrique René Levrard ayant fait enlever de l'église plusieurs bancs, sous prétexte qu'aux termes de l'ordonnance de 1539 le droit de banc n'appartenait qu'aux seigneurs patrons, le propriétaire de la Droulinière, Mᵉ Jean Brière l'assigna devant le bailli de Fresnay « le plus parfait juge royal des lieux ». Celui-ci condamna la fabrique en s'appuyant sur l'acte de concession consenti en 1609 à Charles du Plessis Châtillon, lequel acte René Levrard ne connaissait pas suffisamment parait-il, « parce que les plus anciens praticiens avaient eu beaucoup de peine à le lire » ! L'année suivante 1698 nouveau procès avec les détenteurs d'une maison que la fabrique possédait à la Petite-Courbe et qui refusaient d'en acquitter le fermage : cette fois René Levrard prend sa revanche et fait condamner ses adversaires. Un peu plus tard, c'est le seigneur des Roches lui-même, Mathurin Le Feron, qui invoque la prescription contre le testament de Marguerite de Cocherel son aieule et se fait décharger de la fondation par sentence du bailli de Fresnay, malgré les efforts de Mᵉ Claude Guyon (2).

(1) Arch. paroissiales. — *Chroniques*, fᵒ 26.
(2) Archives paroissiales, II, nᵒ 18.

Heureusement ces procès sont compensés par des actes de probité dignes des générations précédentes, tels qu'un don de soixante-douze sols fait à la fabrique, « pour demeurer en seureté de conscience par Pierre Julienne de « Brantalon, sur ce qu'il avait oui dire qu'une pièce de terre à lui appartenant « devait autrefois un pain bénit au jour de l'Annonciation (1) » ; cet acte était d'autant plus méritoire que Julienne n'était pas l'héritier du fondateur de la rente et que sa famille possédait ledit champ, sans en rien payer, depuis plus de cinquante ans.— De même, en ce qui le concerne personnellement, Me Claude Guyon place la conscience au-dessus des termes de la loi ; il se reconnait sans peine débiteur chaque année, dans le mois d'août, de « vingt-deux boisseaux trois quarts de bon « blé seigle, et de onze boisseaux d'orge, mesure de Fresnay ou d'Assé-le-Boisne, « envers les religieux de la Couture, à raison du droit de dîme que possédait à Douillet leur prieuré Saint - Sauveur de Fresnay ; puis il renouvelle les conventions déjà conclues, au sujet des dîmes, avec son voisin le curé de Montreuil (2).

Le 1er octobre 1701 la paroisse reçoit avec joie et empressement la visite de l'évêque Mgr de la Vergne de Montenard de Tressan, qui vient administrer le sacrement de confirmation. Me Claude Guyon saisit cette occasion pour faire interdire les deux petits autels de la Vierge et de Saint-Jean qui masquaient le grand autel. Déjà en effet il avait en vue toute une série d'améliorations ou de travaux, mais les événements le forcèrent à en ajourner la réalisation.

La guerre de la succession d'Espagne était engagée, et en 1702 le bruit de la lutte arrivait jusque dans nos contrées. Au mois de juillet la Normandie fut menacée d'une descente des Anglais et on dut envoyer en toute hate sur les côtes les troupes de la milice, ainsi que la noblesse de la généralité d'Alençon : pendant trois mois les populations normandes vécurent dans des craintes très vives, partagées, dans une certaine mesure, par leurs voisins du Bas-Maine.

Néanmoins, comme la seigneurie de Douillet était alors entre les mains de Marguerite Maudet, veuve de Jean de Montesson, dont le fils Jean - Thomas de Montesson avait à peine quatorze ans, les événements militaires ne pouvaient modifier sa situation, et cette funeste guerre de la succession d'Espagne qui éprouva si cruellement la noblesse française, n'atteignit pas directement les seigneurs de Douillet. Au contraire, Mme de Montesson, non contente de poursuivre les travaux entrepris au château par son mari, acheta en 1702 le fief de Courtoussaint de René de Jajollet, prêtre, curé de Larré en

(1) Arch. paroissiales, II, no 18.
(2) Archives paroissiales.

Normandie, neveu et héritier de l'ancien receveur des finances de Caen ; non-seulement elle augmentait ainsi la puissance territoriale de la famille de Montesson à Douillet, mais encore elle faisait une spéculation avantageuse, payant 10,500 livres une terre achetée 18,000 livres en 1660 (1). Cette acquisition dut être renouvelée, il est vrai, en 1709 à la suite de la faillite des Jajollet, dont les créanciers firent saisir les biens. Mme de Montesson mourut deux ans plus tard, le 10 décembre 1704. Par son testament du 14 août 1702 elle avait légué deux cents livres à l'église de Douillet, et confié la garde de ses trois enfants mineurs, Jean-Thomas, Marie-Marguerite et Françoise, à son beau-frère et à sa belle-sœur M. et Mme de Montesson de Vezins. Ce fut une perte sensible pour le curé, que Mme de Montesson avait pris en affection au point de le choisir pour exécuteur testamentaire (2).

Privé de l'appui que lui donnait la dame de Douillet, Me Claude Guyon n'en persista pas moins dans les louables efforts qu'il faisait pour entretenir la foi de ses paroissiens. Il fut secondé d'ailleurs par deux vicaires intelligents et dévoués, originaires de Douillet : M. Pierre Lemoine, procureur de fabrique de 1696 à 1700, qui mit en ordre la comptabilité de la fabrique depuis long-temps mal tenue et fit placer dans la sacristie un coffre à deux clefs pour conserver les archives ; Me Nicolas Pelard arrière neveu de l'évêque de Nimes, appelé à Douillet en 1706, dès que ses études furent terminées, par Me Guyon dont il était l'élève. Vers la même époque, Me Guyon sut procurer à tous un salutaire exemple en préparant par ses conseils la dame de Corbon, Anne de Courtarvel veuve de René de Barville, à mourir dans des sentiments véritablement admirables. Nous connaissons en effet peu de testaments aussi édifiants que celui d'Anne de Courtarvel, tant par ses nombreuses générosités à la fabrique, à l'église, aux pauvres, aux capucins et aux Sainte Claire d'Alençon, que par l'esprit de foi et d'humilité chrétienne qui se révèle à chaque ligne. La dame de Corbon demandait en outre qu'il fut fait deux *voyages* à son intention, l'un à N.-D. de la Délivrande, l'autre à N.-D. de Chartres, et elle désignait elle aussi pour exécuteur testamentaire Me Claude Guyon (3).

Mais hélas les événements ne destinaient pas seulement le curé de Douillet à assister ses paroissiens de son ministère spirituel ; ils devaient bientôt le mettre en demeure de les secourir aussi au point de vue matériel, de leur prouver son inépuisable charité. Nous arrivons à l'année 1709, une des années terribles que la

(1) Minutes Urb. Deshais.
(2) Arch. paroissiales.
(3) Arch. paroissiales.

France ait traversées. Aux défaites d'une guerre malheureuse vient s'ajouter le plus cruel hiver dont on ait peut-être gardé le souvenir. A Douillet les registres de la paroisse le résument en deux lignes d'un laconisme éloquent : « Tous les arbres « fruitiers gelèrent, et il n'y eut point d'espérance de récolte ». Pour développer cette seule phrase, pour décrire les souffrances qu'endurèrent les campagnes depuis le jour des Rois, 6 janvier 1709, jusqu'à la récolte de 1710, il faudrait un volume ; bornons-nous à rappeler que des hommes et des bestiaux moururent de froid dans les maisons, que les bêtes fauves gelèrent dans les champs, et que la ville du Mans fut envahie par une armée de 18,000 mendiants ! Toutefois, si la paroisse de Douillet, comme toutes les paroisses du Maine, fut profondément atteinte par ce désastre, si le nombre des pauvres « réduits à la dernière néces- sité » s'éleva tout à coup de 30 à 187, le dévouement des autorités locales se montra à la hauteur des circonstances. Après avoir épuisé les ressources de la charité privée, et en vertu d'un arrêt du Parlement en date du 19 avril, elles imposèrent une taxe spéciale sur tous les propriétaires indistinctement, prêtres, nobles et bourgeois, établissant ainsi, on peut le dire, l'égalité devant le malheur. La répartition de cette taxe destinée à nourrir les pauvres fut faite par une com- mission composée du curé, de Mᵉ Urbain Deshais, notaire royal, de Jacques de la Cour, procureur-syndic, et de Guillaume Jory, procureur de fabrique. M. de Montesson souscrivit pour 75 livres, M. Guyon pour 60 livres ; le chapitre, l'abbaye de la Couture envoyèrent également leur offrande à cause des dîmes qu'ils percevaient à Douillet, et la commission parvint bientôt, malgré la misère générale, à s'assurer une somme de 414 livres. Pour gagner du temps le curé en avança une partie, et fut chargé de distribuer immédiatement les secours aux indigents qui comprenaient : seize familles de bordagers, cinq de fermiers, onze de journaliers, et quinze habituellement pauvres, en tout 187 personnes. Puis, lorsque le rôle eut été approuvé par le juge général de la baronnie de Sillé, l'im- position fut recouvrée à domicile par un collecteur spécial, Joseph Julienne ; ce qui permit de rembourser le curé et de continuer les secours jusqu'au 1ᵉʳ décembre (1).

Comme on le voit par ces détails, la paroisse et la communauté s'étaient réunies dans un même effort pour faire face au désastre. Quant à la noblesse elle ne parait plus ici comme un élément distinct : ses membres sont taxés individuel- lement et confondus sur le rôle au milieu des autres propriétaires. C'est qu'effec-

(1) Arch. paroissiales.—V. en outre sur l'hiver de 1709 dans le Maine les documents que nous avons publiés sous ce titre : « *Observations agricoles et météorologiques sur les années remar- quables dans le Maine de 1544 à 1789.* Le Mans 1881, p. 15 et suiv.

13

tivement dans le premier quart du XVIII⁰ siècle la disparition de la noblesse rurale achève de se consommer. — La terre de Courtoussaint vendue en 1702 par René de Jajollet à Mᵐᵒ de Montesson, saisie ensuite par les créanciers de la famille de Jajollet et revendue par eux en 1709 à Jean-Thomas de Montesson, est devenue une simple ferme (1).— La Bouteveillère est abandonnée vers 1709, après la mort de Françoise de Courtarvel veuve de François de Loubat, par son fils le sieur de Carles, Camille Charles de Loubat,, qui habite la maison seigneuriale du Pont de Monnay à Neuvillalais (2). — La duchesse d'Elbœuf propriétaire de Moré ne vient pas plus à Douillet que la maréchale de Navailles sa mère (3). — La Courbe, qualifiée désormais du modeste titre de métairie, saisie elle aussi sur la famille de Jajollet, a été adjugée en 1700 pour 7200 livres à un bourgeois de Paris nommé Antoine Gislard (4). — Lorière et la Beauce appartiennent aux Tavernier de Boulogne, famille de bourgeoisie de Fresnay. — Corbon a été abandonnée à son tour après le décès d'Anne de Courtarvel, veuve René de Barville, puis vendue en 1711 par sa sœur, Mᵐᵒ de Baudry, à une famille étrangère au Maine, les de Versoris, qui concéderont peu après cette terre à Marc Antoine Jory, sieur de Louville, maitre des forges d'Aubes, « y demeurant près de la ville de Laigle (5) ». — Les Roches enfin seront dépecées en 1718, après la mort d'Antoine René Le Feron, « assassiné à l'épée vers 1713 à la porte de l'auditoire du bailli d'Assé-le-Boisne » (6). — Seule, la Droulinière sera habitée jusqu'à la Révolution par les Herbelin, seigneurs de la Heulière, famille originaire de Saint-Calais-du-Désert, à laquelle avait appartenu un ancien curé de la paroisse et dont un membre, Jacques Charles de Herbelin, épousa dans l'église de Douillet le 17 janvier 1709 demoiselle Marie Brière, nièce de Mᵉ Jean Brière curé du Val. — En définitive la noblesse fixée sur le sol de Douillet est réduite, à partir de la fin du règne de Louis XIV, à deux familles, les de Montesson et les de Herbelin. La transformation que nous avions fait pressentir s'est accomplie, la bourgeoisie a pris dans les campagnes la place de la petite noblesse rurale, élément si actif jadis. Dès lors l'histoire de la noblesse n'est plus à Douillet que l'histoire de la seule famille de Montesson.

D'un autre côté, par une sorte de réaction contre la politique du gouvernement, la foi diminue ; le clergé voit ses rangs s'éclaircir ; les prêtres

(1) Arch. de la Sarthe E, 226.
(2) Arch. paroissiales.
(3) Arch. municipales du Mans.
(4) Titres de propriété de la Courbe.
(5) Arch. paroissiales.
(6) Minutes Urb. Deshais. — A. Leguicheux, *Chron. de Fresnay*, p. 50.

habitués sont moins nombreux ; les bénéficiers, Mes Jérôme de Sageon, chapelain de la Courbe, Julien Bigot et Jean Pichereau, titulaires de la prestimonie Bigot, Jean Bedeau et Pierre Clopeutre, chapelains du Plessis, ne résident pas ou n'exercent qu'une·très faible influence. L'élément religieux n'est plus guère représenté que par le curé.

Le curé, le seigneur, la communauté, tels sont donc les éléments qui subsistent dans la société paroissiale après Louis XIV. Les règnes suivants seront témoins de l'affaiblissement progressif des deux premiers et des progrès rapides du troisième qui tendra à devenir prédominant.

Sur ces entrefaites, Jean-Thomas de Montesson était arrivé à sa majorité et devenu l'unique représentant de la branche de Douillet, ses deux sœurs Marie-Marguerite et Françoise-Adegonde étant entrées en religion. Capitaine d'une compagnie de cavalerie au régiment de Villeroi, il épousa le 15 février 1711 dans l'église de Rouez, Madeleine Paule du Prat, fille de Pierre du Prat, écuyer, seigneur de Rouez, et de Dorothée Lemaire de Millières (1) ; puis il fut nommé le 5 janvier 1713, maréchal général des logis de la cavalerie légère. Dès les premières années qu'il prit en mains l'administration de la seigneurie de Douillet, il eut à soutenir un long procès contre la duchesse de Sillé, Marie Anne de Bourbon princesse de Conty, au sujet de la terre de Courtoussaint. Depuis sept ans qu'il avait acheté ce fief des créanciers de Jajollet il était en droit de s'en croire propriétaire définitif, lorsque tout à coup la duchesse de Sillé le fit assigner aux Requestes de l'Hôtel, en conséquence de son *committimus* pour se voir condamner à lui délaisser Courtoussaint à titre de retrait féodal. Une sentence du 9 juin 1716 ayant débouté de sa demande la princesse de Conty, elle en appela aussitôt au Parlement ; la lutte fut longue, mais enfin un arrêt du 12 mars 1717, basé sur les dispositions de la coutume du Maine, cassa le premier jugement et autorisa la duchesse de Sillé à exercer son droit de retrait (2). Courtoussaint fit dès lors retour à la baronnie de Sillé dont elle devint une dépendance directe, comme les forges de l'Aune l'étaient déjà. Quant à messire de Montesson il dut renoncer à s'étendre de ce côté et bientôt nous le verrons prendre sa revanche en achetant les domaines de Moré et de Corbon.

Pendant que l'attention du seigneur de Douillet est ainsi absorbée par les événements politiques ou des affaires d'intérêt, le curé continue à se consacrer

(1) *Reg. de l'Etat-Civil* de Rouez en Champagne. — Chartrier du château.

(2) *Arrest de la cour du Parlement concernant le retrait féodal et les droits seigneuriaux.* Paris, Damien Beugnie, grand'salle du Palais, au pilier des consultations 1717, plaq. in-4°, imprimée, très rare, comm. par M. l'abbé G. Esnault.

exclusivement à sa paroisse. Elu procureur de fabrique en 1712, Me Claude Guyon remet en ordre la comptabilité, donne à l'église de ses propres deniers les statues de saint Pierre et de saint Sébastien qui existent encore aujourd'hui (1713), obtient des sentences favorables des baillis de Sillé et Assé contre les propriétaires de la Bouteveillère et les représentants de Claudine Le Roux qui refusaient de payer les rentes dues à la fabrique (1714-1718), fait refondre les cloches (1720) ; en un mot se montre jusqu'à la fin administrateur aussi dévoué qu'intelligent. Au reste la dernière affaire qu'il eut à traiter devait être à l'honneur de ses paroissiens. Par son testament du 22 août 1724 Léonard Aguillé, « marchand laboureur demeurant à la Bussonnière », avait fait des fondations qui absorbaient plus de la moitié de sa succession contrairement aux dispositions de la coutume du Maine. Or, au lieu de faire annuler purement et simplement ce testament illégal, les héritiers « pour le respect qu'ils doivent à la mémoire de leur père, ne « désirant rien davantage que de faire exécuter ses dernières volontés autant qu'il « est en eux », et afin que l'affaire ne fut point portée devant un tribunal, proposent au curé de faire acquitter trois messes chaque année pendant vingt ans, deux messes par semaine pendant quatre ans et de donner 220 livres pour la décoration de l'église, « à condition que leurs dits père et mère seraient mis au « rang des bienfaiteurs de ladite église ». M. Guyon s'empressa d'accepter ces offres et les transmit à Mgr de Froullay ; il y joignit même en son nom une demande de réduction ou de déplacement de plusieurs *subvenite* qui devaient se dire à l'issue de la procession et retardaient le service divin (1).

M. Claude Guyon, depuis longtemps atteint de la goutte au point de ne pouvoir plus signer, résigna sa cure le 1er octobre 1725 à son vicaire Nicolas Pelard, dont il avait su apprécier les qualités, se réservant seulement une pension pour sa subsistance (2). Il mourut quelques mois plus tard, le 3 mai 1726, à l'âge de 69 ans (3), après avoir été trente-neuf ans curé de Douillet. Sa mort causa dans la paroisse et dans le doyenné des regrets si unanimes qu'il y eut à ses funérailles un concours extraordinaire de peuple ; il fut enterré le 4 mai dans la chapelle du Rosaire par le curé de Saint-Ouen, en présence de tous les curés voisins (4). Par

(1) Arch. paroissiales.

(2) *Insinuations*. LIII, f° 367-372.

(3) Pierre tombale dans l'ancien cimetière de Douillet : « *Isi gis le cor de Vble et discret maistre Claude Guyon, prestre, vivant curé de séant, doyen rural de Fresné, décédé le 3 may 1726, âgé de 69 ant. R. q. P.*

(4) *Reg. de l'Etat-Civil.*

son testament en date du 25 décembre 1725, il avait réglé d'ailleurs tous les détails de sa sépulture, demandant « à être enseveli en la manière d'un laïque, la face non découverte », légué aux pauvres près de vingt-cinq boisseaux de blé ou d'orge « pour être convertis en pain », et donné à la fabrique, en outre de ses ornements, une somme de 200 livres pour « avoir des vases d'argent à mettre les Saintes Huiles (1) ».

II.

Né le 30 janvier 1682 au hameau de Bas-Frobert, de parents vertueux, alliés aux familles Cohon et Cochet, le nouveau curé Mᵘ Nicolas Pelard était à tous les points de vue un enfant du pays. C'est à peine s'il avait quitté Douillet quelques années pour terminer ses humanités et se faire recevoir en 1706 licencié en théologie à la faculté de Paris. Depuis cette époque il exerçait les fonctions de vicaire à Douillet où il avait acquis, ainsi que nous avons eu occasion de le dire, les sympathies de son curé et de ses concitoyens (2).

Dès les premiers mois qui suivirent son installation (15 décembre 1725) il se mit à l'œuvre vaillamment. Tout d'abord il obtient de l'évêque les réductions de legs proposées par son prédécesseur, après avis conforme de Jean Pelard procureur de fabrique, Urbain Rommé procureur-syndic, et Louis Lurson curé d'Assé-le-Boisne, commissaire enquêteur (3). Puis il fait approuver les derniers comptes de fabrique par Mgr de Froullay, alors au château de Saint-Aubin, et bénir les nouvelles cloches ; la première est nommée le 30 septembre 1726 *Jeanne Dorothée* par Jean Thomas de Montesson et Thérèse Dorothée Lemaire du Prat représentée par Mᵐᵉ de Montesson, la seconde est nommée *Marie-Louise Eléonore* par Alexandre Léonor de Jupilles et Marie-Louise Heulin, épouse de Pierre Jacques du Prat conseiller au Parlement de Paris (4). M. Nicolas Pelard fait ensuite réparer le presbytère et disposer plusieurs appartements qui lui permettent de recueillir quelques élèves ecclésiastiques. La même année 1730, d'accord avec le procureur de fabrique François Desartre, il demande à l'évêque l'autorisation de démolir les deux autels que Mgr de la Vergne avait interdits dès 1701. L'autorisation ayant été accordée par ordonnance du 2 février 1731, après enquête du curé de Saint-

(1) Minutes Urb. Deshais.
(2) *Chroniques* fᵒ 29. — *Insinuations* LIII fᵒ 367-372.
(3) Arch. paroissiales II, nᵒ 20.
(4) *Reg. de l'Etat Civil.*

Victeur, M. Tavernier, doyen rural de Fresnay, il les fait transporter l'un, l'autel Saint-Jean, dans la chapelle du château, l'autre, l'autel de la Vierge, dans la chapelle d'entrée ou du Plessis. Puis il fait ouvrir dans le mur auquel ils étaient adossés une large arcade qui met en communication le chœur avec la nef et dégage la vue du grand autel : construite dans le cours de 1732 par Gabriel Bozo (1), tailleur de pierre, cette arcade coûte 140 livres. Vers la même époque, à la mort du curé de Saint-Victeur, M. Nicolas Pelard est nommé doyen rural de Fresnay, dignité qui le place comme son prédécesseur à la tête du clergé de la contrée.

Sous l'impulsion intelligente du curé la fabrique reprend, comme on le voit, plus d'activité. Si elle ne reçoit plus que des dons très rares, tels par exemple qu'une rente perpétuelle de 40 sols léguée en 1729 par Cécile Châtelain, veuve de Joachim Quinet, marchand tisserand, elle défend au moins ses droits avec énergie. L'assemblée de fabrique représentée par son procureur, François Desartre, entreprend ainsi vers 1730 et 1731 un long procès contre Marc Antoine Jory de Louville, détenteur de la terre de Corbon à rente perpétuelle, pour lui faire payer les droits d'amortissement et de nouvel acquêt de la rente de 170 livres léguée par Anne de Courtarvel, lesquels droits lui étaient réclamés à elle-même par les directeurs de l'enregistrement du Mans. En 1733, elle force les propriétaires du pré de la Chaussée à Montreuil, en les assignant devant le bailli du marquisat de Lavardin, à reconnaître la fondation de Mathurine Lainé. En 1738 nouveau procès pour un motif analogue entre Gabriel Bozo, procureur, et les héritiers Thimont, détenteurs de la Petite-Courbe. En même temps la fabrique seconde M. Nicolas Pelard dans ses diverses améliorations. En 1734 elle contribue à faire exécuter des réparations à la chapelle Saint-Michel. En 1739 elle conclut avec Louis Pierre Joseph de Montesson un arrangement relatif à la chapelle du château. Cette chapelle ayant un besoin urgent d'être reconstruite, « au point que la charpente menaçait d'écraser les fidèles », et la fabrique n'ayant pas les ressources nécessaires, M. de Montesson prend les frais à sa charge et même à l'avenir ceux d'entretien ou de décoration, à la condition que la jouissance exclusive de ladite chapelle lui soit désormais réservée et qu'il ait le droit de faire placer des grilles aux arcades qui la séparent de l'église ; le curé seul conservait une clef et la liberté d'y célébrer les offices sans la permission du seigneur. Cet accord important est signé le dimanche 7 juin, devant J.-B. Martineau notaire royal, dans une assemblée nombreuse réunie à l'issue des vêpres, en la forme accoutumée, à la diligence de M. Nicolas Pelard et de Gabriel Bozo. En 1742 la fabrique fait encore

(1) Arch. paroissiales.

refondre la grosse cloche, « qui se trouva cassée », par J.-B. Dubois fondeur au Mans. Enfin le 30 novembre 1743 les paroissiens donnaient pleins pouvoirs à Gabriel Bozo afin de poursuivre devant le bailli de Fresnay les héritiers de Catherine Duval, veuve de M. Tavernier de Boulogne conseiller du roi, grenetier du grenier à sel de Fresnay, et de les contraindre à payer les rentes dues par leur terre de Lorière (1).

Mais si la fabrique se défendait jusqu'ici avec quelque succès contre ces tendances d'une époque qu'on peut appeler l'époque des procès, la communauté prenait chaque jour plus d'importance. Comme la fabrique la communauté est alors administrée par l'assemblée de paroisse, réunie à la grande porte de l'église, à l'issue des vêpres, au son de la cloche, en présence d'un notaire. Tous les habitants peuvent y prendre part, sauf le seigneur qui n'y figure pas ordinairement ; de même les journaliers, les domestiques et les mendiants se tiennent généralement à l'écart, abandonnant sans peine la direction des affaires aux chefs de famille, propriétaires ou fermiers. L'assemblée est présidée par le procureur-syndic, représentant de la communauté, élu par elle, car l'institution des syndics perpétuels créés par Louis XIV n'a pas été maintenue : en cas de maladie le procureur syndic peut être suppléé par le procureur de fabrique. L'assemblée de la communauté nomme les collecteurs de la taille, examine les réclamations relatives aux impôts, arrête les noms de ceux qui doivent être ajoutés ou rayés sur les rôles ; puis elle délibère sur toutes les questions qui lui sont soumises par l'Intendant, représentant du pouvoir central. En 1734 la communauté de Douillet est ainsi appelée à étudier une affaire contentieuse d'un intérêt tout particulier. Un paroissien nommé Jacques Le Fol, déjà taxé sur les rôles de Montreuil, a été inscrit également sur les rôles de Douillet ; il a soumis une réclamation au siège Présidial de l'Election du Mans, et le procureur-syndic de Douillet, a été invité à faire connaître les motifs pour lesquels ledit Le Fol a été taxé à Douillet. L'assemblée des habitants, convoquée aussitôt, se réunit le dimanche 28 mars et répond « *unanimement, d'une seule voix* » que la maison neuve, habitée par Jacques Le Fol sur la gauche du chemin de l'Etricherie à Fresnay, doit être considérée comme faisant partie de Douillet. En vain, allègue-t-on que Le Fol et sa femme ont fait leurs pâques à Montreuil ; le curé de cette paroisse ne leur administre les sacrements qu'en vertu d'un billet du propriétaire de la maison le garantissant de tout ce qui pourrait arriver. En conséquence l'assemblée donne l'ordre formel au procureur-syndic de poursuivre l'instance « comme chose très juste » promettant de le rembourser de

(1) Arch. paroissiales.

tous les frais (1). Cette décision est renouvelée le 30 mai dans une seconde assemblée qui demande « que les lieux soient vus par des anciens ou par telles personnes qu'il « plaira à Messieurs de l'Election nommer à cet effet (2) ». Enfin une dernière assemblée, réunie le dimanche 26 septembre, réfute avec énergie les arguments des habitants de Montreuil et persiste pour la troisième fois à soutenir le procès. Nous ignorons quelle en fut l'issue, mais le plus triste pour Jacques Le Fol, c'est que les paroissiens de Saint-Aubin-de-Locquenay profitèrent de la contestation pour le taxer à leur tour et que le malheureux se trouva ainsi imposé sur trois paroisses à la fois ! Pour nous, nous concluons de cette curieuse affaire, d'une part que les limites de Douillet n'étaient pas encore rigoureusement fixées entre l'Etricherie et Montreuil, d'autre part que la communauté de Douillet savait à l'occasion défendre ses droits avec une remarquable fermeté. Ajoutons encore que c'est au procureur syndic que sont transmis les *mandements* de l'intendant relatifs aux levées de milice, comme il arrive par exemple en 1741, année où les *garçons* de Douillet sont invités à fournir un homme au roi (3).

Le Tiers-Etat qui compose l'assemblée de paroisse est trop nombreux maintenant pour que nous puissions citer des noms. La plupart d'ailleurs nous sont déjà connus : ce sont ceux des vieilles familles du pays que nous rencontrons à chaque instant depuis le XVIe siècle et dont beaucoup existent encore. Par exception cependant nous donnerons au passage un simple souvenir à M. Urbain Deshais, notaire royal à Douillet de 1688 à 1729 et le principal représentant, peut-être, de ce que nous appelons le tiers-état de la paroisse ; il mourut vers 1740 après avoir exercé une grande influence sur les affaires de la communauté. Son testament, passé le 10 avril 1737 par son successeur J. B. Martineau, indique des sentiments de foi vive et de grande honnêteté ; M. Urbain Deshais règle ainsi tous les détails de sa sépulture, réclame « le service dû aux confrères de la « confrérie du Saint-Sacrement de Fresnay dont il a l'honneur de faire partie », exhorte ses six enfants à rester unis, et leur rappelle par quels moyens il est arrivé à payer ses dettes, puis à doter chacun d'eux (4); en un mot on trouve dans cet acte la piété du chrétien, la prévoyance de l'homme d'affaires et la tendre affection du père de famille. Dirigé par un homme comme Urbain Deshais, le Tiers-Etat de Douillet ne pouvait suivre qu'une voie honnête et ne tenter que des revendications légitimes. Aucun indice ne vient encore révéler que notre population

(1) Minutes J.-B. Martineau.
(2) *Ibid.*
(3) *Ibid.*
(4) *Ibid.*

aıt pu concevoir la pensée d'un bouleversement social, ni rêver la suppression complète de la seigneurie.

Jusqu'ici la famille de Montesson garde donc son rôle prédominant. Elle est représentée par messire Jean-Thomas de Montesson et les trois enfants qu'il a eus de son mariage avec Madeleine du Prat. L'aîné Louis-Pierre-Joseph, baptisé à Douillet le 31 décembre 1714, a épousé le 26 septembre 1738 Marguerite Renée Le Silleur, fille de feu Balthazar Louis Le Silleur, chevalier de St-Louis, lieutenant des vaisseaux du roi, capitaine d'une compagnie franche de la marine, seigneur de Sougé, et de dame Marguerite Yvonne Lelong. Depuis ce moment il prend part à l'administration de la terre de Douillet, et c'est lui entre autres qui conclut avec les habitants l'accord relatif à la chapelle Saint-Jean : bien plus, à la suite de son mariage il réunit à son titre de seigneur de Douillet celui de seigneur de Sougé, puis il achète peu après les fiefs de Moré et de Corbon, de telle sorte qu'il devient le suzerain de la plus grande partie du territoire de Douillet.

Cette constitution d'un grand domaine seigneurial au détriment de la petite noblesse qui servait jadis d'intermédiaire entre le seigneur de paroisse et les manants n'était pas sans dangers. Il faut reconnaitre en effet que si la population n'était animée d'aucun sentiment de haine personnelle, certains droits anciens, et plus encore les formes qu'ils revêtaient, lui semblaient de plus en plus difficiles à supporter. Sans parler des devoirs féodaux, dont la plupart étaient surannés et beaucoup ridicules, la dîme commence à soulever des protestations sérieuses. Malgré l'estime dont jouissait M. Nicolas Pelard, les fermiers de la Coquinière et du Rocher apportent en 1747 tant de mauvais vouloir à l'exercice de son droit de dîme qu'il est obligé de leur faire dresser procès-verbal et de les assigner devant le sénéchal du Maine. Toutefois la cause ne pouvant être douteuse avec la législation en vigueur, les récalcitrants demandent bientôt grâce, et le curé promet de ne pas poursuivre le procès « pour le bien de la paix, pour l'union chrétienne de la société humaine (1) ». Le fait n'en est pas moins intéressant à noter. C'est la première attaque directe qui se soit produite à Douillet contre les institutions de l'ancien régime, la première escarmouche, pour ainsi dire, de la grande guerre des dernières années du siècle.

M. Nicolas Pelard, voyant l'heure de la mort approcher, résigna sa cure à son frère Michel Pelard, ancien curé de Tannie ; quelques jours plus tard le 6 août 1748 il succombait à l'âge de soixante-sept ans, après avoir rempli dignement pendant toute sa vie lés fonctions de son ministère. Suivant son désir il fut

(1) Arch. paroissiales.

enterré dans le cimetière, près de la croix boissée, par le curé de Saint-Aubin assisté de plusieurs ecclésiastiques (1). M. Pelard avait eu près de lui, comme ses prédécesseurs, des vicaires et des prêtres habitués avec lesquels il vécut toujours dans une parfaite union ; au dire des *Chroniques* il les édifiait même par sa foi, son zèle et sa régularité, mais il se distingua surtout par une générosité sans bornes. Une note inscrite par lui sur les *Registres de l'Etat-Civil* résume ce qu'il avait donné à l'église : la valeur totale de ces dons s'élève à 2416 livres, et on y remarque particulièrement une chaire qui lui coûte 750 livres en 1733, une horloge payée 400 livres en 1742, des ornements de toute espèce, plusieurs bannières et 1228 livres d'argenterie. La note se termine par ces mots : « Je prie le Seigneur « d'agréer cette petite offrande que je lui fais des biens qu'il m'a mis en main. « Dieu veuille que mes successeurs en fassent le même usage. Je les conjure de « ne pas m'oublier au pied des saints autels, afin qu'il lui plaise de me recevoir « dans le sein de sa miséricorde ». En outre par un testament olographe du 15 octobre 1730, que précède une longue et pieuse invocation, M. Nicolas Pelard léguait à la fabrique le tiers de son mobilier, soit environ 1131 livres, et une rente de 14 livres pendant trente ans pour trois messes chaque année ; puis par un codicille du 10 juillet 1748 il donnait aux pauvres une somme de 3000 livres produisant annuellement 150 livres d'intérêt ; enfin il désignait pour exécuteurs testamentaires son frère et Jean Thomas de Montesson, auquel il donnait ainsi un dernier témoignage d'amitié et d'estime (2).

M. Michel Pelard, né à Douillet le 8 octobre 1688, était lui aussi licencié en théologie. D'abord curé de Tannie et titulaire de la prestimonie Bigot que lui avait résignée le 24 février 1745 M. Bienvenu son neveu, il habitait avec son frère ainé depuis le 8 avril 1748 et il l'avait secondé pendant les derniers mois de sa vie. Il prit possession de la cure de Douillet le 2 octobre suivant (3), et s'empressa sur le champ de placer entre les mains de M. de Montesson, à titre de rente consti-tuée, les 3000 livres des pauvres, dont les intérêts furent distribués désormais chaque année par ses soins et ceux du procureur de fabrique (4). Peu après il vit se renouveler les tentatives de refus de la dîme. En 1751 il dut faire assigner le fermier de la Bussonnière devant le bailli de Fresnay et menacer celui de Launay, mais cette fois encore il triompha sans peine ; le fermier de Launay consentit même

(1) *Reg. de l'Etat Civil.*
(2) Min. Martineau.
(3) *Insinuations* LXIII f° 13.
(4) *Chroniques,* f° 34.

à lui faire des excuses et à lui donner six livres pour les pauvres, en guise de dommages et intérêts (1).

Il faut dire à la décharge des récalcitrants que la situation de la paroisse n'était pas prospère cette année là. La récolte avait été mauvaise par suite d'inondations et de pluies continuelles ; le nombre des pauvres avait augmenté, et sur les registres de l'Election, qui fixaient en 1750 à 3970 livres le chiffre de la taille de la paroisse de Douillet, on trouve en 1751 cette note significative : « Paroisse mal- « heureuse, mérite gratification, habitants pauvres (2) ». Dans ces circonstances le legs fait par M. Nicolas Pelard avait encore plus de prix, et messire Pierre Jean Baptiste du Prat, seigneur de la Goupillère, Tannie, Rouez en Champagne, rendit un véritable service aux habitants en voulant bien accepter aux mêmes conditions le capital de 3000 livres que M. de Montesson avait remboursé ; pour plus de garantie d'ailleurs le placement fut hypothéqué sur la terre de Vegron (3).

De son côté M. Michel Pelard, suivant l'exemple de son frère, se montra généreux. Il aida la fabrique à faire refondre la petite cloche (1750), reblanchir l'église, restaurer le pinacle, puis il donna de ses deniers, en plus de divers livres liturgiques, un nouveau maitre autel. Cet autel en bois sculpté, de grandes dimensions, est remarquable tant par son exécution que par son style : on ignore malheureusement le nom de l'ouvrier qui le fabriqua. Il fut placé en 1754, peint et doré à la colle en 1755 par le sieur Bouchard auquel on paya pour ce 535 livres 10 sols ; aujourd'hui il se trouve dans une des chapelles du transsept. En 1756, M. Pelard donnait encore à son église un dais en velours cramoisi qu'il avait acheté à Paris le 31 juillet 225 livres 10 sols (4).

Deux ans plus tard, le 28 avril 1758, Jean-Thomas de Montesson, décédé au Mans, était inhumé dans le chœur de l'église de Douillet en présence de MM. de Perrochel, de Jupilles, de Herbelin, de la Goupillère, et des curés de Saint-Aubin, de Saint-Georges et de Douillet (5). Par son testament fait au château de Douillet le 11 décembre 1756, il léguait 150 livres aux pauvres de la paroisse, divers meubles à ses petits enfants « qu'il aime de tout son cœur », et acquittait deux dettes légères, depuis longtemps oubliées, « priant son fils de ne « pas se scandaliser si dans l'état où il était, prêt à paraitre devant Dieu, il cher-

(1) Arch. paroissiales.
(2) Papiers de J.-B. Fay, fondé de pouvoirs de M⁰ de Fondville.
(3) Minutes Martineau.
(4) *Chroniques*, f⁰ 35.
(5) *Reg. de l'Etat Civil.*

« chait à diminuer le compte qu'il avait à lui rendre (1) ». Sa première femme, Madeleine Paule du Prat étant morte à 38 ans dès l'année 1730, M. de Montesson avait épousé en secondes noces Angélique de Gaultier de Chiffreville, mais il n'en avait pas eu d'enfants. Louis-Pierre-Joseph de Montesson son seul fils survivant devenait dès lors le chef de la famille. Seigneur de Douillet, Sougé, Corbon, Moré etc., possesseur d'une fortune considérable par suite de son mariage avec Marguerite Le Silleur, il fait exécuter des travaux importants au château, entre autres le grand escalier (2), et offre le type par excellence du grand seigneur de la fin du XVIIIe siècle. A la mort de son père il avait déjà sept enfants, quatre filles et trois fils ; Jean-Louis né à Douillet le 27 juin 1746, Balthazar-Michel le 14 octobre 1748, Antoine-Louis-Hector le 21 août 1752 (3).

Sur ces entrefaites M. Michel Pelard était parvenu à sa soixante-dixième année: atteint de plusieurs infirmités il crut devoir faire place lui aussi à une génération plus jeune. Après avoir été curé de Douillet onze ans et sept mois il résigna son bénéfice à Louis-René Hiron son parent et son vicaire depuis 1750. Il resta d'ailleurs à Douillet où il conservait la jouissance de la prestimonie Bigot et vécut encore dix ans. Il mourut le 18 avril 1769.

III.

Issu d'une honorable famille de Saint-Georges-le-Gautier, dont un membre Jacques Hiron avait été curé de Mont-Saint-Jean en 1685, M. Louis-René Hiron était instruit, zélé, d'un caractère franc et ouvert ; il avait deux frères prêtres, François, curé d'Averton ,et Jean-Georges, son vicaire d'abord, ensuite son successeur ; il fut installé le 10 janvier 1759 (4).

Dès les premiers jours de son ministère la guerre devient générale entre lui et ses paroissiens au sujet des dîmes. En effet les doctrines philosophiques de l'époque pénétraient déjà dans les campagnes, la foi diminuait, et le sentiment religieux, défendu jusqu'ici avec succès par MM. Guyon et Pelard, devenait l'objectif d'attaques sans cesse répétées. Dans la seule année 1759 Louis-René Hiron fut obligé de faire assigner les fermiers de la Métairie, de la Petite-Courbe, de Courtimont, de la Foubayère, de la Corbelière, des Coulées, des Boulais, de Besche.

(1) Min. Martineau.
(2) *Chroniques* fo 6.
(3) *Reg. de l'Etat Civil.*
(4) *Chroniques,* fos 36 et 37. — *Insinuations* LXVI, fo 309.

Les uns furent condamnés au bailliage de Fresnay ou au présidial du Mans, les autres transigèrent ; mais l'effet moral n'en fut pas moins désastreux. Le curé perdait une partie de son influence sur ses paroissiens, et l'esprit d'insubordination se répandait de plus en plus par suite du mauvais exemple toujours contagieux. La meilleure preuve c'est que la lutte recommença deux ans après pour se prolonger indéfiniment ; en 1763 avec le fermier des Pisserots, en 1765 avec ceux des Coulées et de la Beauce etc. Cette révolte des paroissiens de Douillet contre la dîme est à vrai dire le premier indice d'un changement sérieux dans les idées. De même nous n'avons plus à enregistrer qu'un seul testament en faveur de la fabrique, celui de Marie Le Roy en date du 18 février 1761. Bien plus, quelques années après, le sacriste se mettra lui-même en opposition avec le curé, au sujet d'une pendule dont il réclamera à tort la propriété ; il faudra le destituer et l'affaire prendra des proportions assez graves pour nécessiter en 1771 l'intervention du vicaire général et official, M. Paillé (1).

Ces symptômes divers n'entravent pas le fonctionnement de la fabrique, mais elle aussi semble poussée dans la voie des innovations. En 1765 par exemple le général des paroissiens autorise son procureur, Christophe Maignée, à reformer les bancs de l'église pour les rendre uniformes. Le dimanche 13 avril 1766 on en met plusieurs aux enchères, puis il faut demander au sénéchal du Maine l'autorisation d'enlever par force ceux que leurs propriétaires ne veulent pas ôter et procéder de nouveau, le 21 juin 1767, à une adjudication définitive. Comme on le voit, cette affaire avait encore soulevé certaines résistances. Un descendant des anciens seigneurs de Saint-Paul surtout, M. de Pannard de Lassay, avait réclamé avec énergie contre l'enlèvement des armoiries qui décoraient le banc de ses fermiers. L'année suivante 1768, la fabrique fait refondre une cloche au Mans par Cl. Dubois, moyennant 77 livres. Le 23 octobre une assemblée des habitants décide de placer sur les biens du clergé de France les 3,000 livres des pauvres, que Madame du Prat avait remboursées au mois d'août, et d'y ajouter 750 livres pris sur les intérêts, afin de conserver la rente annuelle de 150 livres ; le placement fut fait à Paris le 31 mars 1769 par les soins du procureur Pierre Agin et par l'intermédiaire du receveur des décimes du Mans, « qui était alors la seule voie par où il fallait envoyer l'argent au receveur général du clergé ». Enfin les revenus de la fabrique lui permettent en 1772 de faire remplacer par une large fenêtre les deux petites ouvertures qui éclairaient la chapelle du Rosaire, et de commander un nouveau tableau du Rosaire au sieur Boissière ; ce tableau fut payé 102 livres en 1774. —

(1) Arch. paroissiales.

Cependant la popularité dont avait toujours joui à Douillet l'idée religieuse, les rapports intimes qui unissaient la communauté et la fabrique, ne pouvaient mettre cette dernière entièrement à l'abri des tendances générales du temps. En 1773 le propriétaire des Pisserots voulut s'emparer par prescription de trois champs de la fabrique, jadis baillés à son fermier moyennant une rente annuelle. Il en résulta un long procès, au bailliage de Fresnay, et en appel au présidial de la Flèche, procès dont le résultat fut d'ailleurs favorable à la fabrique (1).

Mais ces interminables chicanes, ce changement manifeste dans les idées, ne portèrent pas bonheur à la paroisse de Douillet. Le 4 août 1774 (2), sur les quatre heures du soir, après une chaude matinée, il se forma tout-à-coup un nuage épais, « qui épouvanta, disent les *Chroniques*, tous ceux qui eurent le temps de « l'examiner » ; puis au moment où on s'y attendait le moins, il commença à tomber « une énorme quantité de grêlons aussi gros que des œufs d'oie ». Un habitant, Nicolas Picher, qui fendait du bois dans la rue près l'église, surpris par les premiers coups, crut qu'on lui jetait des pierres et demanda avec indignation ce qu'on lui voulait. Plusieurs personnes entendirent M. de Montesson s'écrier dans le jardin du château : A moi, mes amis, à moi ! (3). Cette affreuse grêle, dont on n'avait pas d'exemple, dura environ une demi-heure et plongea la paroisse dans la consternation. Les grains et les fruits de toute espèce furent moissonnés, beaucoup de personnes et de bestiaux blessés, des lièvres, des lapins et des perdrix tués au milieu des champs ; dans le bourg, le château et l'église furent si sérieusement endommagés qu'il fallut refaire une partie des toitures et remplacer un nombre considérable de vitres. Le fléau du reste n'avait pas épargné les paroisses voisines. A Saint-Georges la perte fut évaluée à 19,000 livres, « pas moitié de ce qu'elle devait être (4) » ajoute le registre ; à Sougé on éleva une croix et on fonda une messe annuelle « pour prier le ciel d'éloigner à l'avenir semblable calamité » ; en un mot toute la contrée fut ravagée, environ trente-neuf paroisses, au point que

(1) Arch. paroissiales.

(2) Nous adoptons cette date au lieu de celle du 3 août 1772 donnée par les *Chroniques*, parce que cette dernière, qui ne se trouve dans aucun document contemporain et provient sans doute du souvenir inexact de quelque vieillard, ne concorde pas avec les nombreuses notes relatives à cette fameuse grêle, insérées dans les *Registres de l'Etat-Civil* des paroisses voisines. D'autre part, l'heure et les détails étant rigoureusement identiques, il est difficile de croire à deux événements différents.

(3) *Chroniques*, fᵒˢ 5 et 39.

(4) *Reg. de l'Etat Civil.*

Louis XVI dut accorder à l'occasion de son sacre une décharge d'impôts à cette partie du Bas-Maine (1).

Découragé par ces événements et surtout par le mauvais esprit que certains paroissiens persistaient à montrer dans la question des dîmes, atteint d'un cancer aux reins qui le faisait cruellement souffrir, M. Louis-René Hiron prit l'année suivante la résolution de se retirer du ministère. Le 1er décembre 1775 il résigna sa cure à son frère qui lui servait de vicaire depuis dix ans, et resta près de lui jusqu'à sa mort, remplissant à son tour les fonctions de vicaire. Comme il possédait quelque fortune il avait fait exécuter différents travaux au presbytère, restaurer la pièce principale et entretenir avec soin le jardin, où on remarquait « des escaliers de gazon, des tonnelles de charmes et une charmille de trente-cinq toises de longueur (2) ». En outre il fit construire en 1778 près du cimetière, avec des matériaux provenant de la démolition du château de la Courbe, une assez belle maison qu'il avait l'intention de venir habiter. Mais il n'en eut pas le temps : les infirmités le clouèrent sur un fauteuil, et le 27 janvier 1781, il était inhumé dans le cimetière de Douillet par le curé de Saint-Christophe-du-Jambet Urbain Gallais, en présence des curés de Montreuil, Saint-Aubin, Saint-Paul, Saint-Georges, et des vicaires de Fresnay et de Mont-Saint-Jean (3).

Me Jean-Georges Hiron fut installé le 28 novembre 1775, quelques mois après le sacre de Louis XVI, qui avait fait naitre dans le pays tant d'espérances. Malheureusement ce mouvement de confiance et d'espoir, provoqué par l'avènement d'un prince dont la bonté était célèbre, ne devait entrainer qu'une sorte de suspension d'armes entre les principes de la vieille société et les doctrines nouvelles. Dès l'année 1777 le curé de Douillet se heurtait comme précédemment à de grandes difficultés pour percevoir la dîme ; il fut même contraint d'obtenir une ordonnance de la sénéchaussée, en date du 14 juin, ordonnant à tous les fermiers de la commune des paroisses de Douillet et de Montreuil de se conformer aux usages en vigueur, sous peine de cinquante livres d'amende et de confiscation des grains, bestiaux et harnais ; cette ordonnance fut lue solennellement au prône de la messe le dimanche 22 juin (4).

Cette lutte raisonnée contre la dîme n'empêcha pas, il est vrai, les habitants

(1) V. la lettre de remerciement adressée à Louis XVI par le comte de Souvré, curé de Connée, au nom de ses paroissiens. *Manuel du pèlerin à Notre-Dame-du-Chêne-de-Connée.* 1862 p. 63.

(2) Arch. paroissiales.

(3) *Chroniques* fo 37. — *Reg. de l'Etat Civil.*

(4) Arch. paroissiales.

de Douillet de montrer beaucoup de foi et d'enthousiasme, le 3 novembre 1778, à l'occasion du passage de Mᵍʳ de Gonssans ; ce fut, disent les *Chroniques*, un jour de joie et de bonheur, et il y eut à l'église une si grande affluence de peuple que l'on dut enlever les bancs pour les porter dans le cimetière. Le prélat descendit au château où M. de Montesson le reçut « de la manière la plus gracieuse », et après avoir administré le sacrement de confirmation il repartit, malgré les mauvais chemins, pour Saint-Georges, Saint-Paul et la Pooté (1).

Mais la lutte entre la foi et l'athéisme, entre les principes sociaux et la négation de toute autorité, n'en était pas moins commencée. Aussi un vol odieux vint-il bientôt dissiper les bonnes impressions laissées par cette fête. Le jeudi matin 4 mai 1782 (2) le sacriste Pierre Suhard, en se rendant à l'église pour sonner l'*Angelus*, trouva la grande porte ouverte, un cierge allumé sur les fonts baptismaux et la sacristie entièrement dévalisée : « son saisissement fut si fort qu'il tomba en faiblesse ». On prévint aussitôt le curé, le vicaire M. Amiard, le procureur de fabrique René Bozo et les principaux habitants. Tous furent réduits à constater que les voleurs avaient pénétré à l'intérieur en enlevant le seuil de la porte de la chapelle Saint-Jean, fracturé celle de la sacristie, volé deux calices et une croix de procession en argent, une autre croix en cuivre argenté, et qu'ils étaient ensuite sortis par la grande porte. Ces observations furent immédiatement consignées dans un procès-verbal dressé en pleine assemblée de paroisse, par Jacques Brousset notaire royal, successeur de J.-B. Martineau. La première communion devait avoir lieu le dimanche suivant : il fallut emprunter un calice à Fresnay et une croix à Saint-Georges : bien plus, les revenus de la fabrique étant absorbés depuis plusieurs années par des réparations à la toiture, les objets disparus ne purent être remplacés avant la Révolution. A Douillet les coupables demeurèrent inconnus, mais un vol analogue qui eut lieu la même nuit dans l'église de Bonnétable, mit la justice sur leurs traces ; un peu plus tard ils étaient arrêtés et condamnés au Mans. Au nombre de trois, ils faisaient partie d'une bande de faux monnoyeurs qui fabriquait des pièces de six livres avec l'argenterie volée.

En définitive, si le sentiment religieux proprement dit demeurait profondément enraciné dans la population de Douillet, si la foi s'y conservait plus vigoureuse assurément que dans certaines paroisses voisines, il faut bien reconnaitre que l'influence du curé, le respect dont il avait joui jadis, tendaient singulièrement

(1) *Chroniques*, fᵒ 38.

(2) Les *Chroniques* placent ce fait en 1780. Le procès-verbal *officiel*, dressé dans l'assemblée de paroisse le jour même du vol, et que nous avons retrouvé dans les minutes de Mᵉ Brousset, porte au contraire la date de 1782, qui est dès lors la véritable date.

à s'affaiblir depuis quarante ans. Les refus de la dime, les nombreux procès qui en résultèrent, le vol de l'église, sont des symptômes évidents de cet affaiblissement de l'élément ecclésiastique, au moins au point de vue social. M. Jean-Georges Hiron de son côté ne possède plus le zèle des Cohon, des Derouez, des Pelard, et il ne peut se défendre de certains défauts inhérents à l'époque. Doué d'un excellent cœur, trop prodigue peut-être, il reçoit chez lui de nombreux invités, il aime le luxe, il fait des dépenses inutiles. Ses vicaires suivent son exemple. Quant aux bénéficiers ils ne comptent pas plus que par le passé ; l'un Noël Hervé, clerc tonsuré, qui a succédé à Louis Gervaiseaux de Sougé comme titulaire de la prestimonie Bigot, est un sujet peu capable, disent les *Chroniques* : les autres, Gabriel Taupin dernier chapelain du Plessis, et René Marie Quillet de Fontaines, qui remplace depuis 1772, comme chapelain de la Courbe, Gilles Gallichon de Courchamps, ne résident pas à Douillet.

L'influence directe de la famille de Montesson sur la population de la paroisse a également diminué dans de fortes proportions. Louis-Pierre-Joseph de Montesson, seigneur de Douillet, Corbon, Moré, la Beauce, Saint-Aubin-du-Désert, le Cormier et autres lieux, s'est fixé à Paris rue du Pan, paroisse Saint-André-des-Arts. Il y est retenu par les hautes relations que lui procure le mariage de sa cousine avec le duc d'Orléans, et aussi par la mésintelligence qui règne entre lui et sa femme. Marguerite Le Silleur, célèbre par son caractère opiniâtre et ses mémorables procès avec son curé, est séparée de biens et habite seule la terre de Sougé. De leurs trois fils, l'aîné Jean-Louis marquis de Montesson n'intervient jamais dans les affaires de la paroisse ; le plus jeune Antoine-Louis-Hector est mestre de camp commandant en second le régiment d'Orléans ; de sorte que le puîné seul, Balthazar Michel, qui a épousé le 30 juin 1744 Marie-Charlotte Cureau de Roullé, vient de temps à autre au château de Douillet et y représente la famille vis à vis de la population. Il habite ordinairement Le Mans où se sont établis plusieurs de ses parents, entre autres sa sœur Louise-Marguerite, mariée en secondes noces en mai 1768 à Louis Auguste Le Roy de Montaupin, colonel d'artillerie, et morte dès 1772 à trente ans.

Dispersée ainsi de divers côtés et privée de la présence de son chef, la famille de Montesson n'occupe plus la même place que jadis dans la société paroissiale de Douillet. Peu à peu les habitants se sont accoutumés à agir en dehors de son influence ; ils sont portés, comme toujours, à oublier rapidement les bienfaits, ils ont surtout présents à l'esprit les privilèges qui l'exemptent de la taille , les devoirs féodaux dus au suzerain et que M. de Montesson, comme seigneur de paroisse, est appelé à exiger. En d'autres termes, M. de Montesson est aux yeux

14

de la population un grand seigneur que sa situation privilégiée place bien au-dessus d'elle, et auquel les mœurs du temps ne permettent plus, comme autrefois, de partager dans une certaine mesure la vie de ses vassaux. De là tout d'abord l'opposition des intérêts, puis sous l'effort des idées nouvelles qui tendent à détruire toute autorité, un sentiment instinctif d'hostilité.

A la veille de la Révolution nous trouvons donc à Douillet, comme partout, les croyances attaquées, le curé moins écouté, le seigneur peu aimé. Le Tiers devenu prépondérant par suite de l'affaiblissement du Clergé et de la disparition de la Noblesse rurale, s'est emparé de toute l'influence sociale. Poussé par des hommes ardents, ambitieux et intelligents, tels que les notaires Martineau et Brousset, René Bozo, longtemps procureur de fabrique, Anselme Clément de Marigné, propriétaire de Lorière et procureur-syndic, Antoine Galpin etc., il éprouve le besoin de réformes légitimes ; il marche en avant quelquefois trop vite et sans expérience suffisante. Il en résulte bientôt que la cohésion a disparu dans la société paroissiale et que l'équilibre est rompu entre ses divers éléments ; chacun agit de son côté, souvent en sens contraire, et avec une force bien inégale.

Sur ces entrefaites, au milieu d'une surrexcitation générale provoquée tout à la fois par les premières réformes de 1787, par un hiver cruel et les pamphlets politiques, arrive la célèbre année 1789. Le 8 mars, l'assemblée des habitants de Douillet arrête son *Cahier de Doléances* et nomme deux députés, René Bozo et Antoine Galpin, pour la représenter dans le collège électoral du Tiers (1). Le 16, le curé Jean-Georges Hiron se rend au Mans pour assister à l'assemblée du Clergé, où il vote en outre pour le curé de Saint-Georges et le titulaire de la prestimonie Bigot, Noël Hervé (2). Le 27 enfin Me Jean Louis de Montesson prend part à l'assemblée de la Noblesse et est élu par elle premier député aux Etats généraux (3). Une étude rapide de la situation administrative et économique de la paroisse de Douillet à la fin de l'ancien régime, rapprochée d'un examen approfondi du *Cahier de Doléances*, nous permettra dans le chapitre suivant de mettre en pleine lumière les tendances ou les besoins véritables de notre population, la nature du mandat que les habitants de Douillet entendaient confier à leurs représentants.

(1) Archives de la Sarthe, C-85.

(2) *Liste de l'Ordre du Clergé de la province du Maine*, p. etc. Le Mans 1789, in-4° p. 27.

(3) *Généalogie de la famille de Montesson*, dans l'*Annuaire de la noblesse de 1863*, p. 259.

CHAPITRE XIII

SITUATION ADMINISTRATIVE ET ÉCONOMIQUE DE LA PAROISSE DE DOUILLET A LA FIN DE L'ANCIEN RÉGIME

I. État de la paroisse avant 1789. — Administration ecclèsiastique, Administration civile, Service militaire et milice, Justice, Impôts, Droits seigneuriaux, Routes et chemins, Agriculture, Industrie et commerce, Instruction publique, Aisance publique, Population. — II. Réformes demandées en 1789 ; *Cahier des plaintes et doléances* des habitants de Douillet. — Administration civile, Service militaire et milice, Justice, Impôts, Droits seigneuriaux, Chemins, Agriculture, Industrie et commerce, Instruction publique. — Conclusion.

 OMME nous l'avons fait à la fin du moyen âge avant d'aborder la période monarchique, et pour les mêmes motifs, nous croyons utile d'arrêter ici quelques instants le récit des événements, au moment où l'ancien régime fait place à la société moderne, afin de bien établir, d'une part les transformations que la paroisse de Douillet avait subies pendant les trois siècles du gouvernement monarchique, d'autre part les réformes que l'expérience de ces trois siècles avait rendues nécessaires. Cette étude, forcément très rapide, nous permettra de jeter un regard d'ensemble sur l'importante période qui finit, de fixer avec plus de précision l'état de la paroisse de Douillet avant la Révolution au double point de vue moral et matériel, enfin de mieux connaitre les origines de la Commune telle que la constituera l'époque contemporaine.

Nous diviserons ce chapitre en deux parties : 1º État de la paroisse avant 1789 ; 2º Réformes demandées en 1789 par le *Cahier des plaintes et doléances* des habitants de Douillet.

I. ÉTAT DE LA PAROISSE AVANT 1789.

1. *Administration ecclésiastique.*

La paroisse de Douillet, dont les limites ne s'étaient pas modifiées depuis le moyen âge, faisait partie avant 1789 du doyenné de Fresnay et du Grand Archidiaconé ou Archidiaconé du Sonnois.

La cure était à la présentation de l'Évêque qui choisissait le titulaire, sauf les cas très fréquents de résignation ou de permutation, et qui lui conférait toujours, en sa qualité de collateur, les pouvoirs canoniques. — Comme il n'y avait pas de budget des cultes, le curé tirait ses ressources des propriétés territoriales ou des rentes données à la cure, puis des dîmes. — En 1725, d'après l'affirmation de M⁰ Claude Guyon attestée par M⁰ Jean-Thomas de Montesson, Michel Maignée laboureur et Guillaume Jory, sieur de Louville, la cure de Douillet valait chaque année « plus de 1500 livres (1) ». Ce revenu est porté par Le Paige, dans son *Dictionnaire*, à 1800 livres. Il comprenait le presbytère et les terres qui y étaient adjointes rapportant environ 400 livres d'après les *Chroniques*, le bordage des Prêtrises ou du Ferret, et les rentes constituées pour les fondations. Situé au sommet du bourg, en face du château dont il n'est séparé que par le chemin, l'ancien presbytère de Douillet se compose de plusieurs corps de bâtiments groupés autour d'une vaste cour. Le principal, celui du fond, est flanqué en son milieu d'un pavillon carré formant saillie et contenant l'escalier : dans l'aile gauche, agrandie au XVII⁰ siècle, se trouvait le logement du curé : dans l'aile droite, des étables et des écuries. La grange dîmeresse grande et solide, percée d'une large porte en plein cintre est placée en retour d'équerre. Dans son ensemble ce presbytère ne manque pas d'un certain cachet et encore aujourd'hui, bien que devenu une simple ferme, il attire l'attention par ses proportions et les dispositions heureuses de son plan.

Le curé percevait ensuite la dîme, c'est-à-dire à Douillet la onzième partie des froments, orges, seigles, avoines, sarrasins, cochons, agneaux, chanvres, lins, pois, fèves, laines etc ; mais la totalité de cette dîme ne lui appartenait pas. Le curé de Montreuil prenait les deux tiers des dîmes sur six métairies et trois bordages compris dans la *commune* de Douillet et Montreuil ; le prieur de Fresnay les deux tiers également des dîmes de la Grande-Courbe, plus vingt-quatre boisseaux de seigle et douze d'orge ; le commandeur du Guéliant la moitié des dîmes sur soixante journaux de terre ; le seigneur de la Droulinière la moitié sur sa terre de la Droulinière. Par compensation il est vrai le curé de Douillet percevait un tiers des dîmes sur un *canton* de la paroisse de Montreuil, compris lui aussi dans la *commune*, et la dîme entière du fief de Maulny, paroisse Saint-Pierre-la-Cour, affermée cinquante livres par an en 1640. En somme, le produit

_____

(1) Min. Urb. Deshais.

ANCIEN PRESBYTÈRE DE DOUILLET

Sablers. — Imp. G. Fleury & A. Dangin.

de la dîme était relativement considérable. Les *Chroniques* l'évaluent à 6000 livres en 1785, et rapportent que Louis René Hiron, découragé par les difficultés de la perception, ayant voulu affermer sa dîme, son frère l'en dissuada après lui avoir montré « les dangers qu'il y aurait eu à faire connaître le produit exact ».

Mais d'autre part le curé de Douillet avait à supporter des charges nombreuses. Sans parler des aumônes qui lui incombaient, il payait chaque année 18 livres 10 sols au chapitre de Saint-Julien, 14 livres 15 sols à la fabrique, puis les *décimes* ou imposition répartie périodiquement sur tous les bénéfices par la *Chambre Ecclésiastique* du diocèse pour subvenir aux frais généraux de l'administration ecclésiastique. En 1646 la cure de Douillet payait ainsi pour les décimes ordinaires 23 livres 3 sols 4 deniers ; pour les ministres convertis 11 sols 6 deniers ; pour l'augmentation des gages des receveurs et contrôleurs diocésains 46 sols ; pour les gages ordinaires du contrôleur 25 sols ; pour augmentation de rente accordée à Sa Majesté 37 sols 6 deniers ; pour augmentation des gages des receveurs et contrôleurs généraux et provinciaux 37 sols 6 deniers etc. Vers 1742 Me Nicolas Pelard évalue à 300 livres au moins le chiffre des taxes qu'il doit supporter. En 1759 son successeur paie 295 livres, et 330 livres en 1781 (1).

Quant aux vicaires ils avaient été complétement oubliés dans l'organisation du personnel et l'attribution des biens ecclésiastiques. Sans nomination, révocables par le curé, ils n'avaient pour ressources que le produit de leurs messes, le casuel, et la *glane* quête annuelle à domicile.

Les frais du culte, l'entretien de l'église dans une certaine proportion, étaient supportés par la fabrique qui avait dans ce but, comme nous l'avons vu, une dotation spéciale en biens fonds et rentes. Les revenus de la fabrique, augmentés depuis 1766 du produit de l'adjudication des bancs, atteignent un total de 1911 livres 13 sols 7 deniers pour une période de neuf années, du 28 octobre 1775 au 28 octobre 1784 ; les dépenses 1289 livres, 7 sols 6 deniers ; l'excédant est donc de 622 livres 6 sols un denier (2).

Les affaires de la fabrique sont administrées par l'*assemblée de paroisse* et le *procureur de fabrique*. Nous ne reviendrons pas sur le fonctionnement de cette assemblée dont nous avons eu maintes fois occasion de faire connaître l'importance et les attributions. Toutefois, à titre d'exemple, nous citerons ici le procès-verbal de l'élection de Pierre Agin nommé procureur en 1768 : « Aujourd'hui dimanche » 23 octobre 1768, à l'issue des vespres et après avertissement par trois dimanches

(1) Arch. de la Sarthe. G. 439, 441.
(2) Arch. paroissiales II n° 19.

» consécutifs aux prosnes des messes paroissiales dittes et celebrées en l'église
» de Douillet, et le son de la cloche en la manière accoutumée, par devant nous
» Jean-Baptiste Martineau notaire royal au Maine, demeurant et résidant au bourg
» de Douillet, sont comparus les habitants de la dite paroisse, deuement congré-
» gés et assemblés en le cimetière et devant la principalle porte de l'église, en
» personnes de Christophe Maignée procureur de fabrice, François Cosnuau
» procureur-sindic etc, tous habitans et manans de laditte paroisse, faisant et
» agissant pour le général d'icelle paroisse, et en faisant la plus saine et meilleure
» partie ; ladite assemblée convoquée par ledit Maignée à l'effet de lui nommer
» un successeur pour gérer les affaires de ladite fabrice. Auquel effet lesdits
» habitants, après un mur examen et après avoir délibéré entre eux, ils ont
» nommé et par ces présentes nomment pour procureur de laditte fabrice, pour
» succéder audit Maignée, la personne de Pierre Agin, maréchal, l'un desdits
» habitants, auquel ils donnent plein et entier pouvoir de gérer toutes les affaires
» de ladite fabrice tant en receptes que dépences, et même de recevoir le compte
» dudit Maignée et le reliquat en cas qu'il s'en trouve, promettant avoir le tout
» pour agréable, renonçant à aller au contraire. Fait et arrêté en la ditte
» assemblée etc. (1) ».

Enfin, en outre de la cure, il existait encore dans la paroisse de Douillet
quatre bénéfices moins importants, dont nous avons exposé précédemment les
origines. 1° La chapelle Saint-Jean en l'église de Douillet, ou chapelle de
Douillet, en fait réunie à la cure, et taxée deux sols en 1759. — 2° La chapelle
Saint-Julien de Courbe, à la présentation des seigneurs de la Courbe et des
Hallais alternativement, dotée d'un revenu égal à 200 livres en 1772, imposée à
17 livres 10 sols par la Chambre ecclésiastique en 1759 et à 24 livres en 1781,
chargée de deux messes par semaine. — 3° La prestimonie Bigot à la présentation
du plus proche parent du fondateur, valant 60 livres en 1772, chargée d'une
messe par mois et d'une rente de 4 livres 10 sols envers la fabrique, taxée à 4 liv.
2 sols en 1759 et à 10 liv. en 1781. — 4° La chapelle Saint-Pierre du Plessis
Breton, à la présentation des seigneurs du Plessis et de Chantepie en Thubœuf,
possédant un revenu de 40 liv. en 1772, plus un droit de dime dans la paroisse de
Mont-Saint-Jean, taxée à 22 sols en 1759 et à 2 livres en 1781 (2). En 1789 ces
trois derniers bénéfices étaient desservis en l'église paroissiale, les chapelles de
la Courbe et du Plessis à l'autel Saint-Julien, la prestimonie Bigot à l'autel de la
Vierge. De même, dès 1760 la chapelle Saint-Michel de la Courbe était tombée en

(1) Arch. paroissiales.
(2) *Pouillé de 1772.* Ms. de la Bibl. du Mans. — Arch. de la Sarthe. G. 439, 441.

ruine, et les messes qui devaient y être acquittées, étaient célébrées à l'église.

2. *Administration civile.*

Depuis la création des intendants par Richelieu la paroisse de Douillet faisait partie de la Généralité de Tours et de l'Élection du Mans. A la tête de la Généralité se trouvait l'intendant. Agent direct de la royauté, mandataire du souverain, intermédiaire entre le gouvernement central et les autorités provinciales, l'intendant réunissait dans ses mains les pouvoirs les plus étendus et les plus divers, pouvoirs judiciaire et administratif. Il décidait toutes les questions relatives aux finances, à la police, à l'agriculture et au commerce, aux travaux publics, au recrutement de la milice etc. A la tête de l'Election se trouvait un subdélégué choisi par l'intendant dont il était l'agent personnel, le mandataire chargé de la transmission des ordres, l'intermédiaire direct auprès des populations. Enfin dans chaque paroisse et au dernier échelon de l'organisation administrative, se trouvaient l'assemblée de paroisse et son mandataire, le procureur-syndic, qui administraient les affaires de la communauté.

Nous avons étudié soigneusement, au fur et à mesure, le fonctionnement de l'assemblée des habitants de Douillet, et nous avons vu que ses attributions avaient surtout trait à la perception des impôts. Nous ne reviendrons pas ici sur ces détails, mais, comme nous l'avons fait pour la fabrique, nous citerons à titre d'exemple le procès-verbal d'élection d'un procureur-syndic, agent d'exécution de l'assemblée de paroisse: « Aujourd'hui dimanche 27 juillet 1777, à l'issue des
» vespres et après le son de la cloche en la manière accoutumée, par devant nous
» Jean-Baptiste Martineau notaire royal demeurant et résidant au bourg de
» Douillet, sont comparus les habitans de la dite paroisse, deuement congrégés et
» assemblés après avertissement à eux faitte à la grand messe paroissialle, à
» l'effet de nommer un procureur-syndic au lieu et place d'Antoine Galpin; et
» lesdits habitans deuement assemblés en personnes de Antoine Galpin etc, tous
» manans et habitans de laditte paroisse et en faisant la plus saine et la meilleure
» partie; lesquels, après meure délibération entre eux, ont nommé et par ces
» présentes nomment pour procureur-syndic la personne de François Cochet,
» menuisier, auquel ils donnent plein et entier pouvoir de gérer les affaires de
» laditte paroisse, en prenant l'avis desdits habitans qui promettent avoir pour
» agréable tout ce qui sera fait par ledit procureur nommé, après qu'il aura reseu
» leurs avis. Dont et du tout avons décerné acte auxdits habitans, et jugé de leur
» consentement après lecture faite. Fait et arresté etc. (1). »

(1) Min. Martineau.

Le procureur-syndic ainsi nommé ne pouvait être révoqué avant l'expiration de « sa procure » que pour des motifs graves, tels que « malversation contre les » intérêts de la paroisse ou violations des ordonnances royales ». La nature même du contrat, dont nous venons de citer un exemple, le mettait à l'abri du caprice de ses concitoyens et lui assurait une garantie efficace contre les intrigues. Ainsi en 1765 les collecteurs nommés à Douillet pour 1766 avaient pris sur eux de convoquer une assemblée pour remplacer le procureur-syndic, François Cosnuau, avant la fin de sa procure, « et sans lui en avoir parlé ni donné aucune » connaissance ». François Cosnuau accompagné du notaire se rend aussitôt à l'assemblée « affin de scavoir les raisons de sa déposition » et attendu que « le » général n'a rien dit n'y alégué aucun reproche contre ledit Cosnuau », il proteste contre la conduite des collecteurs et déclare « qu'il entend gérer ladite procure » jusqu'au 19 août suivant, dans le cas où on ne pourra luy faire aucuns reproches » n'y imputer aucunes malversations (1) ». L'intrigue est par là même déjouée, et François Cosnuau reste procureur-syndic jusqu'à la fin de son mandat.

En cas de maladie ou de mort prématurée seulement, le procureur-syndic peut être remplacé de droit par le procureur de fabrique comme cela eut lieu à Douillet en 1734 et 1744.

Le seigneur, souvent présent à l'assemblée de fabrique, n'assiste jamais à l'assemblée de la communauté.

3. *Service militaire. — Milice.*

Lorsqu'il y avait lieu de procéder à une levée de milice, l'intendant était chargé d'établir dans sa généralité la répartition du nombre d'hommes que chaque village devait fournir. En 1741 par exemple, au commencement de la guerre de la succession d'Autriche, le procureur-syndic de Douillet reçoit un mandement de l'intendant qui demande un homme à la paroisse, et annonce que le tirage au sort entre les « garçons » aura lieu à Fresnay le 2 mars devant le sieur Fay commissaire. Le procureur-syndic avertit aussitôt les « garçons » qui se réunissent et proposent à l'un d'eux, Jacques le Bossé, de les exempter pour un an et de servir Sa Majesté à leur décharge. Jacques Le Bossé accepte moyennant une somme de 90 livres, et une paire de souliers « conformément aux ordres de Sa Majesté » ; il promet en outre de servir « si bien et en » sorte que lesdits garçons ne soient inquiétés ni recherchés ». Le marché est passé devant le notaire Martineau.

De même en 1743 Pierre Chastelain, garçon, demeurant à Assé-le-Boisne,

_____

(1) Min. Martineau.

consent à servir le roi comme soldat de milice « tant qu'il plaira à Sa Majesté », à la décharge des jeunes gens de Douillet, moyennant une somme de 284 livres 14 sols. La guerre, comme on le voit, avait fait monter le prix des remplaçants (1).

4. *Justice.*

La paroisse de Douillet était comprise en grande partie dans le ressort du bailliage royal de Fresnay dont les appels étaient portés d'abord au présidial du Mans, puis au présidial de La Flèche après la création de ce siège par Henri IV. Elle était comprise en outre, comme toute la province du Maine, dans le ressort du parlement de Paris.

Malheureusement la paroisse de Douillet ne relevait pas tout entière du bailliage de Fresnay et se trouvait partagée entre cinq ou six juridictions différentes, telles que le siège royal de la sénéchaussée du Maine, composée des mêmes magistrats que le présidial du Mans, les justices seigneuriales de Sillé, d'Assé-le-Boisne et du marquisat de Lavardin. Il serait très difficile de déterminer le ressort et la dépendance mutuelle de ces juridictions ; bornons nous à rappeler que les juges étaient à la nomination des seigneurs, mais que leur choix devait être agréé par le siège royal qui recevait les appels ; ajoutons aussi que le seigneur de Douillet avait conservé, au moins nominativement, son droit de haute justice, puisque le poteau à carcan exista jusqu'en 1788 à l'entrée du cimetière.

Au reste, chaque seigneur de fief exerçait toujours sur ses terres la basse justice ou justice foncière, connaissant des droits féodaux, cens, rentes, exhibition de contrats, lods et ventes, causes civiles entre les sujets de la seigneurie jusqu'à 20 sols tournois d'amende, police rurale et dégats commis par les animaux. Le tribunal du fief comprenait un bailli, un procureur fiscal et un greffier. En 1729 par exemple Jean Dagron licencié ès lois, bailli de Catherine Duval, veuve de Mᵉ Pierre Tavernier de Boulogne, tient les plaids et assises des fiefs de Lorière et de la Beauce. En 1753 cette même justice se compose de Charles Herbin licencié ès lois, avocat à Fresnay, bailli de Nicolas Clément de Marigné, prêtre, curé de la Bazoge-Montpinçon, alors propriétaire des dits fiefs, de René Legeay notaire à Fresnay, procureur fiscal, et de Jean-Baptiste Martineau, notaire à Douillet, greffier (2). Vers la même époque Joseph-Urbain Deshais, fils de l'ancien notaire, était huissier royal à Douillet.

(1) Min. Martineau.
(2) Arch. paroissiales.

Inutile de répéter que certains seigneurs, tels que M. de Montesson, étaient soustraits aux tribunaux de droit commun et pouvaient, en vertu de leur privilège de *committimus*, saisir directement les requêtes du Palais ou de l'Hôtel, à Paris. Le curé lui aussi échappait aux juridictions ordinaires, grâce à son immunité ; il n'était justiciable que de l'évêque et de l'official du diocèse.

Enfin à l'ordre judiciaire se rattachaient les huissiers-priseurs institués pour les expertises, les inventaires et les ventes.

5. *Impôts.*

Avant 1789 comme de nos jours, les impôts pouvaient se diviser en deux grandes catégories : impôts directs et indirects.

Les impôts directs comprenaient la *taille*, impôt essentiellement roturier, à la fois personnel et réel, augmenté du *second brevet* qu'on appela ensuite *accessoires* ; la *capitation*, cote personnelle ; les *vingtièmes* perçus sur le commerce, l'industrie, le revenu des terres etc ; l'*ustensile*, frais de séjour des soldats dans les gîtes d'étapes, répartis indistinctement sur toutes les paroisses.

Les nobles et privilégiés étaient exempts de la taille. Ils payaient les vingtièmes seulement sur les mêmes rôles que les roturiers, et la capitation sur des rôles spéciaux. En 1720 Mᵉ Jean-Thomas de Montesson est taxé pour cette dernière imposition à 281 livres (1).

Chaque année le procureur-syndic de Douillet recevait de l'intendant un mandement « sur papier marqué », indiquant le chiffre total des sommes, que la paroisse devait payer, lequel chiffre était établi par l'intendant de concert avec les officiers de l'Élection, d'après l'état général ou *Brevet de la Taille* arrêté par le conseil du roi. En 1748 ce chiffre s'était élevé pour la paroisse de Douillet à 3970 liv. ; en 1776 le montant du brevet est de 2058 livres (2). Aussitôt le mandement reçu, le procureur-syndic convoquait dans les formes ordinaires l'assemblée de paroisse. Celle-ci nommait quatre ou six *collecteurs* pour établir le rôle paroissial et opérer le recouvrement à domicile ; elle leur donnait les noms des *mauvais* et des *bons*, c'est-à-dire les noms des habitants décédés et des « hors-tenans » qui devaient être « dérosiés », ou au contraire de ceux qui devaient être enrôlés par suite de leur arrivée dans la paroisse. La décision de l'assemblée était constatée par un acte notarié appelé : *Résultat des habitants de Douillet*. L'assemblée de paroisse prononçait aussi sur les demandes en réduction. En général, elle les accueillait favorablement lorsqu'elles étaient présentées par des veuves, « ne

(1) Chartrier du château.
(2) Papiers de M. Fay.

» voulant plus faire valoir et désirant se mettre au repos », ou encore par des
étrangers proposant de venir habiter la paroisse si on voulait les taxer à une
somme modique. Ainsi en 1752 l'assemblée réduit de 56 livres à 9 livres la veuve
du meunier de Douillet, qui venait de quitter l'exploitation du moulin pour faire
valoir une maison, un jardin et trois journaux de terre rapportant en tout 35 liv.;
mais il faut une décision spéciale de l'assemblée parce que le collecteur de l'année,
André Derouet, est le neveu de la partie intéressée. « Les habitants, ajoutent d'ail-
» leurs les procès-verbaux, désirent le bien public et la paix de la paroisse ; ils ne
» veulent point chasser leurs cohabitants et aiment mieux augmenter leur nombre
» que de le diminuer (1) ». Parfois cependant l'assemblée repoussait la demande
en réduction, et le plaignant n'avait d'autre ressource que de se pourvoir au
tribunal de l'Élection, comme il arriva en 1731 pour Guillaume Provot et en 1734
pour Jacques Le Fol, taxé à la fois par trois paroisses limitrophes.

Après avoir reçu les instructions de l'assemblée les collecteurs établissaient
les rôles, et lorsqu'ils étaient approuvés par l'Élection, ils opéraient le recouvrement à domicile. La repartition en l'absence de cadastre était très difficile et
souvent arbitraire ; elle entraînait des injustices et des discussions qui suscitaient
parfois aux collecteurs de graves inimitiés, surtout lorsqu'il devenait nécessaire
de faire saisir les contribuables. La fonction de collecteur était donc très redoutée,
d'autant plus que le recouvrement faisait perdre beaucoup de temps et que les
collecteurs, responsables vis à vis du receveur des tailles, étaient passibles de la
prison en cas de déficit ; il est vrai qu'on leur attribuait 6 deniers par livre de
recette. Une telle situation explique le motif des arrangements par lesquels
beaucoup de collecteurs cherchaient à éviter la corvée ; ces arrangements se
renouvelaient pour ainsi dire chaque année et nous en citerons un à titre
d'exemple. Le 12 décembre 1734, devant Jean-Baptiste Martineau, Jean Galpin,
Julien Le Roux, René Galoier, et Jean Barbier, collecteurs de Douillet pour 1735,
« ayant reconnu la confusion qui se trouverait s'ils étaient tous obligés de serrer
« et recepvoir les deniers des tailles et impositions », conviennent que lesdits
Galoier, Le Roux et Barbier donneront chacun 8 livres à Jean Galpin « qui s'est
volontairement chargé des rosles et de recepvoir les deniers » ; ils supporteront
leur part des mauvais deniers ou des pertes provenant des gens insolvables, ainsi
que des frais et dépens faits par le receveur. Les gages leur appartenant pour droit
de collecte seront partagés entre tous à égales portions. Si l'un d'eux est retenu
prisonnier, les frais de l'emprisonnement (3 sous 4 deniers par jour) seront payés

(1) Min. Martineau.

par tous, et il sera remis huit sols par jour au prisonnier pour son temps. D'autres fois les collecteurs déchargés s'engageaient en plus de la somme qu'ils payaient à leur collègue (de 20 à 40 livres) à faire pour lui tant de jours de prison (de six à dix jours) (1).

Les principaux impôts indirects étaient la *gabelle*, les droits sur le *tabac*, les *aides* ou droits sur les boissons et les *domaines*.

La paroisse de Douillet relevait du grenier à sel de Fresnay, tribunal composé d'un président, d'un procureur du roi, d'un greffier, disposant d'une brigade de gabeloux. En 1789 le sel s'achetait à Fresnay 13 sols la livre, tandis qu'en Bretagne il se payait à peine 2 sols. La fabrication et la vente du tabac, abandonnées aux fermiers généraux, entraînaient de nombreux abus et la mauvaise qualité des fournitures occasionnait même des maladies. Les aides étaient aussi vexatoires qu'ils le sont maintenant. A Douillet particulièrement on protestait contre l'impôt « d'un sol trois deniers par mesure de Paris, qu'on appelle la *Bouteille* », impôt qui rendait la vie très dure pour les voyageurs dans les villes et dans les campagnes. Enfin au nombre des domaines, signalons les droits de francs fiefs, exigés tous les vingt ans des roturiers possesseurs de terres d'origine noble, et représentant la valeur d'une année de revenu. Ils donnaient lieu à de graves abus ; lorsqu'un roturier propriétaire de fief venait à mourir après avoir payé le droit, on n'exigeait pas moins un nouveau payement de ses héritiers avant l'échéance des vingt ans.

6. *Droits seigneuriaux.*

En outre des impôts, la population de Douillet supportait encore les droits seigneuriaux dont la plupart étaient devenus aussi ridicules que surannés. Nous n'avons pas à revenir ici sur l'organisation féodale ; rappelons seulement qu'elle exista jusqu'au 4 août 1789, entraînant pour les uns l'obligation de rendre aveu au suzerain dans les formes antiques, pour les autres de payer un cens, d'acquitter les droits de rachat dus au seigneur de fief, de subir les corvées et les entraves de toutes sortes provenant des droits de banalité, de chasse, de pêche etc. En 1753 M. de Montesson vend son moulin foulleret à Michel Galpin « avec le droit de *contraindre* les sujets dudit seigneur d'aller » fouler leurs serges et autres étoffes audit moulin.... », et promet à l'acquéreur « de l'aider des titres nécessaires », au cas où il y aurait quelque récalcitrant. En 1752 le même M. de Montesson baille pour neuf ans à deux marchands d'Alençon son droit de pêche en la rivière de Corbon. En 1779 Balthazar Michel

(1) Min. Martineau.

de Montesson, en renouvelant le bail du moulin de Douillet, stipule que le meunier aura droit de poursuivre les sujets récalcitrants de concert avec celui de Moré et à frais communs. En 1782 le fermier de la Foubayère, en plus de 140 livres de fermage, est tenu de faire la corvée de trois années une à faner dans le parc du château etc (1) Nous pourrions multiplier ces citations, car tous les baux de l'époque imposent aux fermiers l'obligation de payer, outre leurs fermages, les cens et devoirs seigneuriaux.

7. *Routes et chemins.*

Les voies de communication, si utiles à l'agriculture, restèrent jusqu'à la fin du XVIII° siècle presque entièrement négligées dans la paroisse de Douillet, où la nature du sol et les inégalités du terrain rendaient leur entretien particulièrement difficile. Dans aucune circonstance nous ne voyons les seigneurs ni la communauté se préoccuper de cette importante question, et cependant les paroissiens d'Assé-le-Boisne avaient donné le bon exemple à leurs voisins dès le XVII° siècle. Vers 1623 en effet le procureur de fabrique d'Assé fait réparer les chemins « au droit de plusieurs champs dependant de la fabrique, » et en conséquence d'un avis général ordonnant à toute personne de racommoder » bien et deuement les chemins » (2). A Douillet rien de semblable ; aussi en 1789 « on était au moins six mois sans pouvoir pratiquer aisément lesdits » chemins, sans s'exposer au danger d'y rester, comme il est arrivé très souvent » (3).

Les communications étaient d'autant plus difficiles que la paroisse n'était traversée par aucune grande route, et que la plus voisine, la route de Fresnay à Sillé, tracée en 1778, était à peine ouverte dix ans après ; sur certains points elle était encore si étroite « qu'un voiturier ne pouvait y conduire sa voiture sans » courir le risque d'être écrasé » (4), et à toutes les côtes il fallait recourir à des chevaux de renfort. Il est vrai qu'en 1780, MM. de Montesson et de Perrochel pour faciliter leurs relations personnelles, avait fait remplacer, disent les *Chroniques*, « par la grande route de la Tasse le chemin étroit et désagréable qui reliait jusqu'alors le bourg de Douillet au chemin de Fresnay à Montreuil. » Cette amélioration était importante et utile pour tous ; malgré la côte très rude qu'elle escaladait, la nouvelle route favorisait les communications avec Fresnay, centre commercial et administratif de la contrée.

(1) Min. Martineau.
(2) Arch. paroissiales d'Assé-le-Boisne. *Comptes de fabrique.*
(3) Arch. de la Sarthe C. 85.
(4) Ibid. L. 12 : 20.

8. *Agriculture.*

Avant la Révolution le sol de Douillet, qui n'avait pas été amélioré par l'emploi de la marne, était bien inférieur à ce qu'il est aujourd'hui. En 1750 les registres de l'Élection le définissaient ainsi : « Terrain inégal ; sol » maigre, pierreux et brûlant ; mauvais fond ; produit seigle, avoine et sarrasin ; » habitants pauvres » (1). La vigne avait disparu depuis le XVIIᵉ siècle. Les bois, de tout temps assez étendus, avaient repris du terrain par suite des désastres de la fin du règne de Louis XIV : Mᵉ Nicolas Pelard rapporte que sous son ministère, sans doute à la suite de la malheureuse année 1739, « le parc dont le circuit est » d'environ demi lieue a été entièrement reboisé, ainsi qu'une métairie de » cinquante journaux, la moitié de deux autres métairies et trois pièces de terre » détachées » (2). Bien plus les deux versants nord et sud de la croupe sur laquelle est bâtie le bourg restèrent incultes jusqu'en 1780 : ce n'est qu'à cette époque qu'on commença à les utiliser en les transformant en jardins ou en prés (3).

Les exploitations, généralement peu considérables, se divisaient en deux catégories ; les métairies et les bordages ; en 1680 les premières étaient au nombre de 30, les secondes au nombre de 60. La métairie réputée la meilleure de la paroisse était celle de la Droulinière. Courtoussaint, qui ne formait alors qu'une seule ferme comprenant, en outre des bâtiments, deux jardins de 44 ares ou un journal, 20 hectares 86 ares 53 cent. ou 47 journaux et demi de terres labourables, et 3 hect. 95 ares 32 cent. ou 12 hommées de prés, avait été vendue 18000 livres en 1660, en 1702 seulement 11100 ; en 1739 elle était louée 325 liv., vingt livres de beurre salé, six chapons à la Toussaint, six poulets à la Saint-Jean, deux oies grasses à Noël et plusieurs charrois. Corbon était louée de même 700 liv. en 1711 et 750 en 1723 ; la Bouteveillère 400 liv. en 1740 ; la Grande Courbe 290 liv. en 1755 etc. Les bordages étaient beaucoup moins importants : en 1784 celui du Bois-Besnard est vendu 1600 livres. Au reste, les contenances ayant varié, il est presque impossible d'arriver à des comparaisons exactes avec la valeur actuelle des terres. Ajoutons seulement qu'en 1773 le champ Marteau, le champ des Pommiers et le pré Blanche appartenant à la fabrique, contenant en tout « un bon jour et demi », étaient adjugés 8 livres 5 sols pour trois ans et 17 liv. pour six ans en 1775 (4). Mais, s'il faut en croire le curé de Brûlon, les fermes du Maine

---

(1) Papiers de M. Fay. — Arch. mun. du Mans 19.
(2) Arch. paroissiales.
(3) *Chroniques*, fᵒ. 8.
(4) Arch. paroissiales.

augmentèrent de 1772 à 1777 de près des deux tiers, grâce au prix du blé élevé par l'exportation.

En 1750 on comptait à Douillet 30 charrues (1), et comme l'exploitation était rendue très pénible par le mauvais état des chemins ou les accidents de terrain, on employait encore pour les labours des attelages de bœufs. Souvent même dans les petits bordages la terre était labourée à la main à l'aide du croc.

9. Industrie et Commerce.

L'industrie la plus générale dans la paroisse, et surtout la principale industrie du bourg était la fabrication des toiles, dites de Fresnay. Le grand nombre de tisserands cités dans les *Registres de l'État-civil* ou dans les archives de la paroisse indiquent en effet que la fabrication de la toile, établie à Douillet dès le XVIe siècle, était déjà très importante au XVIIIe siècle. Dès 1729 une rente de 40 sols est léguée à l'église par la veuve d'un tisserand, parvenu à une certaine aisance. En 1730 René Le Tessier, marchand tisserand, engage par devant notaire deux compagnons : un apprenti pour dix-huit mois, s'obligeant à lui montrer le métier, à le coucher, nourrir et blanchir, et à lui donner quatre sols d'aiguillettes par pièce de toile, à la condition « que ledit » apprenti le serve bien et deuement suivant les statuts du métier, et lui obéisse » comme apprenti doit faire au maître » ; un ouvrier pour deux années entières, promettant de lui donner la moitié de son travail « lorsqu'il s'agira de travailler » pour les parties, ou de lui payer quatre francs (*sic*) par pièce de serviette et » 8 par pièce de toile, au cas qu'il travaille pour la halle ». De même en 1753 nous voyons un autre jeune homme de Douillet s'engager pour un an comme apprenti du métier de cardeur et fileur de laine à René Mimbré, qui s'oblige « à » lui montrer le métier, à le coucher, à le nourrir à sa table et à mesme despens » que lui, enfin à lui donner une somme de 18 liv. et une paire de bas de laine » (2). Il faut ajouter qu'à Douillet les tisserands semblent de tout temps avoir été très considérés par leurs concitoyens qui choisirent fréquemment parmi eux des procureurs-syndics, tels qu'Urbain Rommé « tessier et procureur-syndic en 1726 », Servais Richard en 1731, René Tessier en 1734, Michel Le Roy etc. Les tisserands avaient pour patron saint Bonaventure dont la fête se célèbre le 14 juillet : en 1780 le drapeau de la corporation, conservé à Fresnay, était en soie blanche, avec l'image de saint Bonaventure brodée en or (3).

(1) Papiers de M. Fay.
(2) Min. Martineau.
(3) A. Leguicheux, *Chroniques de Fresnay*, p. 294.

Il existait ensuite sur la rivière d'Orthe, à la limite des paroisses de Douillet et Montreuil, une forge importante dont nous avons déjà parlé à plusieurs reprises : la forge de l'Aune, dépendant du domaine de la baronnie de Sillé. Depuis le XVIIe siècle elle fut louée successivement à Mathieu Gohy, René de Crespy, René Poybeau, Isidore Mahot, Jean de Ruel de Belle Isle contrôleur des guerres, Mathieu et Louis Mollerat, Jacques et Michel Le Marchand de la Girardière avocats au parlement. Au XVIIIe siècle la forge de l'Aune comprenait : sur le territoire de Montreuil, l'habitation du maître de forge et des logements d'ouvriers ; sur le territoire de Douillet une halle des affineries, une chaufferie, le gros marteau, l'enclume, une halle à charbon, une halle pour le cinglard et la mécanique à fabriquer les poëles, une fenderie pour laminer le fer en barre et le fendre en vergettes, une boutique de maréchal etc. En outre, à un kil. au S.-O. sur le territoire de Mont-Saint-Jean s'élevait le haut fourneau de Cordé qui préparait les matières (1). Dans le principe ce haut fourneau était situé sur le territoire de Douillet, dans la prairie du Ferret où l'on voyait il y a peu d'années encore des débris de scories. Mais le courant de l'Orthe étant trop faible en cet endroit, on fut amené d'abord à changer l'emplacement du fourneau, puis à détourner l'Orthe du thalweg de la vallée en creusant un nouveau bras entre le chemin du Ferret et la forge, à mi côte du versant de droite ; MM. Ruel de Belle-Isle parvinrent ainsi, vers le milieu du XVIIIe siècle, à l'aide de ces travaux et en élevant une levée en terre sur la rive gauche du nouveau courant, à former à l'usine un vaste étang ou réservoir, et à lui procurer le grand avantage d'un courant d'eau par dessus les roues (2).

Au reste, la situation de la forge de l'Aune était avantageuse sous plusieurs rapports : d'une part les landes des Bercons lui fournissaient un minerai assez abondant dont l'exploitation à ciel ouvert, très primitive et très simple, ne comportait pas de difficultés sérieuses ; d'autre part la forêt de Sillé, encore plus voisine, lui offrait de grandes ressources en bois et en charbon. Malheureusement il s'élevait de fréquentes contestations entre les voituriers et les gardes, à tel point qu'il en résultait parfois de graves embarras pour le maître de forge. En 1748 par exemple, M. Mollerat est menacé d'être abandonné par tous ses voituriers parce que les gardes, « par animosité et pour leur tirer de l'argent », refusaient de laisser paître leurs chevaux qui, ne trouvant plus d'herbe, s'échappaient de tous côtés dans le jeune bois (3). La forge de l'Aune occupait un bon nombre d'ouvriers, les

(1) Min. de Mᵉ Mouton, ancien notaire à Fresnay.
(2) Arch. mun. de Douillet.
(3) Minutes Martineau.

uns du pays comme Antoine Guérin maître chauffeur en 1737, François et Léonard Le Moine, platineurs, engagés pour neuf ans en 1747 moyennant 15 livres par millier de platines à faire des poëles ou couvercles de marmites, ce qui représentait un salaire d'environ 200 livres par an ; les autres, étrangers au Maine, comme Pierre Bouillon, valet raffineur de Ranes en Normandie, engagé pour deux ans et demi en 1736 moyennant une somme de 24 livres, une poële, un chaudron et une marmite valant le tout 7 livres, en plus du salaire ordinaire des raffineurs (1).

Après la forge de l'Aune il faut citer au nombre des usines : le moulin à foulon du bourg de Douillet loué 75 liv. en 1753, puis vendu la même année par M. de Montesson à la famille Galpin moyennant 1500 livres de principal et 36 liv. de vin de marché payées comptant. Le moulin à papier, situé également au bas du bourg, exploité en 1723 par Antoine Colombu dont un parent, Mathurin Colombu, avait été procureur-syndic en 1694, par Jean Besnard en 1742, par Louis Métayer en 1746, par Mathurin Dagnet en 1753 ; à cette date le fermage est de 150 liv. par an, plus une rame de papier commun. L'année suivante M. de Montesson consent à vendre ce moulin pour 3500 liv. (2). Vers la fin du siècle il fut détruit « parce que la rouille de l'eau provenant du voisinage de la forge ne » permettait pas d'obtenir du papier assez clair ». Les moulins blarets de Douillet et de Moré loués en 1751, le premier 320 liv., le second 190 liv., soit 510 liv. au total, plus 50 sols pour les réparations et 3 liv. pour le déchet des meules ; en 1779 six cents livres. Le moulin de Bernay loué en 1747 deux cent six livres. Celui de Courtoussaint n'existe plus à l'époque ou nous sommes arrivés.

Quant au commerce, nous avons peu de choses à en dire ; entravé par le mauvais état des chemins ou les droits de péage, il ne peut être très considérable. Cependant on trouve encore un certain nombre d'habitants qualifiés marchands, et à leur tête se place un sieur Dorisse, que ses affaires appellent à plusieurs reprises à Paris. Douillet possédait d'ailleurs un drapier Michel Graffin , un boucher Louis Roger, et en général des représentants de la plupart des corps d'état. Mais la vente des grains ou des bestiaux aux foires de Fresnay était toujours le principal genre de commerce.

(1) Min. Martineau.

(2) Min. Martineau. — La province du Maine occupait un des premiers rangs, aux XVI⁰ et XVII⁰ siècles, dans l'industrie de la fabrication du papier : les papeteries y étaient très nombreuses et le papier à la *roue*, fabriqué au Mans, très répandu. Or nous avons dit que dans le principe « la **papeterye** de Douillet était réputée une des meilleures du Maine ».

15

10. Instruction publique.

Il n'existait pas à Douillet avant la Révolution, comme dans plusieurs villages voisins, d'école régulièrement constituée par une fondation. Néanmoins d'après le nombre de signatures relevées sur les *Registres de l'État-civil* et les procès-verbaux des assemblées de paroisse, il est impossible de ne pas reconnaître que beaucoup de cultivateurs savaient déjà lire et écrire. Ainsi au XVIIIe siècle, sur le groupe d'habitants qui forment la plupart des assemblées, la moitié au moins sait signer ; la proportion est la même sur les comptes de fabrique. Bien plus il n'est pas rare de rencontrer des actes revêtus de 26, 30 et 36 signatures. On a démontré récemment d'ailleurs, au moyen d'un relevé général pour le Maine, dans quelles larges proportions l'instruction primaire était répandue avant 1789 dans les moindres paroisses (1). Or Douillet ne pouvait faire exception. D'une part dans les environs se trouvaient de nombreuses écoles, entre autres à Fresnay dès le XVIe siècle, à Assé antérieurement à 1536, à Sougé depuis 1631, à Saint-Georges depuis 1650 etc. D'autre part les curés ou vicaires faisaient alors la classe aux enfants en même temps que le catéchisme, et les archidiacres inspectaient ces écoles avec soin dans leurs tournées. Il en était ainsi à Mont-Saint-Jean et sans aucun doute à Douillet, car il n'est pas admissible que le curé Derouez, qui fonda par son testament en 1696 une *école gratuite* à Crannes son pays natal, ait négligé, dans la paroisse qui lui était confiée, cette grave question de l'enseignement à laquelle il attachait à juste titre une si grande importance. Nous dirons donc sans hésitation que tous les paroissiens qui le désiraient étaient à même à Douillet de recevoir une instruction *gratuite*, essentiellement morale et parfaitement suffisante pour leur condition. La paroisse n'avait rien à envier sur ce point à la commune actuelle : elle ne payait pas un denier d'impôt pour l'instruction publique, et les pères de famille n'étaient pas passibles de la prison si les travaux des champs les obligeaient à garder leurs enfants auprès d'eux.

11. Aisance publique.

Sans entrer ici dans de longs détails nous voudrions montrer en quelques mots quels étaient au XVIIIe siècle le genre de vie des habitants de Douillet et le degré qu'avait atteint l'aisance publique (2).

Et d'abord les habitations se distinguent en trois catégories : les manoirs qui forment l'exception par leurs dimensions, leur plan ou le soin apporté à leur

---

(1) A. Bellée. *Recherches sur l'Instruction publique* Le Mans 1875, 1 vol. in-12.

(2) Tous les documents cités dans ce paragraphe proviennent des minutes de Me Martineau.

construction, et dont nous avons décrit plusieurs ; les maisons des fermiers ou des habitants du bourg construites en pierres, avec ouvertures en roussard plus ou moins larges, garnies de barreaux de fer, et couvertes en tuiles ; les « maisonnais » des petits bordagers et les bâtiments d'exploitation de peu d'importance, construits en torchis et couverts en chaume.

Le mobilier, très peu luxueux, ne différait guère de celui que l'on voyait il y a quelques années encore dans les métairies. On jugera de sa simplicité par les exemples suivants. En 1748 le salon du presbytère de Douillet était meublé de huit fauteuils en tapisserie, de trois tabourets en tapisserie, d'un mauvais écran, d'une table à jouer, d'une table ovale, de sept mauvaises chaises paillées et d'une armoire à deux battants contenant six compotiers de cristal, dont quatre sans couvercles ; on y voyait en outre une pendule, six petits tableaux encadrés de bois recouvert de papier doré, un miroir en bois doré dont la glace était cassée, et une fontaine à laver avec sa cuvette de fayence. Dans les chambres les rideaux de lit étaient en droguet vert, et dans le vestibule on signalait comme objet important une tête à perruque avec son pied. En 1753 le mobilier vendu par Mᵉ Louis-Pierre-Joseph de Montesson n'est pas beaucoup plus riche : il comprend deux métiers à tapisserie, des fauteuils de paille, une commode, une table à miroir avec un tapis vert, un lit de repos, des bois de lit à tombeau, des armoires à deux battants, un tableau représentant sainte Marguerite, deux tambours, une tapisserie d'indienne etc. Le principal luxe consistait en literie, en linge et surtout en argenterie ; il est impossible d'énumérer la grande quantité de matelas, de couettes en plume d'oies, de serviettes, de nappes, de draps, que possèdent MM. Pelard et de Montesson. De même l'argenterie est devenue plus usuelle et forme en quelque sorte un fonds de réserve destiné par les familles à récompenser les services rendus ou à faire face aux nécessités pressantes. En 1737 Urbain Deshais, ancien notaire royal, déclare dans son testament que ses affaires l'ont obligé à vendre six cuillères, six fourchettes et un goblet d'argent. En 1748 le curé Pelard distribue à ses nièces « une écuelle d'argent avec le couvercle, des salières, un goblet, deux cuillères et fourchettes, une tasse d'argent », en reconnaissance du bon gouvernement qu'il en avait reçu. En 1756 Mᵉ Jean-Thomas de Montesson voulant donner une preuve particulière de son affection à l'aînée de ses petites filles, Marguerite-Louise, qui était en même temps sa filleule, lui lègue « une paire de flambeaux d'argent qui lui sont venus de sa dernière femme et sont marqués aux armes de MM. de Chiffreville et de Tessé » ; puis il destine à son exécuteur testamentaire, le curé de Saint-Aubin-du-Désert, une cuillère à ragoût en argent, et au nombre de son argenterie se trouve même un plat à barbe en argent. Bien mieux encore en 1761 une femme du tiers-état, Marie Le Roy, lègue à son exécuteur testamentaire Joseph-Urbain Deshais, une cuillère et une fourchette d'argent.

Le costume se composait pour les hommes d'une culotte, d'un habit de gros drap noir ou gris à larges boutons ; pour les femmes d'un jupon de peluche, « de calmande rayée », de toile de coton rouge ou jaune, d'une robe de droguet, de serge ou de futaine, d'un « corps » ou corsage de couleur différente de la jupe, d'un tablier ou « devantiau » quelquefois en drap violet, enfin de la coiffe blanche d'un usage si général dans le Bas-Maine qu'elle faisait donner aux femmes le surnom de « têtes blanches ».

Des liens d'affection d'une part, de dévouement de l'autre, unissaient en général les maîtres et les domestiques qui avaient toujours leur petite part dans les testaments. En 1725 Mᵉ Claude Guyon veut qu'il soit délivré à ses domestiques, en sus de l'année courante payée en entier, une année de gages sous forme de gratification, « afin de les engager à prier Dieu pour lui ». En 1748 Mᵉ Nicolas Pelard laisse une pistole de gratification à chacun. En 1756 M. de Montesson lègue à son valet de chambre sa garde-robe et cent livres de gratification en plus de ses gages, qui étaient, pour lui et sa femme, de 125 livres par an. Enfin des dispositions analogues se retrouvent dans la plupart des testaments des gens aisés de toute classe.

Cette simplicité de mœurs ne permettait pas, à la vérité, aux hommes d'affaires d'amasser d'aussi grosses fortunes qu'aujourd'hui. Urbain Deshais, notaire royal et personnage influent à Douillet vers 1730, donne 500 liv. de dot à chacune de ses cinq filles, et encore est-il obligé de vendre son argenterie pour payer ses dettes, « ou les nécessités de son ménage » !

Les voyages se font à cheval ou à pied, le plus souvent à cheval. En 1748 le curé possède trois chevaux et plusieurs selles ; à la même époque tous les fermiers se rendent à cheval aux foires, portant leurs femmes en croupe.

En général le caractère est froid, un peu porté à la chicane, mais rarement violent. Un des adversaires les plus acharnés à refuser la dîme au curé Hiron se contente de signifier à l'huissier qui vient le saisir : « qu'il n'entend pas le voir écrire chez lui » et de le forcer ainsi à rédiger son procès-verbal au milieu d'un champ, sous une pluie battante (1). Lorsqu'il s'est produit quelque rixe dans une taverne, tous n'ont qu'une pensée, c'est d'éviter l'intervention de la justice en réglant à l'amiable les dommages et intérêts. Par acte du 3 août 1767 passé devant Mᵉ Martineau, deux bordagers et une femme s'engagent ainsi envers le fermier

(1) Arch. paroissiales.

du Bois-Besnard, à lui payer 60 livres, les frais de chirurgien et les médicaments, plus 240 livres à sa veuve dans le cas où il viendrait à mourir, à raison « du mal-traitement qu'ils ont commis sur lui ». De même le 28 septembre suivant, le père d'un jeune homme qui a donné « un coup à la teste à René Bouvier chez la veuve » Bienvenu cabaretière, sans aucune dispute entre eux que de se tirailler » pour s'arracher une chopine », promet au blessé de payer tous les voyages et médicaments des chirurgiens et de lui donner présentement la somme de 15 liv. pour son retardement (1).

12. *Population.*

En l'absence de documents statistiques le chiffre de la population est assez difficile à établir. Le nombre maximum des baptêmes qui correspond à l'année 1651 est de quarante. Il est de 32 en 1700, celui des mariages de 11, et celui des sépultures de 14, soit 18 naissances en plus des décès. En 1750 il n'y a que 15 baptêmes, 9 mariages, 8 décès ; en 1780 on trouve 21 bap-têmes, 8 mariages, 10 décès (2). Vers 1742 le curé Pelard compte environ 140 ménages, dont 40 pauvres. En 1748 le nombre des feux est de 143 ; en 1750 de 144, d'après les registres de l'Élection (3). Or 144 feux représentent une popula-tion de 6 à 700 âmes, ce qui correspond avec le chiffre de 616 communiants donné par le *Dictionnaire* de Le Paige. En d'autres termes avant la Révolution la population de Douillet semble moins élevée qu'elle ne l'est aujourd'hui ; en 1791 cependant elle atteindra 954 habitants, c'est-à-dire exactement le même chiffre qu'en 1877 (4).

Telle était, d'après les documents que nous avons pu réunir, la situation administrative et économique de la paroisse de Douillet à la fin de l'ancien régime. Il nous reste à exposer les réformes reconnues nécessaires et réclamées en 1789 par la population.

II. RÉFORMES DEMANDÉES EN 1789. — CAHIER DES PLAINTES ET DOLÉANCES DES HABITANTS DE DOUILLET.

C'est, nous l'avons dit, le 8 mars 1789 que les habitants de Douillet, réunis sous la présidence de leur syndic Anselme-Clément de Marigné, arrêtèrent, en

(1) Min. Martineau.
(2) *Registres de l'Etat-civil.*
(3) Arch. mun. du Mans 19. — Papiers de M. Fay.
(4) Arch. de la Sarthe. L. 12 : 9.

conséquence des ordres du roi, leur « *Cahier de doléances et représentations,*
» *tant pour être présenté à l'assemblée provinciale du Maine qu'aux États-*
» *Généraux* (1). » Ce cahier révélant avec une grande précision leurs opinions
personnelles et leurs désirs, nous nous bornerons, pour faire connaître les
réformes demandées en 1789 par les habitants de Douillet, à l'analyser dans l'ordre
que nous avons suivi au paragraphe précédent.

1. Administration ecclésiastique.

Malgré les difficultés qu'ils avaient suscitées à leur curé pour la perception de la dîme, les habitants de Douillet se gardent bien d'émettre officiellement le moindre vœu hostile à la religion ou aux ministres du culte.
Ils observent sur ce point un silence respectueux, demandant seulement
et incidemment que les ecclésiastiques comme les nobles soient désormais
soumis à la taille. En comparant cette attitude pleine de réserve et de modération avec les attaques de certaines paroisses contre le clergé, il est facile de se
rendre compte que les habitants de Douillet restaient toujours au fond très attachés
à la religion.

2. Administration civile.

Après avoir réclamé avec la France entière la réunion périodique des
États généraux tous les deux ans, l'élection des députés du Tiers dans le
Tiers seul et le vote par tête « sans quoi ceux du Tiers se retireraient
et procéderaient de nullité », les habitants de Douillet demandent la suppression
des Intendants et leur remplacement par les assemblées provinciales, qui
avaient déjà produit d'excellents résultats.

3. Service militaire. Milice.

« Il nous paraît très-inutile, disent-ils à ce sujet, de faire tous les
» ans des levées de milice qui occasionnent beaucoup de perte de temps
» et plusieurs dépenses très dispendieuses au peuple. A la bonne heure
» dans les cas de nécessité, il est fort naturel de donner des hommes au
» Roi ; mais que ce ne soit point par tirage au sort et que l'on prenne ceux qui
» ont bonne intention de servir, *ce qui donnera de meilleurs soldats dans les*
» *troupes que ceux qui servent de force* ».

4. Justice.

« Il est fort à désirer pour la paroisse, ajoute le *Cahier*, de ne plaider

(1) Arch. de la Sarthe C. 85. — *Le Cahier des Doléances* de Douillet a été publié
récemment dans l'*Annuaire de la Sarthe* pour 1883. Le Mans, in-18, p. 162

» qu'au bailliage royal de Fresnay, parce qu'elle relève de cinq à six juridictions,
» ce qui cause beaucoup de coûts et de pertes pour ceux qui sont forcés de
» plaider, et souvent pour très peu de chose. Il serait nécessaire en outre que les
» nombreux procès suscités par les dommages que les bestiaux peuvent faire sur
» les héritages, fussent terminés *par le curé de chaque paroisse, accompagné de la*
» *municipalité*, et ce grâtis ».

Ce dernier vœu est très remarquable. Il prouve la confiance dont jouissait
encore le curé ; il rend une justice éclatante à l'impartialité et à l'esprit de conciliation des ministres de la religion catholique.

Enfin le *Cahier* réclame instamment l'abolition des huissiers-priseurs, « depuis
» peu d'années établis par M. Frère du Roi. Ils commettent beaucoup d'exactions,
» sont nuisibles aux notaires, absorbent presque tous les deniers provenant des
» ventes judiciaires, et ne sont pas même assez instruits pour faire en personne
» les estimations. Les notaires pourraient les remplacer avantageusement.

● *5. Impôts.*

C'est ici, sur la question financière, que se concentrent toute l'attention
des habitants de Douillet, leurs critiques les plus graves et leurs protestations les plus énergiques. Tout d'abord, écrivent-ils dans leur préambule :
« Nous habitants soussignés, nous faisant fort pour ceux qui ne scavent signer,
» déclarons à toutes les assemblées qui doivent se faire pour les États généraux,
» que depuis très longtemps nous avons souffert des vexations à raison de diffé-
» rents impôts dont on nous a surchargés, ce qui réduit la majeure partie d'entre
» nous à la mandicité et le reste à peu de choses. Tout le monde sçait jusqu'à
» quel point la taille a été portée, surtout dans les campagnes. Elle a monté si
» haut que les ministres, ne pouvant plus l'augmenter, nous ont fait porter une
» augmentation considérable sous la dénomination de *second brevet*, qu'on a
» changé de nom depuis peu d'années en celui d'*accessoires* ; cela n'a pas empêché
» la capitation, que MM. les Intendants augmentent sans que nous en sachions les
» raisons ; d'ailleurs cette taille est repartie à la volonté des collecteurs, ce qui
» occasionne tous les ans des vengeances entre les membres de la société, et qui
» détruit la bonne intelligence si nécessaire en toutes communautés, puisque
» sans elle, il n'y a ni bon ordre, ny justice, ny salut ».

Pour obvier aux souffrances actuelles des susdites impositions, les habitants
de Douillet demandent : que les seigneurs, les ecclésiastiques et autres privilégiés
soient soumis à la taille ; que l'on établisse des contrôles afin que chacun puisse
savoir ce qu'il doit ; que les honoraires des intendants soient diminués ; que les

receveurs des tailles « soient retranchés de nombre et ne retiennent pas tant de
» deniers devers eux pour leur commission » ; que l'on fasse même passer directement à l'État la recette des impôts par les cavaliers de la maréchaussée, « qui
» deviendraient par ce moyen plus utiles à la nation », sans prendre les détours
de receveurs à receveurs, de receveurs aux intendants, « dans les mains desquels
» il en reste beaucoup, ce qui altère la nation et les intérêts de Sa Majesté » ;
enfin ils demandent que les effets morts des contribuables insolvables soient
enlevés sans frais, puis vendus également sans frais par les soins de la municipalité, et les deniers remis aux collecteurs jusqu'à concurrence seulement de ce que
doit le débiteur.

Les habitants de Douillet réclament ensuite la suppression des vingtièmes,
« qui mettent chaque propriétaire, après avoir payé ses impôts, dans le cas de
» n'être pas même l'honnête fermier de son bien » ; ou au moins, à défaut de
suppression, que la répartition soit faite par la municipalité comme celle de la
taille et non plus par les intendants.

Les doléances ne sont pas moins vives en ce qui concerne les impôts
indirects. « On nous fait supporter, dit le *Cahier*, un impôt que le Roy lui-même
» appelle désastreux ; c'est le sel dont beaucoup de malheureux sont obligés de
» se priver, attendu qu'ils n'ont pas de quoy le payer. Pour que le Roy trouve
» également le produit de ses salines, il ne s'agit que de rendre le sel marchand
» à la sortie des salines royales, que le prix en soit payé sur les dittes salines, et
» porté dans les coffres de l'État directement » ; c'est-à-dire que les habitants de
Douillet demandent énergiquement la suppression de tous les fonctionnaires de
la gabelle, directeurs, contrôleurs, receveurs, magistrats des greniers à sel. En
effet ils détestent cordialement les *gabeloux*, comme toutes les populations du
Bas-Maine, et c'est une douce vengeance pour eux d'appeler sur leurs têtes les
représailles des États généraux. Toutefois, s'ils sont sans pitié pour ceux « qui ont
» eu des cent, cinquante, vingt-cinq, dix, cinq mille livres pour leur commission
» et qui par conséquent ont de quoy vivre, s'ils n'ont pas été des dissipateurs »,
ils montrent quelques sentiments de charité « à l'égard de ceux qui ont eu très-
» peu d'appointements », et consentent à ce qu'il soit accordé à ces derniers, en
les remerçiant, la moitié de leur solde.

De même ils consentent au maintien de l'impôt sur le tabac, à la condition
qu'il soit désormais de meilleure qualité et que les petits revendeurs de chaque
village puissent faire librement leur choix dans les magasins de l'État, « ce qui
» occasionnerait beaucoup de personnes qui ont laissé l'usage du tabac à le
» reprendre, et donnerait une grande amélioration pour l'État ».

De même encore les habitants de Douillet se contentent de souhaiter la transformation des droits sur les boissons, sous la réserve de la suppression des commis qui en font le recouvrement. Ils proposent en compensation l'établissement d'un droit fixe par pièce de vin ou de cidre, exigible du récoltant avant la mise en vente. « Par ce moyen, beaucoup de personnes qui se sont enrichies et » qui vivent au dépens de la nation, seront obligées de travailler selon son goût ; le » Roy trouvera du profit, et son peuple sera soulagé ».

Au contraire, le *Cahier* demande la suppression absolue des droits domaniaux de *francs-fiefs*, qui roulent exclusivement sur le Tiers-État ; le classement des biens hommagés possèdés par les roturiers au rang des biens censifs ; en un mot l'égalité des biens devant la loi, et leur partage égal entre les diverses branches d'héritiers.

6. *Droits seigneuriaux.*

Sur ce chapitre, il ne pouvait y avoir ni hésitation ni moyen terme. Les habitants de Douillet, d'accord avec la France entière, réclament l'abolition des droits seigneuriaux, particulièrement du droit de rachat pour les biens hommagés possèdés par les roturiers, des corvées seigneuriales de toute espèce, « quoique » les seigneurs allèguent qu'ils ont concédé des fonds pour cet objet », et des droits de banalités, de telle sorte que chacun soit libre de faire porter son grain où il jugera à propos. Nous avons vu aussi qu'ils réclamaient la suppression des droits de basse justice.

7. *Routes et Chemins.*

« Par rapport aux grandes routes, dit le *Cahier*, il s'est établi plusieurs usages » qui n'ont point anéanti les abus qui se commettaient autrefois ; bien au con» traire les routes n'avancent point en leur construction, quoique l'on paye au » moins six sols pour livre de la taille pour la confection des dittes routes, ce qui » écrase les taillables. Pour obvier à cet abus il n'y a rien de plus aisé, de plus » juste et de plus avantageux, tant pour la nation que pour l'avancement des » dittes routes, que de partager à chaque ville, bourg et paroisse, suivant le » nombre de personnes y comprises aux impôts, chacun à proportion, suivant la » difficulté des routes, et que chaque paroisse rendit l'ouvrage fait aux ingénieurs » ou sous-ingénieurs.

» Il y a beaucoup eu et se trouve encore très souvent des seigneurs et gens » aisés qui ont obtenu et obtiennent de MM. les Intendants des deniers de charité » pour pratiquer des rembranchements de leurs châteaux aux grandes routes,

» dont plusieurs ne servent qu'à leurs usages particuliers. Si les paroisses avaient
» ces deniers de charité, elles les emploieraient à rendre les chemins de traverses
» et de bourg à bourg plus praticables, qui sont de très grande conséquence pour
» le bien général ».

8. *Agriculture.*

Aucun vœu spécial.

9. *Industrie et commerce.*

Rien de particulier pour l'industrie. Quant au commerce les habitants de
Douillet demandent surtout, pour le faciliter, l'amélioration des voies de communication et en outre « que les États généraux obtiennent de Sa Majesté d'ôter
» toutes les entraves, tels que les péages ou les douanes intérieures ».

10. *Instruction publique.*

Aucun vœu spécial.

En résumé, après l'étude attentive du *Cahier des doléances* de la paroisse de
Douillet, on arrive à ces conclusions :

Qu'en 1789 les habitants demeuraient sincèrement attachés au Roi. Qu'ils
respectaient profondément la religion, et entouraient encore leur curé d'une haute
considération puisqu'ils voulaient lui confier la présidence d'un tribunal arbitral.
Qu'ils réclamaient la simplification des rouages administratifs, et le remplacement
des intendants, dont les pouvoirs étaient excessifs, par des assemblées provinciales composée'd'hommes intelligents, actifs, dévoués aux intérêts de la province
qui les avait vus naître. Mais surtout qu'une modification radicale du système
financier, l'abolition des privilèges, et l'amélioration des voies de communication
étaient reconnues urgentes par tous et demandées de préférence à toutes les autres
réformes.

Tels étaient les vœux des habitants de Douillet après une expérience de trois
siècles du régime monarchique ; tels étaient en 1789 leurs véritables besoins. Les
chapitres suivants montreront ce que la Révolution devait leur donner.

DEUXIÈME PARTIE

DOUILLET - LE - JOLY DEPUIS 1789

DEUXIÈME PARTIE

CHAPITRE PREMIER

LA COMMUNE DE DOUILLET DE 1789 A 1795

ROIS mois à peine après que les habitants de Douillet eurent rédigé leur *Cahier de Doléances* et nommé leurs députés, la Révolution était commencée, l'ancien ordre de choses ébranlé jusque dans ses fondements. La période qui s'étend de la réunion des Etats généraux à la fin de la Convention devait être, entre toutes, une époque d'activité législative et de bouleversements profonds. Pour mettre plus d'ordre dans le récit des conséquences que ces événements eurent à Douillet, nous diviserons cette première époque de la Révolution en trois paragraphes : les premières réformes jusqu'à la proclamation de la République ; la terreur ; les commencements de l'insurrection dans les environs de Douillet.

I.

Nous n'avons pas à rappeler ici avec quelle rapidité les événements se précipitèrent à partir du 5 mai 1789 date de l'ouverture des Etats généraux, ni quelles conséquences devait avoir l'émeute du 14 juillet ; il nous suffira de dire que la prise de la Bastille mit le comble à l'effervescence, ou plutôt à l'anarchie, et que les campagnes les plus paisibles furent bientôt le théâtre de terreurs folles et de crimes odieux. C'est ainsi que le 23 juillet la province du Maine tout entière voyait se produire presque subitement, sans motif apparent, une effroyable panique. En quelques heures toutes les populations étaient sur pied, en proie à une sorte de folie ; le bruit courait que quatre mille brigands étaient répandus dans les villages pour les piller et les incendier ; le tocsin sonnait dans toutes les paroisses, et à Ballon une multitude furieuse massacrait, dans des conditions horribles, M. Cureau lieutenant de la ville du Mans, qu'on avait dépeint comme un accapareur, ainsi que son gendre Balthazar Michel de Montesson, fils de M. Louis Pierre Joseph de Montesson, seigneur de Douillet.

Malgré le calme ordinaire de leur caractère, les habitants de Douillet n'échappèrent pas à cette panique, mais au moins ils firent preuve d'énergie. Dès le matin du jour fixé par la rumeur publique pour le soulèvement général, ils coururent aux armes ; M. Jean-Georges Hiron monta à cheval, et une troupe nombreuse, armée de fusils, de faulx ou de fourches en fer, partit pour Fresnay sous son commandement, afin de barrer la route aux brigands (1). Heureusement le brave curé et sa petite armée ne rencontrèrent pas l'ennemi et n'eurent pas à livrer bataille ; ils revinrent sains et saufs à Douillet quelques heures plus tard, profondément émus par la nouvelle du crime de Ballon, le premier qui eut ensanglanté le pays.

Cependant l'ordre public se rétablit pour quelques jours encore, et l'on accueillit avec joie certaines réformes administratives. Tout d'abord en effet l'Assemblée nationale avait organisé les municipalités en développant et régularisant les attributions des anciennes assemblées de paroisse. Le dimanche 11 février 1790, après une messe du Saint-Esprit et le chant du *Veni Creator*, l'assemblée des habitants de Douillet, convoquée dans les formes anciennes par le

(1) *Chroniques*, fᵒ 41.

procureur-syndic, Anselme Clément de Marigné, se réunit dans le cimetière, à la grande porte de l'église, au son de la cloche, pour élire les membres de la municipalité nouvelle. Anselme Clément de Marigné présidait, ayant pour secrétaire le notaire Brousset, pour assesseurs Antoine Galpin, François Cochet, et le curé Mᵉ Jean-Georges Hiron. Sur 113 électeurs inscrits, 102 prirent part au vote. Antoine Galpin fut élu *maire* ; Joseph Bourillon, Pierre Langlais, René Bozo, Jean Georges Hiron et Jacques Mordefroid *officiers municipaux* ; François Cochet, *procureur de la commune* ; Michel Brière, Michel Le Roy, Pierre Ravé, Marin Champion, Mathurin Besche, Michel Blanchard, Noël Hervé prêtre, Jean Chatelais, Jules Clément Marigné, René Bouvier, Antoine Livache et René Provot *notables*. Tous acceptèrent, promettant « de se comporter avec fidélité et en honnêtes gens » ; le 21 février il prêtèrent les uns devant les autres serment de fidélité à la Nation, à la Loi et au Roi (1).

Dès lors la Paroisse cédait le pas à la Commune ; mais celle-ci, comme l'indique cette transmission de pouvoirs qui lui était faite par l'assemblée de paroisse de l'ancien régime, n'était en réalité que le développement logique de l'organisation paroissiale jadis crée par l'Eglise. Il faut bien le reconnaitre ; c'est l'Eglise qui organisa au moyen-âge l'*assemblée de fabrique*, laquelle était devenue ensuite l'*assemblée de paroisse*, laquelle à son tour devenait sans effort et tout naturellement pour ainsi dire l'*assemblée municipale*. De telle sorte que pour être juste on arrive à cette conclusion que la Commune est la fille majeure de la Paroisse, et qu'elles ont toutes deux pour premières origines les institutions adminitratives de l'Eglise. Une telle conclusion heurtera sans doute bien des idées admises aujourd'hui. Il n'en est pas moins évident que les habitants de Douillet proclamaient eux-mêmes en 1790 cette alliance intime de la Paroisse et de la Commune en nommant leur curé officier municipal et un autre ecclésiastique notable ; ajoutons que ce n'est pas là une exception isolée, car leurs voisins de Saint-Georges-le-Gaultier vont encore plus loin et élisent maire le curé lui-même.

Un peu plus tard la situation administrative de la nouvelle Commune était définitivement fixée. Détachée sur sa demande du district de Sillé-le-Guillaume, auquel l'avait rattachée l'assemblée provinciale de 1787, elle était comprise dans le canton et le district de Fresnay, département de la Sarthe (2).

On procède ensuite à la nomination des électeurs du District ; Antoine Galpin fut un des cinq élus, le 20 mai, par l'assemblée primaire de Fresnay, Douillet et

(1) Arch. de la Sarthe, L. 14 : 7.
(2) Arch. de la Sarthe, L. 14 : 7.

Saint-Aubin, réunie dans l'église de Fresnay au nombre de 226 citoyens, dont 84 de Douillet ayant cette fois encore leur curé à leur tête (1).

Néanmoins Mᵉ Jean Georges Hiron, comme la plupart de ses confrères, commençait à être très inquiet de l'avenir, et la vivacité de son caractère ne lui permettait pas toujours de garder une réserve suffisante. Un déplorable hasard voulut qu'il se rendit sur ces entrefaites à la foire de la Pentecôte au Mans, et qu'il apprit à l'auberge même où il était descendu la confiscation des biens du clergé remplacés par un traitement de 1200 livres pour chaque curé. Oubliant l'endroit où il se trouve, il s'écrie dans le premier moment d'indignation : « Mais « ce n'est pas avec quoi nourrir mes chiens ! ». Cette malheureuse parole vole aussitôt de bouche en bouche ; la populace s'ameute et menace le pauvre curé, si bien qu'il n'a que le temps de monter en voiture et de revenir à Douillet en toute hâte. Le lendemain il prenait son lit, et le 11 juin il était mort.

Comme il n'avait point eu le temps de résigner sa cure, l'évêque du Mans en sa qualité de présentateur la mit au concours. Elle fut obtenue par un vicaire de la Bigottière près Vire, natif du Bas-Maine et nommé Pierre Chardin, ecclésiastique instruit, très pieux et très énergique, qui prit possession le 23 juillet. Ce fut une grande déception pour le vicaire M. Amiard. Fixé à Douillet depuis longtemps ce prêtre avait su conquérir les sympathies de la population, et il comptait sur la cure que M. Hiron avait eu effectivement l'intention de lui résigner. Il en résulta que dès les premiers moments M. Pierre Chardin ne fut pas bien accueilli par les nombreux amis de M. Amiard. On le trouva bizarre « avec son costume breton, « son grand chapeau de toile cirée à larges bords, ses cheveux longs tombant sur « les épaules » ; on le proclama trop austère ; en un mot on chercha par tous les moyens à établir un contraste, désavantageux pour lui, avec le caractère, doux, faible et insinuant de M. Amiard. Cette disposition des esprits devait avoir l'année suivante de funestes conséquences (2).

Toutefois l'année 1790 s'acheva paisiblement encore à Douillet. Elle ne fut signalée que par la fête de la Fédération, les mesures préparatoires de la vente des biens nationaux, et une série d'élections plus ou moins importantes. Le 18 juin, élection à Fresnay, après une messe du Saint-Esprit célébrée au son des cloches et en présence de la garde nationale, de l'administration du District par les électeurs désignés dans l'assemblée primaire du 20 may, et au nombre desquels se trouve le maire de Douillet Antoine Galpin ; le 21 novembre à 8 heures du matin, après la messe, assemblée dans l'église de Douillet pour le renouvellement

(1) Arch. de la Sarthe, *Ibid.*
(2) *Chroniques*, fᵒ 41.

des membres sortants de la municipalité ; le 13 décembre, élection d'un juge de paix à Fresnay par l'assemblée primaire : le citoyen Mouton est élu par 230 voix, Antoine Galpin arrive second avec 165 suffrages, et pour la première fois Douillet prend audacieusement dans cette assemblée le nom de *Douillet-le-Gentil* ; le 2 janvier 1791, élection des assesseurs du nouveau juge de paix etc. (1).

Dès les premiers jours, l'année 1791 s'annonce mal. Tout d'abord, le 18 janvier, Douillet s'attire un blame énergique pour n'avoir pas envoyé « le rôle de supplément des ci-devant privilègiés », et le procureur-syndic du district après avoir menacé la municipalité des poursuites du receveur, termine ainsi, afin de ranimer le zèle patriotique : « Epargnez-moi je vous prie, Messieurs, le désagrément de » parler de vous au Département d'une manière qui déplairait infiniment à mon » cœur et à mes sentiments (2) ». Puis arrive le carême. M. Chardin n'écoutant que son devoir déploie une énergie extrême, attaquant ouvertement les doctrines révolutionnaires, démasquant sans crainte l'hypocrisie, bravant tous les dangers. Il s'attire du même coup l'estime de ceux qui sont ennemis de la persécution religieuse et l'inimitié profonde des partisans de la constitution civile. Au mois de mars il refuse catégoriquement le serment, et pour bien accentuer son opinion signe désormais tous ses actes : « Chardin, prêtre, curé de Douillet, catholique, apostolique et romain ». A partir de ce moment la guerre religieuse est déclarée (3).

Le 29 mai, les électeurs du district réunis dans la salle d'audience de Fresnay acclament M. Amiard curé constitutionnel de Douillet ; cette élection, œuvre d'un ami personnel de l'ancien vicaire, est annoncée par un coup de canon, et on expédie immédiatement un gendarme à cheval à Douillet pour l'annoncer. Le lendemain 30 mai, pendant l'élection du curé de Rouessé-Fontaine, M. Amiard arrive à Fresnay escorté d'un détachement de garde nationale. Il se rend au milieu de l'assemblée, lui témoigne sa reconnaissance, et promet de faire tout ce qui sera en son pouvoir pour répondre au choix qu'on a fait de lui. Le président lui réplique : « Monsieur, » ce sont vos vertus, vos talents et votre patriotisme qui vous ont mérité cette » place ; d'après cela nous sommes persuadés que nous n'aurons point lieu de « nous repentir de notre choix (4). Le 31 mai, messe solennelle et *Te Deum* dans l'église de Fresnay pour la proclamation des curés élus, en présence de toutes les autorités, de la garde nationale, de la gendarmerie, musique et tambours en tête.

(1) Arch. de la Sarthe, L. 14 : 7.
(2) Arch. de la Sarthe, L. 5 : 8.
(3) *Chroniques*, f° 42.
(4) Arch. de la Sarthe, L. 14 : 7.

16

M. Amiard, aveuglé par le désir de recouvrer à tout prix la cure de Douillet, poussé d'ailleurs par ses amis, prête serment sans difficultés le 1er juin, et se fait installer quelques jours plus tard par un vicaire de Fresnay qu'accompagne toute la garde nationale de cette ville ! Après la messe et plusieurs discours de circonstance, grand banquet dans la cour du presbytère, nombreuses libations , chants patriotiques etc (1).

Mis par là-même à la porte du presbytère, M. Chardin s'était retiré dans le bourg, chez Mme veuve Guérin qui lui avait offert courageusement l'hospitalité. Le premier dimanche qu'il se présenta à l'église pour célébrer la messe du matin, il trouva les portes fermées et occupées par les partisans de M. Amiard ; un homme se tenait dans le clocher prêt à sonner le tocsin. Comme M. Chardin comptait lui aussi des partisans dévoués, un combat fut sur le point de s'engager dans le cimetière, mais le bon curé se jetant à genoux entre les adversaires parvint à les calmer, et alla dire sa messe à la chapelle de Grateil. Depuis ce moment il ne se montra plus en public : un soir même qu'il était allé voir un malade il dut se cacher dans un champ de blé, pour éviter une troupe de furieux qui voulaient l'assassiner. Peu après il était obligé de quitter l'habit ecclésiastique et de partir de Douillet ; il est juste de dire que M. Amiard se fit un devoir de l'accompagner dans ce moment critique jusqu'aux limites de la paroisse, afin de le mettre à l'abri d'une agression. Le pauvre curé n'en fut pas moins reconnu et injurié en traversant Fresnay, mais enfin il parvint à gagner Jersey, d'où il écrivit souvent à ses paroissiens pour les préserver du schisme.

Exciter au plus haut degré les passions populaires, transformer en furieux des gens jusqu'alors inoffensifs, déconsidérer les ministres du culte, jeter une irrémédiable division dans la commune, telles avaient donc été à Douillet, comme partout, les déplorables conséquences de la constitution civile du clergé. Désormais tout respect de l'autorité avait disparu ; il ne subsistait plus dans les esprits que la crainte du gendarme et de profondes rancunes. La suite des événements montrera toute la gravité de cette situation, suscitée à Douillet par la persécution contre M. Chardin, provoquée d'un côté par l'intolérance législative, de l'autre par l'ambition humaine. M. Amiard n'était au fond ni méchant ni corrompu ; c'était plutôt un instrument qu'un chef de parti, et pour le gagner si facilement au schisme il avait fallu la cruelle déception que lui avait causée l'arrivée de M. Chardin. Au reste, à dater du départ de celui-ci, il fit de sérieux efforts pour calmer les esprits et accomplit avec régularité toutes les fonctions sacerdotales.

(1) *Chroniques*, f° 43.

Malheureusement il était trop tard, même à Douillet, pour arrêter le mouvement. Les événements se succédaient avec une rapidité inouïe. Le 24 juin le district apprenait à la municipalité la fuite du roi et lui ordonnait de faire monter la garde jour et nuit ; le lendemain il lui annonçait son arrestation, la priant de faire chanter un *Te Deum* et de « répandre partout cette flatteuse nouvelle (1) ». Dans ces conditions les imaginations se montaient et les têtes s'échauffaient de plus en plus : des hommes, modérés tout d'abord, se laissèrent peu à peu déborder et suivirent une pente fatale qu'ils ne pouvaient plus remonter, parce qu'ils avaient abandonné les principes sociaux sans lesquels il n'y a pas de résistance possible. Comme il arrive aux hommes politiques de toutes les époques, le maire de Douillet, entrainé par les témoignages de confiance que lui prodiguaient les électeurs, fut pris dans l'engrenage ; bien que remplacé à la mairie par Pierre Langlais vers la fin de 1791, il resta l'agent du district, le représentant de l'ordre de choses nouveau. Cette situation lui attira plus tard de regrettables mésaventures, car l'honneur d'être chef de parti s'achète parfois assez cher. La fin de l'année fut moins agitée cependant que le commencement ; le 14 juillet le serment fédératif fut renouvelé en grande pompe ; le 16 septembre le district apprit aux municipalités l'acceptation de la constitution, « qui fut lue le dimanche suivant en grand appareil, au prône de la messe parois- » siale et dans les places publiques », puis accompagné d'une fête solennelle « pour » éterniser un événement aussi heureux, pour annoncer l'allégresse publique et » la liberté des Français ! » (2) ; les élections se firent à Fresnay sans incident ; enfin les membres du district, après avoir envoyé une adresse à l'Assemblée législative pour lui assurer de nouveau que « fidèles à leurs serments ils ne » voulaient plus être qu'une seule famille, une société d'hommes libres qui mour- » raient à leur poste plutôt que de se laisser enlever une liberté qui a coûté tant de » sang (3) », s'occupèrent, ce qui valait mieux, de rectifier les limites des communes et de faire remettre 6000 livres en petits assignats au sieur Lemarchand, maitre de la forge de l'Aune, pour lui permettre d'entretenir ses trois ou quatre cents ouvriers (4).

La situation financière, comme toujours d'ailleurs, s'embrouillait en même temps que la situation politique, et les Français en conquérant la liberté n'avaient pas trouvé moyen, parait-il, de supprimer les impôts. L'année 1792 apporta sous ce

(1) Arch. de la Sarthe, L. 5 : 8. p. 160.
(2) Arch. de la Sarthe, *Ibid.* p. 219.
(3) Arch. de la Sarthe, L. 5 : 1, p. 250.
(4) Arch. de la Sarthe, *Ibid.* p. 114.

rapport de singulières étrennes à la commune de Douillet. Le 5 janvier, le pro-cureur-syndic du district l'invitait à payer 16146 livres, 3 sols, 6 deniers, pour la contribution foncière (1) et 2891 livres pour la contribution mobilière ; en même temps il lui imposait 215 livres d'assignats, somme qui devait être portée à 610 liv. en février, à 500 liv. en mars et octobre (2). La note était un peu lourde à payer : aussi le procureur-syndic a-t-il soin de « rappeler pour un instant le souvenir de » ces impôts désastreux sous lesquels on a gémi si longtemps », et prie la muni-cipalité « de vouloir bien calculer ce que coûtaient le sel, le tabac, les droits » d'aides, la capitation, les corvées, les vingtièmes, les dîmes etc. (3) ».

Les habitants de Douillet n'en comprirent pas moins l'avertissement ; ils prévirent un effondrement prochain, et pour empêcher l'Etat de s'emparer des économies de la fabrique, ils résolurent de les employer sans retard. Le 5 février, le conseil de la commune, réuni à l'issue des vêpres, à la requête du procureur François Blanchard, sous la présidence du maire Jean Châtelais, décida de reconstruire la chapelle de la Vierge, de réparer le pinacle et le mur du cimetière (4). Les travaux commencèrent immédiatement et absorbèrent les ressources, à l'exception de 300 livres que M. Amiard consacra à racheter au district le dais de l'église de Ségrie et une croix de procession. Cette mesure fait honneur à la perspicacité des habitants de Douillet, et prouve qu'ils n'étaient guère partisans de l'abolition du culte. Il est vrai qu'à ce moment le hasard des élections avait appelé à la mairie M. Jean Chatelais, qui fut toujours le chef du parti modéré à Douillet et même « un royaliste dangereux », s'il faut en croire la police : il fut soutenu en outre dans cette affaire par M. Amiard et par Michel Le Roy, homme intelligent et honnête, alors procureur de fabrique.

Quoi qu'il en soit, il était temps. La déclaration de guerre à l'Autriche était imminente, et six jours seulement après la délibération du conseil de la Commune, des commissaires étaient envoyés par le district dans tous les chefs-lieux de canton, « à l'effet d'inviter les citoyens à voler à la deffense de la patrie et de la » liberté, et d'inscrire tous ceux qui voudraient contracter un engagement dans » les troupes de ligne (5) ». A partir de ce moment les préoccupations militaires absorbèrent toutes les autres. Dès le 11 mars le district de Sillé parvint à décider un habitant de Douillet, Jean Thomas, domestique, âgé de 22 ans, à s'engager au

(1) Arch. de la Sarthe, *Ibid.* p. 155, 172.
(2) Arch. de la Sarthe, *Ibid.* p. 171, 179, 189, 251.
(3) Arch. de la Sarthe, L. 5 : 8. p. 273.
(4) Archives paroissiales.
(5) Arch. de la Sarthe, L, 5 : 1. p. 182.

3e Régiment, dit Piemont, en garnison à Strasbourg (1) ; puis on procéda en toute hâte à l'organisation des gardes nationales. Les grenadiers des communes de Saint-Aubin, Montreuil et Saint-Georges, qui formaient avec celle de Douillet le 4e bataillon du district de Fresnay, se réunirent à Douillet le 5 mai pour élire leurs officiers (2). Quelques jours plus tard le Département commençait la formation d'un bataillon de volontaires. — Ces craintes patriotiques ne furent pas assez fortes, hélas, pour empêcher les habitants de Douillet de commettre vers le même temps un acte de vandalisme déplorable : le dimanche 20 juin, à l'issue des vêpres, ils entassèrent dans le cimetière le chartrier du château et les archives des anciens fiefs ; ils en firent un feu de joie et se livrèrent autour du brasier aux plus folles démonstrations (3). — Leur joie, il est vrai, ne fut pas de longue durée ; bientôt la Patrie était déclarée en danger, et le 3 août le district donnait ordre aux procureurs des communes de faire lire en public, en présence de la force armée, la proclamation de l'Assemblée, puis de hâter les enrôlements par tous les moyens possibles (4).

A la première heure il se produisit quelque enthousiasme. Pour 120 volontaires que le district de Fresnay devait fournir, il y en avait 122 enrôlés le 15 août, et 173 le 24 (5). Aussi, le 8 septembre, les administrateurs écrivent-ils au Département en lui annonçant le départ d'une nouvelle compagnie de quatre-vingts hommes : « Ce nombre, joint à celui de plus de deux-cents que nous avons envoyé » précédemment, nous permet MM. de nous applaudir d'être coopérateurs et » témoins de cet élan courageux qui dénote d'une manière si sensible que le » Français est aujourd'hui fait pour la liberté, comme il l'a toujours été pour la » gloire (6) ». Mais cet élan diminua tout à coup lorsqu'il fallut recourir aux levées forcées pour compléter l'armée de ligne. L'idée du tirage au sort, si impopulaire, souleva les campagnes ; des rumeurs de toute sorte se répandirent, et le district dut ajourner par mesure de prudence la réunion des gardes nationales convoquées aux chefs-lieux de canton pour la désignation des recrues (7). Il suffit du reste de jeter les yeux sur les rapports officiels des autorités pour se convaincre du peu de valeur militaire de ces gardes nationales, qui occupent une si

---

(1) Arch. de la Sarthe, L. 15 : 3.
(2) Arch. de la Sarthe, L. 5 : 9 et 15 : 1.
(3) *Chroniques*, f° 6.
(4) Arch. de la Sarthe, L. 5 : 9.
(5) Arch. de la Sarthe. *Ibid.*
(6) Arch. de la Sarthe. *Ibid.*
(7) Arch. de la Sarthe, L. 5 : 1 p. 231.

grande place dans l'histoire de la Révolution : « En général, avoue le district de
» Fresnay à la fin de 1792, il y a peu d'activité dans le service. Ces gardes natio-
» nales, souvent délibérantes sur les réquisitions qui leur sont adressées, ont
» démontré par des résultats contraires que leur volonté n'est pas toujours
» d'accord avec leurs obligations, avec l'amour de la République. Elles n'en
» montrent pas assez les vertus. Un alliage incompatible de liberté, de lueurs de
» courage et de faiblesse, forme leur principal caractère (1) ». Ajoutons
que la compagnie de Fresnay forte de trois cents hommes n'avait pas un seul
fusil de calibre, mais quelques fusils de chasse seulement, et pour artillerie
deux pièces, dont une couleuvrine et un canon de campagne « peu propre au
service ».

Il n'est pas étonnant d'après cela que les autorités aient été impuissantes à
maintenir l'ordre le 4 novembre, lorsqu'un attroupement d'émeutiers se porta sur
Fresnay pour fixer le prix des grains : « Partout, écrit à ce sujet le procureur-
» syndic, une lâcheté avilisante a fait céder les municipalités et les gardes
» nationales à l'impulsion d'une crainte pusillanime..... La révolte a été générale
» parce qu'il ne s'est trouvé personne assez courageux parmi les citoyens armés
» pour montrer de l'opposition à un acte qui cependant avait beaucoup d'impro-
» bateurs (2) ». L'indignation dut être grande en effet de la part des patriotes, car
ce premier soulèvement coïncidait précisément avec la proclamation de la
République et l'avénement de l'ère de la liberté ! — Au milieu de cette effervescence, il restait peu de temps pour les affaires. Cependant, comme Antoine Galpin
continuait à jouir d'un réel crédit, au point d'être élu membre du conseil du
district et suppléant du tribunal, la commune de Douillet ne fut pas complètement
oubliée. Le curé Amiard fut autorisé à faire, aux frais de la commune, quelques
réparations au presbytère, et à toucher les rentes jadis léguées à la fabrique par
Jacques de Cocherel et par la dame de Corbon. M. Louis-Pierre-Joseph de
Montesson lui même, qui n'avait pas quitté le royaume et habitait toujours Paris,
fut maintenu provisoirement en jouissance de ses propriétés de Douillet.
Enfin, un atelier de charité fut organisé sur le chemin de Douillet à Saint-
Georges (3).

II.

Sur ces entrefaites, la triste année 1793 vient aggraver encore la situation

(1) Arch. de la Sarthe, *Ibid.* p. 266.
(2) Arch. de la Sarthe, L. 5 : 9.
(3) Arch. de la Sarthe, L. 5 : 9 et 5 : 1.

politique et militaire. Le crime du 21 janvier, la levée de 300,000 hommes, provoquent d'une part des mesures extrêmes de violence, d'autre part une aversion de plus en plus grande contre le gouvernement révolutionnaire. En vain le commissaire chargé du recrutement dans le district de Fresnay envoie-t-il aux municipalités une proclamation dans laquelle il leur dit : « Que les rois tremblent sur » leurs trônes mal assurés ! Pour disperser les troupes d'esclaves qui les défendent » les soldats de la liberté n'ont qu'à paraître. La Patrie les appelle ; sa voix se fit- » elle jamais entendre infructueusement lors même qu'elle parlait par la voix du » traître qu'elle a puni ? Maintenant que cette mère tendre s'adresse directement à » ses enfants, que ne doit-elle pas attendre de leur dévouement ? ». En vain leur affirme-t-il « que le triomphe prochain de la liberté du peuple va faire dispa- » raitre le terrible fléau de la guerre et cimenter une paix d'autant plus durable » qu'elle ne sera plus troublée par la tirannie (1) » ; trois communes se montrent récalcitrantes et refusent sous différents prétextes de compléter leur contingent. La commune de Douillet taxée à 18 hommes est du nombre de celles-ci, et répond à toutes les exhortations par une inertie de mauvais augure (2). Bien mieux, certains jeunes gens s'empressent de s'assurer des remplaçants et les paient jusqu'à 300 livres pour servir la patrie à leur place (3) !

Peu de jours après, le 21 mars, on apprend les premières insurrections de la Vendée, et les gardes nationales du pays sont invitées en toute hâte à envoyer des secours à Angers (4). Les proclamations du district se multiplient. Les habitants de Saint-Léonard-des-Bois y répondent par un soulèvement ; ils s'opposent nettement au départ des onze jeunes gens requis dans leur commune, et promènent dans leur village un âne qu'ils veulent faire embrasser au maire (5). — Plus patriote, la garde nationale de Montreuil arrête dans une auberge deux caisses adressées de la Lucazière à Mme de La Roche Lambert aux Andelys, et les amène pompeusement au district sous escorte ; on les ouvre avec de grandes précautions ; on y trouve de vieilles serviettes et du papier à tapisserie..... (6). Aussitôt les mécontents de rire et de tourner en ridicule le zèle patriotique des citoyens de Montreuil ! Les réquisitions de fusils de chasse et le désarmement des gardes nationales rurales,

(1) Arch. de la Sarthe, L. 5 : 9.
(2) Arch. de la Sarthe, L. 5 : 2. p. 99.
(3) Minutes de Jacq. Brousset.
(4) V. pour toute cette époque le très-intéressant ouvrage de M. H. Chardon : *Les Vendéens dans la Sarthe*. Le Mans, 1873, 3 vol.
(5) Arch. de la Sarthe, L. 12 : 10.
(6) Arch. de la Sarthe L. 5 : 2, p. 153.

opéré sous prétexte d'envoyer des armes aux frères d'Angers, achève d'irriter les campagnes (1).

Puis on reçoit la nouvelle de l'entrée des *brigands* à Saumur, et le 23 juin le bruit se répand que La Flèche est en leur pouvoir. Il en résulte une effroyable panique. Le district de Fresnay perd la tête, et envoie à toutes les communes, le 24 juin, ce cri d'alarme suprême : « Aux armes, citoyens, l'ennemi est aux » portes du Mans ; des hommes, de la bonne volonté, des armes, amis de la » Liberté ! levons-nous et repoussons les viles satellites des déspotes qui ont » l'insolence de venir nous offrir des fers ! Le rendez-vous est au Mans ; le salut » de la Patrie vous y appelle (2) ». Peu empressés, hélas, d'aller combattre « les viles satellites », les habitants de Douillet se gardent bien de se rendre au rendez-vous ; suivant leur habitude ils observent une réserve prudente, assez disposés peut-être à accepter l'autorité du plus fort. L'heure de l'invasion n'était pas venue, il est vrai, pour le département, et c'était une fausse alerte ; mais le zèle n'en était pas moins considérablement refroidi par la perspective déplorable de la guerre civile. Aussi un mois plus tard, lorsqu'on lui demanda de nouveau cinq hommes pour renforcer l'armée du général Duhoux (3), la commune de Douillet, comme la plupart des communes voisines, ne put retenir l'expression de son mécontentement. « Partout, écrit le district à la date du 24 juillet, le recrutement nous cause » les plus grandes inquiétudes ; partout les rassemblements ont été tumultueux, » les autorités méconnues, avilies et menacées, sans autre résultat que la mani- » festation des plus mauvaises dispositions (4) ». En d'autres termes les illusions de la première heure sont en partie dissipées, et les populations commencent à protester contre un despotisme révolutionnaire de plus en plus odieux.

Au moment de la récolte la grosse question des subsistances vient donner de nouveaux motifs de mécontentement. Les paysans, effrayés par la loi du maximum, gardent leurs grains et cessent d'approvisionner les marchés ; ils produisent ainsi une disette fort alarmante bien que factice. Dès le 19 août le district est obligé de leur adresser une proclamation suppliante : « Déjà, leur dit-il en terminant, les » ennemis de l'ordre et de la République semblent se réjouir de voir le peuple » s'agiter et s'inquiéter. Faites voir à ces satires de l'ancien régime que les inquié- » tudes des peuples ne sont pas fondées. Amenez des grains aux marchés. » Prouvez, citoyens cultivateurs, que le laboureur a une âme républicaine, et

(1) Arch. de la Sarthe, L. 5 : 9, p. 1962.
(2) Arch. de la Sarthe. *Ibid.*
(3) Arch. de la Sarthe, L. 5 : 3. p. 43.
(4) Arch. de la Sarthe, L. 5 : 9.

» qu'aucun sacrifice ne lui coûte quand il s'agit de secourir ses frères et de
» terrasser ses ennemis ! (1) ». Bientôt les âmes n'étant pas assez républicaines, il
fallut avoir recours aux menaces, puis aux réquisitions forcées par l'intermédiaire
des municipalités, mesure qui produisit le plus mauvais effet.

Néanmoins ce serait une erreur de croire que ces différentes causes de
mécontentement aient rendu les populations du district de Fresnay sympathiques
aux Vendéens. Ces derniers leur avaient été dépeints en effet sous des couleurs
absolument fausses, et n'étaient à leurs yeux que des hordes de brigands semblables à celles que l'on avait vues sur certains points en 1789. Les habitants de
Douillet particulièrement, qui n'avaient de rapports qu'avec les villes très patriotes
de Fresnay et de Sillé, ne pouvaient connaître ni l'origine, ni le but, ni la composition de la « grande armée catholique et royale ». Bien mieux, la persécution
religieuse ne pouvait jusqu'ici leur expliquer l'insurrection, puisque leur curé
M. Amiard, si connu et si aimé parmi eux, avait toujours continué d'exercer les
fonctions du culte ; en août 1793 il faisait encore travailler à la chapelle de la
Vierge et acheter des ornements par le procureur de fabrique Michel Le Roy (2) ;
en septembre et même jusqu'à la fin de l'année il prétendra encore célébrer les
mariages « en face de la sainte Eglise catholique, apostolique et romaine » ; en un
mot, à la différence de beaucoup d' « intrus » qui s'étaient empressés d'abjurer, il
s'efforçait d'une part de maintenir dans son intégrité l'exercice du culte, d'autre
part de se faire accepter comme pasteur légitime. Cela lui était plus facile qu'à
bien d'autres, puisqu'il n'était pas déconsidéré par une mauvaise conduite, qu'il
avait fait preuve longtemps d'une véritable attachement à la religion catholique,
et qu'il était soutenu par des amis influents. Les électeurs de Fresnay, en n'imposant pas à la population de Douillet un prêtre étranger, en lui donnant pour
ainsi dire un curé de son choix, avaient trouvé moyen de lui faire accepter le
culte constitutionnel. — Ce culte, en conservant les mêmes apparences que le
culte orthodoxe, satisfaisait au sentiment religieux de la masse, et M. Amiard
n'avait contre lui que le groupe moins nombreux des catholiques véritablement
éclairés.

Ce fut donc avec une terreur profonde que le district entier apprit le
24 octobre, par l'entremise du citoyen Le Tourneur représentant du peuple en
mission dans le département de l'Orne, la prise de Laval par les Brigands. Le
même jour les administrateurs d'Evron arrivaient à Sillé avec leur caisse et leurs
papiers, fuyant en toute hâte devant l'ennemi « dont l'avant-garde avait paru à

(1) Arch. de la Sarthe, L. 5 : 3 p. 84.
(2) Arch. paroissiales.

Argentré (1) » ; les administrateurs de Sillé eux-mêmes faisaient leurs préparatifs de départ et la consternation devenait générale. Toute résistance semblait inutile : une étape de plus et l'armée vendéenne était maitresse de notre contrée. Mais la marche sur Granville sauva les patriotes de Fresnay ; elle leur rendit l'audace et quelques jours de répit, qu'ils employèrent courageusement à faire estimer les biens nationaux et vendre le mobilier du ci-devant château de Douillet. Il fallut ensuite, ce qui était déjà moins agréable, envoyer à Mayenne un détachement de 400 hommes pour observer les mouvements de l'ennemi, puis fournir à l'armée, dite de la Mayenne, cinq cents quintaux de seigle ; la commune de Douillet dut en expédier pour sa part 1500 liv. au magasin d'Alençon. Peu après, les Vendéens étant rentrés dans la Mayenne, les alertes recommencèrent de plus belle à Fresnay et à Sillé ; les administrateurs de cette dernière ville prirent même l'habitude de déménager périodiquement, « bien que l'armée de Fougères eut donné aux trai- » nards et aux malades de l'armée brigantine des passeports pour aller au » diable (2) ». Le 11 décembre, à la nouvelle de la prise du Mans, ils jetèrent leurs cloches dans un puits, et expédièrent leurs archives au milieu de la forêt de Sillé (3). Quant au district de Fresnay, il engageait les municipalités à veiller attentivement et à faire charger leurs grains sur des voitures, afin de pouvoir partir plus vite, tout en leur affirmant d'ailleurs « que la République française ne » périrait jamais (4) ». — Enfin le 15, la grande armée vendéenne était anéantie dans les rues du Mans, et les intrépides patriotes de Sillé, sortant de leur forêt, se hâtaient d'acheter aux citoyens de Parennes, en guise de trophées, des fusils pris aux Brigands dans leur déroute (5). En même temps, pour qu'elle puisse sans doute mieux apprécier les bienfaits de la victoire, la commune de Douillet recevait l'ordre d'approvisionner le marché de Fresnay dans un délai de vingt-quatre heures, sauf à mourir de faim elle-même.

La défaite de la Vendée fut le signal du commencement de la terreur dans le district de Fresnay. Le 9 janvier 1794 les municipalités reçurent une circulaire menaçant avec la dernière violence les fonctionnaires publics. « Qu'ils tremblent » s'ils sont négligents, disait cette circulaire ; *le glaive est suspendu sur toutes les* » *têtes coupables*. La loi qui les condamne est sous vos yeux ; pénétrez vous bien » de son esprit. Elle commande surtout de la célérité dans l'exécution. Elle veut

(1) Arch. de la Sarthe. L. 18 : 24.
(2) Arch. de la Sarthe. *Ibid.*
(3) Arch. de la Sarthe. *Ibid.*
(4) Arch. de la Sarthe, L. 5 : 9.
(5) Arch. de la Sarthe, L. 9 : 2.

» que tous les fonctionnaires publics soient passés au scrutin de l'épuration. C'est
» le premier acte que vous avez à faire ; recensez votre agent national et tous les
» membres. Enfin l'incorruptible patriote voit avec plaisir l'œil de ses compatriotes
» s'attacher sur lui etc. (1) ». — Malgré ces menaces heureusement les habitants
de Douillet eurent le bon sens de conserver leurs anciens administrateurs ; Jean
Chatelais maire, François Blanchard procureur et agent national de la commune,
Jacques Brousset secrétaire. Ces hommes, modérés par tempérament et par
opinion, se gardèrent bien d'imiter les Jacobins dans leurs excès, et surtout ils
eurent le bon esprit de faire parler d'eux le moins possible. L'époque terrible de
la Terreur s'écoula donc dans un calme relatif pour la commune de Douillet, où le
sang ne fut jamais versé et où on se borna à exécuter mollement les mesures qu'il
était impossible d'éluder.

Ainsi un décret du 10 novembre 1793 ayant aboli la religion catholique, le
curé constitutionnel Amiard fut contraint de suspendre l'exercice public du culte.
Toutefois il ne cessa ses fonctions qu'à la fin de janvier 1794, c'est-à-dire après les
menaces de la circulaire que nous venons de citer, car le 7 janvier le notaire
Jacques Brousset, secrétaire de la commune, insérait encore dans un contrat de
mariage la formule ancienne : « .... lesquels futurs se sont promis la foy
» de mariage, *et icelui solemniser en face d'église* à la première réquisition que
» l'une des parties fera à l'autre ». Le 28 février seulement, dans un autre contrat,
il écrivait : « lesquels futurs se sont promis la foy de mariage, et icelui solemniser
» *suivant la loy.* ». Quelques jours plus tard la municipalité recevait l'ordre
d'envoyer à Fresnay, après les avoir inventoriés, l'argenterie, les cloches, le linge
et les ornements de la fabrique. Tous ces objets furent inventoriés de nouveau par
le district le 16 juillet, puis vendus aux enchères ou distribués aux hôpitaux (2) ;
les habitants de Douillet ne purent cacher qu'une cloche, et quelques-uns
des ornements les plus indispensables à un culte qu'ils espéraient voir bientôt
renaitre.

Le séquestre fut également mis sur les biens de M. de Montesson, sous
prétexte que ses enfants avaient émigré ; le mobilier du château fut vendu et l'immeuble lui-même confisqué pour « le service de la République ». Enfin il fallut
obéir à de nouvelles réquisitions de grains, de fourrages, de fusils,
de cendres pour la fabrication de la poudre, même d'ouvriers pour la forge de
l'Aune !

Au mois de mars la disette était telle que la commune de Saint-Léonard entre

(1) Arch. de la Sarthe, L. 5 : 10.
(2) Arch. de la Sarthe, L. 18 : 17 — 5 : 4.

autres « était tout entière debout pour se répandre dans les communes voisines ». Au mois d'avril le district écrivait que « vingt communes étaient réduites à la » plus affreuse misère, restant un jour entier sans pain, et que beaucoup de » citoyens se nourrissaient de choux bouillis. Le seul moyen de végéter tous » ensemble pendant quelques jours, ajoute le document officiel, étant de » partager entre les communes le peu de grains qui nous reste, le conseil général, » pénétré de la plus cruelle douleur, ordonne qu'un nouveau recensement sera » fait par les municipalités entre elles : Douillet sera recensé par Assé, Sougé par » Douillet etc (1) ». Cette situation terrible, les mesures d'intolérance ou d'inqui-sition qu'elle entraînait, enfin les cruautés monstrueuses du parti jacobin, devaient user la patience des populations qui avaient conservé encore quelques traces d'énergie.

Dès le mois de mai, le district de Sablé, suivant l'exemple du Bas-Maine pour la seconde fois, était en insurrection. Le 27, les administrateurs de Sillé annonçaient à leurs collègues de Fresnay que « de nouveaux brigands, appelés *Chouans,* » occupaient un bois des environs de Sablé sans qu'on puisse en connaitre le » nombre (2) ». Le 15 juin le soulèvement était devenu si inquiétant que le général de brigade Lebley, chargé de le combattre, envoyait à Sillé pour défendre la ville une compagnie du bataillon des Ardennes, et mettait en réquisition non-seule-ment les gardes nationales de Sillé, mais encore 400 hommes « des plus zélés et des plus républicains » du district de Fresnay (3). De leur côté les administrateurs de ce dernier ordonnaient aux municipalités « de rechercher avec le plus grand » soin et d'arrêter plusieurs religieuses, *femmes turbulentes* qui avaient choisi leur » retraite sur leur territoire (4) ». Dans l'état des esprits ces événements ne pou-vaient manquer de surexciter encore les populations voisines de Douillet. Il y eut des murmures, des protestations contre les réquisitions du général, à tel point que les autorités effrayées durent atténuer ses instructions et apporter dans l'exécution une prudence extrême (5).

Mais le mal était désormais irrémédiable, et lorsqu'arriva le 9 thermidor la Chouannerie était trop forte déjà pour que la réaction qui suivit la mort de Robespierre put arrêter son développement. Le régime de la terreur, en dispa-raissant sous des flots de sang, léguait au département de la Sarthe une guerre civile de sept années.

(1) Arch. de la Sarthe, L. 5 : 4.
(2) Arch. de la Sarthe, L. 9 : 6.
(3) Arch. de la Sarthe, L. 5 : 10 — 22 : 47 — 9 : 6.
(4) Arch. de la Sarthe. L. 22 : 43.
(5) Arch. de la Sarthe, L. 21 : 47.

III.

Quelques jours après l'exécution des terroristes parait la fameuse proclamation du *général Vachot*, qui vient de remplacer Kleber à la tête des troupes réunies contre les Chouans ; elle est envoyée aussitôt à la municipalité de Douillet avec injonction de la lire aux citoyens assemblés dans le temple de la Raison : « Pénétrez-vous bien de ses dispositions, écrivait le district de Fresnay : elles » doivent frapper le cœur de tout bon républicain … Electrisez les courages et le » patriotisme ; dites aux citoyens que le seul moyen de conserver leurs femmes, » leurs enfants et leurs propriétés est de se lever en masse. Qu'ils s'y préparent en » s'armant de la foudre qui doit écraser le dernier brigand (1) ». Malheureusement pour les « bleus », Vachot était de l'école des Léchelle et des Rossignol ; d'une incapacité notoire, d'une cruauté monstrueuse, il ne sut pas comprendre le plan habile que Kleber avait tracé, et même ses excès furent tels qu'on l'accusa de multiplier les Chouans pour étendre son commandement. A la fin du mois le district de Sillé était envahi, les patriotes des communes menacées prenaient la fuite avec empressement, « la terreur s'était emparée de leurs âmes pusillanimes », et les administrateurs de Sillé apprenaient avec une profonde émotion que le bataillon de la Dordogne « avait aperçu dans la forêt, sur la route de Fresnay, une perche » surmontée d'un bouquet de bourdaine, attachée avec une corde à un chêne, » laquelle perche ne pouvait être qu'un signal de ralliement (2) ».

En vain le *général Hoche*, commandant en chef de l'armée des côtes de Cherbourg, imprima-t-il aux opérations militaires une direction plus énergique ; en vain adressa-t-il à son tour, le 16 septembre, aux citoyens des départements de l'Ouest une proclamation aussi modérée que rassurante, les Chouans se multipliaient chaque jour. Le 27 septembre, la commune de Montreuil, « depuis long-» temps en crainte d'aistre enceveli par l'anemi nommé l'armée des Chouans » qui cotoye présantement la forêt de Sillé (3) », suppliait le district de Fresnay de lui envoyer quelques armes. Le 30, la nouvelle « d'un attentat horrible » se répandait dans le pays ; les Chouans avaient envahi les communes de René, Thoiré et Grandchamps, et coupé les arbres da la liberté (4) ! Les autorités perdaient un temps précieux en paroles inutiles, en proclamations violentes, en mesures vexatoires, faisant faire par exemple dans chaque commune, le 5 octobre, un appel

(1) Arch. de la Sarthe, L. 22 : 43.
(2) Arch. de la Sarthe, L. 9 : 6.
(3) Arch. de la Sarthe, L. 12 : 10.
(4) Arch. de la Sarthe, L. 5 : 5. p. 53. — 12 : 9.

général de tous les citoyens de seize à soixante ans et les contraignant à déclarer aux officiers municipaux où ils avaient passé leur temps depuis le 27 septembre (1)! Une telle situation favorisait l'anarchie et encourageait les mécontentements ; la commune de Douillet voulut en profiter pour se soustraire aux réquisitions qui l'écrasaient, et se mit ainsi sur les bras une affaire fort amusante.

Le 10 août avait eu lieu dans tout le district de Fresnay une réquisition « des cochons âgés de plus de trois mois ». Dans chaque commune ces gracieux animaux avaient été réunis à l'endroit fixé par la municipalité, passés en revue par un commissaire spécial nommé par le district, assisté de la municipalité, et on en avait choisi « pour le service de la République » un certain nombre que leurs propriétaires avaient été invités à bien nourrir jusqu'à l'époque de la livraison. Or, la fatalité voulut que sur les six cochons choisis à Douillet, deux « vinrent à dépérir et ne se trouvèrent plus en état de marcher le 13 octobre, au moment où le district les réclama ». C'était un cas évident d'incivisme et d'insouciance, une injure faite aux vaillants défenseurs de la Patrie qui attendaient ces cochons avec impatience pour ne pas mourir de faim. Le district voulut faire un exemple. Il donna ordre à la gendarmerie de Fresnay « de s'emparer par force de deux cochons de remplacement », dont un appartenant à un officier municipal (2).

Ce fait sans précédent excita dans les cœurs des habitants de Douillet de violentes rancunes. Ils ne purent pardonner à la République d'avoir fait emmener leurs cochons entre deux gendarmes; et il en résulta une guerre de taquineries continuelles avec le district de Fresnay. Le 1er novembre, la municipalité ayant été invitée à fournir une voiture attelée de quatre bons chevaux pour transporter des outils au camp de la Flèche, « demeura sourde à la voix du devoir ». Furieux, l'agent national de Fresnay lui envoya deux jours de suite les gendarmes sans pouvoir rien obtenir. Enfin le 4 novembre, à bout d'arguments, il en arriva aux grands moyens : « Votre insouciance provoque l'animadversion des lois, écrit-il à » la municipalité. Je fais une dernière tentative pour vous ramener à l'obéissance, » et je vous déclare que si elle est infructueuse je vous dénonce sur le champ au » comité révolutionnaire (3) ». Ces menaces, hélas, firent peu d'impression aux

(1) Arch. de la Sarthe, L. 5 : 5, p. 16.

(2) Arch. de la Sarthe, L. 5 : 4, p. 230-294 — 5 : 5, p. 32. — Afin qu'on ne puisse suspecter l'authenticité de ce singulier épisode, nous rappellerons que la réquisition de cochons fut générale sur tout le territoire de la République, et ordonnée par un arrêté du comité de salut public du 22 germinal an II. Dans certains pays on fit paître les cochons requis dans les bois nationaux ; dans d'autres on les laissa chez les cultivateurs, en *payant pension* pour chaque hôte, jusqu'au jour de son départ pour l'armée !!

(3) Arch. de la Sarthe, L. 5 : 10.

officiers municipaux de Douillet et le malheureux agent fut réduit à en référer au comité révolutionnaire, le suppliant de mettre un terme à l'insouciance coupable des fonctionnaires publics, réclamant des mesures de répression aussi promptes que terribles. Mais les Chouans approchaient toujours, et le comité de Fresnay, absorbé par de sérieuses préoccupations, ne jugea pas le moment opportun de mettre une commune en accusation pour avoir laissé maigrir deux cochons. Les habitants de Douillet étaient vengés. Il est vrai que de leur côté ils ne crurent pas prudent de renouveler une opposition aussi dangereuse ; ne voulant pas toutefois céder de bonne grâce, ils prétendirent ne posséder que des voitures attelées de bœufs, de peur sans doute de satisfaire avec trop rapidité aux désirs du district.

De tels faits sont, pourra-t-on dire, le côté infiniment petit de l'histoire ; ils n'en sont pas moins utiles à signaler car ils ont eu de véritables conséquences au point de vue du développement de la Chouannerie dans cette partie du Maine. Aux yeux d'un paysan l'enlèvement brutal d'un cochon, qu'il a nourri avec soin pendant plusieurs mois, dont il attend le prix pour payer sa ferme, est un événement plus grave que le vote d'une loi qu'il ne comprend pas ; et il est incontestable que ces réquisitions perpétuelles, dont les communes étaient alors écrasées, contribuèrent puissamment à faire haïr le système révolutionnaire. Bien plus, ce furent, croyons-nous, ces réquisitions et la suppression totale du culte qui rendirent possible l'insurrection dans les environs de Fresnay. Seules ces deux causes agirent directement sur l'esprit des paysans, en les blessant tout à la fois dans leurs sentiments et dans leurs intérêts.

La meilleure preuve, c'est que la Chouannerie s'étendait sans cesse malgré les efforts de nombreux généraux, et qu'elle désolait une partie considérable du département de la Sarthe à la fin de 1794. Au mois de décembre Sillé était investi ; les administrateurs aux abois réclamaient à grands cris du général Watrin, commandant le département, un secours de 500 hommes, et adressaient à la Convention elle-même un appel désespéré, lui dépeignant les communes abandonnées par leurs autorités, infectées d'un mal pestitentiel dont le germe existe partout, les troupes impuisantes, les citoyens entre la vie et la mort etc. Au mois de janvier 1795 la ville de Fresnay était menacée à son tour ; des brigands s'étaient portés nuitamment dans plusieurs communes voisines, violant l'asile des habitants et leur enlevant leurs armes. Dans la nuit du 14 au 15 janvier pour la première fois il fallut envoyer une patrouille à Douillet. Parti de Fresnay à 8 heures du soir, le détachement qui comprenait huit volontaires et douze gardes nationaux, sous les ordres du citoyen Lami et du citoyen Lemeunier commissaire spécial, se rendit d'abord à Moitron et Saint-Christophe par les bois du Guéliant ; il traversa ensuite les landes des Bercons, gagna Montreuil et de là Douillet ; il revint au point du jour à Fresnay, après avoir marché toute la nuit et sans avoir rencontré aucun perturbateur (1). Le 17, dans son rapport au général Herbin, commandant la place d'Alençon, le district ajoutait « que des rassemblements considérables se formaient » dans les communes de Chérancé et de Grandchamps, protégeant des prêtres » insermentés ; que des monstres gorgés de sang, non contents d'outrager la » République, encensaient la royauté et provoquaient le meurtre ; en un mot que » l'esprit de révolte faisait de tous côtés de rapides progrès (2) ». Le général répondit en dirigeant 50 hommes de l'armée de Sambre et Meuse sur Fresnay, 150 sur Beaumont, 150 sur Sillé (3) ; puis il combina avec le district toute une série de mouvements dans les communes les plus menacées, au nombre desquelles était alors la commune de Douillet.

Le 31 janvier, le citoyen Dily est ainsi chargé avec 25 hommes de maintenir l'ordre dans les communes de Douillet, Saint-Georges et Saint-Paul, et « d'en » imposer aux malveillants ou aux scélérats qui les parcourent ». Cette mesure ayant paru bientôt insuffisante et les communes persistant à refuser les réquisitions par crainte des représailles (4), on en arrive à organiser de véritables expéditions nocturnes. Le 16 février par exemple, à 7 heures du soir, les troupes de la garnison de Fresnay, conduites par des commissaires du district et des guides sûrs, partent en grand silence pour Douillet, Saint-Georges et Saint-Paul. Jusqu'à ce dernier village elles ne font pas de rencontre suspecte ; mais en arrivant à Saint-Paul à 2 heures du matin, elles trouvent les habitants dans la consternation, le maire, la tête perdue, caché chez un boulanger et à peine capable de reconnaitre les commissaires, les officiers municipaux refusant d'accomplir leur fonctions, à tel point que le chef du détachement doit faire lui-même le billet de logement et solliciter longtemps avant d'obtenir une simple signature. Enfin une citoyenne patriote explique l'énigme en communiquant à l'officier stupéfait la copie d'une lettre jetée le matin même sous la porte du temple de la Raison. Cette lettre conçue en termes très énergiques, mais trop incorrecte pour être citée textuellement, menaçait de mort l'agent national « qui donnait des » billets à ceux de Fresnay pour venir prendre des grains chez les habitants de la » commune », l'adjudant de la garde nationale « scélérat insigne », et plusieurs

(1) Arch. de la Sarthe, L. 5 : 6.
(2) Arch. de la Sarthe, L. 5 : 10.
(3) Arch. de la Sarthe, L. 22 : 47.
(4) Arch. de la Sarthe, L. 5 : 6, p. 68.

autres citoyens, « patriotes enragés ou impies publics », donnant pouvoir aux
» soldats connus sous le nom de Chouans de les fusiller partout où ils les rencon-
» treraient, ainsi que tous ceux qui continueraient à exercer les lois de l'abomi-
» nable république, source de tous les forfaits dont l'ho mme est capable ». Datée
de Misdon le 6 février de l'an de gloire 1795, elle portait les signatures de Jean
Chouan, capitaine, de Tranchemontagne, de Gabriel Hiron, sous-lieutenant et de
plusieurs autres Chouans (1). Il est probable qu'elle avait été fabriquée sur les
lieux mêmes par quelque Chouan inconnu, dans le but de terroriser le pays, car
Jean Chouan était mort depuis sept mois sans laisser un seul ordre écrit. Quoiqu'il
en soit la manœuvre avait réussi, et la terreur si profonde que les troupes durent
rester à Saint-Paul jusqu'au lendemain soir pour calmer les autorités. De là elles
se replièrent sur Montreuil en traversant de nouveau Douillet.

Ces marches de nuit étaient fort pénibles d'ailleurs et t oujours infructueuses,
car les Chouans connaissaient à l'avance les itinéraires. Aussi le zèle des patriotes
ne tarda guère à se refroidir comme on peut en juger par le rapport suivant, que
le commissaire du détachement adressa le 17 aux administrateurs de Fresnay :
« Citoyens, nous avons exécuté vos ordres avec ponctualité, mais toujours sans
» succès ! Nous n'avons pas entendu le moindre bruit dans notre. marche qui a
» été très pénible ; les chemins, peu connus des conducteurs, étaient abomi-
» nables. Nous n'avons arrivé à Montreuil qu'à 4 heures du matin ; les hommes
» n'ont été logés qu'à 5 heures, de sorte qu'ils sont très fatigués. Ils ne trouvent pas
» de lits dans ce petit bourg, et la plupart ne dorment point ou ne dorment que sur des
» chaises ; ils se plaignent beaucoup. Je vous engage à ne pas envoyer de nouvelle
» patrouille, d'autant plus que je ne crois pas que nous soyions plus heureux cette
» nuit. Les Chouans savent notre marche et voudront sans doute faire carnaval
» avec leurs familles (2) ».

En d'autres termes, vers la fin de février, l'insurrection était maitresse des
campagnes voisines de Fresnay. A Mont-Saint-Jean le 26 de ce mois, trente Chouans
arrêtent le citoyen Remondy, chef de l'atelier de salpêtre, lui ordonnent de se
mettre à genoux, font le simulacre de lui couper la tête, mais se contentent en réalité
de lui couper les cheveux (3). A Sougé le 8 mars, un certain nombre de citoyens
refusent de marcher avec les patriotes contre les insurgés qui menacent la commune (4). A Douillet enfin vers la même époque une bande de Chouans arrive

(1) Arch. de la Sarthe, L. 12 : 9.
(2) Arch. de la Sarthe. *Ibid.*
(3) Arch. de la Sarthe, L. 20 : 11.
(4) Arch. de la Sarthe, L. 5 : 10.

17

pendant la nuit, saisit dans son lit le notaire Brousset, un des membres les plus exaltés de la municipalité, l'amène en chemise sur la place publique et le force à abattre lui-même, au clair de lune, l'arbre de la liberté! De là ils vont au château, qui servait de mairie, brûler les papiers de la municipalité, puis ils se retirent en parfaite sécurité emportant tous les fusils de la commune et le drapeau tricolore qui surmontait le pinacle de l'église (1).

L'élan était si bien donné que la publication bruyante de la soumission de Charrette, anoncée à toutes les municipalités aux cris de « Vive la paix, l'union, » la liberté des opinions religieuses », et accompagnée d'une éloquente proclamation de Hoche, n'arrêta pas les mouvements des Chouans dans le district de Fresnay. Ce ne fut qu'à la suite du traité de la Mabilais signé le 19 avril, et surtout à la suite d'une entrevue qui eut lieu presqu'à la même date entre les administrateurs de Fresnay et un chef de Chouans, que l'ordre public commença lentement à se rétablir. Les mesures pacificatrices adoptées par Aubert-Dubayet, nommé commandant en chef de l'armée des côtes de Cherbourg, qui établit son quartier général à Alençon, y contribuèrent beaucoup « L'impression que vous avez faite » sur l'esprit de nos concitoyens, écrit le 10 mai à ce général l'agent national de » Fresnay, produit chaque jour de nouveaux effets. Le brigandage disparait dans » les campagnes, et si vous pouviez vous y montrer encore un instant avec la » confiance que doivent vous inspirer vos premiers succès dans ce district, je ne » doute pas que je n'eusse bientôt à vous apprendre que l'ordre y est entièrement » rétabli ». Le général répond le 22 mai : « La certitude que j'avais qu'il se trouvait » au nombre des Chouans beaucoup de citoyens égarés m'a déterminé à faire » d'abord usage des moyens de douceur et de persuasion. Ils m'ont réussi. Je les » emploirai encore parce qu'il est dans mon cœur de ne répandre le sang que » lorsque j'y serai absolument contraint. Je retournerai à Fresnay, je parlerai aux » citoyens, je tâcherai de les ramener à la paix, à l'union, à la fraternité, à la » soumission à la République (2) ».

Aubert-Dubayet tint parole. Il arriva peu à peu à pacifier les esprits, et l'été de 1795 fut relativement calme dans le district de Fresnay. La commune de Douillet put jouir enfin de quelques jours de répit ; le 5 juin, elle reçut même un secours de 140 livres à distribuer entre ses pauvres, et le 9 une lettre très bienveillante de l'agent national du district faisait espérer à son ancien seigneur devenu le citoyen Montesson, qui habitait toujours Paris où il était tombé dans

(1) *Chroniques,* f° 45.
(2) Arch. de la Sarthe, L. 5 : 10 — 22 : 47.

une misère profonde, la levée prochaine du séquestre mis sur ses biens (1). En même temps des prêtres orthodoxes reparaissaient dans les environs, et M. Bréard, caché à Saint-Aubin de Locquenay, venait à plusieurs reprises à Douillet administrer les sacrements (2). Les *Chroniques* racontent qu'il fit plusieurs baptêmes dans l'église, avec d'autant plus de liberté que M. Amiard s'était enfui à Fresnay dès le commencement de l'insurrection. Les Chouans avaient bien soin d'ailleurs de se montrer encore de temps à autre, car ni le principal chef des Chouans du Maine, *Saint-Paul*, ni les officiers de son état-major, n'avaient accepté la trève ; un jour même une bande traversa le bourg à deux heures de l'après-midi et assista à un des baptêmes célébrés par M. Bréard.

Et en effet les excès avaient été trop grands, le désordre trop général pour qu'un premier essai de pacification put être définitif. La politique plus modérée que la Convention avait suivie depuis la chute des Terroristes n'eut pas le temps de produire ses fruits avant l'application de la constitution de l'an III, et l'insurrection, toujours organisée, devait s'empresser de reprendre avec vigueur les opérations à la faveur du changement de gouvernement, au moment où la Convention transmettait ses pouvoirs au Directoire.

(1) Arch. de la Sarthe, L. 5 : 7. — 5 : 10.

(2) M. l'abbé Bréard ou Berard, après s'être tenu caché à Saint-Aubin-de-Locquenay, se montra vers Pâques 1795, et disparut de nouveau en novembre. A cette époque il sera présumé caché dans quelque commune voisine de Fresnay. En 1797 il est signalé par la police, comme exerçant les fonctions de curé de Moitron, et jouissant d'une grande influence. C'était un homme de 48 ans, d'une taille de 5 pieds 3 pouces, aux cheveux blonds et frisés, au visage coloré. — Arch. de la Sarthe, L. 19 : 4 — 21 : 21.

CHAPITRE II

LA COMMUNE DE DOUILLET SOUS LE DIRECTOIRE

I. La Chouannerie dans les environs de Douillet pendant l'hiver de 1795-96. — Combat de Saint-Paul. — Proclamation de Charles de Tilly. — Combat de Montreuil. — Pacification. — Crimes isolés. — Élections de 1797. — Réaction politique et religieuse. — Rétablissemeut du culte à Douillet. — II. Conséquences du 18 fructidor. — Le citoyen Posté, commissaire du Directoire à Fresnay. — Situation politique du pays d'après ses *Comptes décadaires* et ses rapports de police. — Son influence à Douillet. — Chasse aux prêtres réfractaires. — Les « Chouans rendus » : Affaire Aubry. — Dénonciations. — Les agents du Directoire. — III. Prise d'armes de 1799. — Élections républicaines à Douillet. — Les Chouans dans la forêt de Sillé. — Leurs exploits à Mont-Saint-Jean, Sougé et Douillet. — La prise du Mans leur livre la contrée. — Leurs répresailles à Douillet : pillage de la maison de l'agent national. — Fin de la Chouannerie.

E 26 octobre 1795 la Convention déclarait sa mission remplie et sa session terminée. Le pouvoir exécutif passait dès lors au Directoire, gouvernement corrompu, faible, sans principes sociaux, dont l'histoire comporte cette fois encore pour notre contrée trois phases distinctes : 1º La prise d'armes de 1795-96 et la pacification qui aboutit aux élections modérées de 1797 ; 2º La réaction qui suit le 18 fructidor et ramène les Jacobins au pouvoir ; 3º La prise d'armes de 1799, conséquence de cette réaction, suivie bientôt à son tour d'une pacification définitive, après la chute du Directoire et l'avènement du Premier Consul.

I.

Comme nous l'avons dit au chapitre précédent les Chouans profitèrent avec empressement, pour continuer la guerre, de la situation politique incertaine qui

résulta du changement de gouvernement. Dès la fin de septembre ils avaient repris possession de la plupart des communes du district de Sillé, et ils menaçaient d'une attaque le chef-lieu lui-même. Encouragés par les modifications que subissait l'administration républicaine, ils ne tardèrent pas à reparaître aussi dans les environs de Fresnay et de Douillet (1). Le 4 novembre, ils envahissaient au nombre de trente ou quarante la commune de Sougé, et le soir même ils étaient rejoints près de Saint-Paul-le-Gaultier par une centaine de gardes nationaux de Fresnay, lancés à leur poursuite. « Là, dit le rapport officiel de l'agent national, les deux
» partis séparés par une petite rivière se chargèrent ; soixante coups de fusils
» furent tirés de part et d'autre. Enfin nos volontaires franchirent la rivière et
» donnèrent la chasse aux Chouans qui paraissaient peu désireux de voir les
» Républicains de plus près. Un seul de ces brigands fut arrêté et fusillé ; on
» présume qu'un autre a reçu un coup de fusil, mais il n'est pas resté sur place.
» Trois fusils ont été pris et nous n'avons eu personne de blessé » (2).

C'est donc pour ainsi dire au bruit de la fusillade que se fit le 15 novembre, en vertu de la Constitution de l'an III qui avait créé les municipalités de canton, l'élection de l'agent national de la commune de Douillet. Le citoyen Charles Le Sage fut élu, et on lui donna pour adjoint, quelques mois plus tard, le citoyen Michel Besche. Le premier de ces choix semble avoir été assez agréable à l'administration, mais le second beaucoup moins. Dans tous les cas la prudence et la modération étaient plus nécessaires que jamais, car les Chouans parcouraient le pays en tous sens, et le 19 janvier les habitants de Sougé, menacés d'une seconde invasion, étaient obligés de couper en toute hâte le pont du Gué-Ory.

Au premier abord, le général Watrin, commandant la 8e division, voulut essayer de la persuasion qui avait si bien réussi à Aubert-Dubayet. Le 10 février, tout en déclarant la ville du Mans en état de siège, il adressait aux communes insurgées une proclamation dans laquelle il disait : « Braves habitants ! Il est
» temps que vos malheurs cessent et que vous ne restiez pas davantage en proie
» à la fureur et à la barbarie d'hommes qui organisent le crime dans vos
» contrées…. Toutes les mesures sont prises pour mettre fin aux horreurs des
» chefs des Chouans ; ils ne viendront plus vous égorger dans vos chaumières….
» La République oublie vos erreurs, vous accorde un pardon généreux et ne vous
» demande que la reddition de vos armes (3) ». Mais cet appel ne fut pas entendu, les paysans du Maine ayant de trop nombreux motifs pour ne plus croire aux

---

(1) Arch. de la Sarthe, L. 12 : 20 — 9 : 3.
(2) Arch. de la Sarthe, L. 5 : 10.
(3) Arch. de la Sarthe, L. 22 : 47.

paroles des autorités républicaines. Le 15 février il fallut proclamer l'état de siège à Fresnay ; quelques jours après, trois hommes étaient assassinés « par des Chouans étrangers » à Saint-Aubin, à Douillet et à Saint-Georges (1) ; les jeunes gens de la réquisition refusaient partout de rejoindre leurs corps, et l'agent national de Fresnay n'osait sévir, « de peur de faire aller aux Chouans cette masse » de recrues » (2).

Bien plus, au commencement de mars 1796, Charles de Tilly, qui commandait en chef les royalistes du district de Fresnay, répondait vigoureusement au général Watrin par la déclaration suivante, remise le 11 à l'agent national de Montreuil-le-Chétif : « Nous, officiers de l'état-major d'une des colonnes de l'armée catholique » et royale. Considérant que dans le nombre des paroisses où les royalistes » reconnaissant la seule autorité légitime ont pris les armes pour maintenir le » gouvernement de leurs pères, les rebelles n'ont pas cessé de proclamer des » réquisitions par le moyen de leurs agents illégalement nommés. Considérant » que nous avons toléré trop longtemps ces abus. Avons arrêté et arrêtons ce qui » suit : A compter du jour de la présente proclamation, toute personne qui aura » exercé un acte, comme chargé d'un emploi où il aurait été nommé en vertu de » l'autorité que s'est arrogée la soi-disant Convention nationale, *sera fusillée sur* » *le champ et sans aucun délai.* Toute personne qui sera convaincue d'avoir porté » dans les villes le tribut des impositions ou des réquisitions exigées par les » rebelles, *sera fusillée sur le champ.* Tout pauvre ou personne d'une ville qui » ne serait pas particulièrement connu des royalistes, et qui sera trouvé à par- » courir les campagnes, *sera fusillé sans aucune forme de procès.* Il est ordonné » sous les mêmes peines aux ci-devant agents nationaux à qui on remettra la » présente proclamation, de la faire copier, afficher et répandre dans les cam- » pagnes, afin que personne n'en puisse alléguer la cause d'ignorance. Fait au » quartier général des royalistes, le 4 mars 1796, an II du règne de Louis XVIII. » *D'Escarboville,* chef de colonne ; Chauvalon ; le chevalier de Monjaroux » (3). Cette proclamation était inexécutable mais fort habile. Elle terrorisait les autorités et rappelait aux paysans leurs deux principaux griefs contre la république : les réquisitions et les impôts. Aussi le commissaire du Directoire à Fresnay s'empressa-t-il de l'envoyer au commissaire du département, qui l'expédia à son tour au général Hoche et au ministre de la guerre.

Charles de Tilly du reste ne se contente pas de menaces. Le 12 mars il envoie

(1) Arch. de la Sarthe, L. 21 : 21.
(2) Arch. de la Sarthe. *Ibid.*
(3) Arch. de la Sarthe. *Ibid.*

à Sougé une troupe de partisans « qui se jettent à 5 h. du matin sur le poste de la garde nationale et blessent le factionnaire (1) ». Le 19 il attaque près de Montreuil-le-Chétif un détachement de cinquante cinq hommes de la 179ᵉ demi-brigade, l'attire dans une embuscade sur la route de Ségrie, le force à se replier en toute hâte sur Fresnay et le poursuit jusqu'aux portes de la ville (2). Le 1ᵉʳ avril il tend de nouveau une embuscade à la garnison de Fresnay, presqu'au même endroit : « Encore un combat avec les Chouans avant-hier, écrit en effet le 3 avril le com- missaire du canton au commissaire du département ; il a duré depuis deux heures
» de l'après-midi jusqu'à la nuit. Soixante et quelques hommes, qui composent
» toute la garnison, étaient allés porter des ordres du général du Mesny à Sillé-
» le-Guillaume. Les Chouans au nombre de *quinze à seize cents* (!), les attendaient
» au retour, au-dessus de Montreuil-le-Chétif. Ils étaient embusqués dans un bois
» au côté gauche de la route. Ils tentèrent de cerner cette petite troupe qui
» rompit leurs mesures en se divisant en tirailleurs et en leur adressant un feu vif
» et soutenu. Cent hommes de la garde nationale allèrent au secours des volon-
» taires et partagèrent le combat. Nous n'avons perdu personne ; deux volontaires
» ont été blessés. J'ignore si les Chouans ont eu des morts et des blessés (3) ».
Jusqu'à la fin d'avril 1796, la commune de Douillet fut ainsi enveloppée dans un cercle d'escarmouches et sillonnée sans aucun doute par les deux partis succes- sivement : une maison et des bâtiments ruraux occupés par la veuve Vaugond y furent même incendiés par les Chouans, s'il faut en croire la police.

Mais dès le mois de mai, malgré le brillant courage et les efforts de Charles de Tilly, les mesures de pacification de Hoche, nommé commandant en chef de la région, commencent à produire leurs effets. Une surveillance plus étroite des gens suspects, particulièrement « d'un nommé Dubois, tailleur à Douillet, et d'une
» femme Perrochel de Saint-Aubin », sur la conduite et les principes desquels le ministre de la police générale demande lui-même des renseignements (4) ; une certaine tolérance pour les prêtres, au moins assermentés, « qui se mêlent de
» culte dans le canton » ; enfin quelques succès du général Watrin et les habiles promesses de Hoche portent des coups perfides à l'insurrection dans les environs de Fresnay. Le 7 juin, le commissaire du canton écrit au département que les Chouans sont entièrement désorganisés, qu'on n'en rencontre plus dans les campagnes, et que des colonnes mobiles de garde nationale, formées sur la rive

(1) Arch. de la Sarthe. — Fonds du Présidial.
(2) Arch. de la Sarthe, L. 21-21.
(3) Arch. de la Sarthe. *Ibid.*
(4) Arch. de la Sarthe. *Ibid.*

droite de la Sarthe, vont achever de rétablir la sûreté publique (1). A partir de ce moment l'ordre se consolide peu à peu dans le canton de Fresnay, et quelques mois plus tard la pacification est pour ainsi dire complète, grâce au génie et à la modération du général Hoche.

Délivrée des préoccupations de la guerre, l'administration municipale de Fresnay voulut tenter quelques réformes, et en premier lieu elle proposa d'établir une école primaire dans l'ancien presbytère de Douillet que la nation avait confisqué (2). Mais l'agiotage était tel à cette époque, et l'instruction publique si absolument nulle, que le projet ne put être exécuté faute d'argent, d'instituteur et d'élèves ! Le premier août 1796 l'église et le presbytère furent vendus au curé Amiard pour 5020 francs (3), ce qui fit dire au commissaire du canton « qu'autant » valait donner les biens nationaux que de les vendre à de pareilles conditions » ; M. Amiard avait fait cette acquisition au moyen d'une souscription entre ses paroissiens qui espéraient ainsi sauver leur église de la destruction (4). Quant à la République, elle se dédommagea de la perte en imposant de lourdes impositions aux communes qui avaient favorisé les Chouans : celle de Montreuil fut taxée entre autres le 3 juillet à 2000 francs (5). Puis on poursuivit avec ardeur les prêtres insermentés « qui cherchaient à séduire le peuple », et les déserteurs qui mettaient les campagnes à contribution.

Malgré ces efforts, malgré la suspension d'armes, des Chouans plus compromis que les autres, des déserteurs et des aventuriers sans opinion politique, toujours prêts à profiter du désordre pour voler ou piller, continuèrent à tenir en haleine la police du Directoire. Le 8 octobre pour la première fois on signale à Sougé le passage d'une bande de *chauffeurs*, qui brûlent les pieds afin de découvrir l'argent de leurs victimes (6). Le 14 décembre on annonce au ministre de la police générale le départ pour Paris, en poste, d'un chef de Chouans de Saint-Georges-le-Gaultier nommé Croizé (7). Le 14 janvier 1797, deux marchands de porcs sont assassinés à l'entrée de la forêt de Sillé (8). Le 24, trois chefs de Chouans, dont Picard dit *Landemann* officier à la légion du Mans, capitaine des cantons de Pré-en-Pail, Villaines et la Poôté, sont arrêtés à Assé-le-Boisne où ils étaient venus

(1) Arch. de la Sarthe. *Ibid.*
(2) Arch. de la Sarthe. *Ibid.*
(3) Arch. de la Sarthe. *Ibid.*
(4) *Chroniques*, f° 45.
(5) Arch. de la Sarthe, L. 22 : 47.
(6) Arch. de la Sarthe, L. 12 : 9.
(7) Arch. de la Sarthe, L. 21 : 21
(8) Arch. de la Sarthe. *Ibid.*

faire une excursion (1). Le 4 février, « sept brigands armés, avec ruban et
« cocarde blanche », désarment l'adjoint de Saint-Georges, lui font crier vive le
Roi, puis mettent à contribution le notaire et le fermier d'un bien national (2). Le
4 mars un habitant de Saint-Léonard-des-Bois est atteint de deux coups de fusil (3).
En d'autres termes pendant tout l'hiver les actes de brigandage alternent avec
les faits de guerre proprement dits ; il est d'autant plus difficile de les distinguer
les uns des autres que la police s'efforce en toutes circonstances de confondre les
royalistes avec les voleurs de grand chemin.

Il faut croire cependant que les populations savaient bien faire cette distinction, et qu'elles étaient fatiguées des procédés peu honnêtes du gouvernement,
car il se produisit peu à peu dans tout le pays une réaction anti-démocratique, et
les élections du 25 mars furent à Fresnay, comme en beaucoup d'endroits, franchement royalistes. M. Contencin fut élu président de l'administration municipale :
M. Chatelais remplaça Charles Le Sage comme agent de Douillet, en conservant
Michel Besche pour adjoint. (4). Ce résultat mit en fureur tous les patriotes de
Fresnay qui ne se firent pas défaut d'invectiver les électeurs. Ils traitèrent
M. Chatelais de « sot dont les instructions absurdes sont toujours adressées à des
» hommes ignares ou superstitieux » (5) ; et même, le 26 mars, le commissaire du
canton écrit au commissaire du département : « Citoien, l'assemblée primaire a
» fini hier ses fonctions, ou pour parler vray, elle a mis en acte public le tripotage
» de cinq à six individus, qui, aux assemblées de l'an IV, vociféraient et débitaient
» que l'Assemblée nationale était une masse de scélérats... *Soyez discret comme*
» *je suis confiant : les électeurs ne valent rien. Ils n'ont pas seulement l'opinion*
» *politique mauvaise, ils sont des fanatiques à rage contre-révolutionnaire* » (6).

Quelques jours plus tard les habitants de Conlie faisaient encore mieux. Le
dimanche des Rameaux, 9 avril 1797, ils plantaient en grande pompe un calvaire
sur la route du Mans, et ils le gardaient « aussi bien qu'un drapeau au milieu
» d'un combat », dit le chef de brigade commandant par intérim le département
de la Sarthe. Nuit et jour un détachement d'hommes armés, soutenus par une
foule d'hommes et de femmes sans armes, entoure cette croix, prêt à repousser
par la force toute tentative de la police. La manifestation est si imposante que

(1) Arch. de la Sarthe. *Ibid.* — En nov. 1797, Picard fut condamné à 24 ans de fers, par le tribunal criminel de l'Orne.
(2) Arch. de la Sarthe. L. 21 : 21.
(3) Arch. de la Sarthe. *Ibid.*
(4) Arch. de la Sarthe, L. 14 : 27.
(5) Arch. de la Sarthe, L. 20 : 21.
(6) Arch. de la Sarthe, L. 21 : 21.

l'autorité militaire et l'autorité civile, se rejetant réciproquement la responsabilité, restent quelque temps sans oser agir (1).

A Douillet, le curé constitutionnel Amiard, devenu propriétaire de l'église, s'empresse de la rouvrir au culte et de reprendre les fonctions de son ministère, à la grande satisfaction des habitants. Comme il avait fait le serment requis par la loi et qu'il était réputé « un ami reconnu de l'ordre et de la tranquillité », la police ne l'inquiéta pas ; de telle sorte que le culte, constitutionnel il est vrai, fut suspendu trois ans à peine à Douillet, et que c'est à Douillet qu'il fut réorganisé tout d'abord, bien avant son rétablissement dans les autres paroisses du canton. Ce fait prouve incontestablement que M. Amiard, malgré ses erreurs, avait conservé de la foi ; en outre que la majorité des habitants de Douillet était restée très attachée à ses sentiments religieux. Bien mieux, dès le 1er août 1797 « trois ou » quatre individus, notés par leur incivisme et leur fanatisme religieux, colpor- » taient de maison en maison une pétition tendante à obtenir du Corps législatif » dispense aux prêtres insermentés de faire leur soumission aux lois de la Répu- » blique » (2). Enfin l'acquéreur de la chapelle Saint Michel de la Courbe, vendue nationalement, ayant voulu la faire démolir, la population de Douillet, qui conti- nuait de s'y rendre en pélerinage pour obtenir la guérison des fièvres, murmura si fort que ledit acquéreur, « pour éviter la honte et le mépris », dut faire reconstruire sur le champ un petit oratoire (3).

II.

Il est difficile de prévoir jusqu'où serait allée cette réaction politique et religieuse si le coup d'état du 18 fructidor (4 septembre 1797) n'avait rendu le pouvoir aux « patriotes », qui eurent aussitôt recours aux moyens révolutionnaires. Le 9 octobre, l'adjoint municipal de Fresnay ouvre le feu dans notre contrée en adressant à l'administration centrale du département une dénonciation aussi odieuse que précise. Il accuse le citoyen Contencin, ancien président de la muni- cipalité, et le citoyen Rigault-Beauvais, qui l'a remplacé dans ses fonctions, d'avoir entretenu des relations suivies avec les chefs de Chouans et particulièrement avec l'illustre *Berlinbiret* (4), avec le royaliste Perrochel, et en général avec tous les

(1) Arch. de la Sarthe, L. 22 : 48.
(2) Arch. de la Sarthe, L. 21 : 21.
(3) *Chroniques*, f° 58.
(4) Berlinbiret ou Bertin-Biret, que les administrateurs de la Sarthe essayèrent de faire passer

royalistes du pays. Il dénonce pour le même motif un grand nombre d'agents municipaux du canton, et en première ligne « le nommé Chatelais de Douillet, » protecteur connu des prêtres réfractaires, protégé du président Contencin », proposant de le remplacer par le citoyen Antoine Galpin, qui serait lui-même suppléé, comme assesseur du juge de paix, par le citoyen Le Sage, ancien adjoint de Douillet. « Je me serais fait un reproche sanglant, ajoute en terminant le » dénonciateur, j'aurais cru manquer essentiellement à mon devoir, trahir le » patriotisme qui m'anime, et me rendre indigne de l'estime des républicains de » Fresnay, que je suis jaloux d'emporter avec moi, si avant de les quitter je ne » vous eusse instruit de la mauvaise composition de leur administration (1) ». Ce réquisitoire ne tarda pas à porter ses fruits. Le 1er novembre, un arrêté du Département suspendait les citoyens Rigault-Beauvais, Chatelais et Besche, les remplaçant provisoirement par les citoyens Brilland, Antoine Galpin et Le Sage. Le 14 décembre, un arrêté du Directoire destituait définitivement les suspects, et consacrait les choix faits par les administrateurs de la Sarthe (2).

En même temps le gouvernement envoyait à Fresnay un nouveau commissaire, le citoyen Posté, policier ardent, que l'historien a le droit et le devoir de juger sévèrement. Dès son arrivée, Posté veut faire du zèle. Il ordonne des patrouilles, annonce au commissaire du Département que le chouan Croizet parcourt les environs avec huit ou neuf brigands, et qu'un prêtre rebelle se cache dans la commune de Douillet. « Je vous promets, a-t-il soin d'ajouter, de ne rien » négliger de ce qui peut me mettre à portée d'arrêter *cette peste de la société* (3) ». Puis dès le mois de janvier 1798 il adresse au Département un *Compte décadaire* très complet qui nous fait connaître avec précision la situation réelle des environs de Fresnay à cette date.

« L'esprit du canton de Fresnay est en général mauvais, écrit-il tout d'abord, » surtout celui des communes de Montreuil, Saint-Georges, Saint-Ouen, Saint-Aubin. » On ne compte pas un seul républicain dans cette dernière, grâce à l'influence d'un » ci-devant noble, nommé Perrochel, homme fin, rusé et riche. Les contributions » sont perçues de la façon la plus arbitraire, par des êtres sans pudeur et sans » probité. Les lois sont exécutées avec une extrême lenteur. Des prêtres réfrac-

---

pour l'ancien curé de Saint-Cyr-en-Pail, n'était pas prêtre comme on a voulu le dire. Il avait été tué vers la fin de 1795 dans une rencontre près de Sillé. Dom Piolin. *Hist. de l'Eglise du Mans.* IX, p. 290-291.

(1) Arch. de la Sarthe, L. 19 : 9.
(2) Arch. de la Sarthe. *Ibid.*
(3) Arch. de la Sarthe, L. 21 : 21.

» taires circulent clandestinement et achèvent de gâter l'opinion publique ; *il*
» *faudrait selon moi forcer cette vermine à abandonner le pays, et pour cela faire*
» *de fréquentes fouilles dans les maisons soupçonnées de leur donner asile.* Il
» faudrait encore assembler, sous quelques prétextes plausibles, le plus grand
» nombre possible des habitants des campagnes dans le bourg de chaque com-
» mune les jours consacrés au repos, et là leur tenir des discours à leur portée ;
» leur dire dans leur langage que le gouvernement a pris des mesures pour
» mettre un frein à la cupidité des percepteurs ; leur prouver qu'ils ont été, qu'ils
» sont et seront toujours la dupe des prêtres insoumis, s'ils en souffrent dans
» leurs foyers. J'ai employé ces moyens dans les communes de Douillet et de
» Saint-Georges, et je n'ai pas eu lieu de m'en repentir. J'ai au contraire eu la
» satisfaction de sentir s'échauffer par dégrés l'esprit d'une partie des habitants,
» de les entendre répéter avec âme et feu les chansons patriotiques que j'avais
» entonnées, et finir par me promettre de chasser de leurs foyers les prêtres et
» les nobles qui oseraient calomnier la République... L'instruction publique est
» ici dans un abandon total. Trois agents municipaux seulement sont bons : ceux
» de Fresnay, Douillet et Saint-Georges... Les grandes routes sont dans le plus
» mauvais état possible. Plusieurs fabricants de toile sont établis en ce canton.
» Lorsque cet objet de commerce est recherché, l'artisan par son assiduité et son
» économie se procure une honnête aisance ; mais depuis un an et demi
» ce travail est complétement tombé : plusieurs ouvriers ont totalement
» cessé » (1).

Comme on le voit, la situation du pays était loin d'être brillante et la République avait beaucoup à faire pour tenir les promesses de la première heure. En
outre il nous faut constater qu'à la suite du changement de l'agent municipal et de
la destitution de M. Chatelais, la situation particulière de la commune de Douillet
s'était sensiblement modifiée. Notre commune était devenue le théâtre des
exploits du citoyen Posté, auquel les dernières élections avaient fourni un point
d'appui pour travailler l'esprit public. Aussi à dater de cette époque trouve-t-on
beaucoup plus souvent le nom de Douillet sous la plume de l'illustre commissaire.
« Dans ce moment, écrit-il par exemple le 4 février, je pars pour la commune de
» Douillet avec le commandant de la force armée stationnée ici, pour y organiser la
» garde-nationale ; cette organisation presse » (2). Et un peu plus tard, le 8
février : « Trois agents seulement, dont celui de Douillet, m'ont promis de
» m'envoyer le tableau des jeunes gens compris par leur âge dans la première

(1) Arch. de la Sarthe. *Ibid.*
(2) Arch. de la Sarthe. *Ibid.*

» réquisition » (1). Bien plus, dans la nuit du 7 au 8 avril, il fait partir deux détachements de volontaires et de gardes nationaux avec ordre de bivouaquer dans les communes de Saint-Aubin, Douillet, Montreuil et Saint-Georges, « tant » pour parvenir à l'arrestation de plusieurs prisonniers évadés, *qu'à celle des » prêtres réfractaires que je soupçonnais*, dit-il, *devoir sortir de leur gîte cette nuit » là, à cause de la fête de Pâques* » (!) (2).

Le piège ne réussit pas heureusement. Si quelques habitants de Douillet avaient pu en effet subir de regrettables influences, beaucoup étaient restés fidèles à la raison et à leur foi. Malgré tous ses instincts de fin limier, Posté ne put jamais découvrir les ecclésiastiques refugiés à Douillet : il ne trouva pas un dénonciateur, pas un traître ! Et cependant on vit successivement circuler dans la commune : l'abbé Bréard dont nous avons déjà parlé, l'abbé Chappedelaine (3) et l'abbé Guillemin. D'après les *Chroniques* ce dernier serait resté longtemps caché à la ferme de Montlouveau, dont le fermier, le sieur Blanchard, lui avait offert l'hospitalité au péril de sa vie. De tels faits font honneur à une population et suffisent pour effacer le souvenir de bien des faiblesses.

Le printemps se serait donc écoulé sans incident à Douillet, bien que Posté y eut semé de nombreux germes de division, si tout à coup, vers la fin de juin, un événement dramatique n'était venu mettre en scène, d'une part la garde-nationale de la commune, d'autre part quelques-uns de ces aventuriers qui sillonnaient alors le pays et qu'on appelait des « Chouans rendus ».

Quatre de ces individus, ayant à leur tête un nommé Perdreau dit *Trompe la mort*, s'étaient entendus pour enlever de nuit un « pataud » de Saint-Georges, fermier de biens nationaux, appartenant jadis à un émigré.

D'après leur plan, l'un d'eux, Pierre Aubry, portant pour marque distinctive un chapeau à la Henri-Quatre, bordé de blanc et décoré d'une grande cocarde blanche, devait venir frapper à 9 h. du soir, le 17 juin, à la porte de la ferme sous un prétexte quelconque ; puis tous devaient se précipiter sur les habitants, les désarmer et s'emparer de leur argent. Saisi de remords à la dernière minute, Aubry va prévenir les autorités de Saint-Georges, leur découvre le complot, et, ce

(1) Arch. de la Sarthe. *Ibid.*

(2) Arch. de la Sarthe. *Ibid.*

(3) D'après les *Chroniques,* M. l'abbé Chapedelaine serait mort à Douillet. Il y a sur ce point peut-être erreur ou confusion, car nous ne connaissons pas d'autre prêtre de ce nom que l'ancien vicaire de René, M. Julien Chappedelaine, qui parcourut en effet le canton de Fresnay dans tous les sens, et dont l'arrestation, opérée le 11 janvier 1799, fit grand bruit dans le département ; M. Chappedelaine fut alors déporté à l'île de Ré. — Arch. de la Sarthe, L. 19 : 14. — 22 : 47 — 19 : 6. — Dom Piolin. *Hist. de l'Eglise du Mans* etc.

qui est plus odieux, s'engage à leur livrer ses camarades. Comme la garde-
nationale de Saint-Georges n'était pas encore reformée, on vient en toute hâte
requérir la compagnie de Douillet réorganisée depuis peu. On en cache une partie
dans l'intérieur même de la ferme menacée, l'autre partie derrière une haie
voisine, et le traitre va rejoindre ses compagnons. Par un singulier hasard, un
seul de ceux-ci se trouve au rendez-vous. Après avoir attendu longtemps les
autres, Aubry le décide à tenter le coup quand même ; mais lorsque les deux
scélérats se présentent à la porte de la ferme, les gardes nationaux de Douillet,
impatientés et peut-être aussi légèrement émus, tirent trop tôt... Aubry, qui a
oublié de mettre à son chapeau la cocarde convenue, est atteint et tombe en criant :
Vive la République ! Le coup était manqué ; le traitre seul avait reçu la récom-
pense qu'il méritait, d'autant plus que sa blessure était peu grave et qu'il en fut
quitte pour la peur. Posté n'en considéra pas moins cette aventure comme une
victoire et adressa au commissaire du département un long rapport qui commençait ainsi : « Citoien, le bon pied sur lequel se tient la garde nationale de
» la petite commune de Douillet vient de lui valoir la gloire et la satisfaction de
» sauver la vie à plusieurs hommes... (1) etc ». En outre, toujours d'après Posté,
la vigilance et l'activité de la garde nationale de Douillet, la découverte du
complot, et les discours que lui-même prononça à cette occasion « devaient con-
» tribuer à améliorer l'esprit public du canton, et à donner à tous une leçon dont
» la malveillance aurait beaucoup de peine à arracher le fruit (2) ».

En réalité, le seul résultat pratique de l'affaire fut l'arrestation du chouan
Trompe la Mort, que les héros de Douillet saisirent à son domicile quelques
heures plus tard, bien qu'il niât énergiquement sa participation au complot ; et
l'aventure se réduisait à un acte de brigandage de droit commun, sans portée
historique. Toutefois elle montre combien il était facile, avec un peu de bonne
volonté, de confondre les vrais Chouans, les soldats royalistes de Charles de Tilly,
avec ces brigands sans foi ni loi qui trahissaient tour à tour la Royauté et la
République. Elle explique la déconsidération qui environne dans certaines
communes, peu révolutionnaires cependant, le nom de Chouans compromis par
ces aventuriers. Enfin elle impose à tout historien impartial une très grande
réserve dans l'appréciation de la conduite des deux partis pendant la lutte.

Nous ne nous permettrons donc à ce sujet qu'un seul reproche direct et
précis, parce qu'il est justifié par des documents *officiels* : c'est au gouvernement
républicain d'avoir accordé sa confiance, dans le canton de Fresnay, à des dénon-

(1) Arch. de la Sarthe, L. 21 : 21.
(2) Arch. de la Sarthe. *Ibid*.

ciateurs, à des commissaires qui n'étaient que des policiers vulgaires et nullement des administrateurs. A l'appui de ce reproche et pour achever de révéler la singulière morale des agents du Directoire, nous citerons ce fait que le citoyen Posté propose la trahison d'Aubry « *comme le seul acte digne de figurer pour le* » *canton de Fresnay dans le recueil des belles actions du département de la* » *Sarthe* (1) ». Nous citerons encore la liste des *hommes dangereux*, dressée par le même Posté à Fresnay, le 1er complémentaire an VI. On y trouve les noms d'hommes d'une honorabilité parfaite, tels que MM. Contencin, Rigault de Beauvais, Châtelais de Douillet etc ; on y surprend sur le vif toutes les préoccupations mesquines d'un parti peu scrupuleux (2). — Ajoutons il est vrai, à l'honneur des habitants de Fresnay, que Posté se fit tellement mépriser qu'il dut bientôt demander son changement, « parce qu'il éprouvait à Fresnay, dit-il, beau- » coup de contrariétés, qu'il y était mal vu, qu'on lui faisait payer le moindre » service le double de sa valeur, et enfin qu'il avait des dettes (3) ».

Or, tout gouvernement qui se respecte ne doit pas employer de tels agents, s'il veut prétendre à l'estime publique. Il s'efforce de satisfaire les intérêts administratifs des populations, et repousse loyalement des dénonciations dictées le plus souvent par des passions inavouables. Ces tendances policières, cette influence accordée à des gens peu honorables, sont essentiellement contraires à la vraie Liberté, à l'honneur même du Pays. A défaut des excès de la terreur et des orgies de la guillotine, elles aident à comprendre la prise d'armes générale de 1799, car un gouvernement n'a plus le droit d'exiger la soumission aveugle d'un peuple généreux quand les procédés ou les hommes qu'il emploie ne sont pas honnêtes.

III.

Aussi, bien que le commissaire Posté ait pu encore écrire à la fin d'octobre cette phrase mémorable : « *Le thermomètre de l'esprit public* est à peu près au » même degré que le mois précédent (4) », dès le commencement de décembre 1798 « l'orage grondait dans les environs de Sillé et paraissait sur le

(1) Arch. de la Sarthe. *Ibid.*
(2) Arch. de la Sarthe L. 20 21.
(3) Arch. de la Sarthe, L. 21 21.
(4) Arch. de la Sarthe. *Ibid.*

» point d'éclater (1) ». Les chefs de Chouans opéraient publiquement des enrôlements ; les populations, refusant de prendre part aux fêtes décadaires, observaient les dimanches et autres fêtes religieuses ; « la plupart, dit le commissaire du » canton d'Assé, aimaient encore l'ancien gouvernement, rapport à l'ancien » culte (2) ». — L'agitation augmenta si rapidement qu'à la fin du même mois de décembre plusieurs patriotes étaient mis de nouveau à contribution, « pour conface » la guerre et avoir de la poudre (3) ». En vain les autorités font-elles arrêter et déporter plusieurs ecclésiastiques, rétablir jour et nuit dans les communes des corps de garde ou des patrouilles, le Directoire n'ayant tenu en rien les promesses de 1796, l'insurrection renait sur tous les points du département avec une vigueur d'autant plus grande que le gouvernement est plus corrompu et plus méprisé.

Toutefois la commune de Douillet demeure tranquille encore quelque temps. Le 30 mars, une assemblée électorale se réunit à 10 h. du matin dans la grange de l'ancien presbytère pour élire un agent national. Vingt-sept électeurs sont présents, sous la présidence de René Bozo doyen d'âge ; le curé constitutionnel François Amiard, M. Chasserat, et P. Blanchard remplissent les fonctions de scrutateurs ; Antoine Galpin fils, celles de secrétaire. L'ancien agent, Antoine Galpin père, est réélu par 25 voix, presque à l'unanimité (4). « C'est un homme recommandable » par son civisme et par sa probité, a soin de nous apprendre le vigilant commis- » saire de Fresnay. C'est à lui en partie que la commune de Douillet est redevable » du bon esprit qui l'anime ; en outre c'est un républicain instruit (5) ». Malheureusement ces élections, nettement républicaines comme on le voit, devaient attirer sur la commune l'attention des Chouans, qui de leur côté étaient fort bien réorganisés et comptaient beaucoup d'amis dans la population. Il est des heures en effet où il est préférable de garder une prudente réserve, et où le zèle politique devient un danger. Les électeurs de Douillet en auront bientôt la preuve.

Vers le 20 mai, la garde-nationale de Douillet est déjà obligée de prendre les armes pour se défendre contre les « brigands (6) ». Au mois de juillet, les communes de Saint-Aubin, Montreuil et Mont-Saint-Jean sont menacées (7). Le 24, trois cents gardes-nationaux de Sillé, Fresnay et Douillet font une battue dans la forêt,

(1) Arch. de la Sarthe, L. 21 : 11.
(2) Arch. de la Sarthe. *Ibid.*
(3) Arch. de la Sarthe, L. 21 : 24.
(4) Arch. de la Sarthe, L. 14 : 7.
(5) Arch. de la Sarthe L. 14 : 27.
(6) Arch. de la Sarthe, L. 21 : 21.
(7) Arch. de la Sarthe, L. 12 : 9.

mais comme toujours en pure perte (1) ; « les autorités ne sont instruites des
» endroits où les coquins ont été vus, que lorsqu'il y a cinq ou six heures qu'ils
» sont délogés ; l'homme de la campagne cache les brigands, et prive les patriotes
» des grands succès qu'ils remporteraient s'ils connaissaient leurs retraites (2) ».
Le 28, on affiche dans la commune de Fyé une adresse aux acquéreurs des biens
nationaux, les invitant « à payer les deux tiers de leur revenu entre les mains d'un
» receveur qui leur sera indiqué, pour remettre un tiran sur le trône ; le tout en
» belle impression et beaux caractères, signé Charles, adjudant-général de l'armée
» du Haut-Maine (3) ». Si donc jusqu'ici les environs immédiats de Douillet ne sont
pas le théâtre de combats et d'escarmouches fréquentes, comme les communes de
Ségrie et Saint-Christophe-du-Jambet, il n'en est pas moins incontestable qu'ils
sont sillonnés journellement par de petites troupes de trente ou quarante hommes,
à pied ou à cheval, presque impossibles à saisir. Le bois des Boulais, à la lisière
de Douillet et Mont-Saint-Jean, est signalé particulièrement comme « une des
» étapes ordinaires des Chouans, lorsqu'ils passent du département de la Sarthe
» dans celui de la Mayenne (4) ». Encore heureux lorsque les gardes nationales ne
fraternisent pas avec eux, comme à Rouez en Champagne, où l'on vit, le 5 août
1799, quatre ou cinq Chouans vider dix bouteilles de vin avec les patriotes de
service au corps de garde ! (5).

Le 5 septembre, la situation s'aggrave tout à coup pour la commune de
Douillet. La veille en effet deux cents Chouans étaient entrés à Mont-Saint-Jean,
tambour battant ; ils avaient coupé l'arbre de la liberté, puis étaient venus coucher
à Montreuil, avec l'intention, disaient-ils , d'aller voir les patauds de Sougé.
Heureusement les patriotes veillaient, et entre autres le commissaire du canton
d'Assé qui s'écrie dans un mouvement d'héroïsme : « Eh bien ! qu'ils viennent les
» J. F...; ils ne nous feront point de cartier, mais nous sommes fort décidés à
» user de représailles (6) ». A 9 heures du soir, il part avec un détachement de
vingt hommes de la garde-nationale de Sougé pour porter secours aux habitants
de Douillet ; la garde de Fresnay y accourt de son côté, et les Chouans, effrayés
par cette concentration de forces, changent leur itinéraire (7). Il est vrai que la
bravoure des patriotes ne va pas jusqu'à les poursuivre.

(1) Arch. de la Sarthe, L. 21 : 11.
(2) Arch. de la Sarthe. *Ibid.*
(3) Arch. de la Sarthe. *Ibid.*
(4) Arch. de la Sarthe, 12 : 9.
(5) Arch. de la Sarthe, 21 : 11.
(6) Arch. de la Sarthe. *Ibid.*
(7) Arch. de la Sarthe. *Ibid.*

18

Aussi quelques jours plus tard, après les combats de Courcité et de Bais, une autre bande d'insurgés menace de nouveau Douillet. A 3 heures de l'après midi, le capitaine de la garde-nationale demande le concours des autorités de Fresnay et Assé pour repousser les Chouans « qui ont pris gite au hameau de Cordé ». Quarante gardes-nationaux de Fresnay, trente de Sougé, quatre d'Assé et vingt de Saint-Paul, arrivent en toute hâte pour se joindre à ceux de Douillet. A 4 heures du matin trois colonnes se mettent en marche ; mais, hélas ! elles arrivent trop tard comme toujours, et « elles ont le malheur de ne pouvoir attraper l'ennemi » qui vient de déloger ! ». En désespoir de cause les vigilants patriotes font une battue sur les limites de Mont-Saint-Jean, Saint-Georges, Douillet et Montreuil, et ils ont au moins la *gloire* d'arrêter au hameau de Pommereuil un jeune homme nommé Grudé, natif de Ségrie, « connu pour chouan », qui avoue avoir pris part à l'attaque de Bais, et qu'ils ramènent triomphalement à Fresnay (1).

Plusieurs jours se passent pendant lesquels les Chouans semblent être rentrés sous terre. Déjà l'intrépide commissaire du canton d'Assé se laisse aller aux plus douces illusions ; déjà il écrit : « que les habitants du pays ne craignent plus » l'ennemi, que les victoires du général Bonaparte ont réveillé les esprits, qu'elles » ont été accueillies aux cris de Vive la République ! et que les patriotes ont vidé » en l'honneur du général une bouteille du vin de gaieté (2) », lorsque le 14 octobre une nouvelle foudroyante vient subitement bouleverser la contrée entière. Le chef-lieu du département, la ville du Mans elle-même, est au pouvoir des Chouans ! Bien que le comte de Bourmont ait du abandonner sa conquête après une occupation de trois jours, ce brillant coup de main encouragea singulièrement les insurgés des cantons de Sillé et Fresnay. Le 3 octobre, ils désarment la commune de Saint-Léonard. Presqu'en même temps ils reparaissent à Saint-Aubin, au Guéliant et dans les bois voisins, où la colonne mobile de Fresnay, les gardes nationales d'Assé et de Douillet opèrent en vain une battue le 3 novembre (3). Le 8, le commissaire de Sillé écrit de son côté « que la situation du canton devient de » jour en jour plus alarmante, que les brigands sont cantonnés dans les bourgs de » Parennes, Rouessé, Torcé, Voutré, Saint-Georges, Rouez et Crissé, au nombre » de 50 à 200 dans chaque ; qu'ils ne quittent point ces endroits, et qu'enhardis par » l'impunité, ils mettent des voitures en réquisition pour leur apporter des subsis-

(1) Arch. de la Sarthe, L. 12 : 9 — 21 : 11.
(2) Arch. de la Sarthe, L. 21 : 11.
(3) Arch. de la Sarthe, L. 12 : 9.

» tances (1) ». — Le 13, Mont-Saint-Jean est envahi, et l'arbre de la liberté encore une fois abattu. Le 17 quatre cents chouans occupent Montreuil. Les administrateurs de Fresnay, aux abois, fortifient leur ville, réclament une compagnie de la 40ᵉ demi-brigade et la proclamation de l'état de siège, « sous peine d'être à la merci des révoltés (2) ». — Enfin, dans la nuit du 22 au 23 novembre, l'orage s'abat directement sur la commune de Douillet.

Depuis longtemps les Chouans considéraient comme un de leurs principaux adversaires l'agent national, à l'influence et aux efforts duquel ils attribuaient ce revirement politique qu'une partie des habitants de Douillet avaient subi depuis le 18 fructidor. En outre, c'était entre eux et lui une question personnelle, car il les avait poursuivis à plusieurs reprises avec ardeur, et il avait obtenu, spécialement dans ce but, l'autorisation de porter toujours des armes sur lui (3). Maitres du pays, les Chouans résolurent de payer leurs dettes et d'infliger une leçon à leur ennemi. A la tombée de la nuit, une centaine d'insurgés pénètrent dans le bourg, cernent la maison du citoyen Galpin, qui par bonheur était alors refugié à Fresnay avec ses enfants, enfoncent les portes, jettent par les fenêtres les marchandises et le mobilier, et poussent le génie de la destruction jusqu'au point d'abattre les cheminées et de couper les poutres. Au reste ils auraient certainement « flambé » l'immeuble sans la crainte de brûler les maisons voisines. Le coup fait, comme ils voulaient atteindre exclusivement l'agent national, ils se gardent bien de commettre le moindre dégât chez les habitants ; mais, ayant découvert « dans les magasins de l'ennemi » une certaine quantité de cierges, ils se les distribuent et célèbrent leur exploit par une brillante illumination. Puis ils se retirent paisiblement (4). *Le lendemain,* la garde nationale de Fresnay arriva *en toute hâte* avec le malheureux propriétaire, et nécessairement ne rencontra plus l'ennemi ; quant à celle de Douillet, si vaillante au dire de Posté, elle était rentrée sous terre.

Cette aventure produisit non-seulement sur la victime, mais encore sur toutes les autorités du pays, une vive impression. Le 25 novembre par exemple, le commissaire du canton d'Assé écrit au commissaire central de la Sarthe : « Citoien » Collègue. Je vous annonçais par ma lettre du 2 frimaire courant que les Chouans » avaient évacué ces contrées. Ils n'ont point été loin les célérats brigands ! La » nuit du 2 au 3, ils sont tombés aux environs d'un cent dans la commune de

(1) Arch. de la Sarthe, L. 21 : 11.
(2) Arch. de la Sarthe, L. 12 : 9.
(3) Arch. de la Sarthe. *Ibid.*
(4) *Chroniques,* f° 45.

» Douillet , où ils ont couché et exercé tous pilliages. Ils ont tout
» brisé chez le citoyen Galpin , agent de Douillet , portes , croisées ,
» armoires , et généralement (commis) tous brigandages. Heureuse -
» ment qu'ils (les propriétaires) avaient quitté la maison, et tiré une
» grande partie de leurs meubles. Ci nous n'avons de la troupe avant peu, notre
» pays est perdu (1) ». Et plus tard, le 13 décembre, le commissaire de Fresnay
écrit à son tour : « Les mécontens n'ont laissé aucun forfait à commettre dans la
» maison de l'agent municipal de Douillet. Non contens de briser les meubles
» qu'ils y ont trouvé et d'emporter avec eux une grande partie du mobilier, con-
» sistant en effets de tout genre et marchandises, la fureur les a portés jusqu'à
» casser toutes ses portes et croisées. La perte de ce brave républicain est estimée
» à sept ou huit mille livres (2) ».

Comme nous l'avons dit, cette leçon était pour les Chouans leur revanche des
élections du 30 mars. Ce fut leur dernier exploit à Douillet. D'une part, le coup
d'état du 18 brumaire venait de livrer la France au général Bonaparte, et dès lors
de donner aux deux partis un maitre peu disposé à tolérer les insurrections ;
d'autre part, les chefs royalistes eux-mêmes avaient accepté une suspension des
hostilités. A partir de cette époque, bien qu'occupant d'une manière presque
permanente les communes de Vernie, Ségrie, Saint-Christophe et Saint-Léonard,
les Chouans ne se permettent plus dans les environs de Douillet que de rares
méfaits. Tout au plus s'amusent-ils encore, le 17 décembre, à bâtonner un pataud
de Saint-Georges (3), le 26 à lever une contribution de 800 livres sur le citoyen
Lemarchand maitre de la forge de l'Aune (4), et surtout, en gens prévoyants,
*à se faire délivrer des certificats de bonne conduite par les officiers
municipaux !* (5).

Cette dernière précaution était d'autant plus sage que la constitution de
l'an VIII, promulguée le 24 décembre, consacrait tous les pouvoirs de Bonaparte.
Or le vainqueur des Pyramides, devenu Premier Consul, était, comme on le sait,
peu endurant. Voyant ses propositions de paix discutées, il s'emporta, lança de
toutes parts une proclamation foudroyante, et donna ordre à ses généraux d'en
finir. Le 31 janvier 1800, les Chouans du canton de Fresnay, vivement poursuivis
depuis plusieurs jours, se faisaient écraser à Saint-Christophe-du-Jambet par une

(1) Arch. de la Sarthe, L. 21 : 11.
(2) Arch. de la Sarthe, L. 21 : 21.
(3) Arch. de la Sarthe, L. 21 : 11.
(4) Arch. de la Sarthe, L. 21 : 21.
(5) Arch. de la Sarthe, L. 12 : 20.

compagnie de la 43ᵉ demi-brigade et un détachement de cavalerie (1). Le lendemain plusieurs déjà déposaient les armes (2), et le 4 février le comte de Bourmont lui-même signait la paix pour le Maine.

La guerre civile était désormais terminée dans notre contrée. Moins acharnée et moins sérieuse assurément que dans les régions où était née la grande Chouannerie, la lutte avait offert dans les environs de Fresnay un aspect particulier, moitié tragique, moitié comique, grâce au genre d'héroïsme spécial des gardes nationales et aux plaisanteries variées que se permettaient leurs adversaires. Il n'en est pas moins vrai que l'ordre public avait été profondément troublé, et que tous les honnêtes gens saluèrent avec joie l'avènement d'une ère nouvelle, l'administration énergique et intelligente du Premier Consul.

(1) Arch. de la Sarthe, L. 21 : 21.
(2) Arch. de la Sarthe, L. 21 ; 11.

CHAPITRE III

LA COMMUNE DE DOUILLET PENDANT L'EMPIRE
ET LA RESTAURATION

Situation déplorable de la commune au commencement du siècle. — Reconstitution de la municipalité. — Restauration du culte : lutte entre le conseil municipal et l'autorité épiscopale. — MM. Bourdais-Durocher, Hubert et Gaisneau. — M. de Montesson nommé maire. — L'église est rendue à la commune. — M. Couzon. — Evénements de 1814 et 1815 : les Prussiens à Douillet. — M. Ripault. — Développement des services administratifs. — Travaux aux chemins vicinaux. — Fondation d'une école pour les jeunes filles. — Construction d'un chœur.

U commencement de l'année 1800, au moment où le général Bonaparte prenait en mains le gouvernement de la France, la commune de Douillet, comme toutes les communes désolées par la guerre civile, se trouvait dans une déplorable situation. La population était profondément divisée, les passions excitées, toute autorité méconnue. Les membres d'une même famille, séparés par la divergence d'opinions, étaient en défiance les uns à l'égard des autres. Les étrangers eux-mêmes étaient accueillis avec crainte et hostilité ; on les arrêtait, on exigeait leurs passe-ports. Partout en un mot on croyait voir un danger ou découvrir un ennemi. Le curé légitime M. Chardin, revenu de Jersey l'année précédente, n'osait encore se montrer dans le bourg où dominaient les partisans de son compétiteur, le curé constitutionnel Amiard ; déguisé en colporteur il avait erré longtemps de village en village, puis à la suite d'une tentative malheureuse pour reprendre possession de sa cure, il s'était retiré au hameau de la Petite-Beauce, chez un fermier très religieux, Julien Gouin. Il y célébrait la messe chaque dimanche devant un auditoire nombreux de paroissiens orthodoxes, tandis qu'à la même heure M. Amiard faisait l'office à l'église pour les paroissiens attachés au culte constitutionnel. Grâce au génie et à l'activité prodigieuse du Premier Consul, ces divisions intestines, ce schisme religieux, cette anarchie pour mieux dire, devaient bientôt disparaitre (1).

Tout d'abord, en vertu de la nouvelle constitution, le gouvernement réorganise la hiérarchie administrative. Le département de la Sarthe, à la tête duquel est placé un préfet, est divisé en arrondissements ; les arrondissements en cantons ; les cantons en communes. Douillet fait partie dès lors du canton de Fresnay et de l'arrondissement de Mamers. Le préfet nomme ensuite les conseils municipaux chargés d'administrer les communes. Dès le 8 septembre 1800 un arrêté du colonel baron Auvray désigne pour composer le conseil municipal de Douillet : MM. Jean Chatelais, Antoine Livache, Olivier Denis, Joseph Bourillon, Michel Besche, Marin Champion, René Bozo, André Theuleau, Michel Le Roy, Pierre Langlais et Charles Le Sage. M. Jean Châtelais, l'ancien chef du parti modéré pendant la Révolution, est nommé maire, et installe le nouveau conseil le 4 février suivant.

Quelques mois après, le 15 juillet 1801, le concordat est signé, et le premier soin de Mgr de Pidoll, en arrivant dans son diocèse en 1802, est de s'entendre avec le préfet pour rétablir dans toutes les paroisses l'exercice normal du culte catholique. Malheureusement cette question devait soulever à Douillet des difficultés particulières par suite de la situation personnelle de M. Amiard. Soutenu par le conseil municipal et beaucoup d'habitants, propriétaire de l'église et du presbytère, autorisé jusqu'à un certain point par la régularité dont il avait fait preuve dans les mauvais jours, cet ecclésiastique entendait bien rester titulaire de la cure de Douillet. D'autre part, M. Chardin était le seul curé légitime et comptait lui aussi des partisans dévoués dans la meilleure partie de la population. Comme c'était son devoir, Mgr de Pidoll essaya d'abord de maintenir le prêtre fidèle, et interdit M. Amiard. Celui-ci refusa d'obéir ; les divisions s'accentuèrent, et les esprits s'exaltèrent à un tel degré que le préfet déclara à l'évêque « qu'il devenait » nécessaire pour éviter un conflit d'envoyer à Douillet un détachement de » troupes ». — Cette solution étant inacceptable, Mgr de Pidoll résolut de changer les deux adversaires : M. Chardin fut nommé à Contilly et partit aussitôt, M. Amiard à Lignière-la-Carelle , où il ne se rendit qu'après une dernière résistance.

Mais il restait à vaincre l'opposition du conseil municipal. Invité par le préfet à désigner un local pour le nouveau desservant, il déclara le 6 mars 1803 n'en

(1) Ce chapitre est presque exclusivement composé à l'aide des archives de la mairie et des *Chroniques*.

connaitre aucun, sous prétexte que M. Amiard était propriétaire de l'ancien presbytère ; le maire, seul de son avis, fut réduit à protester. Mᵍʳ de Pidoll, usant
d'une grande patience, n'envoya pas moins à Douillet un ancien religieux
cordelier, M. Bourdais-Durocher, qui se présenta le 28 mars avec le doyen de
Fresnay, M. Coupel, pour se faire installer. Le conseil municipal, convoqué
aussitôt par le maire, persista dans sa première déclaration bien que M. Amiard
semblât disposé à céder l'ancien presbytère, ajoutant que si on avait laissé
M. Amiard à Douillet la commune n'aurait pas eu à supporter cette charge. Bien
plus, il refusa de reconnaitre M. Bourdais-Durocher. Celui-ci dut en conséquence
prendre possession de l'église assisté seulement du doyen et du maire qui lui
donna l'hospitalité dans sa propre demeure. — Dès le lendemain les habitants
déclaraient une guerre acharnée à leur nouveau curé, et deux mois plus tard
M. Bourdais-Durocher, insulté, tourné en ridicule de toute manière, était obligé
de quitter Douillet.

Les membres du conseil, qui n'attendaient que cette occasion, s'empressèrent de
réclamer M. Amiard, pour lequel ils professaient un véritable fanatisme, et
envoyèrent même dans ce but une députation à l'évêque et au préfet, « les
» suppliant de vouloir bien combler leurs vœux en leur rendant un ministre dont
» ils avaient éprouvé le zèle en mille circonstances ». — Cette fois la coupe
déborda. Mᵍʳ de Pidoll, d'accord avec le colonel Auvray, leur refusa tout secours
spirituel et laissa la paroisse quinze mois sans prêtre.

La population, Dieu merci, était trop religieuse pour résister longtemps à une
mesure aussi radicale. Dès le 31 juillet 1803 le conseil municipal amenait son
pavillon : « Monsieur l'Evêque, écrit-il à Mᵍʳ de Pidoll, nous n'avons point su dans
» notre délibération du 23 prairial dernier dissimuler les motifs qui nous déter-
» minent à solliciter le retour de M. Amiard dans notre commune ; ils sont dictés
» par l'affection, la reconnaissance et par des vues d'intérêt public. Nous serions
» cependant bien fâchés, Monsieur l'évêque, que les démarches que nous faisons
» pour nous rattacher un ecclésiastique qui nous est chair à bien des titres,
» puissent nous faire supposer des sentiments exclusifs, parce que telle n'a jamais
» été l'intention des habitants dans l'expresssion des vœux qu'ils ont déjà eu
» l'honneur de vous adresser, et qu'il serait malheureux qu'on juge ainsi par
» l'indifférence que l'on témoigna à M. Durocher, à la piété et aux vertus duquel
» nous aimons à rendre justice etc... Notre tiédeur parait l'avoir rebuté et sa
» retraite nous a causé des regrets. C'est à vous, Monsieur l'Evêque, qu'il est
» réservé de nous donner des consolations dans l'état d'abandon où nous sommes ;
» et votre zèle apostolique nous est trop connu pour douter de votre empresse-

» ment à venir au secours d'une commune qui n'est pas indigne de votre solli-
» citude, et qui s'estimera heureuse de la moindre marque de votre bienveillance...
» Nous sommes avec respect, etc. (1) ». — Les remords du conseil furent bien
pires encore après le vote de la loi qui supprimait un certain nombre de succur-
sales. Il se hâta de réclamer de nouveau un curé, avec toute l'énergie possible,
dans la crainte que l'évêque et le préfet, mécontents de son attitude, ne fissent
réunir la paroisse de Douillet à une paroisse voisine. Le chiffre de la population
qui s'élevait alors à 1000 âmes, le commerce de toiles, le passage fréquent des
marchands de bestiaux se rendant du département de la Mayenne à Paris, la
situation géographique de la commune, furent mis en avant avec un soin extrême
dans la délibération du 5 août 1804 ; bien mieux, le conseil annonça qu'il venait de
louer un appartement pour le desservant dans l'ancien presbytère, et qu'il était
résolu à racheter l'église à bref délai.

Ces bonnes intentions, ces remords sincères, ces efforts désespérés, ne pouvaient trouver insensible le cœur de l'évêque. Quelques jours plus tard un vicaire
de Fresnay, M. René Hubert, était nommé curé de Douillet, où il arrivait dès le
26 août. Né à Sillé-le-Philippe, et d'abord vicaire à Vibraye puis à Bonnétable,
M. Hubert était instruit, expérimenté, d'un caractère doux et pacifique ; en outre
il avait été pendant la Révolution curé constitutionnel de Marolles, ce qui lui
donnait quelque rapprochement avec le fameux M. Amiard. Il avait donc toutes
les qualités nécessaires pour plaire aux habitants de Douillet, et en effet il ne
tarda pas à ramener la paix dans la paroisse. Le conseil municipal de son côté
montra sa bonne volonté en lui votant un supplément de traitement de 400 fr. —
A partir de ce moment la paix religieuse était définitivement rétablie à Douillet, et
seuls quelques adhérents de la Petite-Eglise persistaient à faire exception, grâce
au voisinage de la commune de Mont-Saint-Jean où réside encore aujourd'hui le
grand prêtre de cette secte curieuse.

M. Hubert fut d'ailleurs secondé dans son œuvre de pacification par l'influence
de la famille de Montesson revenue à Douillet en 1803 ; M. Louis-Pierre-Joseph
de Montesson étant mort à Paris en 1798, la terre de Douillet, séquestrée par la
nation, fut effectivement rachetée en 1802 par Antoine-Louis-Hector, vicomte de
Montesson, seul survivant de ses trois fils. — Né à Douillet le 21 août 1752, élevé
à la cour de Louis XV où il avait su se garantir de la contagion, puis mestre
de camp au régiment d'Orléans, le vicomte de Montesson avait suivi le
prince de Condé dans l'émigration, était devenu son aide de camp, et

(1) *Registre des délibérations du Conseil municipal.*

avait été reçu par lui chevalier de Saint-Louis le 25 août 1795. Maréchal de camp en 1796, il avait été chargé avec son frère Jean-Louis, marquis de Montesson, d'organiser l'armée de la mer d'Azof. En 1802 il rentra de Russie en France, épousa en secondes noces l'année suivante mademoiselle Jeanne-Louise Hérisson de Villiers, de Sargé près Le Mans, racheta son château 1475 fr. le 18 fructidor an XI, et reprit dès lors un rôle prépondérant à Douillet qu'il habitait une partie de l'année.

Grâce à cette triple reconstitution de l'administration, du culte, et de la propriété, la situation de la commune s'améliora et se perfectionna peu à peu. Dès l'année 1803 on avait entrepris quelques réparations aux chemins. En 1804 on reconstruit en pierre le pont du bas du bourg, qui devient ainsi « le meilleur passage de tout le pays ». La même année M. Dagues de la Hellerie est nommé percepteur des communes de Douillet et de Montreuil, à la résidence de Douillet. En 1805 la commune touche une indemnité de 1660 francs pour les pertes que lui a causées la guerre civile. Puis M. de Montesson obtient de l'ancien curé Amiard, moyennant 6500 fr., la cession de l'église et du presbytère dans l'intention de les rendre un jour à la commune. Enfin en 1806 le conseil municipal charge plusieurs délégués de rectifier les limites de la commune entre Montreuil et Saint-Georges.

Sur ces entrefaites néanmoins, une nouvelle difficulté s'éleva entre le curé et M. de Montesson au sujet du presbytère. M. Hubert se trouvant trop mal logé demanda son changement ; il fut nommé à Montreuil et quitta Douillet le 15 avril 1807 au grand regret de ses paroissiens. Ce départ mécontenta plusieurs membres du conseil municipal, qui en rejetèrent la responsabilité sur le refus de M. de Montesson de rendre l'église et le presbytère. De son côté, celui-ci voyant renaître les germes de division, ajourna de plus en plus ses projets « pour tenir la commune en respect ». Il proposa seulement de donner un terrain propre à construire à neuf un presbytère ; mais le conseil, réclamant avant tout la restitution de l'église, l'entente ne s'établit pas, et la commune resta encore trois mois sans prêtre.

Le 18 août 1807, M. Jean Sébastien Gaisneau fut enfin nommé curé. Né à Moitron et clerc tonsuré seulement en 1790, la Révolution l'avait contraint de suspendre ses études pour embrasser au Mans le commerce des toiles. Pendant la terreur il avait montré un grand dévouement en cachant au péril de sa vie plusieurs ecclésiastiques, puis, la tourmente passée, il avait été un des premiers à reprendre le cours de ses études. Ordonné prêtre en 1804, ensuite vicaire à Montoire, il était déjà d'un certain âge lors de sa nomination à Douillet et menacé d'infirmités précoces. Ces circonstances contrarièrent d'une façon regrettable les efforts de sa piété, et ne lui permirent pas de déployer toujours l'activité nécessaire ; il n'en fut pas moins, lui aussi, très aimé de ses paroissiens.

Vers la même époque, c'est-à-dire le 27 novembre 1807, le colonel Auvray, reconnaissant le besoin urgent de placer à la tête de la commune un homme énergique et influent, nomma maire le vicomte de Montesson qui fut installé le 15 janvier 1808. C'était un choix heureux, car M. de Montesson, qui avait reçu une brillante éducation, ne manquait pas de talents administratifs, et c'était en outre le meilleur moyen de le disposer favorablement à l'égard de la commune en supprimant du même coup les susceptibilités qui s'étaient élevées jusque là entre lui et l'administration municipale.

Aussi dès le 8 décembre 1807, cédant aux instances répétées de Mme de Montesson, M. de Montesson offrit à la commune de lui rendre l'église sous certaines conditions. Approuvé par le conseil municipal le 9 mars 1808, par le sous-préfet de Mamers, M. Contencin, le 2 avril, par le préfet Auvray le 27 avril, et par un décret impérial daté du camp de Madrid 21 décembre 1808, cet offre ne fut transformé en acte définitif que deux ans plus tard. Aux termes de la donation, passée le 23 mars 1810, devant Mme Hatton, notaire à Fresnay, M. et Mme de Montesson abandonnaient gratuitement l'église à la commune, se réservant toutefois la propriété de l'ancienne chapelle dont ils jouissaient avant la Révolution, et sous la condition expresse que l'église ferait retour à leurs héritiers en cas de suppression du culte, « *la présente donation n'étant faite qu'en faveur du culte catholique* ».

Malheureusement M. de Montesson, qui avait déjà fait preuve dans cette affaire d'une prudence excessive, ne sut pas se montrer généreux jusqu'au bout : de vieilles rancunes contre l'ordre de choses sorti de la Révolution, et contre certains membres du conseil municipal, le rendirent intraitable sur la question du presbytère. Il garda les anciens bâtiments, si vastes et si agréables par leur disposition, forçant la commune à acheter pour le desservant la maison Galpin, célèbre par les méfaits des Chouans, mais peu convenable pour un presbytère. Cette acquisition, autorisée par décret du 9 décembre 1809, couta 5430 fr. ; elle fut payée à l'aide d'une souscription publique, des centimes additionnels de 1805, 1806 et 1807, et des 1660 fr. accordés pour les ravages de la guerre civile.

En même temps, une difficulté d'un autre ordre s'élevait entre les communes de Douillet et Mont-Saint-Jean et le maitre de forge de l'Aune M. Lhermenault, au sujet des ponts du Ferret, que ni les uns ni les autres ne voulaient entretenir.

Commencée dès l'année 1808, portée en 1810 devant le conseil de préfecture, cette affaire devait se prolonger pendant près de quarante ans ; c'était encore une conséquence indirecte de l'incertitude et du trouble que la Révolution avait jetés dans les esprits, peut-être aussi du souffle belliqueux qui animait alors la nation. A défaut des combats et des victoires dont les récits exaltaient si vivement les imaginations, les populations de nos contrées cherchaient dans de nombreux procès la satisfaction de leur amour propre ou de leurs intérêts. Cette fois au moins les conseils municipaux des deux communes appuyèrent énergiquement leurs maires et marchèrent à l'ennemi avec beaucoup d'union.

Bientôt hélas ! arriva l'heure des grands désastres. A peine remise des ébranlements de la Révolution, la commune de Douillet allait subir de nouveaux chocs. A la funeste campagne de 1812 répond dans les environs de Sillé et de Mont-Saint-Jean, c'est-à-dire à quelques pas même de Douillet, une tentative d'insurrection ; quelques Chouans reprennent les armes et agitent tout le département pendant le printemps de 1813. Puis surviennent des revers décisifs, les angoisses de l'invasion, et la chute foudroyante de l'empire. Enfin à ces émotions politiques déjà si profondes s'ajoute pour les habitants de Douillet l'impression pénible que leur cause la mort subite de leur curé. Depuis longtemps sous le coup d'une attaque de paralysie, M. Gaisneau était parti le 16 juillet 1814, à l'exemple de Mme de Montesson, pour les eaux de Bagnoles ; il revint à Douillet l'avant-veille de l'Assomption, en apparence bien rétabli, mais huit jours après il était frappé instantanément d'une attaque d'apoplexie et mourait quelques minutes plus tard.

Il fut remplacé par M. Pierre Constant Couzon, né à Montaudin (Mayenne), ordonné prêtre en 1812, vicaire de Fresnay depuis deux ans seulement. Les vides creusés dans le clergé par la Révolution forçaient en effet les évêques à abréger tout à fois la durée des études et celle des vicariats des jeunes prêtres : il fallait pourvoir aux besoins les plus pressants, et placer à la tête des paroisses des ecclésiastiques souvent sans expérience suffisante. M. Couzon fut du nombre de ceux-ci ; malgré des qualités réelles et un excellent cœur, son ministère devait se ressentir de sa jeunesse.

Il est juste de dire que les circonstances étaient singulièrement difficiles. Le retour de l'empereur, l'insurrection royaliste qui en fut la contre partie, l'immense désastre de Waterloo, la restauration des Bourbons, l'occupation du pays par les alliés, en un mot les mémorables événements de 1815, causaient dans tout l'Ouest une série de secousses politiques et administratives très funestes pour les moindres communes. A Douillet, comme dans l'arrondissement de Mamers tout entier, on maudit surtout les Prussiens qui occupèrent la région et s'y firent détester ; leurs réquisitions en grains et fourrages s'élevèrent pour la commune à 2362 fr. chiffre inférieur de 93 fr. seulement à celui de 1870. Un détachement prussien réquisitionna en outre à Douillet deux voitures à trois colliers pour le transporter à Loupfougeres (Mayenne). — Ajoutons qu'en cette désastreuse année 1815 les habitants de Douillet firent encore une perte sensible dans la personne de la vicomtesse de Montesson qui leur avait donné maintes fois des preuves de sa générosité.

Par bonheur cependant les événements de 1815 ne modifièrent pas l'administration municipale, et la commune échappa cette fois aux divisions intestines. M. de Montesson resta maire et vit son influence accrue encore, d'un côté par le grade de lieutenant-général que lui accorda Louis XVIII, d'autre côté par sa nomination de membre du conseil général de la Sarthe. Le conseil municipal ne fut pas renouvelé ; seul le percepteur, M. Dagues de la Hellerie, fut remplacé le 16 novembre 1816 par M. Robert-Pierre Triger, qui venait d'accomplir un stage de quatre années à la sous-préfecture de Mamers. — Ainsi encadrée dans un personnel administratif dévoué et honnête, la commune de Douillet ne tarda pas à reprendre sa marche en avant, dans la voie d'une réorganisation sociale fondée sur l'alliance, désormais nécessaire, de certaines traditions anciennes avec les principes nouveaux. Cette réorganisation, entreprise par l'Empire, interrompue par les commotions politiques, devait faire d'incontestables progrès pendant la Restauration.

En 1817 tout d'abord, l'administration favorise l'industrie en autorisant sans difficultés plusieurs perfectionnements apportés par M. Lhermenault à la forge de l'Aune. A cette époque la consommation du haut fourneau était d'environ 1500 pipes, pesant chacune 8 quintaux et produisant à la fonte 30/100 soit 3600 quintaux de fer en gueuse. Une partie de ce produit était livrée aux consommateurs à l'état de fonte moulée ; l'autre était affinée et convertie en fer ordinaire. L'usine occupait un grand nombre d'ouvriers, et « vivifiait la contrée ». (1) — D'autre part, la commune seconde le mouvement industriel et commercial en affectant à la réparation des chemins, sous forme de travaux de charité, un excédant de recettes de 400 fr. — Puis M. de Montesson rend une bienfaitrice aux pauvres de la paroisse en épousant en secondes noces, le 4 juin, Mlle Eulalie Vaillant de Savoisy, de Châtillon-sur-Seine, à laquelle il donne par contrat de mariage la terre de Douillet.

En 1818, malgré une épidémic de fièvres putrides qui cause des ravages sérieux et nécessite la résidence provisoire dans le bourg du docteur Gayet de

(1) Arch. de la Sarthe, S, 50 : 1.

Fresnay, la fabrique et la commune réunissent leurs efforts pour faire à l'église quelques travaux, adjugés 709 fr. le 29 septembre. Ces réparations étaient depuis longtemps urgentes, disait une délibération du conseil municipal en date du 10 juin, « mais ils avaient dû être ajournés jusqu'alors, parce qu'une partie des » deniers communaux avait été enlevée de la caisse commune sous l'empire de » l'usurpateur et détournée sans retour (1) ».

En 1820 M. Couzon, auquel on reprochait quelque inconstance, fut transféré à Désertines, et les habitants de Douillet s'empressèrent de réclamer, pour lui succéder, un de leurs compatriotes, M. l'abbé Pierre-Antoine Dubois, né à Douillet le 9 mai 1797, ordonné prêtre le 19 décembre 1819 et alors vicaire de Saint-Benoit du Mans. Heureusement Mgr de la Myre, qui avait déjà reconnu les talents et la haute intelligence de M. l'abbé Dubois, repoussa cette demande, destinant bientôt au jeune vicaire un poste prédominant. Ce refus fut, on peut le dire, un bienfait pour tous : au diocèse du Mans il réservait un administrateur de grand mérite, à la paroisse de Douillet il préparait un protecteur aussi dévoué qu'influent. Au reste, les paroissiens de Douillet n'en furent pas moins bien servis en recevant pour curé, le 26 juin 1820, M. l'abbé François-Désiré Ripault.

Né le 9 novembre 1793 à Lignières-la-Doucelle, ancien élève du petit séminaire de La Ferté-Macé et du collège de l'Oratoire du Mans, M. Ripault avait été ordonné prêtre le 1er août 1818, puis envoyé comme vicaire à Bonnétable où il avait reçu de précieuses leçons du vénérable curé M. Boutros, bien connu dans le Maine par son dévouement pendant la Révolution. C'était un jeune prêtre pieux, instruit et zélé, un esprit sérieux et cultivé, qui devait accomplir à Douillet pendant trente-huit ans de véritables prodiges. Les habitants, il faut le dire à leur honneur, surent l'apprécier dès le jour de son arrivée, 26 juillet 1820, et ils lui firent un accueil très sympathique, malgré les regrets qu'ils éprouvaient de n'avoir pu obtenir M. l'abbé Dubois. — Le nouveau pasteur n'était pas néanmoins sans inquiétudes. « L'instruction ayant été négligée depuis des années, nous » trouvâmes dans la paroisse beaucoup d'ignorance et d'indifférence pour la » pratique des devoirs religieux. Nous commençâmes notre ministère en nous » efforçant de bien faire sentir la nécessité de l'instruction par le moyen des caté- » chismes, en mettant en circulation de bons livres, et en établissant différentes » confréries où nous reçumes peu à peu quelques personnes, malgré bien des » sarcasmes. Nous crûmes que c'étaient les moyens les plus efficaces d'éclairer et

(1) Arch. de la mairie.

» de ranimer la foi et la piété (1) ». Non moins zèlé pour les intérêts matériels de son église que pour les intérêts spirituels, M. Ripault fit ensuite réparer la sacristie dès l'année suivante 1821, et à l'aide d'une somme de 540 francs recueillie parmi ses paroissiens il acheta quelques-uns des objets les plus nécessaires au culte.

Pendant ce temps, et parallèlement à cette reconstitution de l'élément paroissial, la commune complète son organisation administrative sous la direction de M. de Montesson, renommé maire en 1821. Ainsi successivement le conseil municipal accorde, à défaut de traitement fixe, une indemnité de logement de 60 fr. par an au sieur Bruneau, le premier instituteur communal ; il émet le vœu que la commune soit desservie par le bureau de poste de Fresnay ; il fait réparer le pont du bourg et organise sur les chemins quelques ateliers de charité. Bien plus, on crée une commission de charité, dont le receveur, M. Ripault, dispose en 1824 d'un revenu de 311 fr., et on vote en principe l'établissement d'une école congréganiste de filles. La même année, la loi du 28 juillet, qui pose les premières bases du service de la vicinalité, vient donner une impulsion puissante aux travaux de voirie, si importants au double point de vue agricole et commercial. Dès 1825, par exemple on entreprend tout un ensemble de travaux au chemin de la Tasse, puis on dresse le tableau des chemins vicinaux de la commune. Ces efforts en faveur de la voirie se poursuivront désormais sans interruption et deviendront même une des principales préoccupations de la commune. En 1826 on classera le chemin de Douillet à Mont-Saint-Jean par le bois des Boulais et les Rembeudières, de préférence au tracé par les ponts du Ferret, « parce que le trajet est plus » court, plus favorable aux habitants de Saint-Mars et de Saint-Germain pour aller » à Fresnay et à Mamers, le sol moins raviné ; que MM. de Brezé, de Montesson » et de Talmont sont disposés non-seulement à abandonner leurs terrains mais » encore à faire des avances de fonds etc » ; cette décision n'empêche pas du reste les maires des communes de Douillet et Mont-Saint-Jean de reprendre contre le maitre de forge de l'Aune les poursuites commencées en 1808, pour le forcer à entretenir les ponts du Ferret. En 1827 on continuera le chemin de Fresnay. En 1828 on priera le préfet « d'employer tous les moyens pour décider la commune » de Saint-Aubin à achever la partie de cette route située sur son territoire etc ». — Dans un autre ordre d'idées, l'importance de la perception de Douillet est accrue en 1825 par l'adjonction de la commune de Saint-Aubin, et M. Triger est officiellement chargé, sous le titre de secrétaire de mairie « de seconder dans » l'expédition des affaires M. de Montesson, que ses absences mettent dans l'im-

(1) *Chroniques*, f° 58.

» possibilité de s'occuper journellement de la mairie, et l'adjoint qui ne s'en
» occupe jamais à cause de sa mauvaise santé (1) ».

Malheureusement la commune est désolée vers la même époque, c'est-à-dire
en 1826, par une terrible épidémie de fièvres et de maux de gorge. Les enfants
furent particulièrement atteints, mais le mal se montra encore plus dangereux
chez les adultes; le nombre des décès, ordinairement de 18 à 24, s'éleva à 56. —
Ce fléau ayant ranimé la dévotion des paroissiens de Douillet envers le sanctuaire
de Saint-Michel-de-la-Courbe, où ils se rendaient jadis en pélérinage pour obtenir la
guérison des fièvres, M. le curé Ripault s'empressa de saisir l'occasion pour
provoquer une restauration de cette antique chapelle. Ce projet fut accueilli avec
faveur par la population, qui y contribua par des souscriptions, et par le conseil
municipal qui y affecta une somme prise sur les centimes additionnels. Terminé
en peu de temps, le modeste oratoire fut béni le 25 octobre 1826 par M. Godin,
curé de Montreuil, assisté de M. Serbelle curé de Mont-Saint-Jean et de M. Ripault.
Depuis ce moment le pélérinage est rétabli, et on y célèbre la messe chaque année
le 29 septembre, fête de saint Michel.

Quelques mois plus tard une affaire considérable pour les intérêts communs
de la paroisse et de la commune venait absorber l'attention de tous les hommes
dévoués à la population de Douillet. En 1828 Mme Henriette-Louise-Françoise
d'Argouges, veuve de Mr Antoine-Philippe de la Trémouille, prince de Talmont,
qui possédait de vastes propriétés dans la contrée, émit l'intention de fonder un
établissement de sœurs de charité dans la commune de Gesnes-le-Gandelain,
demandant seulement que la commune lui fournît un local; le conseil municipal, mal dirigé, refusa la proposition. Aussitôt, le 6 octobre 1828, M. l'abbé
Ripault, dont la perspicacité était toujours à hauteur du dévouement, s'empressa
d'écrire à Mme de Talmont et de réclamer pour sa propre paroisse le
bénéfice de sa fondation. La demande fut accueillie. Un mois après,
M. Ripault, M. Pierre Dubois, alors adjoint, et M. Triger, avaient négocié l'achat
d'une maison, située au centre même du bourg; puis, sous la direction de
M. l'abbé Dubois, déjà vicaire général du diocèse, tous se réunissaient pour payer
cette maison, dont le prix s'élevait à 5800 fr., sans recourir à des impositions
extraordinaires. M. et Mme de Montesson souscrivirent pour 5000 fr., M. l'abbé
Dubois pour 500 fr., M. Ripault pour 300; de telle sorte que l'acte fut passé le
16 novembre, devant Me Augé notaire à Fresnay, dans le nom de M. et Mme de
Montesson. De son côté Mme de Talmont, fidèle à ses promesses, dotait l'établis-

(1) *Arrêté du maire de Douillet,* en date du 15 décembre 1826.

sement d'une rente de 300 fr., et y ajoutait 1500 fr. pour la création d'une pharmacie. Le 12 décembre 1828 le conseil municipal accepta « avec joie, et reconnaissance » la donation, ainsi que les conditions proposées par Mme la supérieure générale de la congrégation d'Evron. L'école était dès lors fondée : elle ne coûtait absolument rien à la commune, et elle assurait aux jeunes filles une instruction essentiellement morale, aux pauvres ou aux malades des soins gratuits et dévoués. La population, il faut le dire à sa louange, sut apprécier les grands avantages de cette fondation et la générosité des fondateurs. Aussi le dimanche 28 décembre 1828, jour de l'installation des deux premières religieuses, fut-il un jour de fête pour la paroisse entière. M. l'abbé Dubois présida la cérémonie et bénit le nouvel établissement. Ajoutons que les deux sœurs, Mmes Emilie Beuchard et Marie Bechet, surent conquérir si rapidement les sympathies des habitants qu'il fallut leur adjoindre presque immédiatement une troisième religieuse.

Mais la fondation de cette école, si précieuse pour Douillet à tous les points de vue, particulièrement avantageuse à la commune sous le rapport pécuniaire, ne devait être que le commencement de l'œuvre de transformation entreprise par MM. Dubois et Ripault. L'activité et le zèle de ces deux hommes, si absolument dévoués à la commune de Douillet, furent tels en effet, qu'à partir de ce moment chaque année fut marquée par une amélioration importante. Ainsi dès le mois de janvier 1829, ils commençaient la construction d'un nouveau chœur dont le devis, dressé par M. Triger, toujours associé à leur œuvre, s'élevait à 2328 fr. Sur la demande de M. Dubois, auquel sa situation de vicaire général et ses relations étendues procuraient une influence réelle, le gouvernement accorda un secours de 600 fr. ; la fabrique fournit 1106 fr. ; la commune 107 fr. ; les habitants 513 fr., sans compter les charrois qu'ils firent gratuitement. Tous mirent un si louable empressement à faciliter l'entreprise, que la première pierre, bénite nécessairement par M. l'abbé Dubois, put être posée par M. et Mme de Montesson le 13 juillet suivant. Bien mieux, la construction à peine terminée, M. Ripault réunissait une nouvelle somme de 2873 fr., dont 400 fr. donnés encore par le gouvernement, pour l'ornementation intérieure de son église, l'achat d'un maitre autel en marbre etc. — Enfin la même année, au mois de septembre, M. Dubois obtenait pour sa paroisse natale de l'archevêque de Paris lui-même, Mgr de Quelen, une parcelle de la vraie Croix.

Mais c'est une règle dans la vie des peuples, comme dans celle des individus, que les mauvais jours succèdent invariablement aux périodes de prospérité. Bientôt arrivait le rude hiver de 1829 à 1830 qui fut un des plus longs et des plus rigoureux que l'on ait eu à traverser de mémoire d'homme. La population de Douillet souffrit beaucoup, ainsi que toutes les campagnes voisines. Pour comble d'infortune elle perdit le 6 janvier M. de Montesson, frappé subitement au château de Montigny-sur-Aube (Côte-d'Or), au moment même où il ordonnait de doubler, à cause de l'hiver, les distributions de secours qu'il faisait faire ordinairement, et où il se disposait à augmenter encore l'établissement des sœurs de charité.

L'histoire, dont l'appréciation impartiale plane forcément au-dessus des catastrophes momentanées, n'en doit pas moins reconnaitre qu'à la veille de la Révolution de 1830 la commune et la paroisse de Douillet étaient pleinement engagées dans la voie du progrès moral et matériel. Après quinze années d'un gouvernement paisible et honnête, les divisions intestines, le désordre administratif, l'indifférence religieuse, en d'autres termes les dernières traces de la guerre civile, avaient à jamais disparu. Une ère nouvelle s'ouvrait pour les habitants, grâce aux efforts de MM. Dubois, de Montesson, Ripault et Triger. Or, ces efforts désintéressés, que l'administration centrale avait eu au moins le bon sens de seconder, portaient alternativement sur les affaires de la commune et celles de la paroisse, sur les intérêts matériels et moraux, dont l'union seule peut conduire à un progrès durable.

CHAPITRE IV

LA COMMUNE DE DOUILLET DE 1830 A 1848

L'administration municipale après 1830. — La garde-nationale : bataillon cantonal de Sougé. — Troubles de 1832. — L'instruction primaire. — Incendie de 1834. — Adresse au Roi. — Le réseau des chemins vicinaux : lutte mémorable au sujet du chemin de grande communication de Fresnay à Villaines. — Construction d'une tour. — Zèle de M. Ripault et influence de M. l'abbé Dubois. — Mᵍʳ Bouvier à Douillet. — Érection d'un calvaire. — Chemins de Fresnay à Saint-Georges et de Sougé à Montreuil. — Le chemin de fer de Paris à Rennes : tracé par Douillet. — Nouveau cimetière. — Situation brillante de la commune de Douillet sous la monarchie constitutionnelle.

A révolution de 1830 n'entraina pas de changements importants dans la situation politique et administrative de la commune de Douillet. Dans la plupart des campagnes, en effet, sa principale conséquence fut d'enlever à la noblesse la direction des affaires communales pour la faire passer à la bourgeoisie ; or, M. de Montesson étant mort quelques mois avant la chute de Charles X sans laisser d'enfants, le rôle politique de la noblesse était par la même terminé à Douillet antérieurement aux événements de 1830. Le maire seul fut changé, car la nouvelle administration départementale, à laquelle appartenait toujours la nomination des maires, ne pouvait, en apparence au moins, accorder sa confiance à un agent choisi par le précédent gouvernement. Le 1ᵉʳ septembre 1830 M. Michel Le Roy remplaça ainsi M. René Bozo, qui lui même avait succédé le 21 février à M. de Montesson. Hâtons-nous d'ajouter qu'en réalité ce changement était purement nominatif : la plus grande part d'influence resta comme auparavant aux membres de l'ancien conseil municipal, au percepteur et au curé, qui tous unissaient leurs efforts, dans un accord parfait, pour conduire les affaires de la commune, sous la haute direction de M. l'abbé Dubois, leur intermédiaire naturel auprès du préfet et des autorités départementales (1).

(1) Comme le précédent, ce chapitre est presque exclusivement composé d'après les archives de la mairie et les *Chroniques*.

Mais si les habitants de Douillet n'éprouvaient pas le besoin de modifier d'eux-mêmes la ligne de conduite qu'ils avaient adoptée depuis plusieurs années, ils n'en étaient pas moins préparés par la force même des choses à suivre l'impulsion considérable que le gouvernement de Louis-Philippe s'empressa de donner à certaines branches de l'administration communale. Cette impulsion se produisit sous la forme de quatre grandes lois, dont nous aurons successivement à constater les effets : la loi municipale, la loi sur l'organisation de la garde-nationale, la loi sur l'instruction primaire, la loi sur les chemins vicinaux. Ces lois provoquèrent une série de progrès incontestables, et firent en général le plus grand honneur au nouveau gouvernement que la France s'était donné.

Nous n'avons pas à étudier ici, il est vrai, la loi du 21 mars 1831 sur l'organisation municipale : il nous suffira de rappeler, d'une part qu'elle contribuait à développer la vie communale en rendant pour la première fois les conseils municipaux électifs, d'autre part qu'elle écartait avec sagesse les dangers d'une autonomie excessive en établissant le suffrage restreint. Les électeurs se divisaient en deux catégories : les citoyens les plus imposés aux rôles des contributions directes de la commune, dans une proportion basée sur la population ; les citoyens exerçant certaines fonctions. A Douillet le nombre des électeurs communaux s'éleva, en vertu de cette loi, à 30 environ. Ils se réunirent le 9 octobre 1831 pour élire le conseil, dont l'installation eut lieu le 30 du même mois. M. Michel Le Roy se trouvant au nombre des élus resta maire sans difficultés, puisqu'aux termes de la nouvelle loi le maire devait être choisi par le gouvernement dans le sein du conseil municipal.

L'organisation de la garde-nationale vint ensuite absorber toutes les préoccupations. A la suite des émeutes qui avaient ensanglanté plusieurs points de la France, à la veille d'une tentative d'insurrection légitimiste, les communes de la Sarthe avaient été unanimes pour reconnaître l'urgence de constituer une force publique, capable de maintenir l'ordre et de rassurer les citoyens. Dès le 29 septembre 1830, les autorités municipales de Douillet avaient formé dans ce but une compagnie de 172 hommes, dont 70 environ armés immédiatement de fusils de chasse : « d'anciens militaires ayant un grand intérêt au maintien de l'ordre et » d'une conduite irréprochable avaient été élus pour officiers » (1) ; enfin plusieurs fermiers, heureux de cette création, s'étaient empressés de s'équiper à leurs frais. L'administration n'eût donc qu'à encourager ces premières dispositions. Le 12 novembre, le conseil municipal affecta au service de la garde-nationale une somme

_____

(1) Archives de la mairie de Douillet, série H.

de 200 f. destinée à des travaux de charité, puis une imposition extraordinaire de cinq centimes. Enfin le 22 mars 1831, le lendemain même de la loi municipale, paraissait une nouvelle loi réglant d'une manière complète l'organisation des gardes-nationales, loi qui fut aussitôt appliquée.

La garde-nationale de Douillet forma deux compagnies, l'une de grenadiers, l'autre de chasseurs, de 80 hommes environ chacune. M. Christophe Beaufrère, ancien capitaine des hussards de la garde-impériale, chevalier de la légion d'honneur, fut nommé capitaine de la première ; M. Triger capitaine de la seconde. Ces deux officiers, les lieutenants et sous-lieutenants, furent reconnus par les hommes le 18 juillet 1831. L'État avait envoyé trente fusils, qui, en s'ajoutant aux fusils de chasse, portèrent le nombre des gardes nationaux armés à une centaine environ. En outre la plupart de ces derniers furent équipés : ils portaient le schako, les épaulettes, la blouse bleue liserée de rouge, la ceinture tricolore et les buffleteries blanches. En même temps un règlement, spécial à la commune de Douillet, établit une réunion chaque dimanche pour les hommes non mariés, détermina rigoureusement l'ordre du service et la nature des punitions. Quelques mois après, cette première organisation était encore complétée par la formation des bataillons cantonaux. Les gardes nationaux de Douillet, fusionnés en une seule compagnie commandée en premier par M. Beaufrère et en second par M. Triger, furent incorporés sur leur demande dans le bataillon de Sougé, que composèrent dès lors les compagnies de Sougé, Saint-Georges, Assé, Saint-Victeur, Saint-Paul, Saint-Léonard et Douillet. Non-seulement ce groupement convenait effectivement au point de vue géographique, et sous le rapport de l'uniforme qui était le même dans ces différentes compagnies, mais encore une sympathie particulière avait toujours uni ces communes et elles étaient à l'avance disposées à se prêter un appui réciproque. Toutefois les officiers de Douillet demandèrent au sous-préfet de les dispenser de réunions trop fréquentes au chef-lieu du bataillon, à cause de l'obstacle que leur offrait la Sarthe « qui coupait » les communications avec Sougé trois à quatre mois l'année, et qu'il fallait » passer dans de petits bateaux rarement en bon état » (1). Le 19 février, les officiers du nouveau bataillon se réunirent à Sougé pour choisir un commandant : M. Chaignon fut élu, mais remplacé dès le 18 mars par M. Buon, maître de la forge de la Gaudinière. M. Triger fut nommé capitaine adjudant-major, et chargé de rédiger le réglement de service du bataillon, de surveiller l'instruction des cadres et l'établissement des contrôles ; en un mot ce fut lui « qui contribua le

_____

(1) *Registre des délibérations du conseil municipal.*

» plus par son zèle et son activité à l'organisation des gardes-nationales du canton
» qu'il était urgent de voir s'établir » (1).

Et en effet l'année 1832 devait être marquée dans certains départements de
l'Ouest par une insurrection sérieuse ; l'ordre public était menacé, les campagnes
très-inquiètes. Dans les environs de Douillet, l'imagination aidant, on crut bientôt
voir reparaître ces terribles Chouans, dont le nom avait laissé de si tristes souvenirs dans le pays, par suite des excès des faux Chouans ou des « Chouans
rendus ». Il y eut des paniques effroyables sans aucun motif : on établit des
postes dans les villages, on fit des patrouilles, on monta la garde jour et nuit ;
bien plus, un détachement de la garde-nationale de Douillet dut partir un soir en
toute hâte pour Mont-Saint-Jean, dont les habitants, se croyant menacés par les
Chouans, sonnaient le tocsin à coups redoublés et appelaient à leur secours toutes
les communes voisines. La contrée cependant en fut quitte pour la peur et un
excès de précautions ; l'arrestation de la duchesse de Berry mit fin à l'insurrection
avant qu'aucun événement grave ait pu s'accomplir.

Depuis cette époque il est d'usage en quelque sorte de tourner en ridicule
les gardes-nationales de 1830, de considérer ces soldats citoyens comme des
héros d'opéra-comique, et de leur refuser tout rôle sérieux. Cette tendance a été
exagérée, croyons-nous, et il y a lieu de distinguer. Au point de vue militaire, la
garde-nationale fut toujours une détestable institution : une troupe placée sous les
ordres de magistrats civils, maires ou préfets, ne peut être une troupe sérieuse, et
sera toujours incapable d'opposer une résistance quelconque à des soldats. Au
point de vue social seul, la garde-nationale eut, *en 1830*, dans les communes
rurales, dont la population était aussi honnête que paisible, certains avantages
incontestables : d'abord celui de rassurer l'opinion publique en mettant les
campagnes en état de se défendre au moins contre les malfaiteurs, les incendiaires,
les aventuriers de tout ordre ; ensuite elle contribua à développer les rapports
entre les habitants honnêtes, à augmenter la cohésion entre les citoyens d'une
même commune ; enfin quelquefois, dans les compagnies bien organisées comme
celle de Douillet, elle fit naître l'esprit de clocher sinon l'esprit de corps, une
mutuelle confiance entre les autorités et les administrés.

La garde-nationale réorganisée, la tentative légitimiste réprimée, et l'ordre
public assuré, le gouvernement songea aussitôt à l'instruction primaire pour laquelle
aucun effort efficace n'avait été tenté depuis 1789. Cette question était d'autant
plus importante désormais que le système électoral, admis par la loi municipale,

(1) Notes de M. le commandant Buon.

exigeait des populations rurales une instruction plus générale. Aussi, dès son arrivée au ministère, M. Guizot fait-il voter la célèbre loi du 28 juin 1833. Comme toujours lorsqu'il s'agit de réformes véritablement utiles, la commune de Douillet est une des premières à l'appliquer. Elle n'avait d'ailleurs à se préoccuper que de l'instruction des garçons, celle des filles étant assurée dans des conditions exceptionnelles par l'établissement des sœurs. Sans le secours d'aucune subvention et à l'aide d'une imposition extraordinaire qu'elle eut l'intelligence de prélever dans l'intérêt public, elle constitua à l'instituteur dès l'année 1834, en sus des rétributions scolaires, un traitement annuel de 200 fr., plus une indemnité de logement de 120 fr ; cela lui permit d'exiger du titulaire plus de dévouement, plus de temps et de capacité. Sur ces entrefaites, le sieur Bruneau s'étant retiré après seize ans d'exercice, le conseil accepta pour le remplacer le sieur François Bigot.

Mais ces diverses améliorations furent accompagnées cette même année 1834 d'un événement tragique qui causa dans toute la paroisse une véritable émotion. Le 6 septembre, vers 10 heures du soir, deux incendies considérables éclatèrent simultanément, à cent cinquante mètres de distance, dans le bûcher du presbytère et dans une meule de paille dépendant de la métairie du Boisfade, avec une violence telle qu'on put craindre longtemps la destruction d'une partie du bourg. Tous les habitants étaient couchés ; heureusement qu'un passant attardé aperçut les flammes et donna l'alarme. On sonne aussitôt le tocsin, on bat la générale, la population du bourg, les habitants de la campagne, les pompiers de Fresnay accourent en toute hâte, et après trois heures d'efforts on arrive à se rendre maître du feu. Jamais le bourg de Douillet n'avait couru pareil danger ; si le vent avait été vif au nord, les deux tiers des maisons, ainsi que l'église et le château, étaient perdus. On ne tarda pas du reste à découvrir la cause du sinistre, évidemment dû à la malveillance ; la coupable, ancienne domestique de M. Ripault, fut arrêtée sur le champ et condamnée le 22 décembre par la cour d'assises de la Sarthe aux travaux forcés à perpétuité. Les dégâts au presbytère s'étaient élevés à 1500 fr. environ. Le gouvernement, prenant en considération les sacrifices faits par la commune pour la garde-nationale et l'instruction primaire, accorda une indemnité ; MM. Le Roy, Ripault et Triger prêtèrent à la commune sans intérêts les sommes nécessaires pour terminer les réparations, de sorte que le mal ne tarda pas à être réparé. Mais il resta de ce fait une impression profonde, encore subsistante dans l'esprit des témoins qui survivent.

Quelques mois plus tard, un autre crime venait causer à la commune de Douillet, comme à la France entière cette fois, une émotion non moins imprévue. Nous voulons parler de l'attentat Fieschi survenu le 28 juillet 1835. L'indignation fut particulièrement vive à Douillet, où la monarchie constitutionnelle fut toujours très populaire. Le conseil municipal et les officiers de la garde-nationale se hâtèrent de voter une adresse au Roi dès le 2 août suivant : « Sire , lui » disaient-ils, nous nous empressons d'exprimer à Votre Majesté et à votre » illustre famille toute l'indignation que mérite l'exécrable attentat commis à » Paris le 28 juillet dernier. Que Votre Majesté et les Princes, qui ont, pour le » bonheur de la France, si miraculeusement échappé au danger, veuillent bien » recevoir, avec le regret des pertes que la France vient d'éprouver, l'expression » bien sincère des sentiments d'amour et de fidélité de tous les habitants de cette » commune, dont nous sommes les interprètes » (1). Louis-Philippe et son gouvernement méritaient, il est vrai, cet attachement des habitants de Douillet, car ils firent beaucoup pour eux, et en général pour toutes les campagnes.

L'année suivante, par exemple, survient la grande loi du 21 mai 1836 sur les chemins vicinaux, dont les conséquences furent si considérables pour le développement de l'agriculture et du commerce. Accueillie avec joie par la commune de Douillet qui avait déjà fait d'importants sacrifices pour la voirie, cette loi donne aussitôt une impulsion puissante à ce service. Ainsi dès le mois de juin, le conseil municipal soutenu énergiquement par le maire, M. Le Roy, le percepteur, M. Triger, et tous ceux qui s'intéressent à Douillet, entreprend une campagne en règle pour réclamer le classement par Douillet du chemin de grande communication de Fresnay à Villaines. « Par Douillet, dit-il, on évite la construction du pont » du Gué-Ory, on favorise les voituriers qui charroient du minerai, on facilite » l'exploitation des ardoisières de Saint-Georges et de Saint-Germain, on permet » à l'agriculture de se procurer plus aisément la marne si utile au sol schisteux » de la rive droite de la Sarthe. De plus, le trajet n'est pas plus long, le chemin » est fait de Fresnay à Douillet, aux trois quarts de Douillet à Saint-Georges, et » une demie lieue plus loin il entre dans la Mayenne. Enfin une population » beaucoup plus nombreuse se trouve de notre côté, tandis que de Saint-Paul à » Averton il y a deux lieues de désert. Nous nous résumons donc, ajoute la » délibération, en affirmant qu'il n'y a ni avantage, ni nécessité, que la direction » soit par Sougé ; qu'au contraire il y a moins d'obstacles et plus d'économie » par Douillet, sans parler d'un intérêt général et majeur. C'est pourquoi nous » proposons pour l'exécution de ce dernier tracé le maximum des centimes addi- » tionnels et des prestations » (2). Quelques jours plus tard, nouvel effort auprès

(1) *Registre des délibérations du conseil municipal.*
(2) *Registre des délibérations du conseil municipal.*

du conseil général : « Messieurs, écrit le maire Douillet, dans un moment de
» trouble ou d'agitation sociale la majorité peut se trouver égarée, mais au milieu
» du repos et de la prospérité elle doit avoir de la sagacité et du discernement
» dans les affaires qu'elle est appelée à juger. Elle doit, vous le savez messieurs,
» laisser de côté l'intérêt personnel, même celui d'une commune seule, et n'envisager
» que l'intérêt général, etc » (1). Malgré ces énergiques réclamations, malgré deux
tentatives répétées auprès de l'administration, la demande des communes de
Douillet et de Saint-Georges ne fut pas prise en considération ; le chemin de
Fresnay à Villaines fut ouvert par Sougé et Saint-Paul. C'était un échec grave,
une défaite fâcheuse pour Douillet et les communes de la rive droite qui en
souffriront longtemps. Aussi était-il nécessaire de rappeler au moins les efforts
désespérés des défenseurs de Douillet, de montrer avec quelle clairvoyance ils
avaient envisagé la question, avec quel soin ils avaient fait valoir les intérêts qu'on
leur avait confiés. En dernier lieu, la commune poussa même le dévouement
jusqu'à offrir l'abandon des terrains, le versement d'une somme importante à la
première réquisition, et des engagements individuels de doubler les taxes des
prestations de 1839, 1840 et 1841. Grâce à ces sacrifices, grâce à ceux de Saint-
Georges, on économisait près de 60000 fr : mais on se heurta à une véritable
coalition d'intérêts privés, « et la majorité marcha contre l'evidence, sans même
» écouter la minorité, *ce qui arrive toujours lorsqu'on craint la puissance du bon
» droit* » (2).

Cette défaite n'empêcha pas d'ailleurs la commune de Douillet d'entreprendre
la reconstruction du chemin de Saint-Georges, à l'aide des ressources créées par
la loi de 1836 : le système des prestations en nature seul souleva quelques réclamations, comme trop onéreux à la classe laborieuse et profitable plutôt aux
propriétaires ; les habitants eussent préféré un surcroît d'impositions sur le principal des quatre contributions directes. Or ces sacrifices en faveur de la voirie
étaient d'autant plus méritoires, que le 29 janvier 1836, à 11 h. du soir, un épou-
vantable ouragan avait causé de grands ravages dans la commune, arrachant les
arbres, broyant les couvertures.

Mais la vie locale, dirigée avec intelligence, était désormais trop développée
pour être ralentie par des accidents momentanés. Au contraire ses progrès
s'accentuent de jour en jour. Ainsi le conseil municipal réclame avec insistance
l'établissement d'un service postal journalier entre Fresnay et Douillet, tandis que
trois ans auparavant la même question l'avait trouvé d'une indifférence absolue.

(1) Archives de la mairie.
(2) Lettre du maire de Douillet au sous-préfet.

Puis il décide, d'accord avec la fabrique, la construction d'une tour à l'église, pour remplacer le pinacle « dont la grande ancienneté ne permet pas la répara- » tion ». D'après le plan, la tour devait être ronde, de cinquante pieds de hauteur, surmontée d'un clocher en ardoises de trente pieds, que terminait une croix en fonte de huit pieds. Approuvés par l'administration, les travaux furent adjugés 2735 fr. le 7 novembre 1836, et exécutés sous la surveillance de M. Triger, « qui » les dirigea avec zèle et intelligence, comme il l'avait fait pour le chœur, secondé » par le maire M. Michel Le Roy » (1). La première pierre fut posée par M. le curé Ripault le 10 mai 1837, en présence du conseil municipal, du conseil de fabrique et d'une grande partie des habitants. Comme il arrive d'ordinaire, le devis fut dépassé, et les dépenses s'élevèrent à 4,273 fr. Mais grâce au dévoue- ment de ses habitants et de ses protecteurs, la paroisse de Douillet n'eût pas de peine à trouver cette somme. La fabrique fournit 1722 fr. ; le gouvernement 400 fr , sur les démarches *personnelles* de Mgr Bouvier qui écrivait le 23 juillet 1838 au préfet de la Sarthe : « On m'a recommandé dernièrement » l'église de Douillet.... En ce qui me concerne je porte un intérêt mérité au » desservant, et je verrai avec satisfaction qu'il soit aidé dans son généreux » dévouement, autant que justice due à tout le monde le permettra ». Bien plus, à la suite d'une demande directe à la vénérée reine Marie-Amélie, le roi lui-même accorda sur sa cassette un secours de 200 fr. Enfin la commune contribua pour 123 fr, Mme de Montesson pour 450 fr, et les habitants pour 692 fr, sans compter les charrois gratuits estimés 600 francs.

Pour garnir le clocher il fallait des cloches; M. Ripault ne pouvait être embar- rassé pour si peu. Le 26 mai 1837 il partit pour Ballon avec l'adjoint Jean Chédor, et y acheta d'occasion, pour 910 fr., une cloche pesant 614 livres. Suivant leur habitude, le gouvernement, Mme de Montesson et les paroissiens s'empressèrent d'acquitter la note.

Vers le même temps la commune, fière de son rapide développement et de l'augmentation progressive de sa population, se donne une subdivision de pompiers : créée par arrêté préfectoral du 2 novembre, cette subdivision comprend trente hommes, sous le commandement d'un sous-lieutenant. Toutefois, comme il n'y a pas de médaille sans revers, le bourg est décimé l'année suivante par une épidémie de fièvres typhoïdes, et il se produit quelques difficultés entre la com- mune et plusieurs particuliers au sujet de la propriété des landes du Valaugu ; la querelle ne se terminera qu'en 1841, à la suite d'une ordonnance royale qui autorisera une transaction.

(1) *Chroniques* f° 67.

Par compensation à la vérité, les premiers mois de 1839 voient se trancher une grosse question qui avait soulevé bien des agitations depuis trois ans : celle de la direction du chemin de Saint-Georges, que les uns voulaient conduire jusqu'au haut du bourg dans la crainte de nuire à l'agglomération, et que les autres voulaient au contraire faire partir au bas du bourg pour éviter la côte. Le 8 avril, dans une délibération orageuse, six voix contre cinq adoptent le tracé par le haut du bourg, que le maire proposait. Cette décision permet au moins de pousser plus activement la construction du chemin de Douillet à Saint-Georges, qui sera bientôt terminé jusqu'à la croix de la Courteille

Quelques jours plus tard, les 21 et 22 avril, grande fête religieuse. Mᵍʳ Bouvier, assisté de M. l'abbé Dubois, venait administrer le sacrement de confirmation à Douillet. L'illustre prélat fit son entrée solennelle le dimanche 21 à 5 h. du soir, escorté d'une troupe d'habitants à cheval qui étaient allés l'attendre aux limites de la paroisse. Reçu au bas du bourg par les autorités, il se rendit processionnellement à l'église entre deux haies de gardes-nationaux, et procéda immédiatement à l'érection d'un chemin de croix. Le lendemain il confirmait 643 personnes, dont 424 de Douillet, et consacrait le rétablissement de la confrérie du Rosaire, qu'il avait autorisé le 17 janvier sur la demande de M. Ripault.

L'année 1840 ne présente peut-être pas de faits aussi importants que les précédentes. Elle ne se signale guère que par un premier élargissement de la rue du bourg dans sa partie supérieure, la continuation du chemin de Saint-Georges de la croix de la Courteille au pont de Bèche, la création d'un garde champêtre cantonnier, une disette de fourrages désastreuse pour les cultivateurs, la location d'un nouveau local pour la mairie, enfin le remplacement du maire M. Michel Le Roy, démissionnaire, par M. Jean Chédor, et le renouvellement de la moitié du conseil, lequel n'en reste pas moins composé des mêmes membres.

En 1841, le 3 janvier, une lettre de l'agent-voyer d'arrondissement soulève la question intéressante d'un chemin de Sougé à Montreuil par Moré, proposant sur ce dernier point la construction d'un pont comme celui de Saint-Léonard, avec piles en pierre et tablier en bois. Un peu après, le 15 avril, le même agent soumet à la commune l'idée d'un chemin d'Assé à Montreuil par Corbon, la Beauce et les Etricheries. Ces projets ne peuvent malheureusement être poursuivis dans le moment, et la commune se contente d'achever le chemin de Saint-Georges en réclamant pour son entretien le concours des voisins, « qui le dégradent en allant à la marne ».

A la même date, en exécution d'une circulaire mémorable de Mᵍʳ Bouvier du

1er avril 1835, M. le curé Ripault commence la rédaction des *Chroniques de Douillet*. Puis le 4 juillet, jour de la fête patronale, on inaugure en grande pompe les reliques de Saint-Pierre, que M. l'abbé Dubois a obtenues du pape Grégoire XVI pour sa paroisse natale, lors de son voyage à Rome dans l'hiver de 1840. Jamais en effet la pensée du vénérable vicaire général ne s'éloignait longtemps de Douillet : à Rome comme à Paris, à Paris comme au Mans, il avait sans cesse en vue les intérêts de ses compatriotes et s'efforçait de les servir, au point de vue spirituel et au point de vue matériel.

Ainsi ce fut lui encore qui, un des premiers vers 1842, encouragea M. Ripault dans son projet d'élever un calvaire au haut du bourg, et qui obtint de Mgr Bouvier la promesse de revenir lui-même à Douillet bénir ce calvaire. Grâce à sa générosité, au zèle de M. Ripault et au dévouement inépuisable des paroissiens, on parvint à réunir pour cette nouvelle œuvre une somme de 990 fr. M. l'abbé de Dreux-Brezé, depuis évêque de Moulins, dont la famille habitait Mont-Saint-Jean, offrit le plus bel arbre de ses bois : deux habitants, Joseph Sérisay et Marie Chauveau donnèrent le christ, de telle sorte que la cérémonie de la bénédiction put être fixée au lundi 19 juin 1843. Mgr Bouvier arriva le matin avec M. l'abbé Dubois et son secrétaire particulier. Bien que souffrant il présida lui-même la procession, qui fut, malgré la pluie, une des plus belles que Douillet ait jamais vues. Sur tout le parcours s'élevaient des arcs de triomphe ; les maisons étaient tendues et ornées de guirlandes ; le christ, escorté d'un détachement de quarante hommes d'élite de la garde-nationale, entouré des membres du conseil municipal, du conseil de fabrique et suivi d'une foule immense, fut porté en triomphe par des notables, du presbytère à l'église et de l'église à l'emplacement définitif. Là, l'évêque, assisté d'un nombreux clergé, le bénit suivant les règles liturgiques et y attacha plusieurs indulgences spéciales. Enfin l'enthousiasme provoqué par cette imposante cérémonie fut encore accru par les guérisons subites de deux enfants atteints depuis longtemps de fièvres lentes ; mais ces faits sont trop délicats pour qu'il nous soit permis de les préciser davantage, et nous renvoyons sur ce point au récit détaillé qu'en donne dans ses *Chroniques* M. Ripault, témoin oculaire (1). Nous ferons remarquer toutefois à cette occasion de quelle vénération exceptionnelle les populations de notre contrée entouraient Mgr Bouvier, qu'elles considéraient comme un saint et un apôtre dans toute la force du terme.

Malheureusement les derniers mois de cette année 1843, si honorable pour les habitants de Douillet au point de vue religieux, furent attristés par une

(1) *Chroniques* fo 78.

nouvelle épidémie de fièvres typhoïdes. Dans l'espace de quatre mois deux cents personnes furent atteintes ; mais grâce aux soins dévoués des sœurs de charité et aux efforts du curé qui multiplia les secours, beaucoup furent sauvées : vingt-deux seulement succombèrent. Cette épidémie comme les précédentes ranima la dévotion à Saint-Michel de la Courbe, où la paroisse fit un pélérinage général.

Pendant ce temps la commune, fidèle au plan qu'elle s'était tracé, poursuivait sans relâche la construction du réseau des chemins vicinaux. Après avoir terminé les chemins de Fresnay et de Saint-Georges, elle avait entrepris en 1842 le chemin de Montreuil qui se trouvait très avancé vers la fin de 1843. Aussitôt elle commence à se préoccuper sérieusement de son prolongement vers Sougé et Alençon. « Nous membres du conseil municipal de Douillet, dit une délibération » du 13 août, reconnaissant utile et urgent le projet de chemin direct d'Alençon à » Sillé par Assé, Sougé, Douillet et Montreuil, nous supplions le conseil général » d'arrêter la construction d'un pont sur la Sarthe à Moré etc (1) ». Ce vœu hélas ! devait rester *quarante et un* ans avant d'être écouté.

Sur ces entrefaites, une question plus grave encore, on peut même dire capitale pour l'avenir, vient tout à coup passionner les populations de la contrée ; celle de la direction de la grande ligne du chemin de fer de Paris à Rennes. En 1844 en effet, à la suite de discussions et d'études nombreuses, deux tracés principaux étaient proposés pour cette ligne : l'un par Chartres, Le Mans et Laval ; l'autre par Chartres, Alençon et Laval. Or, aux termes de ce dernier projet, la ligne en partant d'Alençon gagnait directement Sillé-le-Guillaume par Fyé et la vallée de l'Orthe ; elle passait dès lors au milieu du bourg de Douillet. D'après la disposition topographique des lieux et les études des ingénieurs du département de l'Orne, elle entrait sur le territoire de la commune à Moré, remontait la vallée de l'Orthe dans les prairies jusqu'au lieu dit le Papetage, coupait à mi-côte, en tranchée ou en tunnel, l'éperon sur lequel se trouve le bourg, afin d'éviter le coude trop prononcé que décrit en cet endroit la rivière d'Orthe, puis débouchait dans le parc de Mme de Montesson pour rejoindre la partie supérieure de la vallée. — L'adoption de ce tracé eut été incontestablement très avantageux à Douillet, et eut en peu d'années changé l'aspect de la commune, comme il est arrivé pour la plupart des communes situées sur le passage des grandes lignes de chemins de fer. Le conseil municipal le comprit, et abandonna sans scrupules la cause du chef-lieu du département pour se ranger au nombre des partisans d'Alençon, dont les intérêts étaient solidaires des siens : « Nous membres du conseil municipal de

---

(1) *Registre des délibérations du conseil municipal.*

» Douillet, dit une délibération du 9 mai 1845, désirant voir exécuter le chemin de
» fer de Paris à Rennes qui doit procurer des avantages immenses au pays qu'il
» traversera ; attendu que plusieurs cantons du département de la Sarthe doivent se
» trouver sur la ligne qui est projetée par Alençon, et dont l'étude a été faite sur
» le territoire de Douillet ; et considérant que le tracé par Le Mans, bien que
» favorable au chef-lieu de département, priverait d'une communication importante
» nos contrées qui n'ont aucun débouché pour les produits abondants de l'agri-
» culture et de l'industrie, provenant principalement des cantons de Saint-Pater,
» Fresnay, Marolles-les-Braults, Beaumont et Sillé ; que l'autre direction jouit de la
» canalisation de la Sarthe et nous laisserait à l'écart de quarante kilomètres ;
» Nous déclarons à l'unanimité appuyer le projet de direction de la ligne de fer de
» Paris à Rennes par Alençon et la vallée de l'Orthe, avec embranchement sur
» Caen et Cherbourg (1) ».

La bataille fut dure comme on le sait ; le duel acharné entre les deux villes
du Mans et d'Alençon. Celle-ci enfin succomba sous les efforts intelligents des
champions du Mans, qui eurent l'habileté de gagner à leur cause M. Guizot en
personne. Douillet subit nécessairement les conséquences de la défaite de
ses alliés et n'eut pas de chemin de fer. Il est vrai qu'un inspecteur général des
Ponts-et-Chaussées, M. Robinot, partisan du tracé par Le Mans, proposa en dernier
lieu, dans l'espoir sans doute de satisfaire tous les intéressés, de conduire la ligne
du Mans jusqu'à Fyé, aux portes d'Alençon, pour la faire redescendre ensuite brusquement par Douillet, la vallée de l'Orthe et Sillé. Mais ce tracé bizarre n'avait pas
raison d'être, et on abandonna définitivement « les pays déserts, disait-on, de la
vallée de l'Orthe (2) ». Ce fut assurément un malheur pour Douillet : au moins ce
malheur profita à des amis, et la direction adoptée fit la fortune de la ville du
Mans.

Cependant cette grosse question d'intérêt général ne faisait pas perdre de vue
les questions locales d'un ordre plus modeste. En 1845 par exemple, la commune et
la fabrique de Douillet créaient un nouveau cimetière et reconstruisaient la
sacristie. — L'ancien cimetière, qui entourait l'église, avait été de beaucoup

(1) *Registre des délibérations du conseil municipal.*

(2) Un nombre considérable de brochures ont été publiées sur ce sujet. V. entre autres : *Observations sur les avantages du passage par Le Mans du chemin de fer de Paris à Rennes,* Alençon
1845. — La *Notice* de M. Robinot. — Une *Réponse à la notice de M. Robinot* par un auditeur au
Conseil d'État, membre du conseil d'arrondissement du Mans, Paris 1846. — Une *Note sur la
direction à donner au chemin de fer de l'Ouest, et observations sur le tracé proposé par M. Robinot*
Paris 1846 etc.

restreint par la construction du chœur, de la tour, et par l'élargissement de la voie publique : il était devenu insuffisant, et dès 1843 on avait pris la résolution de le transférer dans le terrain donné en 1639 par Mᵉ Jean de Montesson. Les travaux de clôture terminés, la bénédiction solennelle en fut faite le 10 juin 1845 par M. l'abbé Dubois, dont le discours rempli de touchants souvenirs fit, paraît-il, couler bien des larmes. — Quant aux travaux de la sacristie, approuvés dès le 5 mars, ils furent commencés le 13 juin et s'achevèrent dans le cours de l'année : ils coutèrent 764 fr. sur lesquels M. Dubois obtint encore du gouvernement une subvention de 260 fr.

L'année 1846 s'annonce mal. A la suite d'un hiver pluvieux et orageux, la rivière d'Orthe grossit tout à coup le dimanche soir 25 janvier dans de telles proportions que ses eaux inondent toute la partie basse du bourg ; les communications sont coupées et le service de la poste interrompu. En même temps, le conseil est obligé de protester avec énergie contre un nouveau tracé proposé pour le chemin d'Alençon à Sillé, tracé qui sacrifie entièrement Douillet et Montreuil à la seule commune de Mont-Saint-Jean. — Toutefois l'abandon de l'ancien cimetière permet d'élargir de nouveau la rue de deux mètres, amélioration importante pour le bourg, puis facilite indirectement la négociation d'une affaire pendante entre la commune et Mᵐᵉ de Montesson au sujet de l'établissement des sœurs, qu'il était urgent d'agrandir. En cédant en effet à Mᵐᵉ de Montesson un passage dans l'ancien cimetière pour faire une avenue à son château, on la décide à construire un étage à la maison des sœurs. Les travaux s'exécutent en 1847 et s'élèvent au chiffre de 3,000 fr., pendant que de son côté M. Ripault dépense encore un millier de francs pour l'aménagement de la nouvelle sacristie et de l'église.

Mais il était temps de terminer toutes ces améliorations, car l'année 1847 devait être orageuse et difficile à passer. Une disette générale, la cessation du travail, l'accroissement considérable du nombre des pauvres, exigèrent de grands sacrifices de la part de tous. Les habitants se taxèrent proportionnellement à leur contribution mobilière; les uns donnèrent par semaine cinq, dix, ou quinze livres de pain, les autres de vingt à soixante-douze. Chaque semaine pendant sept mois le curé put ainsi distribuer 530 livres de pain à 45 familles, sans compter 150 livres données généreusement aux pauvres de Montreuil. Cela n'empêcha pas la commune de Douillet d'être encore envahie par d'autres pauvres, étrangers au pays, qui se livrèrent parfois à des voies de fait pour intimider les fermiers. Il résulta de cette situation, générale en France, des murmures, des troubles ou des incendies : comme toujours le peuple rendit le gouvernement responsable de ses souffrances, et ce mécontentement favorisa les intrigues ou les ambitions politiques. Le 22 février 1848 Paris s'insurgeait dans les conditions les plus surprenantes ; le 24, Louis-Philippe partait pour l'exil, et la France se trouvait de nouveau en complète révolution au moment même où l'abondance exceptionnelle de la dernière récolte, abondance de grain, de pommes et de raisin, allait rendre aux campagnes la paix et la tranquillité.

Si maintenant, pour résumer ce chapitre, nous cherchons à déterminer la situation générale de la commune de Douillet sous la monarchie constitutionnelle, nous n'hésiterons pas à dire qu'elle fut particulièrement prospère. — Au point de vue administratif en effet, la vie municipale, sagement développée par la loi de 1831, dirigée par des hommes intelligents et unis, acquiert une vigueur exceptionnelle. Les intérêts de la commune sont défendus avec énergie et perspicacité. Les services de l'instruction publique et de la voirie font de rapides progrès. Le conseil municipal montre un véritable esprit de corps. — Au point de vue religieux, les efforts et la piété de M. le curé Ripault, l'action bienfaisante de M. l'abbé Dubois, transforment la paroisse. Des manifestations brillantes, des œuvres de charité, des travaux importants, réveillent chez tous la foi, l'ardeur et le dévouement. Dès 1833 il a fallu rétablir un vicaire et adjoindre à M. Ripault, pour les besoins du ministère, M. l'abbé François Corroyeur, qui resta dix ans à Douillet, d'où il fut transféré à Arnage. — Au point de vue économique, la construction des chemins vicinaux favorise dans des proportions étonnantes le développement de l'agriculture et de l'industrie. L'emploi de la marne, récemment découverte sur plusieurs points de la commune, fertilise les terres et double leur rendement. La fabrication des toiles, dites de Fresnay, alors si appréciées, occupe un grand nombre d'ouvriers et enrichit la contrée. La forge de l'Aune de plus en plus active, fabrique 200,000 k. de fer pliant par an, et expédie ses produits dans la Sarthe, l'Orne et le Calvados.

Comme toujours, cette prospérité se traduit par un mouvement jusqu'alors inconnu et une animation remplie de gaieté. La fête patronale de la saint Pierre, les revues de la garde-nationale, la saint Eloi, fête des forgerons, la saint Bonaventure, fête des tisserands, sans parler des grandes fêtes religieuses dues à l'initiative de MM. Dubois et Ripault, sont autant de jours joyeux, attendus avec impatience d'une année à l'autre. Ils multiplient les rapports de la population entre elle, les rendent plus agréables, exercent une influence moralisatrice sur les caractères, développent l'esprit de clocher, et reposent ces rudes travailleurs de leurs fatigues journalières.

Enfin, et ce sera pour nous une preuve décisive de la prospérité de la

PLAN DE L'ANCIENNE ÉGLISE DE DOUILLET

(ETAT DE 1845 A 1874).

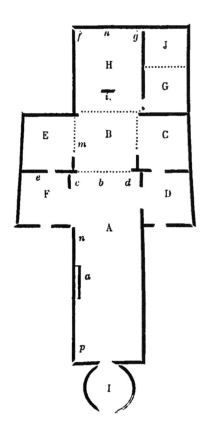

A. — Nef (église primitive).
B. — Ancien chœur.
C. — Chapelle du Rosaire.
D. — Chapelle Saint-Jean, à la famille de Montesson, reconstruite en 1789.
E. — Chapelle de la Vierge, ou de Corbon, reconstruite en 1792.

F. — Chapelle du Plessis-Breton (1589).
G. — Sacristie primitive.
H. — Chœur construit en 1829.
I. — Tour construite en 1837.
J. — Partie neuve de la sacristie élevée en 1845.

a. Tombeau de Guillaume Bouteveile (1340).
b. Arc triomphal, Crucifix, et arcade construite en 1732.
c. Ancien autel Notre-Dame et statue de S. Bonaventure.
d. Ancien autel S. Jean et statue de S. Julien.
e. Statue de sainte Barbe.
f. g. Statues de S. Pierre et de S. Sébastien données par M. Pelard.
h. Tableau du Rosaire.
i. Maître autel.
m. Emplacement ancien du banc du seigneur de paroisse.
n. Emplacement occupé par les fresques de S. André et S. Hubert.
p. Fonts baptismaux.

commune de Douillet de 1830 à 1848, la population augmente sans cesse. En 1844 elle s'élève à 1220 âmes, chiffre maximum qu'elle ait jamais atteint.

L'œuvre de reconstitution entreprise au lendemain de la grande révolution, continuée avec succès sous la Restauration, est désormais définitive. Grâce à leur alliance intime, grâce à l'appui mutuel qu'elles se sont prêté, la Commune et la Paroisse sont arrivées à leur but. Dès lors le développement simultané des intérêts matériels et moraux peut être considéré comme complet pour les habitants de Douillet.

CHAPITRE V

LA COMMUNE DE DOUILLET DE 1848 A 1870

Crise financière de 1848. — Élections : première application du suffrage universel. — La paroisse et la commune de 1849 à 1852. — Proclamation de l'Empire. — Coups funestes portés aux intérêts de Douillet. — Dernières années de M. le curé Ripault. Sa mort. — M. Triger, maire : l'instruction primaire et les chemins vicinaux. — Événements divers de 1861 à 1870. — Situation de la commune à la fin de l'Empire. — Affaiblissement regrettable de la vie locale : ses causes. — La guerre franco-allemande. — L'invasion. — Le ballon *le Général Cambronne.* — La commune de Douillet devant l'ennemi.

 CCOMPAGNÉE non seulement d'un changement radical dans la forme du gouvernement, mais encore de modifications importantes dans la constitution politique et administrative du pays, la révolution de 1848 causa à la commune de Douillet une secousse plus profonde que la révolution de 1830. Dès la fin du mois de mars, cette secousse se manifesta par de graves difficultés pour la perception des impôts. En vain le dimanche 19, le percepteur de Douillet avait-il fait publier, tant à l'église qu'à l'issue de la messe paroissiale, un avis où il réclamait plus d'empressement de la part des contribuables, « dans l'intérêt du pays et au » nom de l'ordre public » ; en vain renouvela-t-il cet avertissement le dimanche 26 mars en faisant de nouveau appel au patriotisme ; sa voix, pour la première fois peut-être depuis trente-deux ans, ne fut pas écoutée de tous. Beaucoup de retardataires, dont la défiance était excitée ou les affaires compromises, persistèrent à ne pas payer leurs impôts ; au mois d'octobre les arriérés seront encore considérables et les recouvrements nullement en rapport avec les besoins de l'État. Ces difficultés s'accentuèrent surtout après le décret du 16 mars 1848 qui établit le fameux impôt des quarante-cinq centimes : on se rappelle d'ailleurs que cet impôt, particulièrement impopulaire, devait contribuer dans une large mesure à déconsidérer aux yeux des paysans le nouveau gouvernement.

C'est donc au milieu d'une crise financière aigue que se firent, le lundi de Pâques 24 avril, les élections pour l'Assemblée nationale. Les habitants de Douillet, ayant à leur tête leur maire et leur curé, se rendirent à trois heures du soir à Fresnay, où il devaient voter. C'était aux yeux de tous un grave événement, car il s'agissait pour la première fois de mettre en pratique le suffrage universel. Aussi les électeurs se présentèrent-ils en masse, et même on eut soin de conduire à cheval ou en voiture les malades et les infirmes.

Le 1er juin l'Assemblée se réunissait à Paris et proclamait la République ; le 23, commençait la terrible insurrection qui coûta à la France tant de sang généreux et dissipa tant d'illusions. Ces événements provoquèrent à Douillet comme partout une vive émotion. On s'empressa de réorganiser la garde nationale qui fut scindée en deux compagnies, compagnie de l'Est et compagnie de l'Ouest, à l'effectif total de 275 hommes ; on dressa ensuite en toute hâte les contrôles des gardes nationaux mobilisables. Enfin « l'ordre se rétablit peu à peu, écrit quelques » jours plus tard l'auteur des *Chroniques* ; mais après de si violentes secousses » le commerce est mort, la confiance a disparu, le peuple est dans une » grande misère, et cependant les impôts sont très élevés » (1). Une telle situation ne pouvait manquer d'influencer les élections municipales. Le 30 juillet, les habitants de Douillet appelés à renouveler leur conseil municipal laissaient entrevoir quelques germes de division, d'autant plus regrettables que la commune avait été jusqu'alors très unie. Bien plus, l'élection du maire par le conseil, le 20 août, nécessitait quatre tours de scrutin et provoquait une réclamation. Comme toujours il en résulta un malaise passager dans l'administration communale, et la vie administrative ne présentera plus la même vigueur qu'à l'époque précédente.

Toutefois le bourg de Douillet, qui avait su conquérir un rang si honorable dans la contrée, est encore désigné au mois de décembre 1848 comme le chef-lieu d'une des quatre circonscriptions formées dans le canton en vue de l'élection du président de la République. Le 10 décembre, les communes de Montreuil et de Saint-Georges viennent y voter successivement : Louis-Napoléon Bonaparte obtient une grande majorité, « par crainte de l'anarchie et grâce au prestige de » son oncle » ajoutent les *Chroniques*. Le fait est que depuis le mois d'octobre le nombre des ouvriers sans ouvrage avait encore augmenté : à Douillet on comptait parmi eux *soixante-huit* chefs de famille, dont la plupart étaient d'anciens tisserands. Sur le refus du conseil municipal de voter une imposition extraordi-

(1) *Chroniques*, f° 87.

naire pour leur procurer du travail, il fallut recourir à une souscription qui produisit 1500 fr. et fut employée à des réparations aux chemins ruraux. Puis survinrent de nouvelles élections législatives, celles du 13 mai 1849. Comme le 10 décembre, les habitants de Montreuil et de Saint-Georges vinrent à Douillet: la plupart votèrent pour les candidats « du comité central ».

Par suite de cette série d'agitations politiques ce ne fut guère qu'avec les premiers mois de 1850 que le calme reparut dans les esprits et que les divers éléments locaux reprirent leur évolution ordinaire. Suivant son habitude M. le curé Ripault se remit à l'œuvre le premier. Pendant le carême il fit prêcher une mission à ses paroissiens par MM. Gautier et Launay prêtres auxiliaires du diocèse ; le 17 avril il conduisit 300 personnes à Fresnay pour y recevoir la confirmation; il établit l'exercice du mois de Marie etc. Il obtint également du prince-président un décret en date du 14 mai 1850 autorisant la fabrique à acheter une maison contigue au presbytère, acquisition indispensable pour agrandir le logement du desservant et surtout pour éteindre plusieurs servitudes : cette maison, achetée 4000 fr. le 22 juin, fut payée avec les ressources de la fabrique et une somme de 1400 fr. donnée personnellement par le curé. Vers la même époque, M. Ripault qui s'était toujours efforcé d'encourager les vocations ecclésiastiques, avait la joie de voir deux jeunes prêtres de Douillet célébrer dans son église leur première messe : le 14 juillet 1850, M. l'abbé René François Pavard né le 11 avril 1826 au hameau du Genetay, ordonné prêtre le 25 mai 1850 (1); le 6 juillet 1851 M. l'abbé Louis-René Julienne né le 27 novembre 1827 au lieu de la Métairie, ordonné prêtre le 14 juin 1851 (2). L'un et l'autre appartenaient à deux anciennes familles du pays ; l'un et l'autre furent assistés en ce jour solennel par M. l'abbé Dubois. Ajoutons encore que peu de temps après, vers la fin de 1852, M. Ripault parvint à procurer à son église une nouvelle cloche, plus forte que les précédentes. Sortie de la fonderie Bollée, au Mans, et donnée par un honorable habitant de Douillet, M. Victor Le Sage, membre du conseil de fabrique, fils d'un ancien notaire de Montreuil, cette cloche fut nommée le 23 novembre 1852 *Eulalie-Antoinette* par M. Ripault et Mme de Montesson, représentée par Mlle Marie Saillant.

(1) Vicaire de Courcemont le 22 octobre 1850, curé de Bérus le 18 janvier 1859 et de St-Benoit-sur-Sarthe le 22 mai 1863, M. l'abbé Pavard, atteint d'infirmités précoces, devait mourir à 55 ans le 26 janvier 1871.

(2) Vicaire de N.-D. de Mamers et chapelain de l'hospice, M. l'abbé Julienne a été nommé curé-doyen de Pontvallain en 1876, après un séjour de *vingt-sept ans* à Mamers, où il avait rendu d'importants services et conquis de nombreuses sympathies. V. le *Journal de Mamers* et l'*Union de la Sarthe* du 12 avril 1876.

De leur côté, les services municipaux de l'instruction primaire et de la voirie reprenaient quelque activité. Aux termes du procès-verbal d'inspection dressé par M. Triger, que le conseil académique avait délégué le 8 février 1851 pour la surveillance de l'instruction primaire dans le canton de Fresnay : « Le bâtiment » consacré à l'école des filles est' parfaitement convenable, bien aéré, » éclairé et très bien tenu ; *il n'y a que des félicitations à adresser* » *aux religieuses sous tous les rapports.* La classe des garçons est bien » éclairée et aérée elle aussi. *Le Christ,* en plâtre bronzé, *est en évidence.* » Les registres et écritures de l'instituteur sont tenus convenablement ». Depuis 1844, M. Aubry avait remplacé M. Bigot comme instituteur communal ; la commune, ne possédant pas encore de maison d'école, la classe se faisait dans une maison louée, voisine de l'école actuelle. D'autre part, le 18 septembre 1850 le conseil municipal obtint le classement d'un nouveau chemin vicinal, de Douillet à Saint-Mars-du-Désert, qu'il réclamait depuis plusieurs mois. « Ce chemin » eut permis aux habitants de Saint-Mars et de Saint-Germain de venir plus » facilement chercher la marne sur le territoire de Douillet » ; il n'a pas été exécuté.

Les affaires avaient donc repris déjà leur cours normal au moment des événements politiques de 1852. Effrayés par les impôts de 1848 et les émeutes de juin, la plupart des cultivateurs attribuaient à Louis-Napoléon le rétablissement de l'ordre, et ils lui en savaient gré. Aussi est-ce aux cris de : Vive l'Empereur ! que la population de Douillet accueillit la proclamation de l'Empire, et la lecture du Sénatus-Consulte du 7 novembre 1852, faite le dimanche 5 décembre à l'issue de la messe paroissiale, par le maire M. Jean Chédor, assisté de M. Desartre adjoint, et des membres du conseil municipal.

L'année 1853 cependant ne devait pas être favorable à la commune de Douillet. Tout d'abord en effet on lui retire le chef-lieu de perception, et même on veut lui enlever la résidence du percepteur. Nommé titulaire de la « réunion de Saint-Georges » qui comprend Douillet, Saint-Georges, Saint-Paul, Saint-Léonard et Sougé, M. Triger n'obtient de rester à Douillet que grâce à ses efforts personnels et aux protestations furieuses du conseil municipal. « Rien ne légitime » une pareille mesure, déclare hautement la délibération du 10 mai 1853 : elle est » contraire aux intérêts du service et des contribuables, qui n'ont pas été pris en » considération ; il en résultera les plus grands inconvénients » (1). Puis les projets de construire un pont à Monay et de diriger le chemin d'Alençon à Sillé par la Chapelle et Mont-Saint-Jean, projets essentiellement contraires aux intérêts

(1) *Registre des délibérations du Conseil municipal.*

de Douillet, prennent une consistance malheureuse ; bientôt tout espoir disparaît, et Douillet, auquel on avait déjà enlevé le chemin de Fresnay à Villaines, perd encore le chemin d'Alençon à Sillé. Quelques mois plus tard on désarme impitoyablement cette belle compagnie de la garde-nationale dont la commune était jadis si fière ; le 5 novembre, le maire reçoit l'ordre de renvoyer à l'arsenal de Rennes les trente fusils que le gouvernement de Louis-Philippe, moins ombrageux, avait octroyés aux habitants de Douillet.

Bien plus, cette année 1853, si funeste au point de vue de l'autonomie locale, semble porter malheur aux individus eux-mêmes. Le 21 février, une mort prématurée enlève à la commune un de ses enfants les plus brillants et les plus dévoués : Alphonse-Eugène-Emmanuel Triger, né à Douillet le 13 mars 1826, élève de l'Ecole polytechnique, lieutenant en premier au 1er régiment du génie, mort à Roye (Somme) à l'âge de 27 ans. Uni à ses compatriotes et au pays qui l'avait vu naître par les liens d'une affection profonde, il eut été en toutes circonstances un des défenseurs les plus autorisés des intérêts de Douillet, peut-être même un protecteur si la fortune s'était plu à le favoriser. Ramené au milieu des siens, il fut enseveli dans une chapelle élevée à sa mémoire au milieu du cimetière de Douillet et bénite solennellement le 21 février 1854 par M. l'abbé Dubois, alors vicaire-général du diocèse, chanoine titulaire de la cathédrale du Mans, administrateur-tuteur des enfants assistés, chevalier de la légion d'honneur. De même encore la population Douillet n'était appelée, cette année 1853, à apprécier les talents et les qualités de M. l'abbé René-François Bozo, qui célébrait sa première messe le 10 juillet, assisté de M. l'abbé Dubois et d'un nombreux cortège d'amis, que pour regretter bientôt plus amèrement cette âme d'élite, modèle, on peut le dire, de toutes les vertus chrétiennes. Né à Douillet le 24 mars 1829, M. l'abbé Bozo avait été ordonné prêtre le 21 mai 1853, et nommé le 25 octobre suivant vicaire de l'hôpital du Mans ; atteint d'une maladie de poitrine, il dut revenir à Douillet dès 1855 et y mourut trois ans plus tard, après avoir édifié tous ceux qui le connurent par son admirable résignation, sa foi aussi éclairée que sincère, et sa vive piété (1). Nous croyons répondre à tous les sentiments de la population de Douillet en

---

(1) M. l'abbé Bozo mourut le 28 mai 1858 et fut enterré dans le cimetière de Douillet. Son épitaphe résume toute sa vie : « Pendant deux ans vicaire de l'hopital du Mans, il sut par son » extrême charité envers les pauvres et sa douceur incomparable à l'égard des malades, faire » bénir et aimer son trop court ministère. Les douleurs d'une longue maladie n'altérèrent pas » la paix de son âme, ni son zèle ardent pour le service du prochain auquel il se dévoua jusqu'à » la fin. Humble et patient au milieu de ses souffrances, lorsque vint sa dernière heure, il se » remit avec confiance entre les mains de Dieu ; de sorte que sa vie, à peine commencée, nous » laisse de précieuses leçons, sa mort, de profonds et utiles enseignements ».

associant ainsi dans un suprême hommage la mémoire des deux amis d'enfance, du saint prêtre et du vaillant officier, dont la disparition causa de si unanimes regrets.

Les années 1854 et 1855, pendant lesquelles l'attention publique se tourna presque exclusivement vers cette terre de Crimée, où les soldats de la France luttaient si courageusement, n'apportèrent aucun fait intéressant à l'histoire de Douillet. M. Ripault continua, comme toujours, la série de ses améliorations, procurant à son église avec l'aide de M. Le Sage des fonts baptismaux en marbre, faisant exécuter au presbytère des travaux d'aménagement jusqu'à concurrence d'une somme de 2000 fr. dont 500 accordés par le gouvernement, obtenant pour le seconder dans ses vieux jours le concours d'un jeune prêtre rempli de zèle et de dévouement, M. l'abbé Julien Lechesne précédemment vicaire à la Pallu. Quant à la commune, elle s'impose extraordinairement pour acheter un jour une maison d'école, et poursuit peu à peu l'achèvement de son réseau de chemins vicinaux. Le prolongement du chemin de Montreuil vers Moré et Sougé devient surtout l'objet de ses efforts : d'abord ce chemin répond à des besoins urgents, ensuite c'est une protestation contre la direction donnée au chemin de Sougé à Sillé et contre la construction du pont de Monay si défavorable à Douillet. Mais de toute cette période le fait dominant est la mort de Mgr Bouvier, survenue à Rome le 29 décembre 1854. Elle produit effectivement à Douillet une émotion toute particulière, par suite de l'intérêt que le grand évêque avait montré à la paroisse en venant la visiter plusieurs fois, et de la vénération profonde dont les habitants l'entouraient.

En 1856 la première conséquence grave de la prédominance donnée aux communes de la rive gauche de la Sarthe se fait sentir pour Douillet et Saint-Georges. Les chemins de Fresnay à Villaines et d'Alençon à Sillé, devenus les deux lignes principales de la vicinalité dans cette partie du canton de Fresnay, se croisant dans le bourg de Sougé, celui-ci prend de l'importance aux dépens de ses voisins. Il devient chef-lieu de perception, et Douillet, en perdant son percepteur auquel la résidence de Sougé est imposée, perd du même coup définitivement le seul fonctionnaire public que l'administration contemporaine lui eut donné. Cela n'empêche pas, il est vrai, le nouveau percepteur de Sougé de présenter au mois d'août un projet, très soigneusement étudié, pour la réorganisation du bureau de bienfaisance de Douillet. Ce bureau, l'un des premiers du canton, existait d'une manière permanente depuis 1853, et non-seulement il secourait les indigents de Douillet mais aussi ceux de Montreuil, à tel point que le conseil municipal pouvait écrire au préfet avec une légitime fierté : « La commune

» de Douillet, à toutes les époques qui ont présenté des difficultés de quelque
» nature qu'elles fussent, n'a jamais manqué de prendre l'initiative dans le canton
» pour la générosité, la charité et l'esprit d'ordre de ses habitants. Seule, par un
» sentiment d'humanité, elle est venue au secours de la commune de Montreuil
» qui ne peut se subvenir par elle-même. Nous regrettons que cet exemple n'ait
. » pas stimulé la générosité des autres communes aisées en faveur de celles qui ne
» pouvaient se suffire » (1).

M. Ripault lui aussi, bien que très âgé et infirme, s'efforçait de soutenir
autant que possible l'ancien prestige de Douillet. Ainsi au mois de mai 1858 il
provoque encore une grande fête religieuse à l'occasion du baptême d'une seconde
cloche, nommée *Marie-Françoise-Antoinette-Renée-Robertine* par le vénérable curé
et Madame Gustave Triger. Cette cloche est bénite solennellement le 5 mai par
M. l'abbé Dubois, doyen du chapitre, assisté de M. l'abbé Bataille, chanoine
du Mans, et de plusieurs autres ecclésiastiques ; en présence de toutes les
autorités de Douillet, de M. Trotté de Laroche, ancien président du conseil
général de la Sarthe, et ancien maire du Mans, de M. Gustave Triger,
ancien élève de l'Ecole polytechnique, inspecteur des lignes télégraphiques,
et d'un nombre considérable d'habitants.

Ce devait être, hélas, le dernier effort de M. Ripault. Atteint depuis longtemps
déjà d'une cruelle paralysie, il fut enlevé à la reconnaissance de ses paroissiens
quelques jours plus tard, le lundi 7 juin 1858, à l'âge de 65 ans. Cette mort était
une grande perte pour la paroisse et aussi pour la commune. Modèle du prêtre
catholique, entièrement dévoué aux intérêts spirituels et matériels d'une population qu'il avait élevée, doué d'un zèle intelligent et d'une ardeur extrême pour le
bien, M. Ripault exerçait à Douillet l'influence la plus salutaire et la plus incontestable. Ses œuvres sont trop nombreuses pour qu'il soit possible de les résumer ;
rappelons seulement qu'au dire de tous, il fit « un bien inappréciable » pendant
les *trente-huit ans* qu'il habita Douillet. Prêtre, administrateur, historien, profes-
seur, il avait réparé tout le mal causé par les désordres de la Révolution, cicatrisé
toutes les plaies morales, transformé la paroisse... D'après son désir, il fut enterré
dans la chapelle de la famille Triger, près de ce jeune officier du génie qui avait
été un de ses élèves préférés. Sa sépulture fut faite le mercredi 9 juin par son
vieil ami M. l'abbé Dubois, en présence de tout le clergé du canton et de la population entière.

Monseigneur Nanquette n'ayant pas cru devoir accéder à la demande des
habitants qui désiraient pour remplacer M. Ripault le vicaire qu'on lui avait

---

(1) *Registre des délibérations du Conseil municipal.*

adjoint depuis deux ans, M. l'abbé Lechesne (1), transféra à Douillet, par décision du 9 juin, M. l'abbé Hamelin, curé de Saint-Rémy-de-Sillé. Né à Conlie en 1814, ancien vicaire de Pontvallain, Brûlon et Saint-Clément de Craon, M. Hamelin fut installé le 20 juin. C'était un prêtre pieux et studieux mais d'une mauvaise santé ; les forces et l'activité lui manquèrent pour soutenir le rôle vraiment considérable de M. Ripault, et l'ère des grands travaux, des œuvres importantes, fut momentanément fermée pour la paroisse de Douillet.

Au contraire, la commune faisait à la même époque de nouveaux efforts. M. Triger, admis à la retraite et revenu à Douillet, avait été immédiatement nommé maire par arrêté préfectoral du 15 mars 1859 : son premier soin fut d'imprimer une nouvelle impulsion aux deux services qui avaient toujours été de sa part l'objet d'une sollicitude particulière, l'instruction primaire et la voirie. C'est ainsi d'une part que la commune achetait enfin une maison d'école et y faisait exécuter, *sur les plans de l'administration*, des travaux d'aménagement considérables pour y installer la mairie, l'instituteur et l'école des garçons ; d'autre part qu'elle complétait son réseau vicinal, désormais arrêté d'une manière définitive. Dès la fin de 1860, les chemins n° 1 de Saint-Georges à Fresnay et n° 3 de Montreuil à Moré étaient entièrement terminés et entretenus ; le chemin n° 2 de Douillet à Mont-Saint-Jean présentait 2,563 mètres entretenus, 665 mètres de terrassement et 951 mètres seulement à l'état de sol naturel, sur une longueur totale de 4,179 mètres ; le chemin n° 4 de Montreuil à Assé offrait sur le territoire de Douillet, entre les marnières et le moulin du Pré, une longueur de 1,800 mètres terminés et entretenus.

Ce fut donc avec des regrets sincères que les habitants de Douillet apprirent, le 17 mars 1861, la mort de leur maire, auquel ils avaient témoigné en maintes circonstances tant d'estime et de confiance. Depuis 1816 date de son arrivée à Douillet, M. Robert-Pierre Triger n'avait cessé, il est vrai, de mettre à leur service toute son activité, tout son dévouement, toutes les ressources de son intelligence et de son expérience. Tour à tour administrateur, comptable, architecte, et au besoin instituteur, il avait lui aussi exercé une salutaire influence sur la population au milieu de laquelle il avait vécu, et par là même il avait contribué pour une large part au développement de la vie locale. Enfin toujours sur la brèche pendant *quarante-cinq ans*, il avait défendu avec le plus complet désintéressement les

---

(1) Né à Saint-Jean-d'Assé, le 25 août 1826, ordonné prêtre le 5 juin 1852, puis vicaire de la Pallu, M. l'abbé Lechesne en quittant Douillet, où il laissa les meilleurs souvenirs et de vifs regrets, fut nommé vicaire de Précigné. Curé de St-Mars-d'Outillé en 1866, de Beaufay en 1875, il sera frappé subitement dans la force de l'âge, le 1er janvier 1883.

intérêts de cette commune de Douillet à laquelle il avait, pour ainsi dire, consacré sa vie entière (1).

Mais si la disparition de MM. Ripault et Triger creusait dans les rangs des habitants de Douillet deux vides difficiles à combler, il leur restait au moins tout un ensemble de traditions et d'exemples qu'ils s'efforcèrent de suivre. L'adjoint, M. André Desartre, nommé maire par arrêté du 22 avril 1861, se garda d'apporter aucune innovation importante dans l'administration de la commune. Le curé, M. Hamelin, développa purement et simplement les pieuses semences répandues par son prédécesseur ; il établit un pélerinage paroissial annuel au sanctuaire de N.-D.-du-Chêne de Saint-Martin-de-Connée , procura à ses paroissiens le sacrement de confirmation que Mgr Fillion vint administrer à Douillet en 1863, inaugura la fête annuelle de l'adoration perpétuelle, fit refaire sur un modèle uniforme les bancs de l'église etc.

Sur ces entrefaites, au mois de mars 1864, Madame la vicomtesse de Montesson, née Eulalie Vaillant de Savoisy, meurt à Châtillon-sur-Seine, laissant par son testament 500 fr. à l'église et 400 fr. aux pauvres de Douillet. C'est un événement grave pour l'histoire de la terre de Douillet, car Mme de Montesson, qui en avait reçu la propriété par contrat de mariage et qui n'avait pas d'enfants, lègue ce domaine à un neveu de son mari, M. Louis-Auguste de Rincquesen, descendant du dernier seigneur de Douillet avant la révolution, M. Louis-Pierre-Joseph de Montesson, par une de ses filles, Louise-Marguerite de Montesson, dame de Montaupin. La famille de Montesson disparaît par là même des annales de Douillet, où elle occupait une si large place depuis trois siècles.

A partir de ce moment, les dernières années de l'Empire s'écoulent dans un calme absolu pour les habitants de Douillet, que les morts précédentes et l'absence de M. de Rincquesen, retenu dans le département du Pas-de-Calais, laissent entièrement à eux-mêmes. Toutefois cette période se signale encore par un double changement de curé et de maire. M. l'abbé Hamelin, mort le 1er juin 1865 après avoir administré la paroisse pendant sept ans, est remplacé le 11 du même mois par M. l'abbé Cénéric François Moulinet, qui prend possession de la cure de Douillet le 18 juin suivant. Né à Vouvray-sur-Loir le 7 mai 1825, ordonné prêtre le 25 mai 1850, ancien vicaire de Laigné-en-Belin et de Saint-Calais, le nouveau pasteur s'empresse d'abord d'achever les œuvres commencées par son prédécesseur, puis il entreprend quelques améliorations au presbytère, tout en méditant pour son église l'exécution de projets considérables, que son activité et son zèle

(1) M. Robert-Pierre Triger était né à Mamers, le 7 mars 1792 : son aïeul maternel , Pierre Michel Camusat, ancien avocat au bailliage de Mamers, avait été élu maire de la ville en 1789.

lui permettront de réaliser plus tard (1). — D'autre part, le maire, M. André Desartre, succombe à son tour en 1867 ; membre du conseil municipal dès 1834, adjoint depuis 1852, il appartenait à une des familles les plus honorables du pays et administrait la commune depuis 1861. Il est remplacé par M. Julien Corbin, membre du conseil municipal depuis 1848, dont l'administration aussi sage que prudente est encore présente à tous les esprits. Enfin vers la même époque, en 1867, M. J.-B. Pasquier succède comme instituteur communal à M. Aubry et sait dès son arrivée conquérir les sympathies de la population.

Ainsi donc, on peut résumer la situation de la commune de Douillet à la veille des grands événements de 1870, en disant que l'administration municipale est exercée par des hommes prudents, essentiellement honorables, ennemis de toute division, de toute intrigue, fidèles aux traditions qui ont fait jadis la gloire et l'honneur de la commune ; l'administration ecclésiastique par un pasteur dévoué, actif, prêt à reprendre cette série de grands travaux dont la paroisse de Douillet semble avoir le privilège. — Toutefois, malgré ces éléments de bien incontestables, la vie communale s'est affaiblie, ou mieux étiolée, pendant les vingt dernières années. La population a diminué ; de 1220 âmes en 1844 elle n'est plus que de 1053 en 1870 ; l'industrie de la toile souffre ; les bras, indispensables à l'agriculture, deviennent de plus en plus rares, le bourg a perdu son titre de chef-lieu de perception ; l'esprit de clocher, qui est à une commune ce que l'esprit de corps est à un régiment, tend à disparaitre ; avec lui s'évanouiront les dernières lueurs du mouvement local et de la gaieté champêtre.

Or, cet affaiblissement regrettable de la vie communale provient à Douillet de plusieurs causes, les unes générales, les autres particulières. — Parmi les premières, que nous n'avons pas à examiner, nous citerons le grand mouvement d'émigration des campagnes vers les villes provoqué par la centralisation impériale, le déplacement des populations rurales qui se précipitent vers les grandes lignes de chemin de fer devenues les principales artères du pays, les coups portés aux industries locales par les traités de 1860 et le triomphe du travail mécanique, à l'agriculture par l'invasion d'un luxe déréglé et d'un pédantisme ridicule, en un mot cette prépondérance extrême donnée aux villes sur les campagnes comme jadis aux derniers jours de la civilisation gallo-romaine.... — Parmi les secondes, nous placerons en premier lieu les avantages faits, dans le canton de Fresnay, aux

(1) Vers cette époque, le 21 juin 1868, un jeune prêtre de la paroisse, M. l'abbé Alphonse-Louis Bréteau célébrait encore sa première messe. Né à Douillet le 2 janvier 1845, ordonné prê le 6 juin 1868, M. Bréteau sera successivement vicaire de la Chapelle-d'Aligné, de Ségrie, de Luché et de Gesnes-le-Gandelain. Curé de Meurcé le 15 mai 1878, il est mort le 15 janvier 1883.

communes de la rive gauche, qui eurent la bonne fortune d'obtenir les grandes lignes vicinales. Nous placerons ensuite les directions données aux lignes de fer du Mans à Brest et à Caen : car la commune de Douillet eut la mauvaise chance de se trouver rigoureusement sur la bissectrice de l'angle formé par ces deux voies en partant du Mans, à quatorze kilomètres de la ligne de Normandie et à seize kilomètres de la ligne de Bretagne !

Quoiqu'il en soit, les habitants de Douillet, incapables de lutter contre les faits accomplis ou les injustices de la destinée, étaient exclusivement préoccupés de leurs paisibles travaux et surtout de la grande sécheresse qui menaçait leurs récoltes, lorsqu'éclata comme un coup de foudre la funeste guerre de 1870. Nous passerons rapidement sur la première partie de la lutte, sur la stupeur qui accueillit à Douillet, comme dans la France entière, la nouvelle de nos désastres, sur les mesures générales qui en furent la conséquence : rétablissement de la garde-nationale, organisation de la garde-mobile, proclamation de la République. Ces événements n'excitèrent d'ailleurs dans notre commune qu'une consternation profonde et ne modifièrent en rien l'administration municipale. Le conseil resta ce que l'avaient fait les élections de 1865 et du 7 août 1870; le maire, M. Julien Corbin, et l'adjoint, M. René Bozo, conservèrent également leurs fonctions. Ce n'est qu'au moment où l'armée prussienne arrive aux frontières du département que la commune ressent directement le contre-coup de l'invasion.

Vers la fin de novembre, par exemple, une vive émotion se répand dans toute la contrée par suite de l'entrée de l'ennemi à Bellême, Mamers et la Ferté-Bernard. Depuis le 17 en effet, le corps d'armée du grand duc de Mecklembourg, parti de Chartres et de Houdan, s'était avancé méthodiquement vers l'Ouest, poussant devant lui les troupes peu nombreuses et sans cohésion du général Fiereck. Vainqueur le 21 à Bretoncelles et à la Fourche, il avait occupé toute la lisière du département de la Sarthe, menaçant à la fois Alençon et Le Mans, où il pouvait arriver dans quelques heures. Le mercredi 23 novembre le bruit se répand que les hulans s'avancent sur Fresnay. Aussitôt l'ingénieur attaché au génie de l'armée de Bretagne requiert le maire de Douillet « de faire prévenir immédiate-
» ment à son de caisse tous les habitants valides qu'ils doivent se trouver le
» lendemain, à 6 heures du matin, avec pelles, pioches ou haches sur la route
» départementale de Fresnay à Sillé, à l'embranchement du chemin de Douillet,
» afin de couper la grande route qui peut être utilisée par l'ennemi. Les Prussiens
» sont à vos portes, ajoute l'ordre de réquisition ; la France a besoin du dévoue-
» ment de tous ses enfants et compte sur leur concours patriotique (1) ». Il n'en

(1) Arch. de la mairie de Douillet.

faut pas davantage pour provoquer une panique. Un certain nombre d'habitants songent déjà à battre en retraite, et le jeudi 24 le bourg est traversé par plusieurs familles qui fuient l'invasion, emmenant avec elles dans la Mayenne leurs bestiaux et leurs fourrages. Il est juste de dire, hélas, que les campagnes de la Sarthe, désarmées et abandonnées à elles-mêmes sans direction et sans organisation, étaient incapables d'opposer une résistance efficace à des troupes disciplinées.

Cette fois cependant on en fut quitte pour la peur. La concentration au Mans de l'armée de Bretagne arrêta la marche des Prussiens, ou plutôt ce mouvement sur Le Mans n'était alors qu'une feinte de leur part, dans le but de tourner l'armée de la Loire, ou d'attirer vers l'Ouest une partie de cette armée que le prince Frédéric-Charles devait attaquer au centre. La commune de Douillet reprit donc son aspect habituel jusqu'au mois de janvier, se bornant le 3 décembre à voter une imposition extraordinaire de 1709 fr. pour l'armement de la garde nationale mobilisée, et à fournir, le 31, onze voitures attelées pour le service du 21e corps.

Mais ces derniers jours de répit devaient être de courte durée. Le 12 janvier 1871 les Prussiens entrent au Mans, et l'armée de la Loire se replie sur Laval. Le 14, le bourg de Douillet est traversé par la gauche du 21e corps qui bat en retraite sur Mayenne en utilisant tous les chemins compris entre les routes de Beaumont à Sillé, et de Beaumont à Fresnay et Villaines-la-Juhel. Le soir, la deuxième division (général Collin) occupe Montreuil-le-Chétif ; la division de Bretagne (général Gougeard) Mont-Saint-Jean (1). Le curé de Douillet, M. l'abbé Moulinet, recueille au passage un sergent de mobiles mourant, qu'il gardera trois mois chez lui et auquel il sauvera la vie à force de soins et de dévouement ; la supérieure de l'établissement des sœurs, Mme Marie Béchet, ainsi que bon nombre d'habitants du bourg, s'empressent de suivre cet exemple, et apportent aux souffrances de nos malheureux soldats tous les soulagements qui sont en leur pouvoir.

Le 15, les Prussiens paraissent à Fresnay et à Sougé, se dirigeant vers Alençon ; toutefois un fort détachement, appartenant à la 17e division du XIIIe corps (grand duc de Mecklembourg), reste à Fresnay d'où il envoie des reconnaissances de cavalerie dans les communes voisines (2). Le 17, quatre hussards arrivent ainsi pour la première fois dans le bourg de Douillet ; ils reviennent les

---

(1) Général Chanzy. — *La deuxième armée de la Loire,* Paris, Plon, 1876. in-8 p. 350. — Pour la désignation de la droite et de la gauche, le corps d'armée est toujours supposé *face à l'ennemi.*

(2) Dans ses ordres de mouvement pour le 15 janvier, le grand duc de Mecklembourg prescrivait en effet à la 17e division de suivre le mouvement de la 22e sur Alençon, par la grande route du Mans à Alençon en portant une colonne sur Fresnay et Assé. *Histoire de la guerre franco-allemande,* par le grand Etat-Major prussien, IIe partie, p. 861.

jours suivants et font le 22 une première réquisition de grains et de fourrages. Ces réquisitions devaient dès lors se renouveler périodiquement car, le 20 janvier, la 10ᵉ brigade de cavalerie avait reçu l'ordre d'établir ses cantonnements à Fresnay, qu'elle occupa jusqu'au 27 (1).

Le mardi 24 janvier l'ennemi commet le plus grand forfait qu'il lui soit donné d'accomplir dans toute la région. Une colonne, partie de Fresnay le matin pour se diriger sur Gèvres et la Poôté, *commandée par le major de Klocke, et composée des 3ᵉ et 4ᵉ compagnies du 48ᵉ régiment* (5ᵉ régiment d'infanterie du Brandebourg, IIIᵉ Corps), *des 1ᵉʳ et 4ᵉ escadrons du 5ᵉ dragons, et de deux pelotons du 2ᵉ hussards* (2), ayant reçu quelques coups de fusil d'un groupe de francs-tireurs sur le territoire de la commune, incendie de sangfroid, le soir à 5 heures, le village de Sougé-le-Ganelon et massacre trois blessés dans les conditions les plus odieuses. Comme le bourg de Sougé est situé sur un mamelon qui domine la vallée de la Sarthe, ce terrible exemple jette le pays entier dans une terreur profonde. « Il est impossible, dit un témoin oculaire, de se faire une idée de l'ap-
» préhension et de la crainte que produisit à Douillet cet effrayant spectacle. Le
» temps était calme, les flammes s'élevaient à une grande hauteur ; l'écroulement
» des murailles, le pétillement des ardoises en feu, les hourras sauvages des
» Prussiens, s'entendaient à une distance de plusieurs kilomètres (3) ». La frayeur fut bien pire encore le lendemain, lorsqu'on vit arriver à la mairie un officier qui se vantait d'avoir ordonné la destruction de Sougé, et menaçait Douillet du même sort si on ne lui remettait sur le champ cent sacs d'avoine. Heureusement il trouva plus habile que lui. Le maire, M. Corbin, et son secrétaire, M. Pasquier, négocièrent

(1) Cette brigade appartenait à la 4ᵉ division de cavalerie prussienne qui avait quitté Alençon le 20, et s'était cantonnée, la 10ᵉ brigade à Fresnay, la 8ᵉ à Beaumont, la 9ᵉ à Ballon et Teillé. — *Histoire de la guerre franco-allemande*, par le grand Etat-Major prussien, IIᵉ partie, p. 877.

(2) *Histoire de la guerre franco-allemande*, par le grand Etat-Major Prussien, IIᵉ partie, p. 877. Nous avons tenu à donner aux habitants de Douillet et Sougé ces indications précises, dont ils ont désormais le devoir de se souvenir.

(3) J.-P. Pasquier. — *Notice statistique et historique sur la commune de Douillet*, p. 15. V. encore sur ce fait : Moulard, *Chroniques de Sougé-le-Ganelon* p. 152. — A. Surmont. *Les Allemands dans la Sarthe*, Le Mans, 1873, p. 97. — A tous les points de vue, l'incendie de Sougé est un acte de barbarie injustifiable, que l'historien a le devoir de flétrir. L'impossibilité absolue de la résistance pour des paysans abandonnés à eux-mêmes, sans armes et sans chefs, aussi bien que la déplorable situation de l'armée française, étaient parfaitement connues des Allemands ; ils n'avaient à redouter ni retour offensif sérieux, ni attaque imprévue de nature à rendre nécessaire une *exécution militaire*. La destruction de Sougé, nullement légitimée par les exigences de leur sécurité, ne fut de leur part qu'une basse vengeance. Aussi le grand Etat-Major prussien a eu bien soin de dissimuler le fait dans son *Histoire de la guerre franco-allemande.* (V. IIᵉ partie p. 877 de l'édition française.)

avec une rare présence d'esprit ; prenant le Prussien par son côté vulnérable , ils le firent boire et manger à discrétion ; puis ils saisirent adroitement l'instant phsycologique et l'attendrirent si bien sur le sort de la commune qu'il se retira fort radouci, emportant pour tout butin quinze sacs d'avoine. C'était en quelque sorte un succès pour l'autorité municipale de Douillet.

Enfin le samedi 28 janvier, vers une heure de l'après-midi, un ballon, le *Général Cambronne*, parti de Paris (gare de l'Est) le même jour à 6 heures du matin, passe au-dessus du bourg de Douillet, excitant un vif émoi dans toute la population. Plusieurs cavaliers ennemis entreprennent de le poursuivre dans la direction de Moré où le pousse le vent ; par bonheur le ballon parvient d'un dernier bond à franchir la Sarthe, et atterrit en sureté sur le territoire de Sougé, près du hameau des Frettes, tandis que les Prussiens, qui ne connaissent pas le gué de Moré, restent sur la rive de Douillet sans oser franchir la rivière (1). Ce ballon, dont les dépêches furent sauvées puis remises au général Jaurès par M. Moulard de Sougé et par l'aréonaute, le marin Tristan, après des dangers de toutes sortes, apportait la nouvelle de la capitulation de Paris et de la signature de l'armistice. Le lundi 30, on en recevait la notification officielle, et en faisant arborer sur l'église de Douillet le drapeau parlementaire, on parvenait à éviter le pillage du château. Au même moment en effet, les Prussiens, venus avec des fourgons, profitaient de leurs dernières minutes de liberté pour déménager la cave, le linge et le mobilier ; à la vue du drapeau blanc ils se retirèrent instantanément, en ayant bien soin toutefois d'emmener leur chargement. L'autorité municipale organisa sur le champ deux postes de gardes nationaux à chaque extrémité du bourg, pour arrêter les maraudeurs ; quelques-uns revinrent pendant la nuit, mais en présence de cette surveillance pas un n'osa pénétrer dans les maisons. Le lendemain, on apprenait que la commune de Douillet se trouvait comprise dans la zone neutre, et les troupes ennemies évacuaient définitivement la contrée.

Comme on le voit, la commune de Douillet s'était tirée à assez bon compte des dangers de l'invasion. Le total des réquisitions allemandes évaluées en argent ne dépassait pas 2455 fr. (2) et le sang n'avait pas coulé sur son sol. A part les ravages de la petite vérole qui lui enleva 60 personnes en six mois, elle avait été relative-

(1) M. Steenackers, ancien député et ancien directeur général des Télégraphes et des Postes, qui semble avoir oublié tant de choses utiles dans son livre intitulé : *Les Télégraphes et les Postes pendant la guerre de 1870-71*, Paris, Charpentier 1883, paraît ignorer le sort du dernier ballon qu'il fit partir de Paris (p. 457). M. Moulard, dont la conduite en cette circonstance a été au-dessus de tous les éloges, pourrait lui fournir les détails les plus circonstanciés et les plus curieux.

(2) Arch. de la mairie de Douillet.

ment, avec celle de Saint-Georges, la moins maltraitée par l'ennemi de toutes les communes du canton. Cet heureux résultat provenait, il faut bien le dire, du fait même qui avait causé un peu auparavant tant de réclamations et tant de regrets : de la direction donnée aux grandes lignes vicinales. Isolée au milieu des bois et des accidents de terrain qui rendent si difficile la marche des troupes, éloignée des principales voies de communication, la commune de Douillet n'offrait à l'ennemi aucun objectif important ; Sougé au contraire avait payé cruellement ses triomphes passés, et surtout la faveur qu'on lui avait faite en lui accordant le chemin de grande communication de Fresnay à Villaines.

Au reste la commune de Douillet n'en fut pas moins représentée dignement sur les champs de bataille par un certain nombre de ses enfants. Incorporés dans l'armée régulière, dans le 74ᵐᵉ régiment de mobiles, ou dans les légions de mobilisés, tous firent leur devoir et supportèrent avec résignation les souffrances d'une campagne désastreuse. Ne pouvant les citer tous, nous rappellerons le nom de l'officier que son grade plaçait à leur tête :

M. ALEXANDRE AUBRY, *né à Douillet, élève de l'Ecole militaire de Saint-Cyr, lieutenant aux chasseurs à pied* (1).

Nous rappellerons ensuite les noms de ceux qui sont morts pour la Patrie, ou qui ont versé leur sang pour elle :

AUGUSTE GALPIN, *soldat au 110ᵉ régiment de marche, blessé en septembre 1870 sous les murs de Paris et décédé quelques jours plus tard à l'hôpital du Val-de-Grâce.*

JOSEPH COUDRAY, *sergent-major de mobilisés, mort au Mans en janvier 1871 des fatigues de la campagne.*

LOUIS BIORY, *soldat au 74ᵉ mobiles, atteint d'un éclat d'obus.*

AUGUSTE CHÉDOR, *lui aussi soldat au 74ᵉ mobiles, blessé à la jambe le 3 décembre 1870, au combat de Varize.*

Ce simple hommage leur est bien du, car tous ont souffert pour la France, et à ce titre ils mériteront toujours un souvenir reconnaissant de la part de leurs concitoyens.

Et maintenant notre tâche est finie. — La conclusion de la paix marque pour le pays l'avènement d'une ère nouvelle qui n'appartient pas à l'histoire, et qu'il serait impossible d'apprécier. Les événements de 1870 sont donc la dernière étape, étape bien douloureuse hélas, qu'il nous soit permis de parcourir avec cette

---

(1) Fils de l'ancien instituteur de Douillet, entré après la guerre dans l'infanterie de marine et devenu capitaine au 3ᵉ Régiment, M. Alexandre Aubry est mort au Mans le 23 mars 1881, à trente-deux ans, des suites d'une maladie contractée dans les colonies.

commune de Douillet à laquelle nous portons un si vif intérêt. Pendant dix années nous avons étudié avec ardeur les progrès qu'elle a accompli dans un intervalle de dix-huit siècles ; jusqu'à la dernière heure nous l'accompagnerons de nos meilleurs vœux.

APPENDICE

—

DOCUMENTS STATISTIQUES SUR LA COMMUNE
DE DOUILLET DE 1871 A 1884

ES événements de 1870, si importants au point de vue politique, militaire, et social, déterminent, comme nous l'avons dit, la limite extrême qu'il nous soit permis d'atteindre dans notre récit. Il nous eut même été interdit de les aborder, malgré leur intérêt incontestable, si notre âge, en nous évitant l'écueil des impressions personnelles, ne nous eut contraint de les étudier d'après les documents et la méthode historique proprement dite. Il est impossible en effet, à une génération actuellement sur la brèche, d'apprécier elle-même ses propres actes et de distribuer avec impartialité les louanges ou les critiques. — D'autre part cependant, depuis 1870, la commune et la paroisse de Douillet ont vu se produire un certain nombre de faits qui prouvent les efforts accomplis par tous, pour réparer les désastres passés et préparer un avenir meilleur. Il serait injuste de ne pas en conserver le souvenir, car plus les temps sont difficiles, plus il y a de mérite à se remettre à l'œuvre sans jamais douter des destinées du pays.

Nous croyons donc devoir résumer brièvement dans cet appendice les principaux de ces faits postérieurs à 1870, en les complétant par des renseignements statistiques, de manière à présenter un tableau exact et complet de la situation actuelle de la commune de Douillet. Ce serait en outre un point de départ sûr, dans le cas où on voudrait un jour continuer ou rectifier ce travail historique sur Douillet-le-Joly.

I. — LA COMMUNE.

Les limites et les divisions administratives n'ayant pas varié depuis l'an VIII, la commune de Douillet fait toujours partie du canton de Fresnay-sur-Sarthe et de l'arrondissement de Mamers. Elle est comprise dans la 3e subdivision de région (chef-lieu Mamers), du IVe corps d'armée (chef-lieu Le Mans) ; dans le ressort de la perception de Sougé-le-Ganelon, et du doyenné ecclésiastique de Fresnay.

D'après le recensement de 1872, la population totale était de 969 habitants. Actuellement, d'après le recensement de 1881, elle n'est plus que de 904 habitants. Le nombre des électeurs politiques inscrits est de 279.

La superficie totale de la commune est de 1899 hect. 40 ares, ainsi répartis : terres labourables 1376 h. 74 a. ; prés 227 h. 08 a. ; pâtures 31 h. ; bois et futaies 154 h. 09 a ; landes 13 h. 24 a ; jardins 20 h. 66 a ; sols 12 h. 78 a ; chemins, rivières et ruisseaux 63 h. 81 ares. — Cette superficie se divisait en 1872 en 3094 parcelles. — Le revenu imposable était de 42810 francs.

En 1883, les revenus annuels de la commune, à l'exception du produit des centimes additionnels et des prestations, c'est-à-dire le revenu des propriétés communales, les huit centimes sur les patentes, la taxe des chiens, le produit des permis de chasse etc. sont de 207 fr. Le nombre des centimes additionnels communaux est de 16, et représente une recette de 1354 fr. 56 c. ; ce qui donne pour le total des recettes ordinaires de la commune, déduction faite toutefois du produit des prestations, le chiffre de 1561 fr. 56. — La commune est imposée en outre de 6 centimes 1/2 extraordinaires : 4 jusqu'en 1888 pour les chemins vicinaux, 2 1/2 jusqu'en 1910 pour la construction d'un pont à Moré.

Enfin, d'après le budget de 1884, les revenus ordinaires du bureau de bienfaisance sont de 583 francs ; ils comprennent entre autres une rente de 79 fr. provenant du legs de 3000 livres fait en 1748 aux pauvres de Douillet par M. le curé Pelard, et les fermages du bordage de la Grenousière, légué par M. Victor Le Sage, mort en 1868 à Saint-Paul-le-Gaultier.—Le nombre des pauvres secourus annuellement est de 28.

II. — REPRÉSENTATION DE LA COMMUNE DE DOUILLET A LA CHAMBRE DES DÉPUTÉS, AU CONSEIL GÉNÉRAL ET AU CONSEIL D'ARRONDISSEMENT.

Avec le suffrage universel et le scrutin d'arrondissement, actuellement en vigueur, les rapports entre les députés et leurs électeurs sont plus fréquents et plus directs. D'autre part, le conseil électif du département a pris beaucoup d'importance depuis la loi du 10 août 1871, ainsi que le conseil d'arrondissement, et leur rôle est plus considérable en ce qui touche aux affaires des communes. Nous croyons donc utile d'indiquer brièvement quels sont les mandataires que la commune de Douillet a choisis pour défendre au besoin ses intérêts.

Elections législatives. — Depuis les élections législatives du 20 février 1876 jusqu'à la fin de 1881, M. le marquis de Perrochel représente la 2e circonscription de Mamers, dont fait partie la commune de Douillet. Il obtient à Douillet au scrutin du 14 octobre 1877, sur 243 votants, 201 voix, contre 14 données à M. de Saint Albin et 28 à M. Paul de Beaumont ; puis au scrutin du 21 août 1881, sur 213 votants, 152 voix contre 62 données à M. Levasseur Saint Albin.

M. de Perrochel étant mort en décembre 1881, le scrutin de ballottage du 12 février 1882 donne à Douillet les résultats suivants : M. Fernand d'Aillières 116 voix, M. Levasseur-Saint-Albin 63, M. Gaston Galpin 1, sur 180 votants. — M. Fernand d'Aillières est élu député de la 2e circonscription de Mamers.

Conseil général. — M. le docteur Hatton, conseiller général du canton de Fresnay *depuis 1864* ayant retiré sa candidature, le scrutin du 4 novembre 1877 donne à Douillet le résultat suivant : M. Marcel Hédin 111 voix ; M. Gaston Galpin 97 ; M. le docteur Desveaux 13. — Le scrutin du 12 août 1883 donne : M. Gaston Galpin 117 voix, M. Marcel Hédin 104, sur 221 votants. — M. Gaston Galpin est élu conseiller général de Fresnay.

Conseil d'arrondissement. — De 1864 à 1872 M. Fontaine, propriétaire à Fresnay. — En 1872, M. Grignon notaire à Fresnay. — Au scrutin du 14 octobre 1874 : sur 171 votants, M. Marcel Hédin maitre de la forge de l'Aune 170 voix ; M. Foulard 1. — Au scrutin du 1er août 1880, sur 205 votants : MM. Hédin 116 voix ; M. Lepelletier 86.

III. — ADMINISTRATION MUNICIPALE.

En vertu de la loi provisoire du 14 avril 1871, que l'Assemblée nationale

s'empressa de voter dès les premiers jours de sa session, des élections municipales eurent lieu le 30 avril 1871 et l'administration de la commune de Douillet se
trouva ainsi reconstituée : MM. Champion Julien, Bozo René, Le Bossé Michel,
Thireau Joseph, Pichorry Guillaume, Bernier Joseph, Chédor Jean, Bouvier
Auguste, Corbin Julien, Percheron François, Lebreton François, Chasserat Pierre,
conseillers municipaux ; M. Julien Corbin *maire,* M. René Bozo *adjoint.* — Ces
derniers sont maintenus après le vote de la loi du 20 janvier 1874.

Le conseil est renouvelé le 22 novembre 1874 ; M. Pierre Besche remplace
M. Joseph Thireau.

En 1875 M. François Percheron nommé *adjoint* au lieu de M. René Bozo,
décédé.

MM. Corbin et Percheron sont élus après la loi du 12 août 1876, qui rend aux
conseils municipaux des communes rurales le droit d'élire leurs maires et
adjoints.

Le conseil est renouvelé le 6 janvier 1878. M. Arsène Julienne remplace
M. René Bozo.

Le conseil est renouvelé le 9 janvier 1881. M. Louis de Rincquesen remplace
M. Champion. Le 24 janvier M. Michel Le Bossé est élu *adjoint* en remplacement
de M. Percheron décédé ; le 5 juin M. de Rincquesen est élu *maire* en remplacement de M. Corbin démissionnaire.

Le conseil est renouvelé après la promulgation de la loi du 5 avril 1884 sur
l'organisation municipale. Sont élus le 4 mai : MM. Le Bossé Michel, Besche
Pierre, Coudray Eugène, Corbin Julien, Métivier Joseph, Bernier Joseph, Chédor
Auguste, de Rincquesen Louis, Bouvier Théophile, Pichorry Hippolyte, Triger
Robert, Julienne Arsène. — Sont élus le 18 mai à *l'unanimité* M. Louis de
Rincquesen *maire,* M. Michel Le Bossé *adjoint.*

IV. — L'EGLISE ET LA FABRIQUE.

L'église de Douillet a été entièrement reconstruite de 1874 à 1879 : C'est le
plus important de tous les travaux entrepris à Douillet depuis 1870, et par suite
l'œuvre principale que nous ayons à signaler dans cet appendice. Ajoutons que cette
reconstruction fait grand honneur à M. le curé Moulinet, au conseil de fabrique et
en général à la population entière : elle prouve avec quelle énergie la paroisse s'est
relevée après les désastres de la guerre, et quelle puissance le sentiment religieux
a conservé à Douillet.

Les ressources étant insuffisantes à la première heure, le travail n'a pu être entrepris sur un plan d'ensemble et il a dû s'effectuer en deux périodes distinctes : de là quelques défauts qui eussent été certainement évités dans d'autres circonstances, et qui n'affectent pas toutefois les parties essentielles de l'édifice. — L'ancienne église de Douillet, construite à différentes époques, ne présentait comme nous l'avons dit, aucun caractère architectural. Le transept surtout, autour duquel étaient venues se grouper successivement plusieurs chapelles, puis le nouveau chœur de 1829, était obstrué par des pans de murs ou d'énormes piliers qui occupaient beaucoup d'espace, et obscurcissaient la partie centrale de l'église. C'est donc le transept, et par suite le chœur qu'il était impossible d'en séparer, que M. le curé Moulinet résolut de reconstruire dès l'année 1873, aussitôt que les événements lui eurent permis de réunir quelques ressources. Le plan, dressé par M. Blanche architecte à Fresnay, comportait un chœur avec abside et un large transept dans lequel on faisait entrer les anciennes chapelles, dont les murs extérieurs étaient conservés ; le style, adopté comme moins coûteux et d'une exécution plus facile, était le roman de transition avec arcades en arc brisé ; le devis s'élevait à 12,571 fr. chiffre trop considérable déjà, car les fonds disponibles de la fabrique ne dépassaient pas 8,000 fr. Toutefois l'Etat ayant donné un secours de 2,500 fr., et M. de Rincquesen une somme de 2000 fr., applicable spécialement à la reconstruction de la chapelle dont il était propriétaire, les travaux purent commencer le 27 avril 1874 ; ils furent exécutés par voie d'économie sous la direction de M. Blanche, et les fermiers firent gratuitement les transports avec un louable empressement. Vers le milieu de 1875 l'œuvre était terminée dans des conditions satisfaisantes ; l'emploi pour les colonnes et les nervures, de pierres blanches et de pierres de roussard alternées, disposition particulière au pays, produisait un effet décoratif original ; la solidité ne laissait rien à désirer, et il y avait seulement à regretter que la faiblesse des ressources n'eut pas permis de donner aux voûtes une hauteur proportionnée avec la largeur relativement très grande de l'édifice. — Néanmoins le devis était dépassé et les dépenses montaient à 15120 fr. ; ce déficit de 3,000 fr. fut couvert avec un secours de 700 fr. du département, plusieurs dons particuliers et les recettes courantes de la fabrique.

La même année 1875, M. l'abbé Dubois faisait placer à ses frais le premier vitrail, dans la fenêtre géminée du fond de l'abside ; M. le curé Moulinet un second vitrail dans la fenêtre de gauche, et la fabrique, aidée de quelques souscriptions, un troisième vitrail dans la fenêtre de droite. Toutes ces verrières, sorties des ateliers du Carmel du Mans dirigés par M. E. Hucher, représentent des scènes de la vie de saint Pierre, patron de la paroisse. — En 1875 enfin, le département accordait à la commune de Douillet, sur la proposition de la commission des monuments historiques, un secours de 50 fr. pour la restauration du curieux devant d'autel de 1510, découvert l'année précédente, dans la masse même de l'autel dit du Rosaire.

Sur ces entrefaites et au moment le plus imprévu, le fabrique reçoit d'un ancien habitant de Douillet, M. Thomas Duval, mort célibataire à Alençon le 26 mai 1874, un legs de 20,700 fr.; puis quelques mois plus tard, un autre legs de 10,000 fr. de M. l'abbé Dubois, que la mort vient enlever à la reconnaissance de ses compatriotes le 16 décembre 1875. — Ces ressources aussi importantes qu'inattendues, qui donnent toutes facilités à la fabrique pour contracter un emprunt, font naitre aussitôt la pensée d'achever l'œuvre interrompue, en reconstruisant la nef et le clocher dans le même style que le chœur. Une souscription montant à 3600 fr., un nouveau secours de 4000 fr. de l'Etat, ne tardent pas à rendre cette pensée réalisable. — M. Blanche complète le plan primitif, et le dimanche 16 septembre 1877 les travaux, évalués 27853 fr. 60 c., sont adjugés à M. Plessis, entrepreneur à Fresnay. Commencés en février 1878, ils sont terminés en octobre 1879 et s'élèvent en définitive à 30789 fr. Grâce à l'augmentation des ressources, l'exécution de cette seconde partie est plus soignée, et le clocher particulièrement se fait remarquer par des proportions excellentes ; solide et élégant, couronné par une flèche en pierre blanche flanquée de quatre clochetons, il donne beaucoup de caractère à l'édifice, produit dans le paysage un charmant effet, et fait honneur sous tous les rapports à l'architecte M. Blanche.

En 1879 et 1881, cinq verrières, sorties des ateliers de M. Hucher et données par des membres de la famille Triger, sont placées dans le transept et la nef.— En 1879 et 1880, sur la proposition de la commission des monuments historiques, deux secours successifs de 100 fr. sont accordés par le département pour la restauration des sculptures du tombeau de Guillaume Bouteveile (XIVe siècle), qui vient d'être replacé sous la nouvelle tour. En 1883 un troisième secours de 300 fr. est accordé pour la restauration des peintures du même monument ; le travail est exécuté au mois de décembre par M. Renouard, l'habile peintre des églises de Montfort-le-Rotrou et de Sainte-Colombe. — Le 1er décembre de la même année une nouvelle verrière est donnée par souscription et posée dans le transept.

En février 1884, la fabrique fait placer une chaire en bois sculpté, sortie des ateliers de M. Rebourcier et qui coûte 1500 fr. — Le 10 avril, le R.-P. Miché, de l'ordre des Frères Prêcheurs, bénit un chemin de croix donné par M. et Mme L. de Rincquesen.

Il reste à terminer les sculptures, à remplacer les autels, et à restaurer la sacristie. Ce dernier travail serait d'ailleurs exécuté si le projet présenté en 1879 et 1882, *approuvé par le conseil général de la Sarthe, accueilli favorablement par l'administration des Cultes*, n'eût été à plusieurs reprises, et pour des motifs tort discutables, repoussé par le service des architectes diocésains.

Actuellement les ressources de la fabrique comprennent : 1° le produit de l'adjudication des bancs, soit en 1884 environ 1500 fr. ; 2° une rente de 22 fr. provenant de l'ancienne fondation Michel Cochet, dont le capital a été remboursé le 13 janvier 1850 ; 3° une rente de 9 fr. provenant de la fondation jadis faite par les seigneurs de Lorière ; 4° la rente de 1033 fr. léguée par M. Duval pour la décoration de l'église ou l'achat des objets du culte ; 5° une rente de 200 fr. constituée avec une partie du legs de M. l'abbé Dubois pour la fondation de vingt-quatre messes par an ; 6° une rente de 50 fr. constituée en 1881 pour la fondation de 10 messes.

Le conseil de fabrique est composé de MM. Michel Le Bossé, *président*, de Rincquesen, *maire*, l'abbé Moulinet *secrétaire*, Jean Béhier, *trésorier*, Julien Corbin, Auguste Chédor et Arsène Julienne.

V. — VOIES ET MOYENS DE COMMUNICATION.

Le réseau des chemins vicinaux comprend : 1° le chemin d'intérêt commun n° 82, de Conlie à Villaines-la-Juhel (section de Montreuil à Saint-Georges), qui a été classé en 1868 et traverse le bourg et la commune du S.-O. au N. ; 2° le chemin d'intérêt commun n° 65, d'Assé-le-Boisne à Sillé (section de Sougé à Mont-Saint-Jean), dont un court tronçon traverse le N.-O. de la commune ; 3° le chemin vicinal n° 1 de Douillet à Fresnay ; 4° le chemin n° 2 de Douillet à Mont-Saint-Jean ; 5° le chemin n° 3 de Douillet à Sougé-le-Ganelon ; 6° le chemin n° 4 de Montreuil à Assé. Ces différents chemins présentent, sur le territoire de Douillet, un longueur de 18 kilomètres entretenus, dont onze par la commune seule. — Depuis 1870 deux modifications importantes sont à signaler. En 1873, pour contourner la grande côte de la Tasse, on modifie le tracé du chemin n° 1, entre le carrefour du Gué Pelard et la croix des Marnières. En 1883, après cinquante ans de réclamations, la construction d'un pont à Moré, sur le chemin n° 3, est enfin commencée. Ce pont, qui aura trois arches en maçonnerie et 30 mètres d'ouverture, coûtera environ 47,000 fr. D'après un premier devis qui évaluait seulement la dépense à 43000 fr., la part de la commune de Sougé devait être de 18,000 fr., celle de Douillet de 25,000 fr. Cette dernière somme sera couverte à l'aide d'un emprunt de 5560 fr. contracté par la commune, d'un secours prélevé sur les ressources départementales, et d'une subvention accordée par le ministère des travaux publics. Le pont de Moré sera d'une très grande utilité pour les habitants de Douillet, en facilitant leurs relations avec Sougé, Assé, Alençon, et en ouvrant enfin un débouché à la route naturelle de la vallée de l'Orthe.

Il y aura lieu ensuite de terminer le chemin n° 4, et de préparer la construction d'un nouveau pont entre Moré et Fresnay. Le canton de Fresnay, en effet, est intéressé tout entier à ce que de nombreux ponts viennent relier entre elles les communes séparées par la rivière, et multiplier ainsi les relations entre les diverses parties d'une même circonscription. L'agriculture, le commerce, l'industrie, l'administration, la police, sont engagés ici bien plus intimement que dans d'autres questions, ridiculement exagérées, qui absorbent des sommes considérables, en dehors de toutes proportions avec les besoins et les désirs des populations.

Les habitants de Douillet sont d'autant plus autorisés à réclamer des travaux importants sur le réseau vicinal, que leurs intérêts ont encore été lésés par le tracé donné à la ligne de fer de la Hutte à Sillé-le-Guillaume. Malgré les vœux du conseil municipal du 11 janvier 1874 et du 10 octobre 1875, la compagnie de l'Ouest a [persisté à repousser le tracé direct par Montreuil, que proposait la compagnie Benoist-Séguin, et qui eut desservi utilement Douillet, la forge de l'Aune et Cordé ; de telle sorte que la station la plus rapprochée de Douillet est toujours la gare de Fresnay. L'ouverture de la nouvelle ligne, inaugurée le 8 mai 1881, a donc trouvé assez indifférente la majeure partie des habitants de Douillet.

La commune est desservie par le bureau de postes et télégraphes de Fresnay. Toutefois, pour donner satisfaction à un vœu du conseil municipal en date du 14 septembre 1880, et sur la proposition de M. Gustave Triger, directeur des postes et télégraphes du département, le ministère a créé au bureau de postes de Sougé un nouveau facteur, avec mission de venir faire à Douillet une seconde levée de boîte, vivement désirée par la population. Le service de la poste est ainsi assuré conjointement par les deux bureaux de Fresnay et Sougé.

VI. — INSTRUCTION PUBLIQUE.

Le service de l'instruction primaire fonctionne à Douillet dans des conditions autant que possible en rapport avec les désirs des familles, étant données les dispositions de la nouvelle loi. L'école des garçons date de vingt ans : elle a été construite *sur les plans de l'administration elle-même, et inaugurée en 1863*. Une reconstruction ne peut être à craindre, et tout au plus d'ici longtemps des réparations seront-elles nécessaires. L'instruction est donnée par un instituteur communal, M. Pouillé, qui a remplacé le 26 août 1880 M. J.-B. Pasquier, admis à faire valoir ses droits à la retraite. Depuis l'application à Douillet de la loi du 28 mars 1882, l'instruction religieuse est donnée chaque matin par le curé de la paroisse, sur la demande des familles, dans un local loué spécialement dans ce but à côté de l'école. Le nombre des élèves est en moyenne de 50. La commission scolaire est composée du maire, M. de Rincquesen ; du curé M. l'abbé Moulinet, de MM. Robert Triger, Auguste Chédor, Arsène Julienne, membres élus par le conseil municipal ; du délégué cantonal et de l'inspecteur primaire.

L'école des filles, fondée en 1828 comme nous l'avons vu ,et dirigée par trois sœurs d'Évron, est une école *libre*. Son avenir est d'autant mieux assuré qu'en 1875, Mme de La Rochejaquelein a augmenté les ressources de l'établissement d'une rente de 400 fr. Depuis le 1er avril 1882 et suivant le vœu de la loi, la *gratuité* de l'enseignement y a été établie. La commune de Douillet a ainsi le grand avantage de voir l'instruction des jeunes filles assurée dans des conditions excellentes , et particulièrement favorables au point de vue économique. Le nombre des élèves est d'environ 45.

VII. — INDUSTRIE.

L'industrie consiste : 1º dans la fabrication des toiles dites de Fresnay ; 2º dans une laminerie de cuivre en activité, la forge de l'Aune, située sur les limites de Douillet et Montreuil, dirigée par M. Marcel Hedin ; 3º dans trois moulins à blé ayant chacun deux paires de meules, les moulins de Moré, Douillet et Bernay.

En 1872 la fabrication de la toile, autrefois très importante dans la commune, occupait encore une cinquantaine de métiers. Fidèles à leurs traditions, les tisserands formaient entre eux une sorte de corporation : ils choisissaient chaque année deux *rois* et deux *dauphins*, véritables souverains électifs dont le rôle était d'ailleurs tout honorifique, et célébraient en grande pompe le 14 juillet leur fête patronale de la Bonaventure. Cette fête était assez caractéristique pour qu'il nous soit permis d'en rappeler brièvement le programme. La veille, à la nuit tombante, les rois et dauphins, escortés d'un certain nombre de leurs sujets et précédés d'un des tambours de la garde nationale, parcouraient le village en chantant le vieux refrain de la Bonaventure, si populaire dans le pays de Fresnay : « *Le 14 juillet la Bonaventure, au gué, la Bonaventure* » ; ils s'arrêtaient successivement aux portes du maire, de l'adjoint, du curé, des sœurs de charité, de l'instituteur et de quelques notables, et y suspendaient une couronne en mousse, garnie de roses, d'une forme particulière. Le lendemain matin, toute la corporation se réunissait à la mairie, d'où le cortège, précédé du maire et de l'adjoint, se dirigeait au son du tambour vers l'église. Là se disait une grand'messe pour la prospérité des tisserands et de leurs familles, pendant laquelle le curé bénissait les gâteaux bénits qui devaient être distribués, avec un bouquet, à chacun des membres de la corporation ; puis, en vertu d'une autorisation spéciale de Monseigneur l'évêque du Mans, la cérémonie se terminait par un salut solennel. En sortant de l'église le cortège se rendait dans une des auberges du bourg, où tous les confrères prenaient part à un modeste banquet. Célébrée pompeusement encore en 1876, 1877 et 1878, la fête de la Bonaventure s'est maintenue à Douillet jusqu'en 1881. Par suite de la crise funeste qui est venue frapper l'industrie de la toile et forcer la plupart des tisserands à changer d'état, il a fallu la supprimer en 1882, mais on peut dire « que le combat cessa.... faute de combattants. »

VIII. — AGRICULTURE ET COMMERCE.

Comme l'industrie hélas, l'agriculture, qui enrichissait naguère la commune de Douillet, souffre cruellement de l'élévation des impôts, du progrès de l'importation étrangère, et du manque de bras. La culture du chanvre, dont la récolte nécessite trop de soins et trop de temps, a dû être en partie abandonnée. Les principales productions restent le froment, le méteil, le seigle, l'orge, le blé noir. Les terres, améliorées depuis trente ans par l'emploi de la marne, sont en général assez fertiles, malgré l'abondance du schiste appelé vulgairement argélâtre dont il est impossible de tirer parti. Mais les prairies surtout sont recherchées, à cause des avantages que présente le commerce des bestiaux, seule ressource du cultivateur à l'heure actuelle.

On compte dans la commune **75** exploitations rurales : 2 au-dessous de un hectare ; 28 de un à cinq ; 9 de cinq à dix ; 9 de dix à vingt ; 7 de vingt à trente ; 5 de trente à quarante ; 4 de cinquante à cent.

Le commerce consiste dans l'exportation des produits du sol, l'élevage des bêtes à cornes et des poulains, l'engraissement des bœufs, des porcs, des oies et de quelques volailles. Tous ces produits se vendent aux foires et marchés de Fresnay, Alençon, et Sillé.

Depuis 1870 il faut noter comme remarquables au point de vue météorologique : l'année 1871 célèbre par son hiver rigoureux ; l'année 1874 signalée par une heureuse récolte ; l'année 1879 par un violent orage qui ravage les communes voisines de Douillet le 28 juin, entre 4 et 5 heures du matin ; le grand hiver de 1879-1880, et la crue exceptionnelle de février 1881, pendant laquelle l'Orthe inonde toutes les prairies de la vallée et les maisons du bas du bourg.

IX. — CHRONIQUE PAROISSIALE, DEPUIS 1871.

Nous résumons sous ce titre les faits divers religieux postérieurs à la guerre et distincts de la reconstruction de l'église.

1872. — 23 juin. — Bénédiction d'une statue de saint Joseph, élevée à Courtoussaint en reconnaissance de la protection accordée à la paroisse pendant la guerre ; discours par M. l'abbé Daubichon, vicaire à Notre-Dame d'Alençon.

1873. — 22 juin. — Première grand'messe de M. l'abbé Julien Roulin, né à Douillet, ordonné prêtre le 7 juin.

1874. — 11 mai. — Bénédiction de la croix Rouge de la Tasse, renouvelée par les soins de M. Pierre Suhard. — 21 octobre. — Rétablissement du pélérinage à sainte Avoie, dans l'église de Saint-Ouen-de-Mimbré.

1875. — 16 mai. — Bénédiction d'une croix élevée au Fléchin par la famille Béhier, à la suite d'un accident survenu dans des conditions particulières.

1876. — 4 juin. — Bénédiction de la croix de la Baste relevée par M. J. Launay. — 10 juillet. — Cérémonie religieuse à l'occasion de la fête de la Bonaventure ; messe chantée en musique sous la direction de M. l'abbé Dupuy, aumônier du lycée d'Alençon, en présence des autorités municipales, des rois et des membres de la corporation ; salut solennel en vertu d'une autorisation spéciale accordée par Mgr l'évêque du Mans.

1877. — 16 avril. — Entrée solennelle et première visite de Mgr Hector-Albert d'Outremont. Reçu au bas du bourg par le clergé, le maire, l'adjoint, les membres du conseil municipal et du conseil de fabrique, Mgr d'Outremont se rend processionnellement à l'église, escorté d'un grand nombre d'habitants qui tous ont décoré la voie publique et les maisons avec beaucoup de soin et d'empressement ; il célèbre la messe, confirme 68 enfants de Douillet et un nombre presque égal d'enfants de Montreuil, visite les écoles, et repart à 4 heures du soir pour Saint-

Georges. — 7 octobre. — Bénédiction de la croix des Sablonnets relevée par M. et M⁰ Gustave Triger ; discours par M. l'abbé Lechesne, curé de Beaufay.

1878. — 11 février. — Translation des ossements recueillis dans l'ancien cimetiere pendant les travaux de l'église. Après un service funèbre célébré par M. le doyen de Fresnay, les ossements sont portés au cimetière par le clergé, qu'accompagnent le maire, l'adjoint, les membres du conseil municipal et la plupart des habitants. — 30 juin. — Première grand'messe de M. l'abbé Julien Desartre, né à Douillet, ordonné prêtre le 15 juin.

1881. — 27 novembre. — Dans la nuit du 26 au 27, une violente bourrasque renverse le calvaire élevé au sommet du bourg, et béni le 19 juin 1843 par Monseigneur Bouvier.

1882. — 24 avril. — M⁰ʳ d'Outremont vient pour la seconde fois donner la confirmation à Douillet. Arrivé de Montreuil-le-Chétif à 2 heures de l'après-midi, il confirme 70 enfants, et se rend ensuite au cimetière pour bénir la chapelle de M. Gustave Triger, qui vient d'être agrandie et restaurée. Sont présents : M. l'abbé Albin, chanoine titulaire de la cathédrale du Mans, M. l'abbé Moulinet curé de Douillet, M. l'abbé Julienne curé doyen de Pontvallain, M. l'abbé Gaudin curé de Mont-Saint-Jean, MM. Roulin et Desartre ; M. Michel Le Bossé adjoint, remplaçant le maire absent, MM. Julien Corbin, Jean Chédor, Arsène Julienne, Jean Béhier, membres du conseil municipal et du conseil de fabrique, etc.

1884. — Mars. — Pendant le carême, une mission suivie avec beaucoup d'empressement par la population, est donnée à Douillet par le R. P. Miché, de l'Ordre des Frères Prêcheurs. — Juin. — On commence les travaux d'érection du nouveau calvaire, approuvés par M⁰ʳ l'évêque du Mans et par M. le préfet de la Sarthe le 11 juin. Le calvaire, en granit d'Alençon, avec socle également en granit, présente une hauteur totale de 8 à 9 mètres. La dépense est évaluée à 1400 fr.⁰ couverts au moyen d'une souscription de 800 francs environ et d'une subvention de 550 fr. votée par le conseil municipal.

X. — NÉCROLOGIE.

Enfin il est de notre devoir, en terminant cet aperçu rapide sur l'histoire contemporaine de Douillet, d'accorder un dernier souvenir aux deux hommes éminents que la mort est venue enlever à la reconnaissance des habitants de Douillet depuis les événements de 1870 : M. Louis-Auguste de Willecot de Rincquesen, et M. l'abbé Pierre-Antoine Dubois.

M. de Rincquesen, né en 1814, descendait en ligne directe de M° Louis-Pierre-Joseph de Montesson, dernier seigneur de Douillet avant la Révolution, par Louise-Marguerite de Montesson qui avait épousé en premières noces le chevalier Jean-Armand Regnier, marquis de Raffetanges, et en secondes noces, le 3 mai 1768, Louis-Auguste Le Roy, seigneur de Montaupin, chevalier de Saint-Louis, chef de brigade au corps royal de l'artillerie. Il avait hérité de la terre de Douillet en 1863 à la mort de sa tante, Mme Eulalie Vaillant de Savoisy vicomtesse de Montesson, et depuis cette époque, bien qu'il n'habitât pas la commune, il n'avait cessé de se montrer généreux envers les pauvres de Douillet, qui n'imploraient jamais en vain sa charité. Élu député en 1871 par le département du Pas-de-Calais, il mourut en son château de Rinxent, le 13 août 1873, dans sa 59e année, laissant sa propriété de Douillet à son fils unique, M. Louis de Rincquesen, que le conseil municipal de la commune vient de réélire maire à l'unanimité le 18 mai 1884.

Né à Douillet le 9 mai 1797, M. l'abbé Pierre-Antoine Dubois est mort au Mans le 16 décembre 1875, après avoir consacré tous les instants de sa longue carrière, tous les efforts de sa haute intelligence, toutes les ressources de son expérience, aux intérêts du diocèse du Mans, de son pays, et de ses concitoyens. Une telle vie ne se résume pas. Pour la raconter, il faut un volume et une plume plus autorisée que la nôtre. Vicaire général, chanoine titulaire de la cathédrale du Mans, administrateur-tuteur des enfants-assistés, chevalier de la légion-d'honneur, M. l'abbé Dubois a été pendant cinquante ans une personnalité marquante dans le département de la Sarthe ; son influence a été bienfaisante ; son rôle actif ; ses œuvres nombreuses. Il nous est même impossible de rappeler ici ce que lui doit sa paroisse natale, dont il a été en toutes circonstances le protecteur et le bienfaiteur, sous peine de refaire en entier l'histoire moderne de Douillet. Nous renverrons donc, d'une part à l'énumération que nous même avons faite dans le cours de notre récit, d'autre part à une biographie plus générale et plus complète, qu'on lui prépare en ce moment, nous bornant à offrir de nouveau ici à la mémoire de l'éminent enfant de Douillet un suprême hommage de sincère vénération et de profonde reconnaissance.

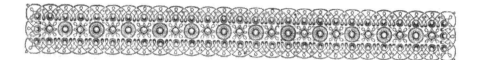

NOTES ET DOCUMENTS

I.

ADMINISTRATION COMMUNALE.

PROCUREURS GÉNÉRAUX DES MANANTS ET PROCUREURS SYNDICS.

1574	Jean Provot.	1731	Servais Richard.
1586	Gervais Agin.	1734	René Tessier.
1589	Michel Durant.	1738	François Brosset.
1593	Jean Broust.	1740	René Tessier.
1599	Mathurin Gipteau.	1741	Gabriel Bozo.
1619	Jean Seigneur.	1744	René Tessier, fils.
1626	Guillaume Jary.	1752	Urbain Rommé.
1630	Jacques Drouet.	1756	Samson Gayet.
1632	Nicolas Besnier.	1765	François Cosnuau.
1650	Michel Gallant.	1769	Michel Chasserat.
1667	Pierre Morisset.	1773	Julien Mahoué.
1692	Mathurin Colombu.	1774	Antoine Galpin.
1696	Jean Galpin.	1777	François Cochet.
1709	Jacques de la Cour.	1789	Anselme-Clément de Marigné.
1726	Urbain Rommé.		

MAIRES ET ADJOINTS :

1790	Antoine Galpin, *maire*.	François Cochet, *procureur*.
1791	Pierre Langlais, *maire*.	Id
1792	Jean Chatelais, *maire*.	François Blanchard, *procureur*.
1793	Id.	Id.

1795	Charles Le Sage, *agent*.	Michel Besche, *adjoint*.	
1797	Jean Chatelais, *agent*.	Id.	
1797	Antoine Galpin, *agent*.	Charles Le Sage, *adjoint*.	
1799	Id.	Id.	
1800	Jean Chatelais, *maire*.	Pierre Chasserat, *adjoint*.	
1807	Ant. de Montesson, *maire*.	Id.	
1826	Id.	Pierre Dubois, *adjoint*.	
1830	René Bozo, *maire*.	Id.	
1830	Michel Le Roy, *maire*.	Blanchet, *adjoint*.	
1831	Id.	Jean Chédor, *adjoint*.	
1840	Jean Chédor, *maire*.	René Launay, *adjoint*.	
1852	Id.	André Desartre, *adjoint*.	
1859	Robert-Pierre Triger, *maire*.	Id.	
1861	André Desartre, *maire*.	René Bozo, *adjoint*.	
1867	Julien Corbin, *maire*.	Id.	
1875	Id.	François Percheron, *adjoint*.	
1881	Louis de Rincquesen, *maire*.	Michel Le Bossé, *adjoint*.	

II.

ADMINISTRATION PAROISSIALE.

CURÉS, VICAIRES, ET PRÊTRES DE DOUILLET :

Curés.	*Vicaires.*	*Prêtres.*
1419 Hugues de Meiza.		
1421 Geoffroy Fortin.		
1425 Louis Rouault.		
1455 Jean Fouillet.		
1476 Jean Busson.	Jean Beudin.	Etienne Becois.
		Pierre Busson.
		Mathurin Lepennetier.
1515 Jean Chantepie.	Julien Montlouveau.	Jean Hamelin.
		Guy Chaignon.
	Pierre Hamelin.	Jean Girard.
		Jean Belocier.
		Philippe Lainé.

Curés.	Vicaires.	Prêtres.
		Jean Fouscher.
		Jean Juille.
		Michel Lefaucheux.
		Michel Horeau.
		Jean Langlais.
		Jacques Angevin.
		Léonard Langlais.
1537 Christophe de la Vayrie.	Michel Gayne.	Guillaume Cochet.
		Guillaume Levrard.
	Ambroise Chappeaux.	Jean Dagron.
		Bertrand Hamelin.
	René Busson.	Olivier Nothier.
	Jean Périer.	Philippe Defay.
		Jean Deret.
1581 Léonard de St-Denis.		Guy Gayne.
		Thomas Rondeau.
1581 Amb. de Herbelin.	Gabriel Lavollé.	Jacques Deschamps.
		Jean Langlais.
1594 Jacques d'Alencé.	Gervais Galpin.	Charles Le Bouc.
	André Bigot.	Julien Le Roux.
1595 Jean Cohon.		René Fouscher.
	Charles Saillant.	Michel Jary.
		André Agin.
1607 Guillaume Laurens.	Jean Cochet.	Charles Le Bouc.
		Jacques Lefebvre.
	Louis Bougler.	André Bougler.
		Jean Le Roux.
1629 Jean Cohon.		Jean Denis.
		Jean Cadieu.
1631 Anthyme-Denis Cohon.	Gabriel Lavollé.	Léonard Drouet.
		Sébastien Leduc.
1633 René Cohon.	Joachim Foies.	Louis Briffault.
	Jean Coisnon.	René Gayet.
	René Cohon.	Michel Cochet.

22

	Curés.	*Vicaires.*	*Prêtres.*
1666	A. Martin de la Fuye.		
1666	Hélie Derouez.	Noel Lureau.	Nicolas Derouez.
		Ambroise Frixon.	
		René Vasse.	
		François Bedeau.	
		Pierre Lemoine.	
		François Julien.	
		Pierre Clopeutre.	
1696.	Claude Guyon.	N™ Germinet.	
		Nicolas Pelard.	
1725	Nicolas Pelard.	René Dorizon.	
		Gabriel Chaumont.	
		N™ Rommé.	
		Nicolas Bienvenu.	
		Georges Dezalay.	
		René Foucault.	
		Dherouvrier Dubuisson	
		Mathurin Courteille.	
1748	Michel Pelard.	Michel Couturier.	
		Jean Chevalier.	
		Louis-René Hiron.	
1759	Louis-René Hiron.	N™ Rondeau.	
		Julien Chevalier.	
		Jean-Georges Hiron.	
1775	Jean-Georges Hiron.	Louis-René Hiron.	
		N™ Dubourg.	Noel Hervé.
		François Amiard.	
1790	Pierre Chardin.	Louis-René Chatelain.	

François Amiard, *curé constitutionnel.*

MM. Bréard,
      Chappedelaine, } *prêtres réfractaires*, cachés à Douillet.
      Guillemin.

1803	Bourdais-Durocher.
1804	René Hubert.
1807	Jean-Sébastien Gaisneau.

	Curés.	Vicaires.	Prêtres.
1814	Pierre-Constant Couzon.		
			Pierre-Ant. Dubois.
1820	François Ripault.		
		Fr. Corroyeur.	R. Fr. Pavard.
			L. R. Julienne.
		Julien Lechesne.	R. Fr. Bozo.
1858	J.-Ar. Hamelin.		
			Alphonse Breteau.
1865	C.-Fr. Moulinet.		Julien Roulin.
			Julien Desartre.

NOTE SUR Mᵉ HÉLIE DEROUEZ.

Des recherches récentes sur le collège de Crannes nous ayant révélé quelques détails nouveaux relatifs à Mᵒ Hélie Derouez, nous nous empressons de compléter la biographie de ce vénérable curé.

Mᵉ Hélie Derouez, né à Crannes-sous-Vallon comme nous l'avons dit, était fils de Hélie Derouez, « sʳ du Grimault et de la Foucaudière, capitaine ordinaire » commandant les chevaux ordonnés pour les charroys des vivres et munitions » des armées du Roy », et de damoiselle Perrine de Langlée. Par son père, il appartenait donc à une honorable famille de Crannes, dont le chef Michel Derouez, marchand, possédait dès 1628 diverses propriétés, ainsi que le domaine de la Foucaudière, que lui avait légué Françoise Mongault, veuve François Chaudet, sʳ de l'Etoile. Par sa mère, Perrine de Langlée, il descendait de cette nombreuse famille de Langlée, bien connue dans la noblesse du Maine ; son aïeul maternel, Alexandre de Langlée, avait épousé Marie Regnaudin, de Vallon ; son oncle, Claude de Langlée, était en 1642 « conseiller du Roy aux conseils d'Etat et privé, » maréchal général des logis, camps, et armées, seigneur de la Grange-Moreau à » Vallon » ; enfin son cousin germain, fils de ce dernier, n'était autre que ce Claude de Langlée, seigneur de Vallon, célèbre par ses cadeaux à madame de Montespan, et par les révélations curieuses de Dangeau.

Mᵉ Hélie Derouez fut d'abord curé de Saint-Germain-de-la-Coudre, au doyenné de Fresnay ; puis, le 22 juin 1666, il permuta avec Mᵉ Antoine Martin de la Fuye, « prêtre du diocèse du Mans, bachelier en théologie de la faculté de

» Paris, demeurant à Paris, hôtel de Long-Pont, près la Sorbonne », alors curé de Douillet.

Toutefois, Mᵉ Martin de la Fuye était, *depuis un mois seulement,* titulaire de la cure de Douillet, qui lui avait été accordée le 12 avril 1666, à la suite du décès de Mᵉ René Cohon, et dont il avait pris possession *par procureur* le 15 mai suivant. Il ne vint jamais à Douillet, et son influence y fut nulle, ce qui explique comment son nom ne nous a été révélé que récemment par les *Insinuations,* et comment les *Chroniques* présentent Mᵉ Hélie Derouez comme le successeur immédiat de Mᵉ René Cohon.

Mᵉ Hélie Derouez prit à son tour possession de la cure de Douillet le 30 juin 1666, et non le 10 mars 1667, comme le disent les *Chroniques,* en confondant sans doute la date de l'arrivée réelle du curé avec celle de l'acte notarié de prise de possession. Peu de temps après, par suite sans doute de la mort prématurée de ses frères ainés, il est qualifié « seigneur de la Foucaudière », à Crannes. — Le 20 février 1696, dans la crainte d'être surpris par la mort, il résigne sa cure de Douillet à son frère Nicolas Derouez, qui la transmet, le 28 février suivant, à leur ami et compatriote Mᵉ Claude Guyon.

Mᵉ Claude Guyon prend possession le 3 mars 1696, et non le 21 juillet. Quant à Mᵉ Nicolas Derouez, après la mort de son frère, il se retire à Crannes, où il hérite de la seigneurie de la Foucaudière.

Ces détails sur la famille et la condition sociale du vénérable successeur de Mᵉ René Cohon, confirment, il nous semble, ce que nous avons dit maintes fois ; c'est que la cure de Douillet fut généralement occupée par des ecclésiastiques éminents, que distinguent leurs talents ou leur situation sociale.

(Voir : *Insinuations,* tome 32, fᵒ 184, 206 et 207 ; tome 41, fᵒ 46 et 61. — *Archives municipales du Mans* ; dossier Crannes. — *Recherches sur Vallon,* Le Mans, 1856. in-12. — Enfin une note sur *Le Collège de Crannes et Thomas Dalibard,* que nous préparons pour le *Bulletin de la Société d'Agriculture, Sciences et Arts de la Sarthe.*

PROCUREURS DE FABRIQUE :

1408	Macé Lagogué.	1512	Jean Hamelin.
1464	Guillaume Martin.	1520	Guillaume Hamelin.
1467	Guillaume Horeau.	1525	Jean du Lierre.
1469	Jean Belocier.	1535	Robert Lhuissier.

1540	André Bigot.	1653	Désiré Veau.
1543	Pierre Lefaucheux.	1655	René Cohon.
1551	Jean Garnier.	1660	Jean de Montesson.
1569	Marin Garnier.	1662	Jacques Bellanger.
1574	Jean Provot.	1666	François Coisnon.
1580	Pierre Cormaille.	1670	François Rommé.
1586	Guillaume Durand.	1680	Nicolas Derouez.
1589	Jean Agin.	1696	René Levrard.
1590	Gabriel Lavollé.	—	Pierre Lemoine.
1598	Lucas Cochet.	1700	Guillaume Jory.
1599	Mathurin Gipteau.	1712	Claude Guyon.
1602	Pierre Delinthes.	1720	Jean Le Roy.
1604	Guillaume Seigneur.	1722	Jean Pelard.
1609	Charles Veillon.	1728	François Desartre.
1616	Jean Chantelou.	1737	Gabriel Bozo.
1619	Lazare Cochet.	1746	Jean-Baptiste Martineau.
1625	Mathurin Gipteau.	1749	René Provot.
1627	Julien Elys.	1756	René Galpin.
1631	René Chatelain.	1764	Christophe Maigné.
1633	Guillaume Le Roux.	1769	Pierre Agin.
1639	François Cochet.	1770	Antoine Maigné.
1640	Jean Dagron.	1775	René Bozo.
1644	Pierre Cohon.	1784	Anselme-Clément de Marigné.
1650	Maurice Pattier.	1789 à 1794	Michel Le Roy.

TERRES ET RENTES LÉGUÉES A LA FABRIQUE ET A LA CURE. FONDATIONS (1385-1884).

1385 - 4 mars. — Trois livres de cire sur le lieu de l'*Etricherie*, pour entretenir un cierge devant le crucifix.

1408 - 11 mai. — Les seigneurs de Moré : 8 sols de rente sur le lieu de la *Courteille*, au jour de Noël, à charge d'avoir la prière ledit jour. Les seigneurs de Moré étaient en outre recommandés à Pâques, à la Pentecôte, à l'Assomption et à la Toussaint.

1415-25 mai. — Guillaume Cochet : un pot de vin sur la vigne de *Frobert*, pour la prière à Pâques.

1461 - 7 février. — 2 sols de rente sur « un courtil et une vigne près *Frobert* », pour la prière à la Toussaint.

1464 - 24 mai. — 2 sols de rente sur le pré *Garreau*, au fief de Moré, au terme d'Angevine, pour la prière à la Toussaint.

1467 - 6 juillet. — Jean Ferquin : 10 sols sur la *Foubayère* et le *Boulay*, pour la chapelle Saint-Jean.

1482 - 16 mars. — Jean Cosnard : 2 sols 6 deniers sur un jardin près de l'église, le pré *Blanche*, le champ des *Pisserots*, une pinte de vin sur la vigne de la *Baste* pour « être ès prières le jour de Pâques et à la Toussaint ». Plus un pain bénit de 12 den. legué sur la noe de *Montralu*, au fief de Courtoussaint, à la chapelle Saint-Michel-de-la-Courbe, par Jeanne Lanesse, mère de Guillemette, femme de Jean Cosnard.

1495. — Jean Busson et Vincende sa femme : l'huile pour entretenir la lampe durant l'octave du Sacre, et un pain bénit de 20 deniers au jour de saint Julien, sur le *Patis-Furet* à la Corbelière, au fief de Courtoussaint, pour la prière le jour du Saint-Sacrement et le jour de saint Julien.

1498. — Jean Busson, curé : le lieu des *Prêtrises* à la cure, et six boisseaux de blé à la fabrique.

1500 - 4 février. — 3 sols sur le champ de *la Castille*, près *les Etricheries*.

1504 - 30 août. — Guillaume Busson et Gatienne sa femme : 5 sols à la Toussaint sur le champ des *Chevaleries* et la noe *Creuse*, situés entre la Grange et la Jarretière, au fief de Douillet.

1507 - 30 avril. — Jeanne Chappeaux : le jardin de la *Touche* ou de la *Roche*, au fief de Corbon, pour avoir la prière à la Toussaint.

1508 - 1er septembre. — Anne Martin, dame de Launay ; 3 sols 4 den. au curé, et 20 den. à la fabrique une fois payés, pour avoir la prière du peuple : un pain bénit d'un boisseau de blé, mesure de Sainte-Suzanne, avec 10 den. d'offrande le jour de saint Michel.

1508. — Jean Juille et Richette sa femme : un journal de terre au *Tertre Guillouard*, pour avoir la prière à Pâques et à Noël.

1512 - 12 décembre. — 2 sols de rente sur « un cloteau contenant semure à deux boisseaux de blé, près le pont de Douillet ».

1518 - 11 novembre. — Paul Agin : 2 sols de rente à la Toussaint, plus deux pains bénits de chacun 15 deniers à Pâques et à la Saint-Pierre, sur le champ du *Cormier*, au fief de Moré, la noe *Carrelet* et autres terres du *Boulay*, à charge d'une messe et la prière chaque année au jour de saint Julien.

1518. — Une maison et un jardin « dessous le *Tertre Guillouard* ».

1520 - 2 décembre. — Michelle, veuve Jean Fouscher : le champ du *Gros Coustil*, au fief de la Beauce, « à charge d'une messe chaque année le premier vendredi de carême et la prière le dimanche précédent ».

1525. — Jean Juille l'aîné : 5 sols sur un journal de terre près *Loriere*, pour avoir « la prière le Vendredi Benoist. »

1525. — Guillaume Martin : 2 sols de rente sur le pré du *Gué de l'Aune*, au fief de Douillet, pour avoir la prière à la Toussaint.

1526. — Ambroise Boutin : 6 sols de rente sur le grand clos de *la Croix Boutin*, paroisse de Saint-Aubin-de-Locquenay, et une petite maison au bourg de Douillet, pour avoir la prière à Pâques et à Noël.

A la même date, la fabrique possède encore : le champ du *Carrefour des Sablonnets*, le champ de la *Charpentrie*, un champ entre la *Beauce* et les *Pisserots*, un paint bénit de 20 deniers au jour de saint Philippe et saint Jacques, legué par Guillaume Le Roux, sur le champ *Lesnart* ; un pain de 10 den. avec une chandelle d'offrande à la Chandeleur et au jeudi absolu, legué par Etienne Simon sur la *Rogerie* ; un pain de 20 den. au jour de saint Philippe et de saint Jacques, légué par Aubin Aguillé et Jean Paris, sur le champ des *Clausets*, près le Bois-Rasoir ; un pain de deux sols sur le pré *Blanche*, légué par Jean Belocier de la Rogerie, pour avoir la prière à Pâques fleuries ; un pain de 10 den. le jour des morts, légué par Guillaume Gautier ; un boisseau de froment à communier le peuple le jour de Pâques, légué par Bertrand du Cormier, seigneur de Lorière et Marie de Beaucé son épouse, sur le lieu de la *Buotière*, à Mont-Saint-Jean, pour avoir la prière à Pâques.

1528. — Georges de Corbon et Jean de Lavergne : 10 sols sur la terre de *Corbon* et 2 sols 6 den. sur celle des *Roches*, pour la chapelle de Corbon, à charge de faire la prière à Pâques.

1531 - 31 janvier. — Jeanne Deret : 3 sols sur le jardin de la *Groye*, dont 2 sols pour un pain bénit le jour de la Visitation, plus un pain bénit de 20 den. au jour de saint Philippe et saint Jacques, sur le champ des *Fermes* ou *Clos Augé*, pour avoir la prière ledit jour de saint Philippe et saint Jacques.

1533. — Guillaume Charbonnier et sa femme : 3 sols sur un jardin près le pont de Douillet, au fief de Courtoussaint, pour avoir la prière à Pâques et à la Toussaint, eux et leurs amis trépassés.

Vers la même date, la fabrique a encore reçu : de Pierre Déret, un pain de 10 den. au jour de N.-D. Marchesse avec 2 den. d'offrande, sur le champ du *Pâtis*, près le Cormier, au fief de Douillet, pour avoir la prière ledit jour de l'Annonciation ; de damoiselle Michelle de Saint-Denis, dame de la Bouteveillère, 7 sols

6 den. de rente sur la terre de la *Bouteveillère*, pour avoir la prière à Pâques, à la Saint-Pierre et à Noël.

1549. — Ambroise Chappeaux, prêtre: 2 sols sur le champ du *Bout des Vignes*, au fief de la Beauce, pour avoir la prière à Pâques.

1550 - 23 avril. — Robert Pelard et Michelle Massue sa femme : 25 sols sur le pré des *Saules*, pour un *Pater* et un *Ave* tous les dimanches au prône.

1551 - 10 avril. — Lucas Belocier : 20 den. sur le champ des *Bastes*, pour avoir la prière à Pâques fleuries et à la Toussaint.

1552 - 20 avril. — Jeanne Deret : une pinte de vin sur le pré *Blanche*, pour avoir la prière à Pâques.

1558. — Jean Girard, prêtre : le champ *Marteau*, à charge d'une messe chaque année, le jour des Trépassés.

1572 - 7 mars. — Philippe Coisnon et Marie Hamelin sa femme : 15 sols, sur le champ du *Chateillon*, pour avoir la prière tous les dimanches.

1574 - 5 décembre. — Jean Carré : le jardin du *Rocher*, pour une messe et la prière le jour des Trépassés ; un pot de vin aux communiants le jour de Pâques pour avoir la prière ledit jour.

1583 - 9 mars. — Guillaume Agin et sa femme : un pain bénit 2 sols 6 den. à la messe de minuit ; 20 écus pour les collecteurs de la taille ; 10 sols sur le champ des *Ouches*, au fief de Moré ; pour avoir la prière à Noël et tous les dimanches.

1583 - 24 mai. — Robert Chantelou : un pain bénit de 2 sols 6 deniers, sur le jardin de *la Loge*, pour avoir la prière à la Toussaint.

1584 - 21 septembre. — Michel Horeau, prêtre : 20 sols sur le pré de la *Rivière*, près la Brière, à Montreuil, pour avoir la prière tous les dimanches.

1586 - 18 août. — Jeanne Deschamps, veuve Jean Martineau : un pain bénit de 15 den. sur le pré *Ribot* près la Chalonnière.

1587 - 24 octobre. — Georges Lagogué : 40 sols sur le *Clos d'Orgères*, pour un *Subvenite* et la prière tous les dimanches, plus la prière à la fête du Saint-Sacrement, à la Saint-Pierre, à l'Assomption et à Noël.

1589 - 10 avril. — Thomas Le Roy, seigneur du Plessis-Breton et Olive de Moré : 10 sols au jour des Rois, pour la fondation d'une chapelle, à charge d'une messe basse chaque année, suivie du *Te Deum* et de la prière, ledit jour des Rois.

1589 - 17 juillet. — Rose Cormaille : Le pré *Blanche* et un autre quart de journal, à charge d'une messe basse et de la prière à la Toussaint.

1589 - 26 octobre. — Catherine Deret : le jardin du *Cormier*, pour avoir la prière à la fête du Sacre et à la Toussaint.

1590. — A cette date la fabrique possède encore un pain bénit de 2 sols

12 den. légué sur le jardin de *la Loge*, près Lorière, par Richard Deret et Jeanne sa femme.

1601 - 1ᵉʳ octobre. — Jean Déret et Jeanne Belocier : 40 sols sur le champ des *Beauces*, au fief de la Beauce, pour un *Subvenite* tous les dimanches.

1603 - 29 août. — Michel Durant et Françoise Cormaille : 40 sols sur le champ des *Grandes Fermes*, pour un *Subvenite* tous les dimanches.

1605 - 29 mars. — Jeanne Horeau : 20 sols sur le champ *Guillet*, situé entre le Plessis et le Fléchin, à charge d'une messe haute à la Saint-Jean, d'une messe basse à Noël, et la prière les dimanches précédents.

1609 - 3 avril. — Charles du Plessis-Châtillon, seigneur de la Droulinière : 10 sols pour un banc, et la prière le dimanche de la Passion.

1611 - 5 mai. — Etienne et Catherine Petiot : 10 sols sur le *Grand Clos*, à Sougé, pour la prière aux quatre fêtes annuelles.

1615 - 29 mai. — Pierre Lebouc et Françoise Picher : 40 sols sur le pré de *Douillet*, aboutant au chemin de Douillet à Courtoussaint, pour avoir la prière tous les dimanches, plus un pain bénit de deux sols, le jour de sainte Barbe, pour avoir la prière ledit jour.

1615 - 12 septembre. — Mᵉ Georges du Lierre, curé de Chevaigné : une chasuble de damas rouge, pour avoir la prière toutes les fois qu'elle servira.

1616 - 24 mai. — Jean Agin : 3 sols sur le champ de *Beaujarry*, pour avoir la prière tous les dimanches.

1616 - 13 juillet. — Jeanne Vignoth, femme François Bougler : 30 sols sur le jardin de la *Rivière* à Saint-Georges, pour avoir la prière tous les dimanches.

1617 - 1ᵉʳ décembre. — Olivier Chatelain : pain bénit de 2 sols sur une maison à *Haut-Frobert*, pour avoir la prière à Pâques.

1618. — Christophe de la Vayrie, seigneur de Courtoussaint : 10 sols pour droit de banc dans l'église.

1629 - 4 juin. — Pierre Chappeaux et Claudine Le Roux : 60 sols sur le jardin des *Boulays*, à charge de trois grandes messes pendant 20 ans, plus 40 sols sur le champ du *Bouget*, pour avoir la prière tous les dimanches. — Cécile Le Roux : 10 sols sur le champ de l'*Epine*, pour avoir la prière tous les dimanches.

1629 - 11 août. — Marin Veau et Marguerite Biette : 15 sols sur le champ de *Devant*, près la Foubayère, à charge de deux messes basses à Pâques et à la Toussaint.

1632 - 17 mai. — Gabriel Lavollé, prêtre : le bordage de *la Butte*, à charge de quatre messes hautes, le mercredi des Cendres, le vendredi après le Sacre, le 1ᵉʳ août et le 1ᵉʳ octobre, et la prière tous les dimanches.

1633 - 3 mai. — André Bigot : 3 livres à la fabrique et 25 sols au curé pour avoir la prière tous les dimanches ; une maison au bourg, pour une messe basse et un *Subvenite* le premier dimanche de chaque mois. (Prestimonie Bigot).

1634 - 30 octobre. — Jean Roger : le champ de *la Hantelle*, à charge de quatre grandes messes à la Saint-Jean, à la Saint-Michel, à la Sainte-Barbe et à la Sainte-Anne, et la prière tous les dimanches.

1639 - 12 juillet. — Jean de Montesson : le champ de l'*Aguille* (cimetière actuel) pour un *Subvenite* à l'issue de toutes les processions qui se rendront au nouveau cimetière.

1640 - 19 janvier. — Jacques de Cocherel, seigneur de la Bouteveillère : 19 livres pour une messe le premier dimanche de chaque mois, à l'autel du Rosaire, et la prière chaque dimanche.

1640 - 9 octobre. — Mathurine Chatelain, veuve Pierre Roger : 6 livres pour un *Stabat* le premier dimanche de chaque mois et la prière aux fêtes de Notre-Dame.

1646 - 9 juillet. — Sébastien Leduc : 90 sols, pour avoir la prière chaque dimanche.

1647 - 20 mai. — Léonard Denise et Marguerite Cochet : une maison au. *Genetay*, pour la prière chaque dimanche et un service le jour de saint Léonard

1647 - 13 novembre. — Pierre Péan et Georgette Patry : 10 sols, à charge de deux messes basses et la prière à la Saint-Pierre et à la Toussaint.

1650 - 13 mai. — Anne Morillon : 4 livres sur une maison et un jardin au bourg, à charge d'un service le jour de la Sainte-Anne, et deux messes basses de Requiem.

1667 - 17 mai. — Mathurine Lainé, veuve André Bellanger : 10 sols sur le pré de la *Chaussée*, à Montreuil, à charge d'une messe et la prière le jour de saint Martin.

1667 - 29 mai. — Marin Champion : 23 livres sur la *Petite-Courbe*, à charge d'une messe et la prière le premier mercredi de chaque mois, dans la chapelle Saint-Michel-de-la-Courbe.

1667 - 4 novembre. — Marguerite de Baillon, veuve Gabriel de Cocherel, dame des Roches : 100 sols sur la terre des *Roches*, à charge d'une messe aux fêtes de Notre-Dame, et la prière tous les dimanches.

1669 - 5 juin. — Michel Cochet, prêtre : 20 livres sur la *Grenousière*, pour une messe et la prière tous les mois.

1670 - 31 août. — Françoise Broust, veuve René Chanteau : une maison et un jardin, à la *Courbe*, à charge de trois messes à la Saint-René, à la Saint-François et à la Saint-André.

1687 - 9 mai. — Elisabeth Corbin, veuve Jean Denier : 60 sols sur un jardin, près *le Pont*, pour avoir la prière tous les dimanches.

1690 - 26 avril. — Guillaume Jory, sieur de Louville, 10 sols de rente, pour droit de banc.

1691 - 17 novembre. — Françoise Piau, veuve Charles de Courtarvel, dame de la Bouteveillère, 50 livres pour trois grandes messes. — Ce legs, conditionnel, fut annulé de droit par la naissance postérieure de trois petits enfants.

1692 - 31 août. — Michel Le Sage, notaire : 10 sols pour droit de banc.

1696 - 24 février. — Mᵉ Hélie Derouez, curé : 30 livres pour avoir la prière au prône.

1702 - 14 août. — Marguerite Maudet, veuve Jean de Montesson : une somme de 200 livres.

1708 - 29 février. — Anne de Courtarvel, veuve René-Gilles de Barville : 170 livres, à charge de 4 messes basses par semaine, avec une oraison les dimanches et fêtes.

1724 - 22 août. — Léonard Aguillé : trois grandes messes par an et deux messes basses par an, pendant 20 ans, sur ses terres de *la Bussonnière*.

1725 - 25 décembre. — Mᵉ Claude Guyon, curé, une somme de 200 livres.

1729 - 21 octobre. — Cécile Chatelain : 40 sols sur une maison au bourg, à charge d'une messe le jour des Trépassés.

1730 - 15 octobre. — Nicolas Pelard : 14 livres pendant trente ans, sur un jardin au bourg, à charge de trois messes par an, plus un tiers de son mobilier, soit 1131 livres, plus une rente de 150 livres aux pauvres.

1761 - 18 février. — Marie Le Roy : deux services par an, pendant vingt ans.

1868. — M. Victor Le Sage : le lieu de la *Grenousière*, légué au bureau de bienfaisance, à charge de remettre chaque année 28 fr. 88 à la fabrique, pour faire célébrer un service le 30 octobre, jour anniversaire de la mort du testateur.

1874. — M. Thomas Duval : une somme de 20,700 fr., produisant 1033 fr. de rente, pour être employée à la décoration de l'église et à l'achat des objets nécessaires au culte.

1875. — M. l'abbé Pierre-Antoine Dubois : une somme de 10,000 fr., dont une rente de 200 fr. au curé, pour faire célébrer chaque année, à perpétuité, 24 messes chantées.

1881. — M. et Mᵐᵉ Chilard-Triger : une rente de 50 fr., pour la fondation de 10 messes chantées, chaque année et à perpétuité.

III.

NOTAIRES EN RÉSIDENCE A DOUILLET.

1504 Jean Belocier, tabellion en la Cour du Bourg-Nouvel.
1529 Michel Busson, notaire de la Cour de Sillé.
1535 Gilles Pelard, notaire en Cour d'Eglise.
1547 Georges Busson, notaire royal.
1566 René Lefaucheux, notaire de la Cour de Sillé.
1584 Julien Briffault, notaire de la Cour du Chapitre.
1587 Pierre Lebouc, notaire royal.
1602 Mathurin Cochet, notaire en Cour laye.
 —   Ambroise Besongne,   id.
 —   Jean Périer, notaire de la Cour de Sillé.
1603 François Cormaille,   id.
1617 Julien Durand, notaire de la Cour du Mans.
1632 André Cornilleau.
1639 Christophe Lebouc, notaire royal.
1654 Samson Hercé,   id.
1667 Jean Denier,   id.
1690 Urbain Deshais,   id.
1692 Michel Le Sage, notaire de la Cour de Sillé.
1730 Jean-Baptiste Martineau, notaire royal.
1782 Jacques Brousset,   id.
An IX, Jacques Dily.

IV.

SEIGNEURS ET PROPRIÉTAIRES DES PRINCIPAUX FIEFS DE DOUILLET DEPUIS LE MOYEN-AGE JUSQU'A NOS JOURS.

Terre et seigneurie de Douillet.

1292. — Jean Tragin, écuyer.
 —   — Fouquet Tragin.
1373. — Guillaume Tragin.

1409. — Jeanne Tragin, dame de Douillet, mariée à Pierre Ferquin, fils de Colas Ferquin, seigneur de Saint-Georges-le-Gaultier.

Vers 1425 Jean Ferquin et 1° Jeanne de Brée, 2° Marie Le Brasseur.

1456. — Jean Ferquin et Marguerite de Chevigné.

1499. — Philippe Ferquin et Rose Bourel.

1529. — Antoine Ferquin et : 1° Renée d'Orcisses morte à Douillet en 1543 ; 2° Françoise de Montesson, épousée le 14 février 1555.

1565. — François Ferquin, mort sans enfants vers 1580.

Vers 1582, Jacques de Montesson, fils de Guillaume de Montesson et de Rose Ferquin, laquelle était sœur de François Ferquin ; il épouse le 21 novembre 1583, Jeanne de Rougé.

1620. — François de Montesson, épouse le 7 janvier 1623, à Fresnay, Marguerite Sévin ; meurt sans enfants en 1638.

1638. — Jean II de Montesson, frère du précédent, baptisé à Douillet le 28 octobre 1598, épouse le 19 juillet 1640, Elisabeth Picard, meurt à Douillet dans sa 80e année, le 19 septembre 1677.

1677. — Jean III de Montesson, baptisé à Douillet le 14 mai 1651, épouse, le 4 août 1685, Marguerite Maudet, meurt à Douillet le 26 avril 1693, âgé de 42 ans.

1693. — Jean-Thomas de Montesson, baptisé à Douillet le 18 novembre 1688, épouse : 1° le 5 février 1711, Madeleine-Paule du Prat ; 2° Angélique de Gaultier-Chiflreville ; meurt au Mans et est enterré dans l'église de Douillet le 28 avril 1758.

1758. — Louis-Pierre Joseph de Montesson, baptisé à Douillet le 31 décembre 1714, épouse le 19 septembre 1738 Marguerite-Renée Le Silleur, meurt à Paris en 1798. — Il est représenté à Douillet, dans les années qui précèdent la Révolution, par son fils, Balthazar Michel.

1798. — La terre de Douillet est confisquée par la Nation.

1803. — Elle est rachetée par Antoine-Louis-Hector de Montesson, fils de Louis-Pierre-Joseph de Montesson ; né à Douillet le 21 août 1752, il épouse successivement mesdemoiselles Mariani, de Hérisson de Villiers, et de Savoisy ; il meurt à Montigny-sur-Aube le 6 janvier 1830.

1830. — Madame la vicomtesse de Montesson, née Eulalie Vaillant de Savoisy, veuve du précédent : elle avait reçu la propriété de la terre de Douillet par contrat de mariage en 1817. Elle meurt à Châtillon-sur-Seine en mars 1864.

1864. — M. Louis-Auguste de Villecot de Rincquesen, descendant par Marguerite-Louise de Montesson de Me Louis-Pierre-Joseph, hérite de la terre de Douillet, en vertu des dispositions du testament de Mme de Montesson. Né le

24 août 1814, il avait épousé le 16 novembre 1848 M^ell Amélie d'Hauterive ; il meurt le 13 août 1873.

1873. — M. Louis-Alfred de Rincquesen, né le 26 août 1852, épouse le 27 octobre 1881 M^olle Marie du Bos de Saint-Leu ; dont un fils : Jean-Charles-Louis de Rincquesen né à Paris le 14 avril 1884.

Le Plessis Breton.

Jacques Le Roy, écuyer, sieur des Valettes, et Jeanne Ferquin, font reconstruire le Plessis en 1534. Jacques Le Roy meurt avant 1555 ; Jeanne Ferquin lui survit très longtemps. De cette alliance naissent un fils, Thomas, qui suit ; et une fille, Françoise, mariée à Georges de Courbayer, seigneur de la Droulinière.

Thomas Le Roy, seigneur du Plessis dès 1555, et Olive de Moré. Thomas Le Roy meurt le 5 mars 1600 ; Olive de Moré vit encore en 1620. De cette union sont nés entre autres : Guy escolier en 1593, qui habitera encore le bourg de Douillet en 1650 ; Jeanne, mariée le 2 mai 1609 dans l'église de Douillet à Isaac Poyet, écuier, sieur de la Chevallerie, de la paroisse de Plumellec, évêché de Vannes, et en aura un fils René, baptisé à Douillet le 18 août 1620 ; Françoise baptisée à Douillet le 14 janvier 1596 ; Thomas le 28 mars 1597.

Jean Le Roux, sieur du Plessis Breton vers 1615.

Damoiselle Louise Le Roux, dame de Loupfougère, Lamboust et du Plessis-Breton en 1638.

Claude de Fossay, sieur de Lamboust, et damoiselle Marie Le Roux.

René de Pannard, curateur des enfants mineurs des précédents en 1650, à cause de sa femme Anne de Fossay.

Nicolas François de Pannard, chevalier, seigneur de Chantepie à Thubœuf, propriétaire du Plessis en 1705.

En 1742 Emmanuel de Pannard est propriétaire du Plessis, qui passe ensuite à la famille de Montesson.

En 1789 le Plessis appartient à Balthazar Michel de Montesson.

En 1804 il est racheté à la Nation par Mme de Vaux, née Antoinette de Montesson.

En 1814, il est vendu par MM. Hyppolite et Jean de Vaux à M. Champion, de Crissé.

Aujourd'hui, la terre du Plessis appartient à la famille Gouin.

Brantalon.

1488. — Roland Le Maire et Perrine Ferquin.

1539. — Florent Le Maire.

1596. — Damoiselle Marie Le Maire.

1628. — Abraham du Hayer, sieur du Perron, conseiller et procureur du roy au siège d'Alençon, et Françoise du Blanchet.

Jacques Le Couteiller, sieur de la Borde, et Marguerite Le Hayer.

Terre depuis longtemps divisée.

Terre et seigneurie de Courtoussaint.

XIVe siècle. — Eudes de Montigné, dont la veuve rend aveu au baron de Sillé en 1409.

1457. — Guillaume de Beaugencé.

1484. — Jean de Saint-Rémy, écuyer, seigneur de Montigné et de Courtoussaint.

XVIe siècle. — Mgr François de la Vayrie.

Christophe de la Vayrie, prêtre, curé de Douillet.

1570. — René de la Vayrie.

Christophe de la Vayrie, sr de Courtoussaint, mort en 1602 à Fresnay. Serait-ce l'ancien curé de Douillet ?

1610. — Christophe de la Vayrie, écuyer, seigneur de Courtoussaint, épouse le 14 janvier 1613, dans l'église de la Roche-Mabile Louise Vasse ; il est enterré à Montreuil le 11 juillet 1629. De cette union naissent : René, baptisé le 9 juin 1614 ; plus tard curé de Dampierre-des-Landes ; Christophe le 13 janvier 1620 ; Jacques le 30 décembre 1620 ; Renée le 30 décembre 1626 ; Louise le 28 décembre 1628.

1629. — Jacques de La Vayrie et damoiselle Renée de Cissé. Renée de Cissé est inhumée dans l'église de Douillet le 1er février 1652 ; Jacques vend Courtoussaint à René de Jajollet, seigneur de Larré, par contrat du 2 juillet 1660, moyennant 18,000 livres, puis il meurt sans enfants le 20 du même mois.

1660. — René Jajollet de Larré, écuyer.

1702. — René Jajollet, prêtre, curé de Larré en Normandie, vend Courtoussaint à Marguerite Maudet, veuve Jean de Montesson, moyennant 10,500 liv. et 600 liv. de vin de marché, par acte passé le 10 avril devant Me Urbain Deshais. A la suite de la saisie des biens de la famille Jajollet, intervient en 1709 un second contrat entre les créanciers et M⁰ de Montesson ; ce contrat est passé le 20 décembre devant les notaires du Châtelet.

1709. — M⁰ Jean Thomas de Montesson.

1717. — Après un long procès, un arrêt du parlement en date du 10 mars, autorise la baronne de Sillé, Marie-Anne de Bourbon, princesse de Conty, à exercer le droit de retrait féodal; Courtoussaint est réuni au domaine de la baronnie de Sillé.

1798. — Courtoussaint, confisqué par la Nation, est vendu comme bien national, le 26 thermidor an VI, au district de Fresnay, au sieur Peltier-Cabour, pour 9,225 fr.

1802. — Courtoussaint est revendu sur folle enchère le 29 prairial an X, à la préfecture de la Sarthe, à M. Louis Lhermenault, maître de forge à Vibraye pour 9,520 fr.

1831. — Courtoussaint est acheté le 10 mars, par MM. Robert-Pierre Triger et Jean Chédor.

Aujourd'hui la terre est divisée en deux fermes : l'une appartient à M. Gustave Triger, l'autre aux héritiers de M. Jean Chédor.

La Bouteveillère.

XIV et XV⁰ siècles. — Famille Bouteveile.

XVI⁰ siècle. — Damoiselle Michelle de Saint-Denis.

1566. — René le Royer.

XVII⁰ siècle. — Jacques de Cocherel, inhumé le 26 juin 1640.

1640. — Damoiselle Jacquine-Françoise de Cocherel, sœur du précédent, mariée en premières noces, le 7 février 1630, à René de Courtarvel, seigneur de Coulombiers, et en deuxièmes noces à Étienne de Havard, écuyer, sieur de Senantes.

1670. — Charles de Courtarvel, sieur de Coulombiers, et Françoise Piau, morte à la Bouteveillère vers 1691.

1692. — François Loubat, sieur de Carles, et Françoise de Courtarvel, fille des précédents.

1714. — Camille-François-Charles de Loubat, sieur de Carles, et Marie-Anne de Sirard, demoiselle de Grilmont.

1740. — André-Charles de Fourcroy, écuier, sʳ de Varipont, demeurant à Paris, épouse Françoise de Courtarvel, v⁰ François Loubat.

1748. — Louis-René, marquis de Courtarvel de Pezé, a acheté la Bouteveillère.

1788. — Henriette-Charlotte-Marie de Courtarvel de Pezé, fille du précédent, veuve de Michel-Pierre-François, comte d'Argouges, lieutenant-général des armées du roi.

1809. — Henriette-Louise-Françoise d'Argouges, fille des précédents, veuve de M. Antoine-Philippe de la Trémouille, prince de Talmont. C'est à cette dame que la commune de Douillet doit, en 1828, la fondation de l'établissement des sœurs de charité.

La Bouteveillère appartient actuellement à M. Gabriel Lecointre.

La Droulinière :

XIVᵉ siècle. — Jean du Mesnil.

1413. — Charles du Mesnil.

1457. — Guillaume Hellier et Jeanne Rilland.

1523. — Martin de Courtallain et Marie de Loudon, seigneurs de Courbayer et de la Droulinière.

1550. — Georges de Courbayer et Françoise Le Roy, fille de Jacques Le Roy, seigneur du Plessis-Breton et de Jeanne de Ferquin : de ce mariage naissent Suzanne et Hélène de Courbayer.

1583. — Suzanne de Courbayer épouse Jean du Plessis-Châtillon, écuyer, sieur de Vaulx, et meurt à Douillet en 1604.

1604. — Charles du Plessis-Châtillon, fils des précédents, épouse le 5 sept. 1606 dans l'église de Mont-Saint-Jean, damoiselle Renée de Guenée, dame de la Touche, morte le 8 février 1632 ; et en deuxièmes noces, le 3 mai 1636, damoiselle Julianne Poyvet, de Fresnay.

1648. — André du Plessis-Châtillon, épouse : 1º Louise du Buat ; 2º damoiselle Catherine Brière.

1687. — La Droulinière, achetée par René de Jajollet, saisie par ses créanciers, est adjugée pour 10,500 livres à Mᵉ Jean Brière, prêtre, curé du Val, frère de la dame du Plessis-Châtillon, qui habitera ainsi la Droulinière jusqu'après 1696.

1709. — Marie Brière, nièce de Mᵉ Jean Brière, et Jacques-Charles de Herbelin, épousés le 17 janvier 1709 dans l'église de Douillet.

1724. — Louis de Herbelin, sans doute frère du précédent car il était né en 1675 et mourut à Douillet à l'âge de 60 ans le 26 août 1735, seigneur de la Heulière et de la Droulinière, épouse Charlotte-Marguerite de Mézanges, morte à 88 ans le

14 janvier 1766. De cette union naissent : Françoise-Louise-Marguerite, baptisée à Douillet le 21 août 1725, François-Charles le 2 oct. 1727, plus tard curé de Montaillé, Jean-Louis le 16 juin 1729.

1736. — Jean-Louis Pasquier de Herbelin, inhumé à Douillet le 19 mai 1788.

1784. — Jeanne-Elisabeth de Herbelin, veuve en 1798 de Pierre-Marie du Rocher, de Saint-Front près Domfront, et Marie-Anne-Jacqueline de Herbelin d'Avranches, héritières du précédent.

De la famille de Herbelin, la Droulinière passe à la famille de Moloré de Saint-Paul. Actuellement elle appartient à M. et à Mᵐᵉ de Graveron.

Moré :

1270. — Philippe de Moré, et Roesia, dame de Seentgaut.

1554. — Pierre de Laval, seigneur de Lezay, fils de Guy de Laval-Lezay et de Claude de la Jaille, épouse Jacqueline de Clerembault. Il meurt en 1582.

1582. — Pierre de Laval II, seigneur de Lezay, conseiller d'État, épouse en 1592 Isabeau de Rochechouart, et meurt en 1623. Il donne Moré en dot à sa fille Jeanne-Jacqueline.

1620. — Honorat d'Ascigné, comte de Grand-Bois, capitaine de cinquante hommes d'armes, et Jeanne-Jacqueline de Laval.

1652. — Louis du Bellay, chevalier, seigneur des Buards en Anjou, qui a épousé Anne d'Ascigné, héritière des précédents.

1680. — Charles du Bellay, chevalier non prêtre de l'Ordre de Saint-Jean de Jérusalem, et Anne-Madeleine du Bellay.

1689. — Mᵐᵉ Suzanne de Neuillan-Parabère, duchesse de Navailles, achète Moré, de Charles du Bellay, 21,794 liv.

1700. — Françoise de Navailles, duchesse d'Elbeuf, veuve de Charles de Lorraine, duc d'Elbœuf.

La terre de Moré, dans la première moitié du XVIIIᵉ siècle, est achetée par Mᵉ Louis-Pierre-Joseph de Montesson et réunie à la seigneurie de Douillet.

Confisquée par la Nation vers 1797, elle est rachetée en partie en 1803 par M. Antoine-Louis-Hector de Montesson et Mˡˡᵉ Hérisson de Villiers: le moulin leur est adjugé 7,930 le 18 fructidor an XI, à la préfecture de la Sarthe. Réuni depuis cette époque au domaine de Douillet, Moré appartient aujourd'hui à M. Louis de Rincquesen.

La Courbe.

1497. — Jean Bouchard, écuyer, seigneur de Groutel, Loisardière, les Hallais et la Courbe, et Ambroise Gobé.

1525. — Pierre II, Chapelain de Moré, lieutenant à la Prevosté du Mans, et damoiselle Renée Piau.

1553. — Gatienne Chapelain, ou Marie Chapelain, femme de noble Louis Le Tourneur, lieutenant du bailli de la Prévosté du Mans, filles des précédents.

1600. — Pierre de Guyon, sieur de Sanceaux, et Charlotte du Brail. — De cette union naissent: Jacques, Françoise, inhumée à Douillet le 1er mars 1601, Charlotte, le 25 octobre 1608.

1620. — Jacques de Guyon et damoiselle Louise de Vaulx ; d'où François, baptisé à Douillet le 23 sept. 1620.

Av. 1640. — Jacques de Guyon a vendu la Courbe à Jacques Elisant, sr de la Buchaye, demeurant à Blois, qui a épousé Anne Dufour.

1646 - 8 novembre. — Jacques Elisant et Anne Dufour vendent la Courbe à Henri Dufour, médecin et conseiller du duc de Vendôme, alors en Italie, représenté par sa sœur Jeanne Dufour, « veuve de noble homme Jacques Papin, vivant receveur général du domaine du comté de Blois ».

1656. — La Courbe est vendue à Gilles de Jajollet, puis saisie en 1682 à la requête de ses créanciers.

1700. — Après des formalités qui durèrent dix-huit ans, la Courbe est adjugée pour 7200 liv. à Antoine Gislard, bourgeois de Paris ; à ce moment le titre de seigneur de la Courbe était porté par Michel de Jajollet, écuyer, gouverneur pour le Roy de la côte d'Afrique, capitaine commandant le vaisseau de S. M. le *Cheval-Marin*.

1755. — Louis du Perche, chevalier, seigneur de Mesnil Hatton, conseiller du Roi, ancien trésorier de France au bureau des finances et chambre des domaines de la généralité d'Alençon, demeurant à Alençon.

1770. — Jeanne du Val, écuyer, sr de la Guiberdière, demeurant à Alençon.

1779. — Jeanne du Val, veuve de Me Louis-Henry-Gabriel Quillet d'Aubigny, en son vivant commandant de bataillon dans le régiment de Navarre, chevalier de l'ordre royal et militaire de Saint-Louis.

La Courbe passe ensuite à des neveux et nièces de M. Quillet d'Aubigny ; Jean-Baptiste Le Sage, Hilaire-André Le Sage, et Marie-Eléonore Le Sage, fille majeure demeurant à Alençon.

1798. — Ceux-ci vendent la Courbe le 13 frimaire an VII à René Château-thierry et Madeleine-Eléonore-Rosalie Bercher-Monchevreuil, son épouse, d'Alençon.

La Courbe passe ensuite à la famille Liber d'Alençon ; actuellement elle appartient à M. Guy, de Fresnay.

Corbon.

XIIe siècle. — Guillaume de Corbon.

1223. — Guischard de Corbon.

1451. — Jean de Corbon et Roberde de Saint-Berthevin ; dont Pierre et Jeanne de Corbon.

1490. — Pierre de Corbon, dont Georges et Charlotte.

1528. — Georges de Corbon, écuyer, s[r] de la Coudrière.

1569. — Jean de Corbon, fils du précédent.

1569. — Antoinette de Corbon, femme de Pierre de Courtarvel, s[r] de Bois-gency, la Petite-Lucazière et Vauhallier.

1597. — Jacques de Courtarvel, écuyer, s[r] de Boisgency, épouse en 1610 damoiselle Louise de Renard, du pays de Vendomois, et est inhumé à Douillet le 4 avril 1626, et elle le 19 mai 1648. De cette union naissent : Joachim ; Louise, baptisée le 21 oct. 1625, morte le 12 juin 1642 ; Marguerite baptisée également le 21 oct. 1625.

1649. — Joachim de Courtarvel, chevalier, et dame Jeanne de Floquet ; d'où Christophe, bapt. en 1649 et qui meurt sans doute en bas-âge, Anne, et Jeanne.

1708. — Anne de Courtarvel, veuve de Me René Gilles de Barville, écuyer, inhumée à Douillet le 27 mars 1708.

1709. — Jeanne de Courtarvel, sœur de la précédente, épouse de M. Eléonor de Baudry, chevalier, s[r] de la Galloire paroisse de Saint-Aubin-de-Claye.

1711. — Corbon est acheté des précédents par Pierre de Versoris, écuyer, s[r] de Beauvais, et dame Marie-Anne Le Tonnelier son épouse.

1724. — Marie-Elisabeth et Jeanne-Angélique de Versoris, filles mineures des précédents, baillent Corbon « à titre de rente foncière » à Marc Antoine Jory, s[r] de Louville, maitre des forges d'Aubes.

— Marie Elisabeth de Versoris épouse M. Claude Le Doux, baron de Melville, chevalier, conseiller au parlement de Paris.

1740. — 14 avril, Corbon est vendu par les précédents à M⁰ Louis-Pierre-Joseph de Montesson, seigneur de Douillet.

En 1797 Corbon est compris dans les biens abandonnés par la Nation à l'ancien seigneur de Douillet ; et après sa mort en 1798 revient à Antoinette de Montesson sa fille, par suite à la famille de Vaux.

En 1850 Corbon a été vendu par M. Gilbert de Vaux au comte du Breuil de Landal, dont la famille possède encore cette terre.

Les Roches.

1528. — Jean de Lavergne, et damoiselle de Crux.

1585. — René de Lavergne.

1603. — René de Lavergne, sʳ des Roches, et Louise Deschamps, sa femme, v⁰ de Jean Bonvoust, sieur de la Miotière.

1624. — Gabriel de Cocherel, et Marguerite de Baillon.

1659. — Jean de Cocherel, inhumé le 27 oct. 1667.

1667. — Marguerite de Baillon, v⁰ Gabriel de Cocherel, inhumée le 14 novembre.

1667. — Mathurin Le Feron, escuier, sieur de Longuemesière, de la paroisse de Moulins-le-Carbonnel, veuf de Renée de Cocherel, dont il a un fils, Antoine René Le Feron.

1697. — Antoine René Le Feron, et Marie Madeleine de Jupilles. Antoine-René Le Feron est assassiné en 1713 à la porte de l'auditoire du bailli d'Assé.

1718. — Partage de la terre des Roches, entre les héritiers d'Antoine-René Le Feron, les deux tiers à Camille de Loubat, l'autre tiers aux six enfants de Pierre Galpin et Marguerite Besnier. (V. la généalogie de Cocherel).

Lorière :

1520. — Bertrand du Cormier et Marie de Beaucé, puis Guyonne Moreau.

1550. — Pierre du Cormier.

1594. — Jacques du Cormier et damoiselle Bonne de Moré ; dont : Thomas, Gabrielle, baptisée à Douillet le 20 nov. 1595 ; Jean le 28 mai 1597, et inhumé le 30 oct. 1603 ; René mort en sept. 1599 ; Bonne bapt. en 1601 ; Françoise en 1602 ; Marguerite ? — Jacques du Cormier inhumé le 2 sept. 1626 ; Bonne de Moré le 5 octobre 1644.

1620. — Thomas du Cormier et Françoise du Valoutin, ou de Valentin, épousés le 18 février en l'église de Mezières, près Malicorne ; d'où Jean du Cormier, baptisé le 1er mars 1621. Marie du Cormier inhumée le 20 avril 1636 (?)

1690. — Pierre Tavernier, sr de Boulogne, grenetier au grenier à sel de Fresnay, conseiller du roy, et damoiselle Catherine Duval.

1743. — Charles Percheron, marchand, et Geneviève Pavet son épouse, fille de M. Jacques Pavet, procureur fiscal de la baronnie de Sillé et de défunte Geneviève Tavernier, demeurant à Fresnay, héritiers de Pierre Tavernier et de Catherine Duval, ainsi que Pierre Tavernier, fils, secrétaire du Roy.

1753. — Me Marin-Nicolas Clément de Marigné, prêtre, curé de la Bazoge-Montpinçon, sr de Lorière et de la Grande-Beauce.

1788. — Julien Anselme-Clément de Marigné.

— Louis Le Feron et demoiselle N. Clément de Marigné.

1835. — Constant Le Feron.

La terre est aujourd'hui morcelée.

V.

MAITRES DES FORGES DE L'AUNE.

XVIe siècle. — Gabriel Amy, puis sa fille, Françoise, mariée à Eustache Le Verrier, propriétaires des forges de l'Aune.

1534. — Olivier Daulmouche et Philippe Busson, commis à l'exploitation.

1537. — Michel Feron et Jeanne Columbelle, sa femme, propriétaires.

Jeanne Columbelle, veuve, remariée à Roland Nepveu, conserve l'exploitation.

1560. — Michel Feron, et Marie Feron femme Pierre Dufay, sr des Haberges, enfants de Michel Feron et de Jeanne Columbelle, propriétaires.

1588. — Jean Feron, père de Jacques, devenu plus tard capitaine du château de Sillé.

1592. — Jean Adam.

1625. — Isaac Poyet, sr de la Chevalerie, marié en 1609 à Jeanne Le Roy du Plessis-Breton, et Jean Denier, sr de la Rabine.

1640. — Mathieu Gohy, commissaire de l'artillerie, ayant charge du maréchal de la Meilleraye.

1659. — Noble René de Crespy, inhumé en l'église de Douillet le 25 sept. 1660.

1662. — René Poybeau, sieur du Clos.

1708. — Isidore Mahot.

1736. — Jean Ruel de Belle-Isle, contrôleur des guerres, maitre des forges de l'Aune et de Saint-Denis.

1747. — Mathieu et Louis Mollerat, maitres des forges de l'Aune et de Chamouilly en Champagne.

1784. — Jacques et Michel Le Marchand de la Girardière, avocats en Parlement.

Depuis la Révolution, la forge de l'Aune est exploitée successivement par MM. Lhermenault, Buon, Chaplain-Duparc, Chevet, et Marcel Hédin.

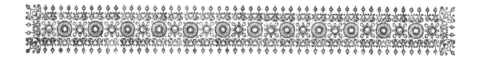

TABLE DES CHAPITRES

CHAPITRE XIII

SITUATION ADMINISTRATIVE ET ÉCONOMIQUE DE LA PAROISSE DE DOUILLET A LA FIN DE L'ANCIEN RÉGIME.

DEUXIÈME PARTIE

DOUILLET-LE-JOLY DEPUIS 1789

CHAPITRE PREMIER

LA COMMUNE DE DOUILLET DE 1789 A 1795.

APPENDICE

DOCUMENTS STATISTIQUES SUR LA COMMUNE DE DOUILLET, DE 1871 A 1884.

NOTES ET DOCUMENTS

TABLE DES PLANCHES ET GRAVURES

TABLE ALPHABÉTIQUE

DES NOMS DE PERSONNES ET DE LIEUX

Les noms de lieux sont en italiques.
ABRÉVIATIONS : Pbr., abréviation régulière de *presbyter* = prêtre ; vic. =
vicaire ; not. = notaire ; proc. = procureur.

A

Abot (Jean), clerc, 129.

Adam (Jean), 138, 344.

Aetius, 22.

Agin (André), pbr., 147, 323.

Agin (Gervais), 132, 321.

Agin (Guillaume), 130, 330.

Agin (Jacques), 143.

Agin (Jean), 131, 142, 327, 331.

Agin (Paul), 111, 328.

Agin (Pierre), 191, 199, 200, 327.

Aguille (champ de l'), 159, 160, 332.

Aguillé (Aubin), 329.

Aguillé (Léonard), 182, 333.

Aillières (M. Fernand d'), 310.

Alain, 18-22-25, 45, 72.

Albin (M. l'abbé), 319.

Albret (Jeanne d'), 125, 126·

Aldric (saint), 30.

Alencé (Jacques d'), curé, 125, 134,
135, 150, 323.

Alencé (Martin d'), 134.

Alençon, 39-41, 57, 60-67, 126, 137,
145, 164, 166, 177, 178, 206, 236,
242, 244, 287-289, 295-297, 302, 303,
315, 318, 319, 341.

Alençon (bastard d'), 59.

Aligny (Etienne d'), 92, 103.

Allonnes, 12.

Amiard (François), curé, 194, 223,
226-237, 245, 250, 252, 253, 264-268,
324.

Amy (Françoise), 118, 344.

Amy (Gabriel), 118, 119, 344.

Ancinnes, 89.

Andelys (les), 233.

Andennes (forêt d'), 4, 9.

Andouillé, 49.

André (saint), 43.

Angennes (Claude d'), 135.

Angers, 147, 151, 153, 156, 233, 234.

B

24

C

E

G

H

K

L

25

M

N

O

S

T

W

Y

Mamers. — Typ. G. Fleury et A. Dangin. — 1884.

ADDITIONS ET CORRECTIONS

Page 24, note 3, *au lieu de* : Doilittum, *lire* : Doilitum.

— 33, ligne 14, *au lieu de :* progrès de l'Etat social , *lire :* progrès de l'état social.

— 37, note, *au lieu de* : Borel d'Autrive, *lire :* Borel d'Hauterive.

— 119, lignes 25 et 28, *au lieu de* : Pierre Lhuissier, *lire :* Robert Lhuissier.

— 152, ligne 16, *au lieu de :* érudiction pédantesque, *lire :* érudition pédantesque.

— 165, ligne 16, *au lieu de :* Marie de Guénée, *lire :* Renée de Guénée. — La date du mariage de Charles du Plessis-Châtillon et de Julienne Poivet est incertaine : il eut lieu en 1635 ou 1636. Nous n'avons pu vérifier à l'original.

— 171, ligne 15, *au lieu de* : marquise de Navailles, *lire :* maréchale de Navailles.

— 172, ligne 7, *au lieu de :* fille, *lire :* petite fille.

— 175, sommaire, *au lieu de :* La Seigneurie de la Communauté, *lire :* La Seigneurie et la Communauté.

— 196, ligne 28, *au lieu de :* examen approndi, *lire :* examen approfondi.

— 220, ligne 21, *au lieu de :* assemblées provinciales composée, *lire :* assemblées provinciales composées.

— 225, ligne 17 , *au lieu de :* organisation paroissiale jadis crée , *lire :* organisation paroissiale jadis créée.

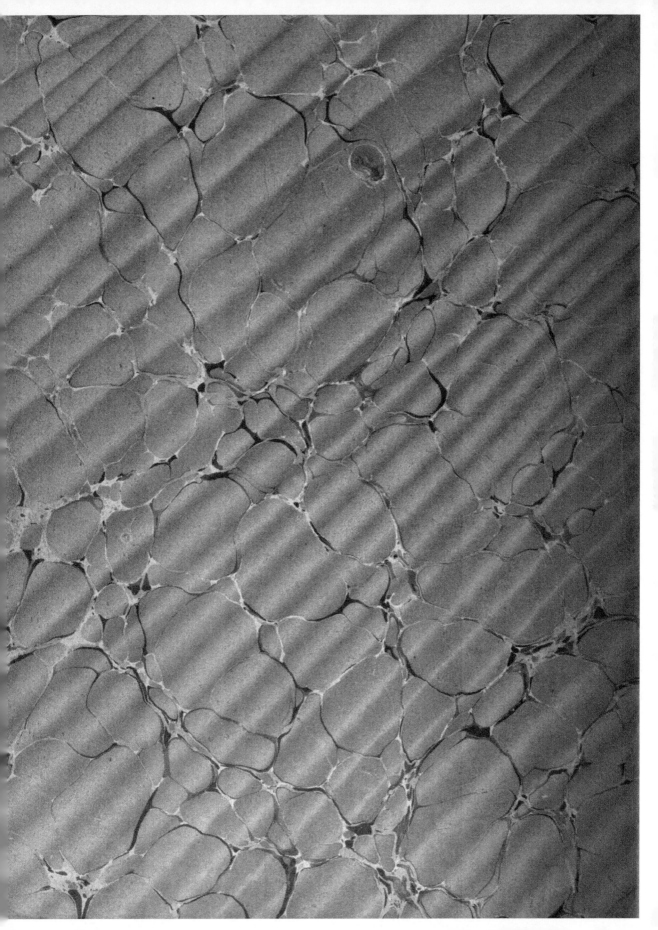

Lightning Source UK Ltd.
Milton Keynes UK
UKHW050956280621
386280UK00005B/386